삼국유사의 사학사적 연구

삼국유사의 사학사적 연구

김두진 지음

일조각

머리말

　직장은 다소 의무감으로 묶인 공동생활에 쫓게 한다. 전남대학교와 국민대학교에서의 생활은 행복했어도, 지난 세월만큼의 자국에 감회가 서린다. 정년을 맞아 훌훌 떨쳐버리면서 진정한 자유인으로 돌아가리라 다짐한 지도 어언 4년이 흘렀다. 비우면 채워질 수밖에 없을 텐데, 한갓 미진微塵에 불과한 지난날의 끈끈한 인연을 아직도 붙들고 놓지를 못한다. 마무리하지 못한 몇몇의 저술이 종종 걸음을 옮기게 한다. 『삼국유사』에 대한 연구 성과를 엮는 작업도 그중 하나이다.

　애써 삶을 돌아볼 여유를 가지면서 쉬엄쉬엄 옛 원고를 손질하다 보니 정리가 늦어지게 되었다. 한국사를 포함해서 민족문화의 원형을 보여주는 자료를 풍부하게 간직하고 있기 때문에 일찍이 『삼국유사』에 대해 관심을 가졌고, 국사학과의 전공 필수 과목으로 한국사적해제韓國史籍解題를 강의하면서 그 가치를 더욱 절감하였다. 그리하여 『삼국유사』의 자료적 가치나 일연의 사상을 산발적으로나마 밝혔다. 『삼국유사』를 보다 천착해서 살필 계기는 1995년 한국정신문화연구원(현 한국학중앙연구원)의 『삼국유사』 역주 사업에 참여하면서 마련되었다.

『삼국유사』의 역주 사업은 역사학·고고학·불교학·미술사학·문학 전공자들이 4년간 예산을 받아 수행하였는데, 이후 4년간은 예산 없이 진행하였다. 역주 작업이지만 『삼국유사』의 학제적 접근은 대단히 중요하다. 필자는 다년간 한국 고대사상사를 연구하면서 구조·기능적 방법으로 사회사상사를 정립시키려고 노력해 왔다. 개별 사상이나 역사적 사실을 당대의 사회구조나 문화역량 속에서 이해하려고 할 때, 학제적 시각이 요구된다.

『삼국유사』 연구는 민족문화를 폭넓게 이해하기 위해 유용할 뿐만 아니라 인문학과 더불어 보편적 시각으로 역사학에 접근하는 데 도움을 준다. 실증사학을 뛰어넘고자 역사학, 특히 한국고대사의 연구는 영세한 자료의 한계를 극복하기 위한 방법론을 모색하면서 인접 학문의 이론을 도입해 왔다. 역사학계의 고민을 해결하려는 이러한 노력은 나름대로 의미를 지닌다. 그러나 현실은 민중사학을 포함한 이념사학이 등장하여 학문외적 목적에서 투쟁적 성격을 강하게 노출시켰는가 하면, 사회과학 이론의 어설픈 도입으로 인해 역사상의 허구를 만들기도 하였다.

근대 한국사학을 성립시키는 데 바탕이 된 것은 실증사학이지만, 민족주의사학이나 사회경제사학도 정신이나 방법 면에서 끌어안아야 할 대상이다. 이러한 역사학의 경향을 모두 포용하면서 세계사적 국사관을 내세운 신민족주의사학은 앞으로 계승·발전시켜 가야 한다. 다만 신민족주의사학도 엄격하게는 실증사학에 속하며, 그 한계를 벗어나려는 노력의 산물에 불과한 것이다. 한국 역사학계의 당면 과제는 실증사학의 극복이라 할 수 있다. 그렇다고 이념사학을 용납할 수도 없거니와 섣부른 극복 논의는 또 다른 이념사학으로 흐를 위험을 안고 있다.

사료 비판을 통해 문헌 복원을 시도하는 실증 자체를 철저하게 이해하는 수준을 넘어서지 않으면 실증사학을 극복할 수 없다. 역사연구에서는 문헌 자료가 알려주는 역사적 개별 사실의 참모습을 설정하는 작업이 먼저 이루어지고, 이를 더 잘 이해하기 위해 인접 학문의 이론을 원용해야 한다. 물론 전자가 주체이고 후자는 부차적인 것이다. 이런 의미에서 고증학을 바탕으로 정립된 중국 현대문화는 시사성을 준다. 관련 문헌자료를 방대하게 섭렵하여 상호 고증하는 단계를 거치면서 민족문화를 정립시켜야 한다.

이념은 실증을 통해 끌어내야 한다. 소비적인 이념 논쟁을 피하는 길은 오히려 이념사학이 투쟁의 대상으로 삼았던 실증사학에서 찾아야 한다. 도입한 이념은 그 자체에 문제가 있기 마련이다. 문헌자료의 이해를 넓히면서 시계視界 위로 자연스럽게 떠오른 결론이 이념을 설정하는 기준이 되어야 한다. 한국 문화역량과 연관시킨 문헌자료의 이해는 무엇보다도 중요하다. 우선『삼국유사』자체는 물론, 이후 한국 문헌에서 이와의 연관성을 밝히는 작업을 진행할 필요가 있다.

『삼국유사』를 통해 한국고대사나 민족문화를 방대하게 끌어낼 수 있다. 앞으로의『삼국유사』연구는 민족문화를 구조·기능적 방법으로 분석하면서, 인문학의 보편적 가치를 추구하는 방향으로 나아가야 한다. 이 책은 그러한 연구를 위한 시도에 불과한데, 결론을 빼고 모두 4장으로 구성하였다. 제1장은 저자 일연의 생애와 사상, 제2장은『삼국유사』의 체제와 내용, 제3장은『삼국유사』의 사료적 가치, 제4장은『삼국유사』의 사학사적 성격이다. 『삼국유사』의 자료 활용이나 사론의 성격을 주로 밝히려는 의도로 이 책을 저술하였다.

일연은 선종승려이지만 화엄은 물론 유식이나 유학사상에 밝았고, 구산선문을 통합하려는 사상 경향을 가졌다. 통합 사상 경향을 가진 일연이 역사·승전류로 편찬한『삼국유사』는 대부분 설화와 불교 자료를 싣고 있으며, 한국고대사 사료로서 역사적 진실이나 역사 전개의 대세를 보여준다.『삼국유사』는 전체가 인용문으로 구성되어 투박한 민족문화의 원형을 그대로 노출시키면서, 유교적 합리주의를 극복하려는 신이사관을 내세웠다.『삼국유사』의 이러한 자료적 성격은 근대 한국사학에서 주목을 받았다.

『삼국유사』의 사학사적 연구로 얽매인 고리의 하나를 끊으니 조금 더 자유로워진 느낌이 든다. 나름대로는 굳이 예단하기보다 『삼국유사』 자료가 보여주는 사론의 모습을 사실적으로 제시하려고 하였다. 민족문화의 보고와 같은 『삼국유사』를 제대로 연구해야겠다는 사명감에 앞서, 혹시 잘못을 범하지 않을까 하는 중압감은 여전히 남는다. 탈고하고 홀가분하다 보니 옮기는 걸음이 더뎌지면서, 나를 중심으로 한 생활에서 벗어나 주위를 돌아본다. 나의 열정으로 남을 강요하지 않고 물이 흐르듯 자연에 맞추어 살아가고자 한다.

이 책을 저술하는 데에는 생전에 『삼국유사론』을 구상하셨던 이기백 선생의 가르침이 컸다. 선후배 교수나 제자들도 필자가 꾸준히 배우면서 가르치는 생활을 계속할 수 있도록 힘이 되었다. 정년을 맞으면서 가족과 더 많은 시간을 보내고자 하였지만 의도와는 달리 책상 앞에 앉는 시간이 많아졌다. 참으면서 지켜본 가족이 있어 이 책은 늦게나마 결실을 맺었다. 대중적 수요가 적은 전공서적을 흔쾌히 출간해 준 일조각의 김시연金時姸 사장에게 고마움을 전한다. 아울러 꼼꼼한 교정과 편집으로 이 책을 반듯하게 꾸며준 일조각의 강영혜姜玲惠 선생에게도 감사한 마음을 표한다.

2014년 3월 정릉골에서

김 두 진

차례

머리말 5

제1장 저자 일연의 생애와 사상

제2장 『삼국유사』의 체제와 내용

제3장 『삼국유사』의 사료적 가치

제4장 『삼국유사』의 사학사적 성격

제5장 결론

제1장
저자 일연의 생애와 사상

제1절 일연의 생애와 저술

1. 일연의 생애

한국고대사를 연구하는 데 일연一然의『삼국유사』는 대단히 중요하기 때문에 그 자료적 가치를 밝히려는 노력이 계속되어 왔다. 반면 일연의 평생이나 정치·사회적 기반, 또는 불교사상에 대해서는 반듯한 연구가 이루어지지 못한 실정이다.『삼국유사』의 사료적 성격이나 한국사학사韓國史學史에서 가지는 위치를 밝히기 위해서는, 그것이 편찬될 당시인 고려후기의 사회·문화적 풍토는 물론 저자 일연의 사상에 대해 보다 깊이 이해해야 한다.『삼국유사』에 대한 보다 심화된 이해는 저자인 일연의 불교사상이나 고려후기 불교계에서의 위치 등을 폭넓게 추구함으로써 가능해진다.

다행히 민지閔漬가 찬술한 「군위인각사軍威麟角寺 보각국존정조탑비普覺國尊靜照塔碑」(이하 일연비)와 그 음기陰記의 대부분이 남아 있어, 일연의 생애와 정치·사회적 활동을 대체로 알 수 있다. 또한 일연비의 음기가 상당히 복원되었기 때문에,[1] 이를 통해 그의 생애와 정치적 기반을 좀 더 밝힐 수 있게 되었다. 일연비에는 그의 많은 저술이 기록되어 있고, 그중 『중편조동오위重編曹洞五位』가 현전한다.[2] 『삼국유사』의 자료적 가치를 이해하기 위해 일연의 다른 저술의 성격을 규명하는 것이 우선시된다.

인각사의 규모나 사회 경제적 기반을 밝히는 작업은 대단히 중요하지만, 그것을 알려줄 만한 문헌이 전하지 않는다. 조선후기나 근래에 작성되어 사료적 가치가 다소 의심되는 자료가 전하며, 지표 조사를 위한 답사기가 알려져 있다.[3] 앞으로 인각사에 관한 자료를 더 발굴하여야 한다. 일연비의 음기에는 그와 관련된 인물들이 기록되어 있다. 이들을 분석하면 고려후기의 인각사와 가지산문迦智山門의 세력 규모를 이해하는 데 도움을 받을 수 있다.

일연은 고려 충렬왕 15년(1289년)에 인각사에서 입적入寂하였는데, 이때 그의 나이는 84세였고 불문佛門에 든 지는 71년이 되었다. 『삼국유사』는 일연이 충렬왕 10년(1284년)에 하산소下山所인 인각사에 거주한 이후에 편찬되었다고 한다.[4] 불문에 든 이후 일연의 생애는 네 시기로 나누어 고찰할 수 있다. 첫째 포산包山의 여러 사찰에서 주석하던 시기(1227~1248년), 둘째 정안鄭晏의 초청에 의하여 남해南海의 정림사定林寺와 길상암吉祥庵에 거주하

---

1 金庠基,「古搨麟角寺碑」,『考古美術』15, 1961.
　　朴永孝,「高麗麟角寺 普覺國師碑銘」,『古書研究 −남애安春根선생 화갑기념논총−』, 한국출판판매주식회사, 1986.
　　蔡尙植,「麟角寺 普覺國尊 一然碑 陰記에 대하여」,『語文研究』, 25·26合, 1980.
　　金相鉉,「인각사 普覺國師碑 陰記再考」,『韓國學報』62, 一志社, 1991.
　　李智冠,「校勘譯註 軍威麟角寺 普覺國尊靜照塔碑文」,『伽山學報』5, 1996.
2 閔泳珪,「一然 重編曹洞五位」,『學林』6, 延世大 史學研究室, 1984.
3 未詳,「華山麟角寺 講說樓重修記」,『朝鮮寺刹史料』卷上, 韓國文化開發社, 1972.
　　蔣濟明,『華山麟角寺誌』, 油印本, 1965.
　　李弘稙,「一然禪師의 追仰」,『思想界』, 1958, 6월호;『讀史餘滴』, 一潮閣, 1960.
4 蔡尙植,「至元 15年(1278) 仁興社刊 歷代年表와 三國遺事」,『高麗史의 諸問題』, 三英社, 1986;『高麗後記 佛教史研究』, 일조각, 1991, 178~180쪽.

던 시기(1249~1260년), 셋째 원종의 명령으로 선월사禪月社에 주석한 이후 경상도 지역의 오어사吾魚社·인홍사(仁弘社, 후에 仁興寺)·운해사雲海寺·용천사湧泉寺에 주석한 시기(1261~1276년), 넷째 충렬왕의 명령에 의해 운문사雲門寺에 주석하다가 국존國尊에 책봉된 때로부터 입적하기까지의 시기(1277~1289년)로 나누었다.[5]

일연의 생애를 4시기로 나눈 구분법은 그런대로 수용될 수 있다. 다만 이 책에서는 가지산문과 수선사修禪社와의 관계를 조금 더 분명히 하는 뜻에서, 출가한 이후 일연의 생애를 세 시기로 구분하여 서술하려 한다. 첫째 진전사陳田寺에서 구족계를 받고 포산 지역에 거주한 시기(1219~1248년), 둘째 정안의 초청으로 남해의 정림사나 길상암 및 선월사에 거주한 시기(1249~1263년), 셋째 영일迎日의 오어사나 인홍사·용천사(뒷날의 불일사佛日寺)·운문사 및 인각사에 거주하고 입적한 시기(1264~1289년)이다.

일연은 희종 2년(1206년)에 태어났다. 이름은 견명見明이고, 자字는 회연晦然인데 뒤에 일연으로 바꾸었다. 속성은 김씨이고 경주 사람이며, 아버지는 언필彦弼이고 어머니는 이씨인데 낙랑군부인樂浪郡夫人으로 추봉되었다. 9살 때(고종 1년, 1214년)에 해양海陽의 무량사無量寺로 가서 공부하였다.[6] 이때 습득한 불교 공부가 그의 생애에 어떤 영향을 주었는지는 잘 알수 없다.[7] 일연은 고종 6년(1219년)에 진전사의 대웅大雄장로에게 나아가 구족계를 받았다. 대웅장로는 그의 불교사상 형성에 큰 영향을 주었다. 이때

---

5 채상식,「普覺國尊 一然에 대한 연구 -迦智山門의 등장과 관련하여-」,『韓國史研究』26, 1979, 51쪽;『高麗後期 佛敎史硏究』, 일조각, 1991, 118쪽.

6 海陽은 지금 光州 지역의 옛 이름이다.『新增東國輿地勝覽』권35, 光山의 建置沿革條에 "成宗十五年 降爲刺史 後又降爲海陽縣令 高宗四十六年 以功臣李仁俊外鄕 陞知翼州事 後陞爲武珍州"라고 하였다. 그러나 같은 책, 권31, 南海縣의 郡名條에 '海陽'이 나와 있다. 다만 고종 1년경에는 광주를 해양현으로 불렀기 때문에 무량사는 지금의 광주 지역에 있었다고 생각한다.

7 陳田寺에서 구족계를 받은 이후 禪宗에 전념한 것으로 미루어, 일연은 無量寺에서 교종불교를 접하였고 특별히 화엄사상을 습득하였을 것으로 추측된다.

부터 일연은 가지산문도로 활동하면서 선종에 대해 깊이 이해할 수 있었다. 이후 여러 선종산문을 두루 찾아다니면서 참선參禪하였으며, 그로 인해 더욱 명성이 높아졌다.

일연은 고종 14년(1227년)에 구산선문의 승과僧科에 합격한 후 포산 지역의 보당암寶幢庵에서 선관禪觀을 닦았다. 고종 23년(1236년)에 병란을 만나 피할 곳을 찾았고, 그 다음 해에는 포산의 묘문암妙門庵에 주석하였다. 포산은 대구광역시 현풍에 있는 비슬산琵瑟山으로, 신라시대에는 관기觀機와 도성道成 두 성사聖師가 수도하던 곳이다. 그들은 미타정토에 왕생하기를 바랐다.[8] 이 지역의 정토신앙 전통은 고려시대까지 이어졌다. 성종 1년(982년)에는 그곳에서 성범成梵이 만일미타도량萬日彌陀道場을 열고, 현풍 내의 신사信士 20여 명이 결사結社하였다. 또한 포산 내에는 관기·도성·성범을 포함하여 반사㮤師·첩사㯹師·도의道義·자양子陽·금물녀今勿女·백우사白牛師 등 9성인의 유사遺事가 기록으로 전해졌는데, 그들은 모두 은둔하여 수도하였다.

포산 지역의 불교신앙 전통은 일연에게 상당한 영향을 주었다. 특히 9성인 중 반사와 첩사의 행적에 감명을 받았던 듯하다. 일연은 포산에 우거寓居하면서 이들을 찬미하는 시詩를 얻어 『삼국유사』에 기록하였다.[9] 반사와 첩사는 오랫동안 바위굴에 숨어 수도하였으며, 인간 세상에 내려올 때에는 나뭇잎으로 옷을 만들어 입고는 겨우 추위와 더위만 피하였다고 한다. 일연이 우거한 포산의 암자는 보당암이거나 묘문암 중의 하나였음이 분명하다. 일연은 현신한 문수의 감응을 받아 뒤에 묘문암을 무주사無住寺로 이름을

---

8 『三國遺事』 권5, 包山二聖조에는 "成於所居之後 高嵓之上 常宴坐 一日自嵓縫間 透身而出 全身騰空而逝 莫知所至 或云 至壽昌郡指骸焉 機亦繼踵歸眞"이라 하였다. "전신이 하늘에 솟구쳐 가버렸다"라고 표현된 道成이나 "역시 그 뒤를 이어 眞源에 돌아갔다"라고 표현된 觀機는 모두 淨土에 往生하였음을 알려준다.
9 『삼국유사』 권5, 包山二聖조에 "予嘗寓包山 有記二師之遺美 今幷錄之"라 하고, 이어 㮤師와 㯹師를 찬미하는 7言10句의 詩를 수록하였다.

16

바꾸었다. 고종 23년에 몽골의 침입이 계속되면서, 일연은 병란을 피하기 위하여 문수의 오자주五字呪를 염송하였다.

일연은 포산에 은거하면서 선관을 닦았으며, 교종 특히 화엄은 물론이고 유식사상을 익히는 한편, 엄격한 수행에 의한 정토신앙을 추구하였다. 포산에서의 수학으로 말미암아 그는 정림사定林寺에서 장경을 점검할 수 있었다. 일연은 정안鄭晏의 초청으로 남해의 정림사에 주석하면서 제2의 교단 생활을 영위하였다. 이후 일연은 수선사修禪社의 돈오점수頓悟漸修 사상을 흡수하면서 지눌知訥의 법통을 이어갔다. 정림사는 상국相國인 정안이 사제私第를 희사喜捨해서 만든 절이다. 정안은 당시 강화 정부의 대권을 쥐고 있었던 최이(崔怡, 崔瑀)와는 처남매부 사이이다. 곧 정안의 아버지 숙담叔瞻의 사위가 최이이다. 그런가 하면 그는 최이의 외손을 양자로 삼는 등 권력의 핵심에 접근해 있었다. 또한 그는 불교를 좋아해서 사재를 내어 불경을 간행하였다.[10]

정림사에 주지하면서 일연은 대장경의 간행에 관심을 가졌다. 그러한 관심이 『삼국유사』 권3, 전후소장사리前後所將舍利조에 나타나 있다. 여기서 그는 자장慈藏 이후 여러 번에 걸쳐 신라에 전해진 대장경을 소개하였으며, 특히 선승으로서 대장경을 가지고 들어온 보요普耀나 혜조慧照 등을 강조해서 기록하였다. 다만 정안이 정림사를 세워 거주할 당시에는 최이가 죽고 그의 서자인 항沆이 대권을 이어받았다. 최항은 정실의 소생이 아니어서 정

___

10 『高麗史』 권100, 鄭世裕전 附鄭晏전에는 "捨私貨與國家 約中分藏經刊之"라고 하였다. 정안은 국가의 대장경 간행 사업을 둘로 양분하여 그 하나를 사재로 담당하였는데, 그것이 南海分司 大藏經都監이다. 오늘날 海印寺의 大藏經板庫에 補板으로 전하는 것은 여기서 간행된 경전이라고 추정된다. 그것은 다음과 같다.
『宗鏡錄』 100권, 『證道歌事實』 3권, 『金剛三昧經論』 3권, 『法界圖記』 4권, 『祖堂集』 20권, 『大藏一覽』 10권, 『拈頌』 30권, 『搜玄記』 5권, 『十句章圓通鈔』 2권, 『旨歸章圓通鈔』 2권, 『三寶章圓通記』 2권, 『釋華嚴敎分記圓通鈔』 10권, 『禮念彌陀道場懺法』 10권, 『慈悲道場懺法』 10권, 『華嚴經探玄記』 20권.

안과는 숙질이면서도, 오히려 긴장 관계가 되었다.[11] 정안은 권력을 둘러싸고 주변 정세가 불리하게 전개되자 정림사로 퇴거하였던 듯하다. 실제로 그는 임보林葆·이덕영李德英·석연분石演芬 등과 함께 최항을 비판하다가 백령도로 귀양 가서 살해되었다. 정안이 언제 죽었는지는 확실하지 않다.[12] 정안의 죽음은 남해분사도감南海分司都監이 폐지되는 결과를 초래하였을 것이며, 일연도 반드시 정림사에 머무를 필요가 없어졌다.

고종 43년(1256년)에 일연은 윤산輪山의 길상암吉祥庵으로 옮겨『조동오위曹洞五位』를 중편重編하였다. 남해현南海懸 내 윤산군輪山郡의 위치가 어디인지는 불분명하다.[13] 남해에 있었던 것으로 미루어 길상암도 정안의 세력 내에서 완전히 벗어나 있었던 절은 아닌 듯하다. 여기에 머물면서 일연은 고종 46년(1259년)에 대선사를 제수받았고, 원종 1년(1260년)에는『중편조동오위』를 간행하였다. 그러는 동안 고려 정계는 급변하여 소용돌이가 휘몰아치고 있었다. 고종 44년(1257년)에는 최항이 죽고 의竩가 대권을 계승하였는데, 이듬해에 유경柳璥 등이 최의를 죽이고 왕정을 복고시켰다. 그러다가 2년 뒤인 1259년에는 고종이 죽고 태자가 등극하여 원종이 되었다.

고려 정계의 소용돌이에 휘말리지 않고『조동오위』의 중편과 그 간행에 힘쓰면서 선관을 닦고 있던 일연은 원종 2년(1261년)에 왕명을 받고는, 수도로 가서 선월사禪月社에 주석하였다. 이때부터 일연은 지눌의 법맥을 계승하였다고 공공연하게 표방하였다. 선월사는 수선사의 별원인 선원사禪源社로 추정되지만 확실하지는 않다. 일연이 선월사에 주석하여 지눌의 법맥을 계승했다는 것은 바로 수선사의 계승자임을 자처했다고 이해된다.[14] 또한

---

11 閔泳珪,「一然 重編曹洞五位 重印序」, 앞의 책, 1984, 6쪽.
12 『고려사』권24, 高宗 38年, 正月 戊寅조에 鄭晏은 知門下省事로 배임되었다가 곧 參知政事에 올랐다. 이보다 멀지 않은 시기에 그가 죽임을 당했을 것으로 생각된다.
13 『新增東國輿地勝覽』권31, 南海縣의 郡名조에 '輪山'이 나온다.
14 채상식, 앞의 논문, 1979, 54쪽.

18

그렇게 될 수 있었던 것은 평소 일연의 사상이 수선사의 사상 경향과 비슷하였던 점에서 찾아야 한다.

일연은 정림사에 주석하면서 대장경의 간행에 관여하였으며, 수선사와도 밀접한 관계를 가졌다. 길상암으로 옮겨 거주하였다고는 하지만 남해에서의 생활은 일연이 불교 경전에 대해 깊이 이해하는 계기를 마련하였을 뿐만 아니라 선관을 닦는 수행을 계속할 수 있게 하였다. 『조동오위』를 중편하면서 대선사에 봉해지는 것이 이를 알려 준다. 고려가 몽골에 항복한 이후 최씨 정권과 밀착된 수선사의 세력이 위축되자, 고려 왕실은 수선사와 법맥을 같이하면서도 다소 이질적 사상 경향을 보이는 일연을 등장시켰던 것으로 생각한다.[15]

왕정을 회복하였다고는 하지만, 아직도 임연林衍이나 김준金俊 등의 무신 세력이 권력을 행사하는 고려 정부는 무신 정권과 밀착하여 일어난 선종, 곧 수선사를 거부할 수는 없었다. 일연 역시 수선사의 법맥을 표방하였고, 그러면서도 수선사의 정통 교단과는 별개의 가지산문 소속으로 여겨졌기 때문에 고려 조정의 관심을 끌었던 듯하다. 일연이 수선사의 사상 경향과 다르게 보일 수 있었던 것은 일찍이 포산 지역의 불교신앙을 습득한 면 때문이라고 생각한다. 일연의 생애 3기인 원종 5년(1264년) 이후에는 왕실의 비호를 받으면서 다시 포산이나 그 주변 지역에서 활동하였다. 이 시기에 일연을 중심으로 가지산문도가 불교계를 장악하였다.

원종 5년에 일연은 영일의 운제산雲梯山 오어사에 우거寓居하였다. 오어사는 신라시대에 혜공惠空이 만년에 주석하였던 항사사恒沙寺였는데, 원효가 여러 경소經疏를 찬술할 때 의문점을 질의하기 위해 그를 찾던 곳이다. 혜공은 원효처럼 세간에서 괴이한 행적을 행하였을 뿐만 아니라 승조僧肇의 후신으로 자처하였다. 이 점은 일연의 불교사상을 이해하는 데 도움을

---

15 채상식, 앞의 논문, 1979, 55쪽.

준다. 그는 유식에 밝았으며 일찍이 『조동오위』를 중편重編한 경험도 유식에 대한 이해를 더 깊게 할 수 있었다. 그 후 얼마 되지 않아 그는 만회萬恢가 주석主席을 넘겨준 인홍사仁弘社에 주지하였다. 주석한 지 11년 후 조정은 중수·확장한 인홍사仁興寺에 사액을 내렸다.

인홍사에 주석하고 있는 동안 일연은 왕실의 부름을 받았다. 원종 9년 (1268년)에 조지朝旨를 받은 일연은 운해사雲海寺에서 선종과 교종의 이름난 승려 100여 명을 초청하여 대장경조조낙성법회大藏經彫造落成法會를 개설하고 그 주맹主盟을 맡았으며, 낮에는 경전을 읽고 밤에는 선종의 종취宗趣를 담론하였다.[16] 당시에 왕실은 대장경의 간행을 위한 장경도량藏經道場과 교·선을 함께 중시하는 담선談禪법회를 자주 열었다.[17] 일연은 불교에 대한 왕실의 이러한 염원을 만족시켜 줄 수 있었다. 또한 그는 인홍사에 주석하면서 가지산문도를 동원하여 「역대연표歷代年表」를 간행하였으며,[18] 포산의 동쪽 기슭에 있는 용천사湧泉寺를 중수하여 불일사佛日社로 개칭하였다.

충렬왕 3년(1277년)에 왕명을 받은 일연은 운문사의 주지가 되었다. 이후 충렬왕과 그의 관계는 보다 돈독해졌다. 왕은 그를 위한 찬시讚詩를 직접 지어 보냈다. 충렬왕 7년에는 일본 정벌군이 폭풍을 만나 곤경에 처하자, 왕이 격려차 경주에 들렀다가 일연을 청하여 법문을 들었다. 이때 왕은

---

16 閔漬, 「군위 인각사 보각국존정조탑비」, 『伽山學報』 5, 1996, 276쪽에 "戊辰夏 有朝旨 集禪敎名德一百員 設大藏落成會於雲海寺 講師主盟 晝讀金文 夜談宗趣 諸家所疑 師皆剖釋如流 精義入神 故無不敬服"이라 하였다.

17 元宗 때 및 忠烈王 초기에 왕실이 藏經道場을 베푼 시기는 원종 11년(1270년) 9월 癸亥·충렬왕 원년(1275년) 3월 乙未·충렬왕 2년 9월 甲午·충렬왕 6년(1280년) 3월 丙辰·충렬왕 15년 10월 閏月 乙酉 등이다. 또한 같은 때에 談禪法會가 행해진 시기는 원종 7년(1266년) 10월 乙亥이다. 이때 내전에서 담선도량을 베풀었다. 이후 몽골은 고려의 담선법회가 자신들을 저주하는 것으로 생각하여 이를 항의해 왔으므로(『고려사』 권28, 충렬왕 4년, 3월 戊戌), 충렬왕은 都堂에 글을 보내어 담선법회에 대해 변명하였다(『고려사』 권28, 충렬왕 4년, 6월 戊寅). 그리하여 담선법회가 다시 개설된 시기는 충렬왕 6년 3월 戊辰부터이다.

18 채상식, 「至元 15年(1278) 仁興社刊 歷代年表와 三國遺事」, 앞의 책, 1991, 172~173쪽.

그가 중창한 불일사의 결사문結社文에 제압(題押, 날인)하여 보관하도록 하사하였다. 다음 해에 왕은 근시를 보내 일연을 내전으로 맞아들여 선사상을 청해 듣고 광명사廣明寺에 거주하게 하였다. 그해 12월에는 왕과 왕비가 광명사에 들러 친히 그를 찾아뵈었다. 또한 충렬왕 9년(1283년) 봄에 왕은 군신과 더불어 그를 국사로 추대하고, 염승익廉承益·나유羅裕 등을 보내어 국존國尊으로 책봉하였다. 이어 4월에는 대내로 맞이하고는 백료를 거느리고 국존의 책례冊禮를 거행하였다. 이렇듯 일연은 원종 때에 왕실과 연결되었고, 특히 충렬왕의 돈독한 귀의를 받았다.[19]

국존이 되었지만 일연은 노모를 모시기 위해 광명사에 머물지 않고 옛날에 거주하였던 산문으로 돌아갔다. 왕은 근시인 황수명黃守命으로 하여금 그를 호위하도록 하였다. 아마 그는 운문사나 그 주변의 인홍사로 나아가 거주하였을 듯하다. 특히 운문사는 중국 운문종雲門宗의 선풍과도 관계가 있었을 뿐만 아니라, 일찍이 원광圓光과 연관됨으로써 유식사상을 포용하였다. 이러한 운문사의 선풍은 고려말에 가지산문의 사상적 전통으로 이어졌다. 인종 연간에 주로 운문사에서 활동한 원응圓應국사 학일學一은 가지산문의 법맥을 이었는데, 유식은 물론 운문종이나 위앙종潙仰宗·조동종曹洞宗·법안종法眼宗 등의 선풍을 포용하였다.[20]

충렬왕 10년(1284년)에 일연의 어머니가 96세로 별세하였는데, 조정은 인각사麟角寺를 그의 하산소下山所로 삼았다. 왕은 김용일金龍釰을 보내어 인각사를 수리하게 하고 토지 100여 경頃을 내렸다. 이후 충렬왕 15년(1289

---

19 『고려사』권29, 忠烈王 9년, 正月 癸酉조에 "設消災道場于闕"라 하고, 甲戌조에 "宰樞以王疾 設 法會于廣明寺"라고 하였다. 이때의 법회나 소재도량은 충렬왕의 질병을 치료하기 위해 개설되었고, 그 主盟을 역시 일연이 맡았다. 당시 일연은 광명사에 머물고 있었으며, 왕의 질병을 치료하기 위한 도량을 주관할 정도로 충렬왕과 친밀하였다.

20 未詳,「淸道雲門寺 圓應國師碑」,『朝鮮金石總覽』권상, 1919의 銘文 속에 대체로 나타나 있다. 또한 學一이 法相宗사상에 접했음은 肅宗 3년(1098년)경에 大般若를 念誦하였고, 뒤에 法住寺에 住錫한 데에서 짐작할 수 있다.

년)에 입적할 때까지 일연은 인각사에 주석하였다. 『삼국유사』는 그의 말년에 편찬되었는데, 이때의 일연은 선종이나 여러 교종 교파의 사상을 흡수하였을 뿐만 아니라 효심을 강조하면서 유학사상에도 밝았다. 충렬왕 5년에 그는 운문사에 있으면서 『인천보감人天寶鑑』의 후식後識을 썼다.

인각사에 거주하면서 일연의 주된 관심은 가지산문을 중심으로 구산선문을 통합하려는 것이었다. 인각사에서 그는 구산문도회九山門都會를 개설하였고, 그로 인해 구산문의 문도들이 모여들어 성황을 이루었다. 인각사에서 일연은 병을 얻어 입적하게 되는 사실을 당시의 국상인 염승익에게 편지로 알렸으며, 조정은 안렴사按廉使에게 명하여 장례를 돕게 하였다. 그리고 인각사의 동쪽에 탑을 세우고 그 이름을 정조靜照라고 하였으며, 충렬왕 21년(1295년)에 문인인 운문사 주지 청분淸玢이 엮은 행장을 참고하여 민지가 그의 탑비를 찬술하였다.

일연은 어려서 가지산문에 출가하였고, 포산 지역에서 교종과 선종은 물론 정토신앙에 접하였다. 정안의 초청으로 정림사에 주석하면서 수선사의 법맥을 잇는 한편, 불경의 간행에 간여하였다. 이러한 경험으로 그는 여러 교파의 불교사상을 이해할 수 있었다. 또한 유학에도 조예가 깊어 왕실과 친밀한 관계를 유지하였으며, 운문사와 인홍사 등 포산 지역에서 가지산문의 법맥을 휘날렸고, 그것을 중심으로 구산선문의 통합을 모색하였다.

2. 일연의 사회적 기반과 인각사

일연은 속성이 김씨이고 경주 사람이어서, 그의 집안은 경주 김씨 가문이었을 것으로 생각된다. 일연 당시에 그의 집안이 흥성하였던 것은 아니다. 아버지인 언필은 다른 자료에 전혀 나타나 있지 않다. 다만 어머니가 낙랑군부인으로 봉해졌던 것으로 보면, 그의 집안은 문벌을 이루고 있지는 않았지만 지방의 세력가였을 것이다. 어릴 때 포산 지역 불문佛門에서의 수학은 그의 사상이나 학문의 형성에 큰 영향을 미쳤다.

일연은 정안의 초청을 받아 정림사에 주지하였고, 다시 선월사禪月社에 주석하였다. 이때 그는 수선사 지눌의 법맥을 이었다고 표방하였고 최씨 정권과도 연결되었다. 고종 36년(1249년) 일연이 정림사에 거주하였는데, 그해 11월에 최이가 죽고 최항이 무신 정권을 계승하였다. 이미 지적했듯이 최항과 정안은 불편한 관계였으나 일연은 정안을 통해 수선사와 인연을 맺었으며 특히 제2세주인 혜심慧諶의 사상에 매료되었다.[21]

혜심은 고종 21년(1234년)에 입적하였는데, 당시 일연은 포산 지역에서 수학하고 있었기 때문에 그들이 자주 교류한 것 같지는 않다. 일연은 제3세주인 청진淸眞 몽여夢如를 직접 만나 뵙고, 그에게 조동오위 법문에 대해 질문하였다.[22] 혜심은 실제로 무신 정권과 밀착되어 있었고, 최이는 두 아들인 만종萬宗과 만전萬全을 그의 문하에 출가시켰다.[23] 수선사와 무신 정권과의 친밀한 분위기는 몽여 때에도 지속되었다.

혜심비의 음기에는 정안과 그의 아버지 정숙담鄭叔瞻 및 최항이 나온다.[24] 더욱이 정안은 혜심의 행장을 초록하여 최이에게 보내면서, 그의 탑비를 세

---

21 『삼국유사』에는 慧諶이 자주 언급되었다. 『삼국유사』 권3, 前後所將舍利조에는 "曹溪無衣子 (慧諶)留詩云 聞道皇龍災塔日 連燒一面示無間 是也"라고 하였다. 곧 일연은 혜심의 詩를 인용하여 수백 년간 전승된 불교 문화재를 讚하였다. 이것은 일연의 혜심에 대한 관심을 알 수 있게 한다.

22 一然, 「重編曹洞五位序」, 『學林』 6, 1984, 11쪽에 "嘗自介懷 曾謁曹溪小融和尙 語及曹洞家世 和尙亦以此云"이라 하였다.

23 李奎報, 「昇州月南寺 眞覺國師圓炤塔碑」(李智冠, 『校勘譯註 歷代高僧碑文』高麗篇 4, 1997, 122쪽)에 "然千里相契 宛如對面 復遣二子參恃 凡師之常住資具 莫不盡力營辦"이라 하였다.

24 閔賢九, 「月南寺址 眞覺國師碑의 陰記에 대한 一考察 —高麗 武臣政權과 曹溪宗—」, 『震檀學報』 36, 1973, 21~22쪽.

우도록 청하였다.[25] 선원사禪源社는 고종 33년(1246년)에 최이의 원찰로 창
건되었으며, 그의 진영을 모셨다. 이때에 선원사에서 베푼 선법회禪法會를
주간한 사람은 수선사의 제5세주인 천영天英이다. 일연은 선월사에 들러
수선사의 승려와 교류하였으며, 특히 혜심의 불유동원佛儒同源 사상에서 많
은 영향을 받았던 듯하다.[26]

일연은 오어사 등 포산 지역에 다시 우거하면서 충렬왕과 친밀한 관계를
맺었다. 이후 그는 고려 조정의 여러 인물과 교류하였다. 우선 일연비의 본
문에서 보이는 그와 연관된 인물과 직책을 제시하면 다음과 같다.

김군金頵·염승익廉承益·나유羅裕·황수명黃守命·김용일金龍釰(劍)·김성
주金成周
판관후서사判觀候署事·안렴사按廉使·마산역리馬山驛吏

이들뿐만 아니라 일연비를 찬술한 민지도 그와 연관된 인물이다. 또한 일
연비의 음기에도 다음과 같은 인물들이 나오는데, 이들은 대체로 오어사에
주석한 이후에 그와 연결되었을 것으로 추측된다.

나유羅裕·민훤閔萱·김군金頵·이덕손李德孫·공문백貢文伯·임동任銅·이영
주李英柱·김지金砥·최녕崔寧·박송비朴松庇·김주정金周鼎·정가신鄭可臣·홍
자번洪子藩·이장용李藏用·송송례宋松禮·원부元傅·김구金坵·박항朴恒·염승
익廉承益·김련金璉·오예吳睿·정수기鄭守祺·최자혁崔資奕

---

25 이규보, 위의 비, 위의 책, 1997, 123쪽에 "請逸庵居士鄭君奮 草具行錄 以立碑 請於晉陽公"이
   라 하였다.
26 鄭赫,「高麗後期 眞覺國師 慧諶의 佛儒同源思想」,『北岳史論』3, 1993, 206~212쪽.

일연비의 본문과 음기에 모두 나와 있는 인물은 김군金頵·나유羅裕·염승익廉承益이다. 그 외 본문에 나와 있는 안렴사는 음기에 나와 있는 민훤閔萱이거나, 그렇지 않다 하더라도 일연과 가까운 인물일 것으로 추측된다.

민훤은 충렬왕 7년(1281년)에 왕과 왕비가 순안현順安縣에 들렀을 때, 경상도의 안렴사로 있으면서 연회를 베풀었다.[27] 같은 시기에 안동부사安東府使 김군은 그곳에 이른 충렬왕을 맞아, 비단으로 장막을 가설하고 음악을 연주하게 하였다.[28] 나유는 무장이지만 불교 행사, 곧 팔관회 등의 의례에 밝아 의식을 주관하였으며, 원종 15년(1274년) 이래 일본 정벌에 참여하였다.

일본 원정군을 위로하기 위해 경주에 들른 충렬왕은 많은 승려를 불러들여 승직을 내렸는데, 당시의 불교계는 타락해 있었다.[29] 일연은 경주 행재소에서 충렬왕을 만났으며, 타락한 불교계를 이끌 수 있는 적임자로서 왕은 물론 여러 신료들의 존경을 받았다. 민훤이나 김군은 이때 일연과 연결되었을 것이며, 일본 원정에 참가한 무신들도 그를 흠모하였다. 충렬왕 7년에 경주까지 충렬왕을 호종한 정가신鄭可臣이나 김주정金周鼎은 물론 나유도 일본 정벌에 참가하였다. 또한 박항朴恒은 충렬왕 즉위 초에 승선承宣이 되어 전주銓注를 관장하였으며, 문신이었지만 제2차 일본 정벌 당시에는 찬성사贊成事로 있으면서 전쟁 물자의 공급과 군무軍務를 담당하였다.

일연은 경주와 마산 지역에서 일본 원정에 관여한 관리들과 교류하였다. 나유는 충렬왕과 가까운 인물이다. 그는 원종 10년(1269년)에 당시 세자인

---

27 물론 閔萱은 일연이 입적한 해인 1289년에 경상도 按廉使로 있었는지는 불분명하다. 그는 충렬왕 16년(1290년)에 全羅道指揮使로 임명되었고, 그 직전에는 衛尉府君으로 있었다. 그러한 그가 일연의 장례를 監護하였다면, 이전에 역임한 按廉使라는 호칭이 의례적으로 붙여진 듯하다. 그렇지 않고 일연비 본문의 안렴사가 1289년 당시의 慶尙道按廉史를 지칭한다고 하더라도, 그는 전임관이었던 민훤과 친밀한 사이였을 듯하다.

28 『고려사』 권29, 충렬왕 7년, 8월 丁丑조.

29 『고려사』 권29, 충렬왕 7년, 6월 癸未조에 "王次慶州 下僧批 僧輩以綾羅 賂左右得職 人謂羅禪師綾首座 娶妻居室者居半"이라 하였다.

심(諶, 뒤에 충렬왕)을 수행하여 몽골에 갔다. 돌아오는 중에 임연林衍 등이 원종을 폐하였다는 말을 들었다. 나유는 세자가 고려 국내로 들어가는 것을 만류하여 그를 위험에서 구하였다. 나유가 충렬왕과 밀접하였음은 바로 이런 점에서 분명해진다.

염승익은 충렬왕 때의 폐행嬖幸으로 알려진 인물이며, 일연이 입적한 후인 충렬왕 19년(1293년)에는 왕과 왕비를 수행하여 원에 다녀왔다.[30] 그는 충렬왕뿐만 아니라 왕비(원의 공주)에게도 총애를 받았다. 특히 염승익은 불교에 탐닉하였는데 주술적 불교신앙을 가졌고, 그것으로써 나쁜 병을 치료하였다. 그는 왕이 병들어 천효사天孝寺로 피접避接가는 데 수행하였으며, 왕비가 병이 나자 궁에 들어가 그 법석法席을 주관하였다. 이렇듯 그는 충렬왕과 친숙하여 당시의 수상인 홍자번洪子藩과 아상인 조인규趙仁規 다음으로 권력을 행사하였다.

염승익이 일연과 밀접하게 연결되는 계기를 그의 돈독한 불교신앙에서 찾을 수 있다. 염승익은 자신의 집을 희사하여 대경사경소大經寫經所로 삼아 불경을 간행하였고, 만년에는 왕의 명령으로 불전을 건립하였다.[31] 관직에서 물러난 뒤에는 머리를 깎고 승려가 되었다. 이러한 사정으로 그는 자연스럽게 일연과 가까워졌다. 일연 또한 염승익과의 친교로 충렬왕과 더욱 친밀해졌다.

일연과 연결된 관료들이 충렬왕과 밀착되었던 것은 흥미로운 사실이다. 우선 충렬왕이 경주로 올 당시에 안동부사였던 민훤은 일연이 입적한 후

---

30 一然碑의 陰記에 기록된 인물 중에는 충렬왕을 수행하여 元에 다녀온 자가 많다. 廉承益과 羅裕는 물론이거니와 1278년에는 元傅·金周鼎·朴恒·洪子藩 등이 왕을 수행하여 원에 갔다. 이때에 박항과 김주정·염승익은 必闍赤(필도치)가 되었다. 또한 뒷날 충렬왕 즉위 이후 僉征東事로서 일본 정벌에 參戰하는 宋松禮도 원종 11년(1270년)에는 상장군으로서 세자 심을 수행하여 몽골에 다녀왔다.
31 『고려사』 권29, 충렬왕 6년, 2월 戊戌條.

이기는 하지만, 충렬왕 17년(1291년)에 우승지로 임명되었다.[32] 충렬왕 5년
(1279년)에 동경유수東京留守였던 이덕손李德孫은 충렬왕 11년(1285년)에
경상도 왕지사용별감王旨使用別監에 임명되었다. 이 당시 그는 일연과 교류
하였던 것이 분명한데, 그 뒤 부지밀직사사副知密直司事와 지도첨의사사知
都僉議使司로 승진하여 충렬왕의 폐행이 되었다.

일연비의 본문에 나와 있는 일연과 연결된 인물들 대부분은 그 행적을 잘
알 수 없다. 그렇지만 그들은 대개 왕의 근시였다. 김군은 물론 좌랑佐郞인
황수명黃守命·김용일金龍釰이 근시였고, 김성주金成周는 장선별감掌選別監
으로 왕의 근시였다고 생각한다. 일연비의 본문에 언급된 인물들이 대체로
충렬왕의 근시였던 것은 그와 충렬왕이 친밀하였던 사실을 짐작하게 한다.
다만 일연비에 나와 있는 인물들의 공통된 성향을 지적하면, 일연과 그들이
연결되는 실마리를 제공해 줄 것이다.

염승익은 충렬왕과의 친분 때문이기도 하지만 돈독한 불교신앙으로 말
미암아 일연과 더욱 가까워졌다. 근시였다고는 하지만 이들이 일연과 연결
되는 데 불교신앙이나 결사에 대한 관심이 크게 작용하였다. 홍자번洪子藩
은 충렬왕 5년 일본 정벌 당시에 전라도 도지휘사로 있으면서 전함의 수리
와 건조를 담당하였기 때문에, 이때에 일연과 인연을 맺은 것 같지는 않다.
그는 충렬왕보다 충선왕과 더 밀착된 인물이었지만,[33] 불교 의식이나 제사
의례에 밝았다. 그는 충렬왕 때에 지리산신智異山神의 제사를 주관하였는가
하면,[34] 묘련사妙蓮寺에서 경찬회慶讚會를 개설하고 행향사行香使로서 그것
을 주관하였다.[35] 최녕崔寧은 그 정확한 행적을 잘 알 수 없지만, 고종 말년

---

32 『고려사』 권30, 충렬왕 17년, 7월 壬寅조.
33 『고려사』 권105, 洪子藩전에는 그가 忠烈王派인 吳祁·石冑 등의 주청으로 충렬왕 31년(1305
    년)에 파직되었고, 元에 가서 죽었으며 忠宣王의 廟廷에 배향되었다고 하였다.
34 『고려사』 권28, 충렬왕 元年, 6월 己巳조.
35 『고려사』 권30, 충렬왕 11년, 11월 丁丑조.

에 왕의 몸이 불편하자 바닷가에서 방생을 주관하였다.[36] 이처럼 홍자번이나 최녕 등은 불교신앙과 연관해서 일연과 친밀해졌을 법하다.

특별히 일연비의 음기에 나와 있는 인물 중 일연의 입적 이전에 죽은 김구金坵·이장용李藏用·원부元傅·박송비朴松庇·송송례宋松禮 등은 주목된다. 그중 이장용과 원부가 감수국사監修國史로서 역대 왕들의 실록을 편찬하였다. 원부는 충렬왕 3년(1277년)에 수국사修國史로서 류경柳璥·김구 등과 함께 『고종실록高宗實錄』을 찬수하였으며,[37] 뒤에는 감수국사가 되어 『고금록古今錄』을 서술하였다.[38] 이장용은 원종 8년(1267년)에 김구와 함께 신종·희종·강종의 삼대실록三代實錄을 편찬하였으며,[39] 불교 서적을 좋아해서 『선가종파도禪家宗派圖』와 『화엄추동기華嚴錐洞記』를 간행하였다.

이장용은 불교 서적에 대한 조예가 깊어 당시 불교계의 고승과 폭넓게 교류하였다.[40] 감수국사로서 역대 왕들의 실록을 편찬한 그의 경험은 주목해야 한다. 이장용과 함께 실록을 편찬한 김구도 역시 비슷한 행적을 가졌다. 그는 충렬왕이 즉위하자 통문관通文館의 설치를 건의하였을 뿐만 아니라 『지포집止浦集』과 원에 다녀온 기행문인 『북정록北征錄』을 저술하였고, 『원각경圓覺經』의 발문에 시를 써 붙이기도 하였다.[41] 또한 충렬왕 7년(1281년)에 합포合浦로 떠나는 왕을 호종한 정가신도 호경대왕虎景大王부터 원종까지의 역사서인 『금경록金鏡錄』을 편찬하였다.[42]

일연과 연결되었던 관리들은 충렬왕과 밀착된 인물들이 많았으며, 특히

---

36 『고려사』 권24, 高宗 46년, 3월 辛未조.
37 『고려사』 권28, 충렬왕 3년, 5월 壬寅조.
38 『고려사』 권29, 충렬왕 10년, 6월 丙子조.
39 『고려사』 권26, 元宗 8년, 10월 壬午조.
40 민현구, 앞의 논문, 1973, 21~22쪽에 소개된 「月南寺 眞覺國師圓炤塔碑」의 陰記에도 李藏用이 나온다. 이 점은 그가 수선사의 승려와도 폭넓게 교류하였음을 알려준다.
41 『고려사』 권106, 金坵전.
42 『고려사』 권105, 鄭可臣전.

그들은 불교계에 지대한 관심을 가졌거나 감수국사로서 역대 왕들의 실록을 편찬하였다. 일연도 충렬왕과는 친밀한 관계를 가졌는데, 경주에서 왕을 만나 뵌 이후 왕실에 나아가 국존의 봉임을 받았다. 앞서 일연비에서 이에 대해 확인했지만, 『고려사』에도 다음과 같이 나타나 있다.

① 승승 견명見明을 내전內殿에 맞아들였다.[43]

② 숭경당崇慶堂에서 왕과 공주公主가 인왕도량仁王道場을 베풀고 행향行香하였다.[44]

③ 왕과 공주가 광명사廣明寺에 가서 견명을 방문하였다.[45]

④ 재상들이 왕의 병을 치료하기 위해 광명사廣明寺에서 법회를 베풀었다.[46]

⑤ 승승 견명을 국존國尊으로 정하였다.[47]

일연은 내전이나 광명사에 있으면서 왕과 왕비가 참가한 인왕도량을 주관하였고, 왕의 병을 치료하기 위해 광명사의 법회를 개설하였다. 또한 왕과 왕비는 직접 광명사로 일연을 찾아뵙고 있다. 『고려사』에서 일연을 다른 승려에 비해 퍽 비중 있게 기록한 셈이다. 일찍이 일연이 왕명으로 운문사의 주지로 있을 당시에, 충렬왕은 그를 공경하는 찬시를 지어 보냈다.[48] 충렬왕 10년(1284년)에는 일연의 하산소를 인각사麟角寺로 결정하였다. 다음

---

43 『고려사』 권29, 충렬왕 8년, 10월 壬寅조.
44 위의 책, 충렬왕 8년, 10월 己酉조.
45 위의 책, 충렬왕 8년, 12월 乙未조.
46 위의 책, 충렬왕 9년, 正月 甲戌조.
47 위의 책, 충렬왕 9년, 3월 庚午조.
48 민지, 앞의 비, 『伽山學報』 5, 1996, 276쪽에 "上卽祚四年丁丑 詔住雲門寺 大闡玄風 上日深傾注 以詩寄云 密傳何必更摳衣 金地逢招亦是奇 欲乞璉公邀闕下 師何長戀白雲枝"라고 하였다. 충렬왕은 七言四句詩를 지어 일연에게 전하였다. 물론 충렬왕은 당시 수선사의 5세주인 天英에게도 讚詩를 지어 보냈다. 이 점은 충렬왕이 修禪社主와 동격으로 일연을 대한 것이어서, 왕과 일연의 친밀도를 보여준다.

에서 이런 사정에 대해 알 수 있다.

조정은 인각사麟角寺를 하안지下安地로 삼고, 김용일金龍鈅에게 명하여 절을 수즙修葺하게 하였다. 또한 토지 100여 경頃을 헌납하여 상주 비용으로 충당하였다. 대사는 인각사에 들어가 거주하였으며, 구산문도회九山門都會를 다시 개설하니 총림叢林의 성함이 근고近古에 비길 데가 없었다.[49]

일연은 인각사에 주석하여 구산문도회를 개설하였다. 그는 인각사에서 가지산문도를 중심으로 구산선문을 통합하려 했으며, 그로 인해 선문이 크게 번성하였다.[50] 이러한 선문의 번성은 인각사를 중심으로 한 가지산문의 번성을 의미하였다. 일연비의 음기는 많은 절의 승려들이 탑비의 건립에 참여하였던 사실을 기록하였다. 그중 수좌首座 이상 대선사나 선사가 거주한 절이 무려 40여 개소에 이른다.[51] 이 절들은 수선사 계통인 선원사를 위시하여 당시 불교계를 대변하는 천태종이나 법상종 등의 계열로 거의 전국에 흩어져 있었다. 그렇지만 그 중심은 가지사迦智寺·오어사·인홍사·불일사·운문사·인각사 등이었고, 가지산문도들이 이들 사원을 운영하였다.

가지산문의 중심 도량으로 구산선문 통합의 주체가 되었던 인각사의 규모에 대해서는 잘 알려져 있지 않다. 일연의 하산소로 결정되면서 근시인 김용일을 보내어 보수한 점으로 보아, 그 이전의 인각사는 쇠락하였음이 분

---

49 민지, 앞의 비, 앞의 책, 1996, 276쪽에 "朝廷以麟角寺 爲下安之地 勅近侍金龍鈅修葺之 又納土田百餘頃 以賣常住 師入麟角 再闢九山門都會 叢林之盛 近古未曾有也"라고 하였다.

50 李穡, 「麟角寺無無堂記」, 『東文選』 권72에 "今曹溪都大禪師諿公 新被寵命 領袖九山 見上于洛水之上 賜坐從容 可謂榮矣"라고 하였다.

51 일연비의 陰記에 나온 절은 대략 다음과 같다.
靈覺寺·迦智寺·無爲寺·法興寺·普濟寺·龍華寺·中嶺寺·吾魚寺·麻谷社·仁興社·載岳社·貝岩社·挑源社·祖嵓社·師子院·瓊嵓寺·兄岩寺·淸源社·瑩原寺·普門寺·寶鏡寺·深山寺·妙德寺·海龍寺·元寗寺·麟角寺·聖住寺·朱勒寺·花藏社·雲興社·龍岩寺·智論寺·佛日社·香山寺·居祖社·雲住寺·月星社·道峯寺·禪源寺·雲門寺.

명하다. 다만 일연의 하산소로 결정되면서 인각사의 규모는 상당히 커졌을 것으로 생각한다. 다음을 참고해 보자.

처음에 용일龍釖이 올 때에 마산馬山의 역리驛吏가 꾼 꿈에 대해 말하기를 "내일 천사天使가 담무갈보살曇無竭菩薩이 있을 곳을 수리하기 위해 여기를 지나갈 것이다"라고 하였다. 다음 날 과연 (용일이) 지나가니 대사의 덕행이 이미 사람들을 이롭게 함을 관지觀智한 것이므로, 그 꿈이 헛되지 않았다.[52]

일연은 담무갈曇無竭보살로 비유되었고, 인각사를 보수할 책임을 맡은 용일은 천사로 꿈속에 나타났다. 이러한 꿈의 비유는 인각사의 보수가 소홀함이 없었던 것을 은유적으로 나타낸다. 마산의 역리驛吏는 인각사의 보수에 동원된 사람들 중 책임자였을 것이다. 경상도 지역 사람들을 차출하여 인각사를 새롭게 단장하였는데, 이때 인각사에 100여 경의 토지를 내렸다. 그것은 약 100명 이상의 장정이 1년 동안 거주하면서 생활하기에 충분한 소출을 낼 수 있는 규모이다. 물론 당시 인각사는 100여 경보다 더 많은 토지를 가졌을 것이다.

일연이 있을 당시 인각사의 규모를 정확하게 알기는 어렵다. 아마 100명 이상의 인원이 상주하였으며 구산문도회를 개최하였기 때문에, 그 규모는 많은 인원을 수용할 수 있을 만큼 컸을 것이다. 다만 고려후기에 인각사의 가람 배치는 무무당無無堂의 건립을 통해 그 편린을 알 수 있다. 불전의 앞 중앙에 탑이 있고 그 좌우에 요사寮舍와 식당인 선당膳堂이 있었는데, 탑과 선당 사이에 당시 수도하는 무무당을 건립하였다.[53] 하산소였기 때문에 불

---

52 민지, 앞의 비, 앞의 책, 1996, 278쪽에 "初龍釖之來也 馬山驛吏夢人曰 明日當有天使 修曇無竭菩薩住處 行過此 明日果至 以師之行 已利人觀之 是夢豈虛也哉"라고 하였다.

53 이색, 앞의 글, 『동문선』 권72에 "蓋本寺佛殿據高 中庭而塔 左以廡右以膳堂 左近右遠 布置不稱 是以立無無堂于膳堂之左 於是左右相距均矣"라고 하였다.

전으로 극락전이 있었고 또한 대웅전이 있었다.[54] 그 외에 강설루講說樓와 승방僧房·종루鐘樓가 조선후기에 보수되었다.

조선시대까지 인각사에는 대웅전과 극락전·요사·선당·무무당·강설루·승방·종루가 있었던 듯하다. 그중 요사와 승방 및 무무당과 강설루 등이 같은 건물이었는데, 조선시대에 중수하면서 다른 이름으로 바꾸었는지 확실하지 않다. 사료적 가치가 떨어지는 근래의 자료에는 앞서 기록한 건물 외에 미륵당彌勒堂·명부전冥府殿·비각碑閣·정호井戶 등이 있었다고 한다.[55] 장제명蔣濟明과 이도원李道源 등이 인각사 유적을 답사할 때에 비각과 미륵당을 확인하였고,[56] 이홍직李弘稙이 답사할 때 명부전을 확인하였다.[57]

미륵당과 명부전이 일연 당시에 조성되었는지는 불분명하다. 인각사는 신라 선덕여왕 11년에 의상대사에 의해 창건되었다고 하지만, 일연의 하산소가 되어 가지산문의 중심 도량이 되면서 번창하였다. 그 뒤에 무무당을 세우는 등의 새로운 역사役事가 없지는 않았으나, 조선 효종 때의 중수나 숙종 25년(1699년)에 의홍현감義興縣監 박성한朴聖漢의 증축 등은[58] 모두 일연 당시의 인각사가 쇠락한 것을 재건하는 수준에 머물렀을 것이다. 그러고 보면 인각사는 기록상으로 상당히 많은 불전과 요사를 갖추고 있었는데, 이는 대체로 일연 때의 사세寺勢를 짐작하는 데 도움을 준다.

---

54 미상,「華山麟角寺講說樓重修記」,『朝鮮寺刹史料』권상, 1911, 416쪽에 "本寺以羅代巨刹 時運不齊寺樣衰敗 今至無寺焉 最悶迫者大雄極樂 兩招提攘 傾柱不立"이라 하였다. 1721년(景宗 元年)에 쇠락했지만, 인각사에는 極樂殿과 大雄殿이 있었다. 이 두 불전은 고려후기에 건립되었을 것이다.

55 蔣濟明,『華山麟角寺誌』油印本, 1965, 沿革조.

56 李道源,「麟角寺重修記」,『화산인각사지』유인본, 1965, 22쪽에 "始役大如修葺 自極樂講說 爰及碑閣與彌勒堂 而輪奐一新於乎"라고 하였다.

57 李弘稙,「一然禪師의 追仰」,『思想界』, 1958, 6월호;『讀史餘滴』, 一朝閣, 1960, 95~96쪽.

58 장제명, 앞의 책, 1965, 연혁조.

3. 일연의 저술

일연이 저술한『삼국유사』는 한국고대사나 불교사 및 한국 문화를 연구하는 데 귀중한 책이어서, 그 성격을 논하는 많은 연구가 있다.『삼국유사』의 사학사적 성격은 그 자체의 내용을 분석하는 것만으로 만족스럽게 밝힐수 없다. 그러한 작업은 일연의 생애나 불교사상 등의 이해를 곁들여야 성공적으로 이루어질 것이다. 아울러 일연의 다른 저술에 대해서도 심층적으로 연구할 필요가 있다.『삼국유사』는 실제로 중요하고 다루어야 할 분야가많지만 또한 해결해야 할 많은 문제점을 가졌기 때문에 간단한 작업으로 분석될 수 있는 것은 아니다. 여기서는『삼국유사』를 이해하기 위한 기초 작업으로서, 일연의 다른 저술을 언급하고자 한다.

일연은 선종뿐만 아니라 교종의 여러 사상 경향에 대해 폭넓게 이해하였다. 화엄사상은 물론 유식사상에 대한 조예가 깊었을 뿐만 아니라 유학사상에 대해서도 폭넓은 지식을 가졌다. 그 때문인지 그는 많은 저술을 남겼다. 다음 기록을 참고해 보자.

> 대사의 저술로『어록語錄』2권과『게송잡저偈頌雜著』3권이 있고, 편수編修
> 한 책으로『중편조동오위重編曹洞五位』2권,『조파도祖派圖』2권,『대장수지
> 록大藏須知錄』3권,『제승법수諸乘法數』7권,『조정사완祖庭事菀』30권,『선
> 문염송사완禪門拈頌事菀』30권 등 100여 권이 세상에 유행하고 있다.[59]

일연은『어록』·『게송잡저』·『중편조동오위』·『조파도』·『대장수지록』·『제

---

59 민지, 앞의 비, 앞의 책, 1996, 278쪽에 "師之所著 有語錄二卷 偈頌雜著三卷 其所編修 有重編
曹洞五位二卷 祖派圖二卷 大藏須知錄三卷 諸乘法數七卷 祖庭事菀三十卷 禪門拈頌事菀三十
卷等 百餘卷 行于世"라고 하였다.

승법수』·『조정사완』·『선문염송사완』 등을 저술하였는데, 이외에도 100여 권의 저술을 남겼다. 「인천보감후식人天寶鑑後識」도 그중의 하나이다.

일연의 저술 중 그 내용을 알 수 있는 것은 『삼국유사』 외에 현전하는 『중편조동오위』와 「인천보감후식」이다. 일연이 『중편조동오위』를 편찬한 경위는 다음에서 알 수 있다.

지난 병진(丙辰, 고종 43년, 1256년) 여름 윤산輪山의 길상암吉祥庵에 머물렀는데, 여가에 구본舊本인 삼가어구三家語句를 가져다가 검열檢閱하고 그 글을 종합하였다. 장절章節을 따라 협주夾註를 붙이고 구본에 의해 두 책을 만들어서 동몽童蒙의 요구에 대비하려 하였다. 같이 수도하는 상인上人이 이것을 보고 고본藁本이 없어지지 않을까 걱정하여 출판하기를 간절히 청하였다. 나는 "좋습니다. 바라건대 법수法水의 맑음으로써 번뇌의 티끌을 씻고자 합니다. 당신이 맡아 출판해 주십시오!"라고 하였다. 범례로 '간운揀云'이라 한 것은 조산曹山의 말이며, '석운釋云'이라 한 것은 광휘廣輝의 말이다. 두 문장의 전후가 상략詳略이 같지 않으면, 자세한 것은 취하고 소략한 것은 버렸다. 둘 다 통하는 것은 모두 실었다. 다만 글이란 본래의 뜻이 있으니 어찌 억측으로 쓰겠는가? 주註가 빠져 해석이 되지 않은 곳에는 (一然의) 짧은 소견으로 보충하였다.[60]

일연은 윤산의 길상암에 머물렀을 때에 『조동오위』를 구하여 검토하고는, 후학을 가르치기에 알맞게끔 장절을 나누고 종합하여 주석을 붙였다. 물론 그 내용의 대부분은 조산曹山의 본문과 그것을 해석한 광휘廣輝의 주

---

60 일연, 「중편조동오위서」, 『학림』 6, 1984, 11~12쪽에 "越丙辰夏 寄錫輪山 吉祥庵 因有餘閑 乃將旧本 三家語句 務使檢閱 錯綜其辭 隨文夾入 依旧雜爲二冊 以備童蒙之求 同袍之上人 索觀之 懼藁本之或泯 切有刀梓之請 予曰嘉矣 庶憑法水之請 一洗障蒺之茂 子共圖之 凡揀云者 曹山語也 釋云者 輝語也 二文前後 詳略不同者 取祥去略 兩通者俱存之 但文有前郤 豈涉胸臆 至於闕注 不釋處 補以短聞"이라 하였다.

석으로 채워졌다. 그 외 일연 자신의 주석을 덧붙였으며 아울러 전후를 상고하여 삭제하기도 하였다.

『조동오위』는 그 내용이 뒤얽혀 뜻을 구명하기 어려우며, 상세하지 못한 부분이 많고 잘못되어 본뜻을 잃은 것이 허다하였다. 특히 후인이 그것을 풀이하면서 견강부회가 심하여, 임의로 교설을 설명하거나 혹은 선수행禪修行에 어긋난다고 하여 아예 무시하는 풍토도 『조동오위』를 중편重編하는 중요한 요인으로 작용하였다. 『조동오위』가 선수행 위주로 해석되었고, 그러한 풍토에 대해 불만을 가질 수밖에 없다. 그러므로 교선을 함께 이해하려 한 일연은 일찍부터 『조동오위』를 개정하고자 하였다.[61]

『조동오위』의 내용은 교선을 아우르는 것이어서 그 본문에서 조산 본적本寂은 본체 곧 공空인 정위正位와 상 곧 유有인 편위偏位를 정편오위正偏五位로 나누었다. 그것은 정중편正中偏·편중정偏中正·정중래正中來·편중지偏中至·겸중도兼中到이다. 이외에 그는 사문타沙門墮·존귀타尊貴墮·수류타隨類墮의 3타墮와 왕래이류往來異類·보살동菩薩同이류·사문沙門이류·종문宗門이류의 4이류 및 연등전燃燈前·연등후·정연등正燃燈의 3연등을 주장하였다.

조동종사상을 성립시키는 데 중요하게 작용한 동산洞山 양개良价는 공훈오위功勳五位를 설정하였으며, 그것은 향向·봉奉·공功·공공共功·공공功功이다. 그 외에 그는 견見·정情·어語의 3삼루滲漏와 오도烏道·현로玄路·전수展手의 3로路를 주장하였다. 이러한 조동종사상은 선종에 속한다고는 하지만, 여러 법상法相에 대한 인식을 강하게 나타내는, 곧 유식에 대한 이해를 부정하지 않는다. 일연이 『중편조동오위』를 편찬하는 데에는 그의 유식에 대한 관심이 크게 작용하였다.

---

61 일연, 위의 글, 위의 책, 1984, 11쪽에 "心竊自謂 遇幸因緣 心須改正 値世多難 未償素志"라고 하였다.

다만 일연은 조동종에서 전승되는 『조동오위』를 그대로 편찬하지 않았다. 오히려 그는 미진한 부분에 대해 주석을 붙임으로써 그것을 새로운 체제로 재정립하였다. 『중편조동오위』는 모두 3권으로 구성되어 있다. 상권은 동산오위현결洞山五位顯訣을 소개하였다. 그것을 정위극편正位郤偏·편위수편偏位雖偏·정위중래正位中來·편위중래偏位中來·상겸대래相兼帶來로 나누었으며, 종국적으로 물物과 위位를 공功과 과過로 대비하여 설명하였다.[62] 중권에서는 조산의 정편위正偏位를 들고 이후 그것이 조금씩 달리 전해지는 사례를 열거하였다.[63] 그러면서 자연自然이 찬술한 보협론寶篋論을 새로 첨가하여 5위를 설명하였다. 하권에는 동산의 3구句 등과 3종타·4이류설 등을 소개하였고, 보경삼매현의설寶鏡三昧玄義說을 첨가하였다.

일연은 『조동오위』를 중편하면서 '보왈補曰'이라 하여 새롭게 주석하거나 또는 새로운 논설을 첨가하였다. 말하자면 그것은 중국에서 편찬된 『조동오위』와는 그 취지나 내용 면에서 크게 달라진 셈이다. 그는 신라말에서 고려에 걸쳐 활동한 학승들의 논소를 참고하여 『조동오위』를 새롭게 편찬하였다. 이 때문에 그는 우리나라 승려들이 『조동오위』에 대해 올바르게 이해하였다고 했다. 특별히 신라의 금장金藏·영암靈岩의 청허淸虛·운주雲住의 악악嶽·수미須彌의 이엄利儼·무위無爲의 형미逈微·연□燕□의 혜慧·허봉虛鳳의 담담湛·대령大嶺의 청원淸院·와룡臥龍·해룡海龍·서암瑞岩·동암洞岩 등이 존경할 만하며,[64] 이들의 논소가 『조동오위』를 중편하는 데 도움이 되었다

---

62 일연은 洞山五位顯訣을 借物明功·借功明物·借過明功·借功明過·借位明功·借功明位 등으로 대비하였다.

63 일연, 『重編曹洞五位』, 『학림』 6, 1984, 31쪽에서 '補曰'이라 하고는 五位를 正中來·正中偏·偏中至·兼中至·兼中到로 설정하였다. 곧 正偏五位 중 偏中正이 빠지고 兼中至가 더 들어간 것이다. '補曰'에서 제시한 五位는 일연이 註釋한 것으로 생각된다. 일연은 이러한 五位 외에 慈明和尙과 則之禪師의 오위설을 소개하였다. 그들이 주장하는 5위는 共히 正中偏·偏中正·正中來·兼中至·兼中到이다. 곧 '補曰'에서 첨가한 兼中至가 들어가 있다.

64 일연, 「중편조동오위서」, 위의 책, 1984, 11쪽에 "然有新羅 金藏靈岩淸虛 雲住嶽 須彌儼 無爲微 燕□慧 虛鳳湛 大嶺淸院 臥龍海龍 瑞岩洞岩之此 現於典二十許員尊宿 是醇乎醇者也"라고

고 하였다.

신라말에 위앙종潙仰宗이 전래되었으며, 순지順之의 사상은 원상圓相 내에 글자를 넣어 여러 법상을 표시하였다. 순지는 종국적으로 선종과 화엄종 또는 선종과 법화와의 융섭融攝사상을 내세웠지만, 실제로 제시한 사대팔상四對八相이나 양대사상兩對四相 등의 하나하나는 법상으로 이해될 수 있는 것이다. 이는 선종사상 내에 유식사상을 포용함으로써, 일연의 사상 형성에 능동적으로 작용하였다. 일연은 소융小融화상인 수선사 제3세주 몽여夢如에게 『조동오위』에 대해 물었다. 몽여는 법상종 승려인 정각靜覺국사 지겸志謙이 찬술한 『종문원상집宗門圓相集』에 발문跋文을 붙여서 판각板刻한 인물이다.[65] 몽여뿐만 아니라 지겸에게서 상당한 영향을 받은 일연은 유식사상에 대해 깊이 이해하고 있어서, 『조동오위』를 고려 사회에 적합한 새로운 체제로 중편하였다.

일연은 충렬왕 5년(1279년)에 『인천보감집人天寶鑑集』을 얻어, 그 후식後識을 썼다. 물론 일연이 그것을 새롭게 편찬한 것은 아니었다. 『인천보감집』은 송나라 상인인 마도강馬都綱이 중국에서 고려로 가져온 것인데, 현재전하지 않아 그 내용을 자세히 알 수는 없다. 그것을 보시하는 제의를 주관한 사람은 천태종 계통의 강원講元선사였으며, 우리나라에 전하여 널리 퍼지게 한 사람은 관식觀識장로 이연理淵이다.[66] 이연이나 강원선사에 대해서는 더 이상 알 수 없다. 다만 『인천보감』은 천태종 계통의 저술로 이해되며, 널리 퍼뜨린 장로의 법호가 '관식觀識'이라는 것도 이러한 추측을 가능하게 한다. 또한 『인천보감』은 그 이름으로 보아 유학사상까지도 융섭하였을 것

하였다.

65 민영규,「一然 重編曹洞五位 重印序」, 앞의 책, 1984, 7쪽.

66 일연,「人天寶鑑後識」에 "至元十六年乙卯 宋商馬都綱 賫此人天寶鑑集一部 來請天台講元禪師 自因齋訖 用此錄爲襯施 觀識長老理淵 取來傳布 行于海東"이라 하였다(黃浿江,『一然 作品集』, 螢雪出版社, 1977, 149쪽).

으로 생각한다. 『인천보감』은 천태종뿐만 아니라 유식이나 유학사상과 연관을 가진 저술이었기 때문에 일연의 관심을 끌었을 것이다.

지금 전하지는 않지만 『조정사완祖庭事苑』·『선문염송사완禪門拈頌事苑』·『조파도祖派圖』 등은 선종 관계의 저술임이 분명하다. 그중 『선문염송사완』은 혜심慧諶이 찬술한 『선문염송집禪門拈頌集』을 다시 편집하여 서술한 저술일 가능성이 있다.[67] 두 책은 내용 면에서 서로 비슷하였다. 그러므로 혜심이 『선문염송집』을 편찬한 의도는 일연의 『선문염송사완』에도 거의 그대로 나타났을 것이다. 다음을 참고해 보자.

비록 문자에 의하지 않고 마음에서 마음으로 전하는 법을 내세웠을 뿐인데, 호사가好事家들이 그 행적을 억지로 기록하여 방편으로 책에 실어 전하였다. 지금 그 행적은 진실로 귀하다고 할 수 없다. 그러나 그 흐름을 찾는 데 방해됨이 없이 근원을 얻을 수 있고 말末에 의거하여 본본을 알 수 있다면, 본원本源을 얻은 것이다. 비록 만상萬相의 분별로써 언급했다 하더라도 어찌 옳음을 얻지 않겠는가?[68]

선종은 경전에 의하지 않고 마음에서 마음으로 전하여 정각에 이르게 하지만, 선의 경지는 쉽게 깨치기 어렵다. 또한 깨친 선을 표현할 길이 없다. 때문에 묵조선默照禪이 아닌 간화선看話禪을 추구하면서, 조사의 행적을 글

---

67 채상식, 「一然(1206~1289)의 사상적 경향」, 『韓國文化研究』 창간호, 釜山大 韓國文化研究所, 1988, 41쪽.
　　慧諶의 『禪門拈頌集』은 高宗 30년(1243년)에 鄭晏의 誌를 붙여서 1244년에서 1248년 사이에 南海 分司에서 간행되었기 때문에, 일연이 그것을 열람하였을 것이다. 일연의 『禪門拈頌事苑』과 混丘가 편찬한 『重編拈頌事苑』 30권(失傳)은 그것을 계승하였다고 추측된다.
68 慧諶, 「禪門拈頌集序」, 『高麗大藏經』 권46, 1쪽 上에 "雖有指陳 不立文字 以心傳心而已 好事者 强記其迹 載在方冊傳之 至今則其鹿迹 固不足貴也 然不妨尋流而得源 據末而知本 得乎本源者 雖萬別而言之 未始不中也"라고 하였다.

로 남겼다. 그러나 이는 방편이며 정당한 것이 아니다.

방편으로도 능히 본질적인 근원에 도달할 수 있다. 비록 조사의 행적이나 어록은 무수한 차별상으로 언급된 것이라고는 하지만 모두 진리에 이르게 한다. 혜심은 이러한 무수한 차별상으로 인정될 수 있는 선종 조사들의 화두를 송문頌文으로 모아 『선문염송집』을 찬술하였는데, 그것은 교종이나 경전을 부정하지 않았다. 혜심의 『선문염송집』은 우선 석가의 행적이나 중요한 경전의 내용 및 대표적인 조사들의 사상이 담긴 어록 등 1,463개에 이르는 항목을 체계적으로 나열하였고, 그 각각의 항목에 대한 여러 선사들의 이해를 담은 송문이나 게송을 모아 실었다.

『선문염송집』의 근간을 이룬 1,463개의 항목이 처음에는 석가의 행적이나 불경의 내용으로 설정되었다는 점에서 교학 불교를 중시하였다는 느낌을 준다. 그러나 선종사상을 강조하여 드러내기 위해서 석가의 행적을 선정하였고,[69] 불경은 『화엄경』·『법화경』·『열반경』·『원각경』·『능엄경楞嚴經』·『금강경』·『제불요집경諸佛要集經』·『문수보살소설반야경文殊菩薩所說般若經』 등에서 인용한 내용을 실었는데 모두 선종사상을 드러낼 수 있는 것들이다. 혜심은 선지禪旨가 깨닫기 어렵고 쉽게 의혹이 풀리지 않기 때문에, 여러 선덕禪德들이 방편으로 남긴 징험이나 염송·가찬歌讚 등을 모아 편찬하여, 후학을 가르쳐서 정법을 펴고자 하였다.[70]

여러 선사들의 법어를 모아 편찬한 혜심의 의도는 일연이 『선문염송사완』을 편찬하는 데에 그대로 영향을 주었다. 다만 일연은 『선문염송집』의 내용을 『조정사완』과 『선문염송사완』의 두 저술로 나누어 편찬하였던 듯하

---

69 『禪門拈頌集』에서 世尊의 행적으로 처음 탄생과 그 다음으로 七步를 걸은 이후 天上天下에 唯我獨尊임을 내세운 사실을 설정하였다. 그 다음부터는 석가가 悟道하는 선종사상과 관련된 행적을 뽑았다.

70 혜심, 「선문염송집서」, 『고려대장경』 권46, 1쪽 上에 "雖絶言而守之 未始不惑也 是以諸方尊宿 不外文字 不恡慈悲 惑徵惑拈 惑代惑別 惑頌惑歌 發揚奧旨 以貽後人 則凡俗開正眼 臭玄機 罷籠三界"라고 하였다.

다.『선문염송사완』은『선문염송집』이나 뒤에 몽여가 편찬한『종문원상집宗門圓相集』의 내용과는 차이를 두었을 듯하다. 일연은 여러 선사들의 게송을 혜심이나 몽여와는 다소 다르게 수집하였다.[71] 다만『조정사완』은 임제종에 이르기까지 선승의 행적을 주로 기록한 승전류라고 생각한다.『조정사완』이나『선문염송사완』과 연관하여 편찬되었을 것으로 보이는 저술이『게송잡저』와『조파도』이다. 이 두 저술도 전하지 않아 그 내용을 정확하게 알 수 없다. 추측하건대『게송잡저』는『선문염송사완』을 편찬한 기반 위에서 편집·저술되었고,『조파도』는『조정사완』을 찬술하고 난 뒤에 편찬되었을 것이다.

『조파도』를 이해하는 데 조선 영조 40년(1764년)에 채영采永이 편찬한『조보祖譜』가 도움이 된다. 고려말에 임제종의 법맥이 평산平山 처림處林과 석옥石屋 청공淸珙으로 이어졌는데, 처림의 문하에서는 나옹懶翁이, 청공의 문하에서는 태고太古가 나왔다.『조보』는 이들로부터 이어지는 우리나라 선승 조사들의 계보를 작성한 저술이다.[72] 그러나 그것은 '해동원류海東源流'를 논하면서 처림과 나옹·무학無學 자초自超·함허涵虛 기화己和에 대해서는 간략하게 언급하였다. 반면 임제종 18대 적손인 청공을 그 이전과 구별하기 위해 장을 달리하여 설정하였고, 그 문하인 태고에 대해서는 이색李穡이 찬술한 비명碑銘과 음기를 그대로 전제하는 등 크게 부각하여 기술하였다. 그리하여 태고를 우리나라 선종의 정맥으로서 제1조라고 하였다.[73]

---

71 일연의『禪門拈頌事苑』이 전하지 않아 혜심의『禪門拈頌集』과의 차이를 분명히 설정하기는 어렵다.『선문염송집』에는 雲門宗이나 臨濟宗 계통 선승들의 頌文이 많이 채록되었다. 이 점은『선문염송사완』에도 그대로 이어졌을 듯하다. 특히 운문종 계통의 선승들이 주목되었을 것이며, 그 외에 曹洞宗 계통 선승들의 偈頌이 많이 수집되었을 듯하다. 夢如가 찬술한『宗門圓相集』은 潙仰宗 계통의 論疏를 주로 소개하고 있어서『선문염송집』의 내용과 다소 차이가 있다. 다만 일연의 門徒로 영입된 寶鑑국사 混丘가 찬술한『重編拈頌事苑』30권도『선문염송집』을 계승한 저술이어서, 일연의『선문염송사완』과 비슷한 내용을 가졌을 것이다.

72 采永,『祖譜』, 서울대 도서관 古書本, 4葉左 中華祖師조.

73 채영, 위의 책, 臨濟宗十八代嫡傳 石屋淸珙法嗣 海東正脉第一祖 太古普愚和尙조.

이후 태고의 법맥이 조선중기의 청허淸虛 휴정休靜으로 이어지고, 그의 문하에서 사명四溟 유정惟政 등 여러 법맥이 조선후기까지 이어지는 계보를 제시하였다.[74]

고려후기 일연 때까지만 해도 선종 구산파를 통합하면서 굴산문과 가지산문도가 서로 주도권을 다투는 경쟁이 없지 않았다. 그 후 태고와 나옹이 활동하면서 그러한 경쟁은 어느 정도 극복한 인상을 주지만, 엄밀히 말해 태고는 가지산문으로 법맥을 이었다.[75] 이에 비해 나옹은 일연의 문하인 혼구混丘로 법맥을 이었으나, 그의 생애를 통해 가지산문과의 인연을 찾아보기 어렵다. 이렇게 되면 일연은 우리나라 선승들의 계보를 정리하면서 가지산문도의 입장을 반영하여 『조파도』를 찬술하였고, 그러한 입장을 반영하여 채영의 『조보』가 저술되었다고 생각한다.

일연 당시에는 우리나라 선승들의 계보가 다소 정리되어 있었고, 이장용이 찬술한 『선가종파도』도 그러한 저술 중의 하나였다. 그중 『조파도』는 가지산문도의 입장에서 무신집정기까지의 선승들의 계보를 정리하였을 것이며, 이와 같은 입장에서 편찬된 것이 『조보』라고 생각한다. 이외에 일연의 저술로 『어록語錄』과 『대장수지록』·『제승법수』 등이 알려져 있지만, 전하지 않아 그 내용을 잘 알 수 없다. 책의 이름으로 추측한다면 『어록』은 그의 선종 관계 법어집일 것이며, 『대승수지록』과 『제승법수』는 교학敎學 사상에 대해 논술하였을 법하다. 일연은 참선하는 여가에 대장경은 물론, 여러 고승들의 장소와 유가의 서적까지 섭렵하였기 때문에 선종 관계뿐만 아니라 교학 사상이나 유가서에 관한 내용도 저술로 남겼다.

---

74 채영, 위의 책, 淸虛第一世 松雲門派 第一世松雲政嗣조 이하 참조.
75 許興植, 「中世 曹溪宗의 起源과 法統」, 『韓國中世佛教史研究』, 일조각, 1994, 364쪽 또는 411쪽.

제2절 일연의 심존선관사상과 그 불교사적 위치

1. 일연 사상의 형성

일연이 지은『삼국유사』는 한국고대사나 불교사를 포함하여 한국 문화를 포괄적으로 연구하는 데 대단히 유용한 자료이다. 특히 한국고대 불교사의 체계는 그것에 의해 마련되었다고 할 수 있다.『삼국유사』의 불교 자료적 가치는 일찍부터 주목되었고, 거기에 나타난 일연의 불교사상을 밝히려는 노력이 계속되었다.[1] 일연은 교학敎學사상에 밝았지만 선관禪觀을 닦는 선종 승려였는데,『삼국유사』의 불교사상은 교학 중심으로 체계화되어 있다. 이 점은『삼국유사』에 나타난 불교 교학이 선승으로서 가진 불교사상과 대조된다는 생각에서, 그의 불교사상을 심층적으로 밝히는 데 한계성을 갖게 하였다. 일연의 불교사상에 대한 연구가 피상적인 접근에 머문 이유를 바로 이런 면에서도 찾을 수 있다.

일연의 불교사상의 특성으로 간화선看話禪이나 경철선莖卅禪을 들지만,[2] 그 구체적인 내용에 대해서는 심도 있는 연구가 이루어지지 못하였다. 선관을 닦으면서 교학의 여러 교리에 모두 밝았던 일연의 불교사상이 조동曹洞의 묵조선默照禪보다는 간화선 경향을 띠었다는 주장은 이론의 여지가 없

---

1 金相鉉,「삼국유사에 나타난 일연의 불교사관」,『한국사연구』20, 1978.
   김상현,「일연의 불교사상」,『綠園스님古稀紀念 學術論叢 −韓國佛敎의 座標』, 불교시대사, 1997.
   채상식,「일연(1206~1289)의 사상적 경향」,『韓國文化硏究』창간호, 釜山大 韓國文化硏究所, 1988.
   안계현,「삼국유사와 佛敎宗派」,『三國遺事의 新硏究』, 서경문화사, 1991.
   金相永,「일연의 著述과 佛敎思想」,『佛敎史硏究』, 僧伽大, 1998.
2 그중 莖卅禪에 대해서 一然은 옳지 않다는 입장에서 언급했기 때문에, 그의 선사상의 특성을 나타내 주는 것으로 볼 수는 없을 듯하다.

다. 다만 고려말에 유행하는 여러 선문의 간화선 경향 속에서, 그의 선풍禪風이 구체적으로 어떤 모습을 갖추었는지는 매우 중요하다. 말하자면 선관 외에 교학의 구체적인 어떤 교리가 그의 사상 내에 융회融會된 것인지에 대해 밝혀야 한다.

민지閔漬가 찬술한 일연비에는 '심존선관心存禪觀'이 나와 있다. 그것은 일연의 불교사상의 특징을 나타내는 것으로 주목할 수 있지만, 아직 이에 대한 구체적인 내용을 끌어낸 연구는 없다. 여기서 '심존선관'의 내용을 일연비나 현재 전하는 그의 저술을 통해 제시하고자 한다. 그리하여 일연의 선관은 물론 교학의 교리나 유학사상 등에 대해 밝히는 결과에 이르게 할 것이다. 일연은 여러 선문의 선풍에 대해 정통하였기 때문에, 구산선문을 통합하려는 논리를 심존선관사상과 연관시켜 이해해야 한다.

일연은 50세에 이르기까지 포산 지역에서, 불문에 들었고 학문적 소양을 길렀다. 그의 학식은 이때에 갖추어졌다. 75세 이후 입적할 때까지도 포산 지역을 중심으로 한 인근 지역의 사찰에 거주하면서, 그의 뜻을 펴고자 하였다. 그리고 보면 일연의 사상이 형성되는 데 포산 지역을 중심으로 한 교학의 전통은 중요한 역할을 담당하였다. 다음으로 50대에서 60대 초반에 일연은 정안의 초청으로 정림사定林寺에 머물렀고 선월사禪月社로 나아가면서 수선사修禪社의 법맥을 계승할 수 있었다. 그가 한창 경륜을 펼쳤던 장년기에 수선사와 연결된 것도 그의 사상을 정립시키는 데 중요하게 작용하였다.

일연은 고종 14년(1227년) 승과僧科에 응시하여 상상과上上科에 합격하였고, 그 후 보당암寶幢庵에 주석하였으며, 고종 23년(1236년) 이후에는 묘문암妙門庵과 무주암無住庵에 거주하였다. 이 절들은 모두 포산包山에 있었다. 포산 지역에는 결사·수행하는 불교신앙의 전통이 강하게 전해 내려왔다. 포산에는 관기觀機·도성道成·성범成梵·반사㪚師·첩사㩝師·도의道義·자양

子陽·금물녀今勿女·백우사白牛師 등 9성인의 사적이 전하였다. 9성인은 미타도량을 열고 결사를 주도하였다. 일연은 이들의 행적을 애써 구해 기록으로 남길 정도로 포산의 결사운동에 대해 큰 관심을 가졌다.[3] 그중에서도 성범의 만일미타도량의 결사운동을 특별히 기록하였다.

일연은 만 일 동안 행해진 도량에 대해 주목하였던 듯하다. 그는 포산 지역 외에도 강주(康州, 지금의 晋州)에서 선사善士 수십 인이 결사한 만일미타도량(『삼국유사』 권5, 郁面婢念佛西昇조)과 고려전기 최제안崔齊顔이 결사한 만일석가도량(『삼국유사』 권3, 天龍寺조)을 중시하여 기록하였다. 만 일 동안 계속되는 결사는 이 땅에 상주도량을 건설하려는 뜻을 가졌으며, 특히 만일석가도량은 석가의 사바세계 정토를 실현하려는 것이다.

처음 불문에 들면서 일연은 가지산문의 법맥을 이었다. 진전사에서 구족계를 받았던 사실이 이를 알려준다. 그에게 계를 내린 대웅장로는 가지산문에 속한 승려임이 분명하다. 이후 그가 포산 지역에서 처음 거주한 보당암·묘문암·무주사 등이 가지산문에 속하였는지는 분명하지 않다. 보당암에서 선관을 닦았고 묘문암이나 무주사는 그 명칭으로 미루어 선종과 연관된 것으로, 일연은 불문에 들면서 선종사상을 깊이 이해하였음을 알 수 있다. 그가 계속해서 닦은 선관은 가지산문의 사상 전통과 연관된다. 만년에 그는 조정과 연결되어 수도에 머물다가 다시 포산 지역의 인근 사원으로 내려와 거주하였다. 이때 그는 대체로 가지산문에 속한 사원에 주석하였다.

일연은 원종 5년(1264년)에 오어사에 우거寓居한 이래 운해사雲海寺·인흥사仁興寺·불일사佛日寺·운문사雲門寺 등의 사찰에 거주하였다. 운해사·인흥사·불일사 등은 그가 행한 법회나 결사로 인해 크게 중창되었다. 또한 오어사와 운문사의 불교사상 전통은 일연의 사상을 형성시키는 데 중요하게 작용하였다. 충렬왕 3년(1277년)에 일연은 왕명에 의해 운문사의 주지로 추

---

3 『三國遺事』 권5, 包山二聖조에 "予嘗寓包山 有記二師之遺美 今拜錄之"라고 하였다.

44

대되었고, 운문화상雲門和尚으로 불리면서 임금은 물론 백성들의 숭앙을 받았다.[4] 당시에 운문사는 가지산문에 소속된 중요한 사찰이었지만, 고려초기 그곳에는 독립된 운문산문雲門山門이 성립되어 있었고 그 개산조開山祖는 보양寶壤이었다.

고려초에는 뒷날 점차 갖추어지는 구산선문 외에도 독립된 산문이 있었다.[5] 운문산문이 가지산문으로 흡수되었던 것은 분명하지만, 고려전기에 이 두 산문에 관한 자료를 거의 찾을 수 없다. 도의道義는 가지산문을 개창하였으나, 신라하대 교학 풍토에 젖은 불교계에서 용납되지 못하고는 설악산으로 은거하였다. 도의의 법인法印은 염거廉居에게 전해졌고, 염거의 법사인 체징体澄은 장흥長興 보림사寶林寺에서 가지산문을 성립시켰다. 신라하대에 성립된 초기 가지산문은 조사선祖師禪을 내세우면서, 그것이 화엄사상보다 우수하다는 사상 경향을 가졌다.[6]

조사선이 화엄사상보다 우수하다고 주장하려니 역설적이긴 하지만 가지산문의 사상 경향은 화엄학에 대한 이해를 가능하게 하였다. 왜냐하면 화엄사상을 알지 못하면서 그보다 우수한 경지의 조사선을 설정할 수 없기 때문이다. 도의는 중국에 들어가 문수의 감응을 받음으로써 화엄사상에 대한 관심을 표방하였거니와,[7] 체징에게서 그런 면은 더욱 분명하게 나타났다.[8] 고려초 가지산문의 법맥을 정확하게 이끌어내기는 어렵다. 풍기의 비로암毘盧庵에 거주하던 진공眞空 △운△運이나 해동 사무외사四無畏士 중의 한 사

---

4 閔漬,「군위인각사 보각국존정조탑비」,『伽山學報』5, 1996, 276쪽에 "今雲門和尚 道尊德盛 人所共仰 豈宜寡人 獨蒙慈澤 當與一國共之"라고 하였다.
5 고려초에는 뒷날 구산선문으로 불려지는 禪宗山門 외에도 海龍禪宗이 존재하였으며, 雲門寺나 雙溪寺를 중심으로 독립된 산문이 성립되어 있었다.
6 김두진,「道義의 南宗禪 도입과 그 思想」,『江原佛教史研究』, 한림과학원 총서 51, 小花, 1996, 56~67쪽.
7 李啓杓,「新羅下代의 迦智山門」,『全南史學』7, 1993, 269쪽.
8 이계표, 위의 논문, 위의 책, 1993, 280~281쪽.

람인 무위사無爲寺의 선각先覺 형미逈微는 가지산문의 법맥을 이었다. 이들은 교선교섭 사상 경향을 지녔고, 특히 화엄사상에 대해 친근한 감정을 가졌다. 비슷한 시기에 강릉江陵의 굴산문崛山門도 진귀조사설眞歸祖師說과 같은 강한 조사선을 내세우면서, 한편으로 화엄사상과의 교섭 경향을 포용하였다.[9] 고려초에 가지산문의 사상은 굴산문의 사상 경향과도 맥을 같이하면서 교종과 선종을 아우르는 경향을 지님으로써, 화엄사상에 대해 관심을 표명하였다.[10]

고려시대의 불교사상은 다른 교문의 사상을 회통하려는 성격을 지녔다. 고려초기에는 교종, 특히 화엄종의 입장에서 선종사상을 회통하려는 사상 경향이 주류를 이루었다. 의천의 천태종은 바로 그런 입장에서 법화사상에까지 관심을 표출한 셈이다. 고려중기 예종 때에는 선종의 입장에서 교종사상을 교섭하려는 사상 경향이 보다 우세하게 나타났다. 굴산문의 법맥을 이은 혜조慧照국사가 활동하였고, 그의 문하에 탄연坦然·지인之印·조응祖膺 등의 선승이 활약하였다.[11]

탄연의 굴산문 법맥은 지눌知訥 이후 수선사修禪社로 계승되었다. 탄연과 비슷한 시기에 학일學一이 활동하였는데, 그는 숙종 10년(1105년)에 가지사 迦智寺에 주석하였고 인종 7년(1129년)에는 운문사에 주석하였으며, 인종 22년(1144년) 이곳에서 입적하였다. 가지산문도인 학일이 운문사에 주석하면서, 가지산문의 중심 도량은 경상도 지역으로 옮겨졌다.[12] 이때에 융성한 가지산문은 일연 때까지 영향력을 행사하였다.[13] 다만 학일의 법맥이 일연에게로 계승되었는지는 확실하지 않다.

9 김두진,「新羅下代 崛山門의 形成과 그 思想」,『省谷論叢』17, 1986, 324~328쪽.
10 김두진, 앞의 논문, 1996, 76쪽.
11 김상영,「高麗睿宗代 禪宗의 復興과 佛敎界의 變化」,『淸溪史學』5, 1988, 62~63쪽.
12 채상식,「普覺國尊 一然에 대한 研究」,『한국사연구』28, 1979, 47쪽.
13 채상식, 위의 논문, 1979, 47쪽.

학일이 활동하던 때에는 운문산문이 가지산문 속에 흡수되었던 듯하다. 일연은 학일의 제자인 각유覺猷와는 직접 교류하였다.[14] 다음 기록에서 이를 알 수 있다.

이 기록은 당시 내전內殿에서 분수焚修하던 전 기림사祇林寺 대선사大禪師 각유覺猷에게서 얻은 것인데, 그는 자기가 친히 본 일이라 하면서 나더러 기록하라고 하였다(『삼국유사』 권3, 前後所將舍利조).

일연은 기림사 대선사인 각유로부터 자장이 가지고 온 부처의 어금니를 도둑맞았다가 다시 찾은 사실을 듣고는, 그의 권유로 그간의 전말을 기록으로 남겼다. 또한 일연은 각유가 고종 45년(1258년)에 명주溟州 감영의 창고 속에 있던 낙산洛山의 보주寶珠를 내부內府로 옮겨 보관하게 한 사실을 기록하였다(『삼국유사』 권3, 洛山二大聖 觀音正趣調信조). 이때에 일연은 50대 초반이었는데, 각유를 '본업노숙本業老宿'으로 표현하였다. 이로 보아 각유는 일연보다 연장이었으며, 학일의 법맥을 이은 가지산문도로서 서로 깊이 교류하였던 사실을 알 수 있다.

운문산문의 법맥과 연결됨으로써 일연은 화엄이나 선종사상 외에 유식사상에 접하는 계기를 마련하였다. 운문산문을 개창한 보양寶壤의 교학 활동은 원광圓光이나 조사祖師 지식知識의 행적과 혼동하여 전해졌다.[15] 물론 원광은 유식학승이며 지식도 그 이름으로 보아 유식 계통의 승려였다. 보양이

---

14 尹彦頤,「清道雲門寺 圓應國師碑」(이지관,『校勘譯註 歷代高僧碑文』高麗篇 3, 1996, 268쪽)의 陰記에 學一의 弟子인 禪師 十三員 중에 禪師 覺猶가 있다.
15 『삼국유사』권4, 寶壤梨木조에 "後人改作新羅異傳 濫記鵲塔璃目之事 于圓光傳中 系犬城事於 毗虛傳 旣謬矣 又作海東僧傳者 從而潤文 使宝壤無傳 而疑誤後人 誣妄幾何"라고 하였다. 실제로 覺訓이 撰述한『해동고승전』의 圓光전에는 璃目에 관한 사실이 기록되어 있다. 또한 『삼국유사』권4, 보양이목조에 "祖師知識(上文云 寶壤) 大國傳法來還 次西海中 龍邀入宮中念経 施金羅袈裟一領 兼施一子璃目 爲侍奉而追之"라 하여 보양과 知識을 혼동하여 기록하였다.

원광이나 지식과 혼동되기도 하는 것은 운문산문이 유식사상을 포용하였던 교학의 전통을 지녔기 때문으로 보인다. 일연은 오어사에 주석하였는데, 오어사 역시 혜공惠空의 교학과 깊이 연결되어 있었다. 혜공은 원효가 여러 경전의 주소註疏를 찬술할 때에 가르침을 주었으며, 스스로 승조僧肇의 후신으로 자처할 정도로 유식사상에 밝았던 인물이다(『삼국유사』 권4, 二惠同塵조).

일연은 가지산문의 법맥을 이으면서 선관은 물론 화엄이나 유식 등 교학사상을 폭넓게 이해하였다. 이러한 교학사상에 대한 이해로 말미암아, 그는 고종 36년(1249년)에 정안鄭晏의 초청을 받아 남해의 정림사로 가서 주석하였다. 우선 그는 정안이 주도하는 남해의 분사도감分司都監에서 간행하는 대장경을 접하면서, 교학사상을 보다 깊이 이해하였다. 고종 43년(1256년)에 일연은 정림사와 멀지 않은 길상암吉祥庵에서 『중편조동오위重編曹洞五位』를 찬술하였다.

유식 등 교학사상에 밝았을 뿐만 아니라 선관禪觀을 중시하였던 일연은 『중편조동오위』를 찬술할 수 있는 학식을 충분히 갖추었으며, 또한 이 책을 찬술함으로써 조동종曹洞宗이나 위앙종潙仰宗 등 중국 선종사상에 대한 이해의 폭을 넓혀 갔다. 일연은 수선사 3세주 몽여夢如에게 조동오위에 대해 물었다. 몽여는 법상종 승려 지겸志謙이 찬술한 『종문원상집宗門圓相集』에 발문跋文을 붙여 그것을 판각板刻하였다.[16] 수선사는 물론 지겸의 『종문원상집』은 일연이 『중편조동오위』를 찬술하는 데 많은 영향을 주었다. 원상圓相 내에 글자를 넣어 법상法相을 나타내는 교화법敎化法은 위앙종의 특색으로, 고려초의 순지順之가 크게 포용하였다. 순지의 삼편성불三遍成佛 사상은 선종사상을 중심으로 화엄사상은 물론 유식이나 법화사상을 포용한 것이다.[17]

16 閔泳珪, 「一然 重編曹洞五位」, 『學林』 6, 延世大 史學研究室, 1984, 7쪽.
17 김두진, 「了悟禪師 順之의 禪思想 -그의 三遍成佛論을 中心으로-」, 『역사학보』 65, 1975,

일연은 정안과 몽여와의 만남을 통해 수선사의 법맥을 이을 수 있었다. 원종 2년(1261년)에 그는 왕명을 받고 수도로 가서 선월사禪月社에 주석하였다. 그러면서 지눌의 법맥을 계승했다고 공공연하게 표방하여 수선사의 계승자임을 자처하였다.[18] 선월사가 수선사의 별원別院인 선원사禪源社라고 추중되지만, 아니라고 하더라도 무신집권 당시 강화도에 있었던 수선사 계통의 사찰임은 분명하다. 이처럼 수선사의 사상적 전통이 일연의 사상을 형성시키는 데 영향을 주었다.

수선사의 선오후수先悟後修는 교관겸수敎觀兼修로 이어져 교종과 선종을 아우르는 사상 경향을 띠지만, 교학사상 특히 화엄사상을 중시하였다. 선종 사상의 입장에서 화엄사상을 중히 여기는 사상 경향은 이미 일연의 사상에도 충분히 형성되어 있었다. 일연은 지눌의 법맥을 표방하였고, 그중에서도 수선사 2세주인 혜심慧諶을 공경하였다. 그는 우리나라에 전해진 불사리나 황룡사탑 등 중요 문화재를 언급하면서, 혜심의 시를 인용하여 그것의 영이함을 찬술하였다.[19] 일연은 수선사의 법맥을 표방하였고 혜심의 사상에서 감명을 받았다. 혜심은 지눌을 이어 수선사 결사를 번창하게 만드는 장본인이다.

일연의 사상은 포산 지역과 수선사 계통의 사상에서 영향을 받았다. 그는 가지산문의 법맥을 이으면서 중국의 운문종이나 위앙종·조동종 등의 사상을 흡수하였으며, 화엄사상은 물론 유식사상이나 법화사상까지 포용하였다. 특히 수선사의 법맥을 이었다고 자처하면서 혜심의 사상을 흠앙하였다. 아울러 유교사상을 깊이 이해하였다. 화엄사상에 밝으면서 선관을 닦았다는 점에서 일연은 바로 수선사의 사상 전통을 표방할 수 있었지만, 유식 등

22~41쪽.

18 채상식, 앞의 논문, 1979, 54쪽.

19 『삼국유사』 권3, 前後所將舍利조에서 "曹溪無衣子留詩云 聞道皇龍災塔日 連燒一面示無間是 也"라고 하였다.

보다 다양한 교학사상을 이해하였던 점에서 수선사의 사상 전통과는 다른 모습을 보여주었다.

2. 심존선관사상

일연의 생애나 『삼국유사』에 대해서는 많은 연구가 이루어졌지만, 막상 그의 불교사상에 대한 연구는 거의 없는 편이다. 지금까지 일연의 불교사상 은 임제종臨濟宗 계통의 간화선看話禪을 수용하였고, 아울러 조동선曹洞禪 사상을 포용함으로써 여러 갈래의 선종사상을 융합하고 조화시키는 경향 을 가진 것이라고[20] 주장되었다. 물론 이러한 결론은 통용될 수 있다. 엄격 히 말해 선의 경지는 언급할 수 없는 것이기 때문에, 묵조선默照禪은 논리적 으로 추구할 수 없는 경지를 가졌다. 그러므로 접화법接化法이나 언설言說 로써 설명이 가능한 것은 간화선이다.

일연의 불교사상을 간화선으로 규정한 것은 분명하면서도 막연한 해석에 지나지 않는다. 간화선사상을 전개하는 과정에 대해 보다 더 구체적인 내용 을 이끌어낼 필요가 있다. 일연의 선사상은 포산 지역에 거주할 당시에 이 미 갖추어졌다. 다음 기록을 참고해 보자.

그 후 포산包山의 보당宝幢에 주석하면서 심존선관心存禪觀을 닦았다. 병 신년丙申年 가을에 병란兵亂이 일어나자 사師가 피할 곳을 찾으려고 문수文殊 의 오자주五字呪를 염송하면서 감응이 있기를 기약하였다. 홀연히 벽 사이에 문수보살이 현신現身하여 이르기를 무주사無住寺에 거주하라고 하였다. 명년 여름에 다시 포산의 묘문암妙門庵에 거주했는데, 암자의 북쪽에 무주사가 있

---

20 채상식, 앞의 논문, 1988, 42~47쪽.

었다. 사師는 이전의 기별記莂을 깨닫고 이 암자에 주석하면서 항상 생계生界가 불감不減하고 불계佛界가 부증不增하다는 말씀을 참구參究하였다. 어느 날 홀연히 활연豁然하여 대오大悟하고 사람들에게 이르기를 "금일今日에야 비로소 삼계三界가 환몽幻夢임을 알고 보니, 대지大地가 섬호纖豪만큼 무애無碍함을 깨달았다"고 하였다.[21]

일연은 보당암에 주석하면서 '심존선관心存禪觀'을 닦았다. '심존선관'은 일연의 불교사상을 알려주는 것으로 주목되었지만,[22] 그 내용을 천착해서 끌어내지는 못하였다. 고종 23년(1236년)에 몽골 침입으로 인한 병란이 격화되자, 일연은 문수의 감응을 받고 오자주五字呪를 염송하면서 피난하였다. 다음 해에는 다시 포산의 묘문암妙門庵과 그 북쪽에 있는 무주사無住寺에 주석하였다. 이 두 절도 그 이름으로 보아 선종 계통으로 보인다. 일연은 계속해서 심존선관을 수행하였는데 어느 날 홀연히 깨달았다. 이때 깨달은 내용과 문수의 오자주 등은 그의 심존선관을 이해하는 데 도움을 준다.

오자문수五字文殊보살은 묘음妙音보살로 불리기도 하지만, 이마에 오괄五髻을 갖추고 있어서 오괄문수五髻文殊로 불린다. 오괄의 각각에 진언眞言으로 된 다섯 글자가 한 자씩 새겨져 있다. 다섯 글자로 된 진언은 5종류가 있는데, 그중 처음 제시된 다섯 글자를 한자로 나타내면 아阿·라囉·파跛·좌左·낭曩이다.[23] '아'는 깨달음을 추구하는 무생無生의 의미이다. '라'는 청정淸淨하여 무염無染한, 곧 진구塵垢를 떠났다는 의미이다. '파'는 제일의체第

21 민지, 앞의 비, 앞의 책, 1996, 275쪽에 "厥後寄錫于包山寶幢庵 心存禪觀 丙申秋 有兵亂 師欲避地 因念文殊五字呪 以期感應 忽於壁間 文殊現身曰 無住北(居) 明年夏 復居是山妙門庵 庵之北 有蘭若曰無住 師乃悟前記 住是庵時 常以生界不減 佛界不增之語 參究之忽 一日豁然有語 謂人曰 今日乃知三界如幻夢 見太地無纖豪礙"라고 하였다.

22 채상식, 「보각국존 일연에 대한 연구」, 앞의 책, 1979, 59쪽.
채상식, 「일연(1206~1289)의 사상적 경향」, 앞의 책, 1988, 38쪽.

23 不空譯, 『曼殊室利童子菩薩五字瑜伽法』, 『大正藏』 권20, 723쪽 참조.

一義諦인 제법諸法이 평등하다는 의미이다. '좌'는 제법과 제행諸行을 수행한다는 의미이다. '낭'은 제법 내에 여러 법상이 갖추어져 있어, 만법은 모두 연기緣起에 의해 성립한다는 의미이다.

오자문수보살은 오자주를 5번씩 염송하게 한다. 염송이 끝날 때마다 일체의 고난을 없애고, 억겁으로 쌓인 생사의 중죄를 제멸除滅하여 삼매에 이르게 함으로써, 자기를 잊고 무상無上의 보리菩提를 얻게 한다. 삼매에 이르게 하는 참 수행은 시심是心이 본래 청정淸淨함을 관觀하여 분별상에서 벗어남으로써 가능해진다. 문수의 오자주는 마음을 관하는 수행을 중시하였다. 다만 문수보살은 화엄종에서도 중요하게 받들어졌다. 제법은 연기에 의해 성립되었고 그 속에는 여러 법상을 아울러 갖춤으로써 화엄사상의 논리가 강하게 나타나 있다.

그러나 문수가 '지智'를 관觀함은 유식사상을 외면하지 않는 것이다. 문수에게서 유식사상을 이끌어낼 수 있는 면이 문수의 오자주이다. 그래서인지 오자문수보살은 유가瑜伽, 곧 유식에서 받들었다. 바로 이 점은 일연의 선사상을 이해하는 데 매우 중요하게 고려되어야 한다. 문수의 오자주로써 행하는 수행은 '시심是心'의 청정함을 관지觀智하는 것이다. 그것은 유심론적 논리로 이어질 수 있다. 이와 연결하여 무주사無住寺에서의 깨달음은 시사성을 준다. 일연은 생계生界가 감하지도 않고 불계佛界가 증가하지도 않아서로 무애한 것인데, 알고 보니 삼계가 환몽幻夢이었다고 하였다. 생계와 불계는 서로 구별될 수 없으며, 환몽과 같아 마음 작용에 의해 구별된 데에 불과하다는 것이다.

일연은 선관을 닦으면서 아울러 화엄사상을 중시하고 유식사상까지 포용하려는 사상 경향을 가졌는데, 그것을 심존선관으로 이해할 수 있다. 유심론적인 깨달음에 대해서는 다음 기록을 통해 살펴보기로 하자.

① 어떤 스님이 화상에게 묻기를 "대사는 세상에 살아있는 것이 세상에 없는 것과 같으며, 몸을 보되 몸이 없는 것과 같으니, 어찌 세상에 살아있다고 해서 대법륜大法輪을 돌리는 데 방해가 되겠습니까"라고 하였다. 대사가 "가는 곳마다 불사佛事를 담당하고 있다"라고 답하였다.[24]

② 옛날의 큰 도道는 이와 같으니 스스로 잘 지켜 가져라. 실증實証된 사상事像의 체体는 금강金剛과 같아서 변하지도 파괴되지도 않는다. 오직 부처도 능히 이와 같음을 알아라. 마음과 마음이 서로 비침이 마치 거울 앞의 거울과 같아서, 빛과 빛이 서로 융섭融攝하여 각각 거스르지 않으니 어찌 가만히 작용하지 않겠는가?[25]

사바세계와 불계 곧 정토가 구별되지 않고 마음 작용에 의해 나누어진 것에 불과하듯이, 일연은 이 세상에 살아있는 것이나 또는 없는 것을 구별하지 않았다. 살아있거나 저 세상으로 갔거나 어디에 있든지 간에, 가는 곳마다 불사佛事를 담당한다고 하였다. 자기 몸을 보되 몸이 없는 것과 같으며, 살아있다고 해서 세상에 있다고 할 수 없는 몽환의 경지를 마음 작용으로 설명한 일연은 몽환불사夢幻佛事를 주장하였다. 이에 대해서는 일연비의 음기에 나오는 다음 기록이 참고가 된다.

① 다비茶毘를 마치고 장차 입탑入塔하려 할 때 운흥사雲興寺의 인공印公이 암자庵子에 있으면서 마침 꿈을 꾸었는데, 대사(一然)가 찾아오자 맞아들이면서 묻기를 "다비를 하는데 다시 일어나니, 이것은 무슨 이치입니까"라고

---

24 민지, 앞의 비, 앞의 책, 1996, 277쪽에 "又有僧問 和尙在世如無世 視身如無身 何妨住世 轉大法輪 師云隨處作佛事"이라 하였다.

25 일연,『중편조동오위』,『학림』6, 1984, 41쪽에 "古德道 如是如是 善自護持 此實証實証之事 体如金剛 不變不壞 唯佛與佛 乃能知之 心心相照 如鏡對鏡 光光互融 各不相借 豈非密用者哉"라고 하였다.

하였다. 대사가 대답하기를 "죽지 아니한 때문이다"라고 하였다. 또 묻기를
"그런즉 불이 능히 태우지 못하는 것입니까"라고 하니 대사가 "그렇다"고 대
답하였다. 또 묻기를 "명일明日에 탑塔을 세우는데 대사께서 들어가시겠습
니까?"라고 하니 대사가 "들어갈 것이다"라고 하였다. 그렇다면 "탑이 화상
을 죽였다, 살렸다 하는 것입니까"라고 물었다. ······ "꿈과 생시가 동열同列
입니까"라고 물으니 "같은 것이다"라고 하였다. 인공이 꿈을 깨고 이상하게
여겼다.[26]

② (大師는) 항상 50일간 꿈을 꾸다가 한 번씩 깨어난다고 하여, 각시覺時로서
허虛를 삼고 몽시夢時로서 실實을 삼았으니, 곧 각몽覺夢과 허실虛實이 가
히 정해질 수 없다. 또 우리 국존國尊은 삼세三世가 환몽幻夢임을 친히 증
득証得하였으니, 나서 죽기까지 항상 몽환불사夢幻佛事를 행하였다. 이것
은 역시 대사의 자비로운 교화이시니, 어찌 감히 이에 대해 의심할 수 있겠
는가?[27]

일연은 중생이 실천 수행해 가는 지知·비悲·행行을 증득証得하여 최상의
보리행인 생사와 거래去來가 구별되지 않는, 마치 몽환과 같은 경지에 이르
렀다.[28] 운흥사雲興寺의 인공印公은 분명하게 알려진 인물이 아니며, 일연의
문도였다면 인흥사仁興寺의 선린禪麟이었는지도 잘 알 수 없다. 인공의 꿈
에서이긴 하지만 일연은 다비를 행하는 중에 생시의 모습으로 나타났으며,

26 山立,「普覺國尊碑 陰記」,『伽山學報』5, 1996, 302쪽에 "又茶毘將入塔 今雲興印公住庵時適夢
師至迎勞問曰, 茶毘而復起 此理如何 師云不死故 進云 恁麼則火不能燒 師云 如是如是 又問明
日立塔 未審師還入無 師云進 云與麼則塔却活 和尙也 塔語△△△△△夢同列 塔云同 印公
覺而異"라고 하였다.

27 산립, 위의 비 음기, 위의 책, 1996, 302~303쪽에 "常夢五十日一覺 以覺時爲虛 夢時爲實 則此
覺夢虛實 亦未可定 又我國尊親証三世如幻夢 出生入死 常行夢幻佛事 此亦師之慈化 何致疑於
其間乎"라고 하였다.

28 산립, 위의 비 음기, 위의 책, 1996, 302쪽에 "然尊之焉 師之焉 未必不由 輻轀而蚋聚 要其來但
履踐駕實 一△△△夢寺 彼已智悲行頥 喜有所憾而致之耳"라고 하였다.

그 이유는 죽지 않았기 때문이라 하였다. 그러면서 꿈과 생시가 구별되지 않고 같다고 하였다. 일연의 몽환불사는 꿈과 생시를 구별하지 않고 꿈꾸듯이 행동하는 중생을 교화하려는 것이다.

인생은 50일간 꿈을 꾸다가 한 번씩 깨어나는 과정이어서, 한 번씩 깨어있을 때가 허虛라면 꿈꿀 때가 실實이 된다. 그렇지만 깨어있을 때가 허가 아니며 꿈꿀 때 역시 실이 아니다. 삼세가 환몽임을 깨달은 일연은 깨어있을 때와 꿈꿀 때의 허와 실을 오직 마음 작용에 의한 심식으로 이해하였다. 마음 작용에 의해 수많은 법상이 만들어진다. 그것은 거울과 거울로 비유되는 마음과 마음 사이에서, 서로 비쳐진 영상을 융섭融攝하면서 중중무진重重無盡한 모습으로 나타났다.

본래 사바세계와 불계는 구별되지 않으면서 증감되지도 않는다. 일연은 법상의 체体가 금강과 같아서 증가하지도 감소하지도 않는다고 하였다. 법상의 체가 곧 큰 도道여서 부처의 경지이며, 비록 심식을 일으키지만 실체를 가진 것이 아니다. 일연도 몽환불사를 행하지만, 현세에서든 전세에서든 가는 곳마다 불사를 행하였다. 불사를 행하는 자체는 실체로 인식될 수 있다. 실체에 대한 깨달음과 그로 인한 심식에 대한 이해가 심존선관으로 성립되었다. 다음 기록은 그의 심식을 이해하는 데 도움을 준다.

국존國尊의 위치에 있으나 항상 자신을 낮추었으며, 배움에 스승으로부터 가르침을 받지 않고 스스로 깨쳤다. 도道에 들어서는 실實을 찾아 좇음으로써 의심을 없앴고, 고인古人들의 기연어구機緣語句가 나무의 뿌리나 가지처럼 얽혀 있어도, 그 복잡하고 난해한 부분을 해석하여 마치 거울을 보여주듯이 분명하게 하였다.[29]

<hr />

29 민지, 앞의 비, 앞의 책, 1996, 277~278쪽에 "居尊若卑 於學不由師訓 自然通曉 旣入道穩實而從之 以無礙辯 至古人之機緣語句 盤根錯節 渦旋波險處 抉剔疏鑒 恢恢焉 游刃有餘"라고 하였다.

일연은 스승으로부터 가르침을 받기보다는 스스로 깨쳤다. 이는 선관을 닦은 사실을 의미한다. 그러한 깨달음의 경지를 그는 '일상사日常事'라고 하였으며, 군왕과 더불어 탑을 조성하든지 또는 어느 곳으로 가거나 혹은 오는지가 모두 '일반사一般事'일 뿐이라고 하였다.[30] 일연이 도에 들어가 실實을 찾는 것은 '일상사'나 '일반사'에 대한 깨달음을 말한다. 불성이 따로 존재하지 않으며, 그것을 일상사 속에서 찾고자 하였다. 일상사에 대한 인식이 심식을 넓히는 계기가 되었다. 그리하여 일연은 고인古人들의 어구나 사상을 마치 맑은 거울을 보듯 분명하게 해석하였다.

심식에 대한 인식은 유식사상을 깊이 이해할 수 있도록 하였다. 이와 연관하여 일연을 담무갈曇無竭보살로 비유하였던 것은 시사성을 준다. 고려 왕실의 명령을 받고 인각사를 중수하러 가는 김용일金龍釰은 담무갈보살의 주처住處를 보수하기 위해 가는 천사라고 생각하였다.[31] 마산馬山 역리驛吏의 꿈에서 김용일은 천사로, 일연은 담무갈보살로 나타났다. 담무갈보살은 중향성衆香城의 왕으로서『반야바라밀다경般若波羅密多經』을 강설하였다.

『반야바라밀다경』은 주로 '공空'을 설한 경전인데, 공의 성격을 가진 반야는 금강석과 같은 실체를 가진 지식으로 이해되었다. 담무갈보살의 비유는 선관을 닦으면서 화엄사상은 물론 유식에 대한 이해를 깊이 한 일연의 불교사상을 쉽게 떠올리게 한다. 이러한 일연의 불교사상을 심존선관사상으로 정의할 수 있으며, 다음 일연비의 명문 내용은 그의 사상의 특징을 이해하는 데 도움을 준다.

깃발을 높이 세워 중국에까지 떨쳤으니, 언설言說은 대천세계大千世界를 덮

---

30 민지, 앞의 비, 앞의 책, 1996, 277쪽에 "又有僧問 和尙百年後 所須何物 師云 只這箇 進云 重與君王 造箇無縫塔樣 又且何妨 師云 甚麼處去來 進云 也須問過 師云 知是般事便休"라고 하였다.

31 민지, 앞의 비, 앞의 책, 1996, 278쪽에 "初龍釰之來也 馬山驛吏 夢人曰 明日當有天使 修曇無竭菩薩住處 行過此 明日果至 以師之行己利人觀之 是夢豈虛也哉"라고 하였다.

으면서 오직 이 심인법心印法을 홀로 전하였다.[32]

이 부분은 일연이 선관을 중시하지만, 교학사상에도 밝아 교선융합 사상 경향을 가졌던 것을 알려주기에 충분하다. 그의 교학사상에 대해 "언설은 대천세계大千世界를 덮으면서"라고 표현하였다. 이러한 표현은 교학사상으로 행한 그의 교화가 지대했던 것을 추측하게 한다.

가지산문의 선사상은 굴산문의 사상 경향과 비슷하여, 화엄사상을 중시하였다. 일연도 화엄사상에 정통하였지만, 보다 엄격한 수행을 내세우는 선관을 닦았다. 다만 일연의 교학사상은 화엄사상에 정통했지만, 수행을 강조함으로써 대천세계를 교화한다고 표방하였다. 심존선관사상은 선수행을 으뜸으로 삼으면서도, 교학사상을 폭넓게 이해하려는 것이다.

3. 선종사상의 통합

고려시대에 불교사상은 교종과 선종, 각 교파의 사상을 통합하면서 융섭 불교사상을 성립시키는 방향으로 전개되었다. 가지산문의 법맥을 이은 일연은 애초에 선관을 중시하면서 화엄사상을 깊이 이해하였는데, 포산 지역에서 수학하면서 유식사상에 대해서도 조예가 있었다. 선관의 수행과 함께 교학 불교의 성종性宗과 상종相宗 사상에 모두 밝았던 일연은 불교 종파의 어떠한 교리와도 근접할 수 있는 불교사상을 이루었다.

일연의 심존선관心存禪觀사상은 고려 불교의 교선융합 사상 경향에서 이

---

32 민지, 앞의 비, 앞의 책, 1996, 278쪽에 "勝幡西振 舌覆大千 唯是法印 密付單傳"이라 하였다. 銘文의 가장 첫머리에 기록된 이 4句詩는 禪宗이 전해지는 일반적 사실을 기록한 것으로 볼 수는 없다. 왜냐하면 '東流'와 대조되는 '西振'이란 표현이 있기 때문이다. 따라서 이 기록은 一然의 사상적 특성을 첫 부분에 제시한 것으로 생각한다.

해해야 한다. 그는 고려불교의 교파나 사상에 대해 모두 이해할 수 있었다. 특히 불교의 여러 경전이나 장소章疏에 밝았다. 다음 기록은 그의 사상을 이해하는 데 도움을 준다.

또한 참선參禪하는 여가에 다시 장경藏經을 열람하여 제가諸家의 장소章疏 를 연구하였다. 아울러 유서儒書를 섭렵하고 백가百家에 관통하여, 방편으로 사물을 이리롭게 하였으며 묘용妙用이 종횡무진하였다. 무려 50년 동안 법도 法道를 닦아 우두머리로 일컬어졌으며, 거처하는 곳을 따라 다투어 경모景慕 하였는데, 오직 당하堂下에 참석하지 못함을 부끄러워하였다. 비록 괴걸魁傑 이라 자부하던 자라도 그 법문法門의 설법을 들으면 심취하여 자실自失하지 않은 이가 없었다. 어머니를 봉양하는 지극한 효심은 목주睦州 진존숙陳尊宿 의 가풍을 흠모한 것이다.[33]

일연은 대장경을 열람하였을 뿐만 아니라 불교의 모든 장소는 물론 유학 의 제자백가에 이르기까지 여러 계통의 서적을 폭넓게 섭렵하였다. 그는 『어록語錄』을 비롯해서 100여 권을 저술하였다. 물론 그의 저술 대부분은 불교에 관한 것으로, 현재 전하는『삼국유사』와는 달리 선종에 관한 내용을 담았다. 일연은 당시의 모든 사상 조류를 접하였으며 선관뿐만 아니라 교학 의 논리에 밝았기 때문에 이러한 저술을 남길 수 있었다.

고려후기 불교계는 담선법회談禪法會를 자주 열었다. 아울러 몽골의 침략 을 극복하기 위해 대장경을 조성하였다. 원종 때부터 충렬왕 초기까지 왕실 이 주관하는 장경도량藏經道場을 가설하였다. 담선법회나 장경도량에서는

---

33 민지, 앞의 비, 앞의 책, 1996, 278쪽에 "又於禪悅之餘 再閱藏經 窮究諸家章疏 旁涉儒書 兼貫 百家 而隨方利物 妙用縱橫 凡五十年間 爲法道稱首 隨所住處 皆爭景慕 唯以未參堂下爲恥 雖魁 傑自負者 但受遺芳餘潤 則莫不心醉而自失焉 養母純孝 慕睦州陳尊宿之風"이라 하였다.

선관뿐만 아니라 교학 불교사상을 함께 논하였다. 고려시대의 불교계가 교선융합 사상 경향을 지녔고, 이러한 분위기 속에 일연은 교종과 선종의 교리와 종취를 함께 담론하였다. 다만 일연은 교종사상 내의 융섭뿐만 아니라 선종사상 간 상호 통합을 의도하였다.

일연은 하산소下山所인 인각사에 거주하면서 구산문도회九山門都會를 다시 개최하였다.[34] 인각사에 거주하기 이전에도 그는 구산문도회를 개최하였다. 그러나 그가 인각사에 거주하면서부터는 가지산문을 중심으로 한 선종이 크게 부흥하였다. 일연이 구산문도회를 개최하였던 것은 당시까지 법맥이 계승되었던 선종 구산문을 하나로 묶으면서, 선종사상을 통합하려는 의도를 지녔다. 다음 기록에서 이를 미루어 짐작할 수 있다.

해인海印이 빛을 잃으면 가리켜도 묘한 일이 나타나지 않는다. 하나의 달임을 살피지 못하면 세 척의 배가 제각기 본 바를 고집하여 미혹迷惑이 있게 되고, 하나의 근원으로 돌아가지 않은, 즉 아홉 갈래로 나누어져 서로 다른 것으로 생각하는 미혹이 있게 된다. 하나에 이르지 못하고 손가락으로 가리켜 잊지 않도록 이끄는 것은 진실로 우려하는 바이다.[35]

일연은 교학의 교리와는 달리 선종의 근본은 하나임을 강조하였다. 곧 하나의 근원이 나누어져 아홉 갈래로 되었고, 하나에 이르지 못하는 자체가 미혹임을 제시하였다. 선관의 근원은 하나였으나 아홉 갈래로 나누어졌다고 한 것은 당시 선종산문이 나누어진 모습을 나타낸 표현이다. 일연은 나뉜 구산선문이 그 자체가 미혹한 것이므로 하나로 돌아가야 한다고 보았다.

---

34 민지, 앞의 비, 앞의 책, 1996, 276쪽에 "師入麟角 再闢九山門都會 叢林之盛 近古未曾有也" 라고 하였다.

35 일연, 「重編曹洞五位序」, 『학림』 6, 1984, 11쪽에 "海印沈輝 按指不妙 苟一月之未窺 則三舟領略 有執指之迷 一源之不復 則九流扶疎 有殊致之惑 致之不一 指之不忘 良導之憂也"라고 하였다.

선종산문이 아홉 갈래로 나누어짐으로써 각자가 달리 생각하는 미혹을 가지게 되었다.

일연은 구산선문의 하나인 개별 산문의 선사상이 선관의 근본에서 어긋난 것임을 분명히 하였다. 그리하여 구산문도회를 개최함으로써 구산선문을 하나로 통합하려고 하였다. 각자의 산문이 가졌던 선관의 근원으로 돌이켜 하나로 파악함으로써, 선종산문의 통합은 현실적으로 시공을 초월한 깨달음과 열반의 경지를 같이 보려는 것으로 나타났다. 다음 기록을 참고해 보자.

어떤 승려가 묻기를 "석존釋尊은 학림鶴林에서 열반에 들었고 화상은 인령麟嶺에서 입적入寂하시니, 그 상거相去함이 얼마인지 알 수 없다"고 하니, 대사가 주장柱杖을 잡아 책상 위에 내려치고 이르되 "상거함이 많으냐"고 하였다. 나아가 말하기를 "금수과 고古가 바뀌지 않고 분명히 목전에 있다"고 하였다. 대사가 또 한 번 책상을 내리치며 말하기를 "분명히 목전에 있느냐"고 하니, 나아가 말하기를 "삼각三角과 기린麒麟이 바다 속에 들어가 공중의 편월片月이 물결 일렁이는 마음에서 나온다"라고 하였다. 대사가 말하기를 "훗날 다시 와서 상인上人과 더불어 한번 놀아보자"라고 하였다.[36]

일연은 석가가 열반에 들어간 학림鶴林과 자기가 입적할 인령麟嶺이 서로 떨어져 있는 것을 인정하지 않고 눈앞에 현전하여 상즉相卽한다고 파악하였다. 그런가 하면 석가와 자기가 열반에 들고 입적할 시기가 다시 눈앞에 나타나 상즉하는 것으로 생각하였다. 옛날과 지금이 눈앞에 나타나 상즉하

---

36 민지, 앞의 비, 앞의 책, 1996, 277쪽에 "有僧出問 釋尊示滅於鶴林 和尙歸眞於麟嶺 未審相去多少 師拈柱杖 卓一下云 相去多少 進云伊麼則 今古應無墜 分明在目前 師又卓一下云 分明在目前 進云 三角麒麟入海中 空餘片月波心出 師云 他日歸來 且與上人 重弄一場"이라 하였다.

기 때문에, 일연은 지금 열반에 들지만 훗날 열반을 지켜본 여러 다른 승려와 더불어 놀 수 있음을 말하였다. 옛날은 물론 지금과 미래가 상즉한다는 것이다. 선관이 근원에서는 구별되지 않고 하나로 파악되기 때문에 일연은 시공을 초월하여 장소나 고금을 상즉하여 같은 것으로 파악하였다.[37]

선종 역시 근원은 하나이지만 갈라져 차이가 나게 되었다. 그러한 차이를 극복하면서 근원으로 돌이킴으로써 여러 선종사상을 통합하고자 하였다. 일연이 선종사상의 통합을 모색하면서 주목한 것은 조동종의 오위五位사상이다. 이에 대해서는 다음 기록을 통해 이해하고자 한다.

① 오문五門을 살펴 진술함에 있어 각주구검刻舟求劍 식으로 오직 하나의 교설教說로 논함으로써 경박함이 심하였다. 사람들은 혹 한 포기의 선禪(莖中禪)으로써 이를 면대하여 의상意想을 간섭한다고 여기고, 아예 문지방 밖에 밀어 두었다. 또는 끝없이 바라만 보고 있다가 흩어져 법맥이 끊기었다.[38]

② 문답이 끝난 다음에 대사가 여러 선덕禪德에게 말하기를 "매일매일 통양痛痒과 불통양不痛痒 및 모호하여 구별되지 않는 것을 깨치시오"라고 하고는, 이에 주장柱杖으로 법상法床을 한 번 내리치고는 "이것은 통痛이며", 또 한 번 법상을 내리치고는 "이것은 불통不痛이고", 다시 한 번 법상을 내리치고는 "이것은 통痛이면서 이것은 불통不痛이니 가려보아야 한다"라고 하였다.[39]

---

37 시공을 초월하여 때와 장소를 모두 相卽하여 같은 것으로 파악함은 華嚴宗의 眞定이 주장한 三世一際法門과는 다소 차이가 있다. 진정의 삼세일제법문은 과거와 현재·미래의 三身이 現前하여 一際에 있게 됨을 의미한다. 그것은 모두 상즉하여 구별이 없어지는 無我境을 말하는 一然의 사상과는 차이가 있다.

38 일연, 「중편조동오위서」, 앞의 책, 1984, 11쪽에 "洞陳其五 膠柱刻舟 便一昧 澆漓之甚 人或面之 以莖中禪 謂涉意想 置之閾外 或溟涬然 望涯而退 憶廣陵散 幾乎絶矣"라고 하였다.

39 민지, 앞의 비, 앞의 책, 1996, 277쪽에 "問答罷 師云諸禪德 日執之 痛痒底 不痛痒底 模糊未辨 乃拈柱杖 卓一下云 這箇是痛底 又卓一下云 這箇是不痛底 又卓一下云 這箇是痛底 是不痛底 試辨看"이라 하였다.

일연은 교설로써 경박하게 해설한 결과 선종산문이 갈라졌다고 파악하였다. 여러 선종산문으로 갈라져 있는 그 자체가 각주구검 식으로 해설하여 난립된 미혹에 불과한 것이다. 그런데 선종의 각 산문이 성립된 이후에는 선관의 근원을 문지방 밖에 두게 될 정도로, 그들 각자의 선풍을 고집하여 지켰다. 일연이 진정으로 걱정한 바는 바로 이런 면이었다. 선종산문이 독자의 선풍을 형성하면서, 결국 그 법맥이 쇠퇴해 가는 지경에 이르렀다.

미혹의 결과로 선종이 여러 산문으로 나뉘었다고 본 일연은 자연스럽게 선종사상을 통합하고자 하였다. 그러한 의도에서『중편조동오위重編曹洞五位』를 편찬하였다. 그는 여러 선덕禪德이나 대중을 깨우치면서 주장柱杖을 책상 위에 세 번 내리치는 접화법接化法을 자주 사용하였다. 선승과 더불어 문답을 끝낸 다음 일연은 첫 번째로 내리친 주장이 '통痛'이며, 두 번째 내리친 주장이 '불통不痛'이고 세 번째 내리친 주장이 '통'이면서 '불통'이라고 하였다. 이러한 접화법은 천태의 삼관법三觀法이나 조동오위의 사상과 통하면서 선종사상의 통합 경향과 이어지는 것이 흥미롭다.

본래 천태종의 삼관법은 법상을 '공空'의 면과 '가假'의 면을 모두 갖추어서 '중도中道'로 파악하였다. 천태종의 일심삼관법一心三觀法 사상은 '중도'를 내세워 '공'과 '가'를 관법觀法 속에 융섭함으로써, 교선융합 사상 경향을 지녔다. 다만 일연의 접화법도 '통'인 '가'의 면과 '불통'인 '공'의 면뿐만 아니라 '통'이면서 '불통'인 '중도'의 면을 함께 제시하였다. 그것은 '중도'를 내세우면서 융섭사상을 전개시키려는 의도를 가진 셈인데, 조동오위의 설정과 연결하여 파악될 수 있다. 일연은 '중도'를 중심으로 조동오위를 설정하였다.[40]

일연이『중편조동오위』를 편찬한 의도는 그가 쓴 서문 외에도 혜하慧霞나 광휘廣輝가 작성한 서문에 잘 나타나 있다. 석가의 무언無言 설법은 능히 언설로서도 일체의 교법을 구성하는 것을 부정하지 않으며, 그리하여 선종 역

---

40 김호귀,『묵조선연구』, 민족사, 2001, 402~403쪽.

시 음사音詞에 따라 선후의 여러 산문으로 나뉘어 번다해졌다. 일연은 갈라져 번다해진 선종산문을 통합하고자 하여 진종眞宗을 추구하였고, '정正'과 '편偏'으로써 그 현문玄門을 드러내고자 하였다.[41] '정'과 '편'으로 구성된 오위의 성격에 대해서는 다음 기록에서 이해할 수 있다.

원융圓融하면 일구一句요 나누면 오문五門이다. 조산대사曹山大師에 이르러 장차 오위五位를 밝히기 위해 오편五篇을 짓고 아울러 일례一例의 언言을 들어 오문五門의 뜻을 드러내었다. 첫째는 정위正位로서 주主이다. 둘째는 편위偏位로서 빈賓이다. 셋째는 정중각편正中卻偏으로서 와서 위位를 드러내었다. 넷째는 편위각정偏位却正으로서 가서 종宗을 밝혔다. 다섯째는 상겸대래相兼帶來로서 유무有無의 막힘이 없다. 빈주賓主를 문득 잊으며 편偏도 아니고 정正도 아니며 지묘至妙하고 지현至玄했다. 혹 온다고 해서 어찌 어묵語默을 따를 것이며, 간다고 해서 언전言詮에 머물겠는가?[42]

일연은 조동오위에 대해 조산曹山 본적本寂의 정편오위正偏五位를 기본으로 삼아 설명하였다. 정편오위는 정중편正中偏·편중정偏中正·정중래正中來·편중지偏中至·겸중도兼中到이다. '정正'과 '편偏'은 각각 주主와 빈賓 및 이理와 사事, 공空과 색色, 체体와 상相으로 대비되었다.[43] 오위 중 정중편·편중정·정중래·편중지는 모두 '정'과 '편', 곧 공과 색으로 대별하여 회통會

---

41 廣輝, 「重集洞山偏正五位曹山揀語序」, 『중편조동오위』, 『학림』 6, 1984, 13쪽에 "每因師友 仰訪眞宗 忽披偏正之文 稍識先賢之迹 實是玄門話柄 堪爲暗室燈光"이라 하였다.

42 慧霞, 「洞山五位顯訣拜先曹山揀出語要序」, 『중편조동오위』, 『학림』 6, 1984, 12쪽에 "圓融一句 分列五門 泊曹山大師 乃新豐嫡嗣 將明五位 頌出五篇 兼擧一例之言 以顯五門之旨 一者正位 爲之主 二者偏位 爲之賓 三者正中卻偏 是恁麽來而顯位 四者偏位卻正 是恁麽去以明宗 五者相兼帶來 不涉有無 頓亡賓主 不偏不正 至妙至玄 或當頭而來 寧從語默 或正面而去 豈在言詮"이라 하였다.

43 金東華, 『禪宗思想史』, 太極出版社, 1975, 289쪽.

通하려는 뜻을 담았지만, 주빈을 나타내고 위位와 종宗을 세우려는 것이다. 그런데 제5위인 겸중도는 '정'도 '편'도 아닌 중도로서, 그 둘을 융섭하려는 것이다.

겸중도는 혜하慧霞가 제시한 상겸대래相兼帶來로서 빈과 주를 잊으며, 편과 정을 초월하여 지묘至妙하고 지현至玄한 것이다. 거기에는 언설과 어묵語默이 따로 있지 않은, 곧 진종眞宗의 경지가 펼쳐진다.[44] 일연은 정편오위와는 다른 오위를 제시하여 보충 설명하였는데, 그것은 정중래·정중편·편중정·겸중지兼中至·겸중도이다.[45] 앞에서 든 정편오위의 '편중지偏中至' 대신에 '겸중지'가 들어간 셈이다. 그렇다면 일연은 보충 설명을 통해 오히려 자기의 주장을 더 특색 있게 내세웠다. 곧 '겸중도兼中到'에 '겸중지'를 더 보탬으로써 중도 융섭적인 선종사상을 보다 강하게 견지하였다.

일연은 『중편조동오위』를 편찬함으로써 교종은 물론 선종사상 내의 통합을 시도하였다. 또한 그는 불교사상뿐만 아니라 유학사상에도 밝았다. 효심을 발휘하여 어머니를 봉양하려는 정성은 황계黃檗 희운希運의 선풍을 이은 것이다. 실제로 그는 충렬왕 때에 국존國尊으로 봉함을 받고 왕실에 머물렀으나, 노모를 모시기 위해 다시 포산 지역으로 돌아가도록 허락을 받고는 하산소下山所인 인각사로 내려갔다. 유학사상에 밝은 것이 선종산문의 사상을 통합하는 데 유리하게 작용하였다. 사실 구산선문 중 희양산문曦陽山門은 유학사상에 밝은 전통을 지녔고,[46] 비슷한 시기에 수선사의 2세주인 혜심慧

---

44 김동화, 위의 책, 1975, 286쪽에서 洞山 良价는 功勳五位를 주장하였는데, 그것은 向·奉·功·共功·功功이다. 그중 앞 4위와는 달리 5위인 功功은 호·不호의 경지를 논하는 것으로 강한 중도 통합 사상으로 나타났다. 곧 여기서의 제5위는 正偏五位의 '兼中到'와 상통할 수 있다.

45 이와 같은 五位說은 일연이 『重編曹洞五位』에서 '補曰'이라 하여 추가한 내용에 나타나 있다. 아울러 慈明和尙·則之禪師·天童覺和尙 등의 五位를 간략하게 소개하였는데, 모두 본문과 같은 五位名을 제시하였다.

46 崔致遠이 찬술한 智證大師碑에는 道憲의 사상적 특징으로 선승인 그가 儒學書를 많이 읽었던 것을 제시하였다. 이 부분은 앞으로 보다 천착해서 밝혀야 하겠지만, 희양산문의 사상 경향과 연결하여 생각해서 좋을 듯하다.

諶이나 백련사白蓮社의 천책天頙 등은 유학자 출신으로 불문에 출가하였다.

일연은 혜심을 직접 만나지는 않았지만 공경하였는데, 그 이유를 그가 유학사상에 대해 조예가 깊었던 데서도 찾을 수 있다. 혜심은 출가하기 전에 유학을 배웠고 불유동원佛儒同源 사상을 주장하였다.[47] 신종 4년(1201년) 사마시司馬試에 합격하였으며 대학大學에 들어가 공부하던 중, 어머니가 아프다는 말을 듣고 고향으로 가 간병하였다. 그 다음 해에 어머니가 돌아가자 그는 지눌의 문하로 나아갔다. 불교뿐만 아니라 유학의 경전에 대해서도 폭넓게 이해하고 있어서인지, 혜심은 수선사를 크게 일으키면서 당시의 무인집정執政은 물론 조정에서까지 공경을 받았다.[48]

지눌의 법맥을 이으면서 유학사상에도 밝았기 때문에, 혜심의 사상은 일연에게 많은 공감을 주었다. 그런데 혜심은 중국 운문종의 선풍을 크게 떨친 설두현雪竇顯선사로 비유되었다.[49] 이 점은 운문사의 사상 경향과 연관하여 시사성을 준다. 설두현선사로의 비유는 혜심의 사상적인 특성과 운문사의 선풍이 공감대를 가졌기 때문에 나타났을 것이다. 그러한 공감대는 유학사상에 대한 이해를 통해 확대되었을 듯하다.

고려후기에 희양산문은 물론 운문사가 소속된 가지산문도들은 유학사상에 대해 깊이 이해하였다. 이와 연관하여 일연과 비슷한 시기에 활동한 원진圓眞국사 승형承逈의 사상은 매우 흥미롭다. 그는 명종 7년(1177년)에 운문사의 연실淵實선사에게 출가하지만 명종 13년(1183년)에는 희양산문으로 나아가 봉암사鳳岩寺의 통순洞純선사 밑에서 수학하였고, 그 다음 해에는

---

47 鄭赫,「高麗後期 眞覺國師 慧諶의 佛儒同源思想」,『北岳史論』3, 1993, 206~212쪽.

48 李奎報,「順天松廣寺 眞覺國師圓炤塔碑」,『朝鮮金石總覽』권상, 朝鮮總督府, 1919, 464쪽에
    "師性沖和碩實 旣自儒之釋 凡內外經書 無不淹貫 故至於談揚佛乘 撰著偈頌 則恢恢乎 游刃有
    餘地矣 不如是 安能迹不踐京都而坐 享一國所仰 若是哉"라고 하였다.

49 이규보, 위의 비, 위의 책, 1919, 462쪽에 "先是國師 夢雪竇顧禪師入院 心異之 明日師來參 由
    是益奇焉"이라 하였다. 곧 지눌이 雪竇顯禪師가 寺院에 들어오는 꿈을 꾸었는데, 그 다음 날에
    혜심이 來參하였다.

금산사金山寺에서 구족계를 받았다. 승형이 희양산문의 법맥을 이었는지는 분명하지 않지만, 가지산문의 사상 전통은 물론 유식사상에도 밝았다.

승형은 집안이 본래 유학을 담당하였고,[50] 일찍이 유학사상을 접하여 알았던 사실과 연결하여 그의 사상 경향을 파악해야 한다. 승형뿐만 아니라 고려중기에 천태종이나 법상종 승려들도 유학사상에 밝았으며,[51] 그들의 사상 경향은 일연이 유학사상을 흡수하는 데 영향을 주었다. 『삼국유사』의 효선편孝善篇은 신라중대 이후에 상반된 성격으로 말미암아, 심각한 사회문제로 대두한 불교의 수도와 유교의 효도를 조화시키려는 목적에서 서술되었겠지만,[52] 한편으로 고려후기의 불교사상이 유학사상을 함께 이해하는 분위기를 알려준다.

선종사상을 통합하고자 한 일연은 교학 불교의 교리는 물론 중국 선종의 선풍을 두루 섭렵하였고, 아울러 유학사상에 대해서도 밝았다. 이러한 일연의 불교사상을 종합적으로 특색 있게 제시해 주는 것은 다음의 기록이다.

학문은 내외內外를 궁구하였고, 근기根機는 만차萬差의 방편을 포용하였다. 제가諸家의 장소章疏를 모두 깨우쳐 현묘玄妙한 진리를 탐구하고 중의衆疑를 풀어주니 거울을 보듯 명석해졌다. 선림禪林에서 호랑이가 울부짖듯 하고 교해敎海에서 용龍이 음미하는 듯하다. …… 오고 감에 자유로운 경지에 드니, 진공眞空이어서 공空은 공空이 아니고, 묘유妙有여서 유有는 유有가 아니

---

50 李公老,「淸河寶鏡寺 圓眞國師碑」,『조선금석총람』 권상, 朝鮮總督府, 1919, 450쪽에 "師諱承迴 字永廻 俗姓申氏 上洛山陽人也 家世業儒"라고 하였다.

51 大覺國師 義天의 문하인 妙應선사 敎雄은 觀法을 익힘과 동시에 화엄과 瑜伽사상에 밝았고 유학은 물론 老莊이나 陰陽사상까지를 섭렵하였다. 또한 법상종 승려인 德謙은 1151년(毅宗 5년)에 입적하였고 觀奧는 1158년(의종 12년)에 입적하였는데, 모두 유학사상을 깊이 이해하였다. 비슷한 시기에 활동한 靈炤는 화엄사상에 정통했는데, 儒林들의 서적과 詩話集을 편찬하였다.

52 李基白,「新羅佛敎에서의 孝觀念 −三國遺事 孝善篇을 중심으로」,『東亞硏究』 2, 1983;『新羅思想史硏究』, 一潮閣, 1986, 278쪽.

다. 자취와 명상名相이 모두 없어진 연후에 열반의 경지에 오래 거居한다.[53]

일연은 선관을 닦았을 뿐만 아니라 수없이 많은 차별의 방편을 포용하였으므로, 불교의 경전이나 장소는 물론 유학사상에 대해서도 조예가 깊었다. 그러면서 선관의 근원이라 할 수 있는 공이면서 공이 아닌 진공眞空사상을 주장하는가 하면, 『중편조동오위』를 편찬하면서 천태의 일심삼관법一心三觀法과 비슷한 교리를 흡수하였다. 이러한 사상 경향은 고려후기 산문의 어떤 선풍과도 근접된 것이어서, 일연은 선종사상을 통합할 수 있었다. 고려시대의 구산선문은 각각 독특한 선풍을 형성하였다 하더라도, 원칙적인 면에서 선관을 닦으면서 방편으로 교학 불교의 특수한 교리를 수용하였다.

구산선문 각각의 사상이 선관 내에 화엄사상을 통합하거나 유식이나 법화, 유학사상 등을 중시하여 융합하려는 경향을 지녔지만, 이러한 사상 모두 일연의 불교사상과 근접할 수 있었다. 일연은 나누어진 선종산문을 통합하는 데 적합한 사상을 가졌다. 다만 일연의 선종사상 통합은 산문의 선풍 자체에 가치를 두어, 각 선풍을 융합하려는 것이 아니었다. 일연이 진공을 강조하는 의미를 이런 면에서 찾을 수 있다. 그의 선종사상 통합은 산문으로 나뉘기 이전의 근본적인 선관을 강조하였다. 모든 선종사상은 근원에서 같아지기 때문에 통합이 가능하다는 것이다.

---

53 민지, 앞의 비, 앞의 책, 1996, 278~279쪽에 "學窮內外 機應萬差 曉了諸家 搜玄索妙 剖釋衆疑 如鏡斯照 禪林虎嘯 敎海龍吟 …… 去來由已 其去何催 眞空不空 妙有非有 絶跡離名 然後可久" 라고 하였다.

4. 일연 사상의 불교사적 위치

선종은 신라하대에 일어나서 나말여초에 지방호족이 건재한 사회 분위기 속에 여러 산문을 성립시키면서 융성하였다. 고려초에 왕실은 지방호족을 중앙의 통제 속에 복속시켜 중앙집권적인 제도 정비를 단행하면서, 교종 특히 화엄사상에 관심을 가졌다. 한편 법상종사상은 중간 계층이나 토호土豪를 중심으로 수용되었다. 본래 중소 토호적인 기반을 가졌던 인주仁州 이씨들이 고려전기에 거대한 문벌귀족으로 성장하면서 법상종을 크게 일으켰다. 문벌귀족이 정립된 분위기 속에서 교종이 성행한 반면, 선종사상은 강조되지 못하였다.

고려시대 불교사상은 교선교섭 사상 경향을 성립시켜 가는 특성을 가졌다. 고려 불교계에는 선종의 입장에서 교종사상을 융섭하려는 경향과 교종의 입장에서 선종사상을 융섭하려는 두 경향이 존재하였다. 고려전기의 교선교섭 사상 경향은 일단 의천에 의해 정리된 셈이다. 그의 천태사상은 화엄종 입장에서 선종사상을 융섭하려는 것이다. 의천은 중국 지자智者의 일심삼관법一心三觀法을 도입하여 천태종을 개창하였다. 고려초에 체관諦觀은 중국에 들어가 천태종의 교본이라 할 수 있는 『천태사교의天台四敎儀』를 저술하였고, 비슷한 시기에 의통義通은 중국 천태종 13대 교조가 되었다. 체관에서 의천에 이르는 천태종은 교선융합 사상 경향을 지녔지만, 엄격히 말하면 화엄종의 입장을 강하게 견지하였다.[54]

고려중기에는 화엄종 등 교종이 교선융합 사상 경향을 주도하였다. 그러다가 예종 때가 되면 이러한 불교계에 변화의 바람이 불면서 거사居士 중심의 산중山中 불교가 일어나고, 교종에 억눌렸던 선종 불교가 서서히 세력을 만회하였다. 당시에 활동한 혜소慧炤국사를 중심으로 굴산문崛山門 선승들

---

54 김두진, 「諦觀의 天台思想」, 『韓國學論叢』 6, 1984, 48~58쪽.

의 사상적 전통이 수선사를 결사하는 데 능동적으로 작용하였다.[55] 혜소국사의 문하로 굴산문의 법맥을 이은 탄연坦然과 비슷한 시기에 가지산문의 법맥을 이은 학일學—이 활발하게 활동하였다.

무신란은 선종이 크게 일어나는 계기가 되었다. 문신인 문벌귀족 세력을 거세한 무신들은 그들과 연결된 교종 불교를 억압하는 대신, 지금껏 산중에서 명맥만 유지된 선종 불교를 자신들의 세력 기반으로 삼아 후원하였다. 이러한 고려 불교계의 분위기 속에서 최충헌崔忠獻은 창복사昌福寺를 중창하였다. 혜소국사로부터 이어지는 불교계의 변화는 일연의 불교사상과 직접 또는 간접적으로 연결되었다. 우선 일연은 혜소국사가 중국에 유학하여 요본遼本 대장경 3부를 구해 가지고 온 사실을 중시하였다.[56]

일연은 선사로서 대장경을 갖고 온 사실을 부각시켰다. 혜소의 문하인 탄연은 수선사 결사에 영향을 주었으며, 비슷한 시기에 활동한 학일은 일연의 사상을 형성하는 데 도움을 주었다. 혜소에서 탄연으로 계승되는 굴산문의 법맥은 중국 임제선臨濟禪을 도입하면서 수선사 3세주인 청진淸眞국사 몽여夢如로 이어졌다.[57] 또한 6세주인 원감圓鑑국사 충지沖止는 『원감록圓鑑錄』에서 혜소국사를 매우 추앙하였다.[58] 이렇듯 수선사는 몽여가 주지하는 이후가 되면 굴산문의 법맥으로 뚜렷하게 연결되는데, 그 이전에도 굴산문 도들은 수선사를 결사하는 인물들과 직접적으로 연결되었다.

수선사를 개창한 지눌은 대감大鑑을 스승으로 섬기고 대혜大慧 종고宗杲

---

55 김상영, 앞의 논문, 1988, 62~66쪽.

56 『三國遺事』 권3, 前後所將舍利조에 "本朝睿廟時 慧照國尊奉詔西學 市遼本大藏 三部而來 一本 今在定惠寺 (海印寺有一本 許參政宅有一本)"이라 하였다.

57 김상영, 「高麗中期의 禪僧慧照國師와 修禪社」, 『李箕永博士古稀紀念論叢, 佛敎와 歷史』, 1991, 368~371쪽.

58 沖止가 지은 『圓鑑錄』의 「慧炤國師祭文」과 「定慧入院祝法壽疏」 등에는 혜소국사를 定慧社의 開刱 始祖로서 그 法脈이 자기에게로 이어짐을 천명하였다.

를 벗으로 삼았는가 하면,[59] 혜소와 탄연·혜심慧諶이 앞뒤를 서로 계승하여 선문을 크게 드날렸다.[60] 또한 지눌의 스승인 종휘宗暉는 굴산문의 법맥을 이었다고[61] 한다. 지금 전하지는 않지만 선종 거사인 이장용李藏用이 찬술한 『선가종파도禪家宗派圖』에서는 범일梵日의 법인이 보현普賢 개청開淸을 이어 오대五台 신경神鏡·대은大隱 도장道藏으로 전해졌고, 도장의 법손으로 신광神光 종휘가 있으며 그 아래에 보조普照 지눌이 나온 것으로 기록하였다. 『선가종파도』의 기록은 확인할 수 없지만, 굴산문의 법맥이 수선사로 연결되는 분위기를 감지할 수 있게 한다. 굴산문의 선종사상은 화엄사상을 융섭하려는 경향을 지녔고, 이러한 특성은 바로 수선사의 사상적 전통으로 이어졌다.[62]

혜소의 법맥을 이은 탄연은 수선사의 결사에 영향을 주었는데, 비슷한 시기에 활동한 학일도 고려 불교계에 지대하게 공헌하면서, 특히 그의 문도는 뒷날 일연과 직접 교류하였다. 학일은 문종 16년(1062년)에 진장眞藏에게 출가한 이후 삼장三藏과 『금강반야경』에 해박하였으며, 숙종 10년(1105년) 에는 가지사迦智寺에 주석하면서 가지산문의 법맥을 계승하였다. 그는 선사로서 선관을 닦음과 동시에 교학에 밝았다. 예종 17년(1122년)에 왕사로

---

59 李穡,「水原彰聖寺 眞覺國師大覺圓照塔碑」,『조선금석총람』권상, 1919, 531쪽에 "臣開普照國師 師大鑑 友大慧"라고 하였다. 여기서의 大鑑을 坦然으로 해석하였지만(김상영, 앞의 논문, 1991, 85쪽), 중국의 六祖 慧能을 가리킨다고 이해되기도 했다(이지관,『교감역주 역대고승비문』, 고려편 4, 1997, 500쪽). 다만 '大鑑'으로 표현된 것은 혜능을 지칭하면서도, 수선사의 결사가 坦然과도 연관될 수 있음을 은유적으로 표현했다고 생각된다.

60 金坵,「臥龍山慈雲寺 王師贈眞明國師碑銘」,『東文選』권117, 碑銘에 "西乾中夏 泊于海東 品日倡演 開宝藏鍵 惟炤鑑覺 相繼大闡"이라 하였다. 金坵는 충렬왕 4년(1278년)에 죽었기 때문에 여기의 '覺' 곧 眞覺은 慧諶이며, 禑王 8년(1382년)에 入寂하는 眞覺국사 千熙가 아닌 것은 분명하다.

61 金坵, 위의 비, 위의 책에 "年甫十三 投舅氏品日雲孫 禪師宗幹 披剃受具"라고 하였다. 여기서의 宗軒은 宗暉와 法兄弟라고 추론된다(許興植,「禪宗의 繼承과 所屬寺院」,『高麗佛教史研究』, 일조각, 1986, 238쪽).

62 김두진,「新羅下代 崛山門의 形成과 그 思想」,『省谷論叢』17, 1986, 35~36쪽.

70

봉해졌으며, 인종 7년(1129년)에는 운문사에 주석하여 산문을 융성시켰다.

학일은 교학에 밝았을 뿐만 아니라 여러 선종사상에 익숙하였다. 그의 사상을 이해하는 데 다음 기록은 도움이 된다.

> 육조六祖 이후 선종의 법맥이 내려오면서 나누어져 백천百川과 같아졌다. 위산潙山은 상相을 없애면서 장단長短의 방원方圓을 그렸고, 임제臨濟는 일구一句를 제창하여 삼현三玄을 구현하였다. 동산洞山은 정正과 편偏의 오위五位를 제시하였고 운문雲門은 주장柱杖으로서 묘용妙用을 나타내었다. (法眼은 四機로 접하였으니) 삼계三界가 모두 그러하다. 방편으로는 비록 다르나 다 같이 묘원妙圓으로 귀결된다. 위대한 우리 대사(大士, 학일)는 동국東國에 출생하여 총림叢林을 찾아 정진하며 본색本色을 찾았으니, 오가五家의 선풍禪風이 흉중胸中에 갖추어졌다.[63]

학일은 혜능 이후에 선종의 법맥이 전해지면서 오가五家 칠종七宗 등의 많은 법문으로 갈라졌음을 지적하면서, 여러 선종의 선풍을 모두 이해하여 그 차별을 제시하였다.

위앙종이 원상圓相의 접화법을 천명하였다면, 임제종은 삼현三玄을 주장하여 체体와 구句는 물론 '현중현玄中玄'을 추구하였다. 조동종은 정과 편의 오위를 내세웠고 운문종은 주장柱杖으로써 묘용妙用을 나타내었다. 그러나 학일은 오가 선풍의 차이가 방편으로 말미암아 나타난 것에 불과하며, 본원에서는 묘원妙圓으로 같다고 하여 선종사상의 통합을 내세웠다. 학일의 사상적인 특색은 일연에게로 이어졌다. 학일은 삼계三界도 역시 그러해서 그

---

63 尹彦頤, 「淸道雲門寺 圓應國師碑」, 『조선금석총람』 권상, 1919, 352쪽에 "老盧而降 分脈如川 大潙盡相 長短方圓 臨隋一句 須具三玄 洞山五位 或正或偏 雲門柱杖 妙用現前 □□□□ 三界皆然 方便雖異 同趣妙圓 偉我大士 出於東國 歷訪叢林 飽參本色 五家之學 了然胸臆"라고 하였다.

진성은 본래 원명圓明하여 사방에 두루 나타나지만, 그 본원은 혼일渾一한 동체라고 하였다. 뿐만 아니라 입적할 때가 가까워지자, 세월도 없고 일상도 따로 없기 때문에 기일이 특별히 있을 수 없다고 하였다.[64]

본원에서 파생된 차별을 방편으로 보아 여러 선종사상은 본원에서 같아져 통합될 수 있다는 주장은 바로 일연의 사상과 연결이 가능한 것이다. 다만 탄연으로 이어진 수선사의 굴산문 법맥과 학일 때에 번성해진 가지산문도들은 모두 교종과 선종을 교섭하는 사상 경향을 지녔지만, 양자 사이의 사상적인 차이를 설정할 수 있다. 굴산문의 법맥으로 이어진 수선사는 임제선풍을 받아들였고, 선관을 닦으면서 교학 중 특히 화엄사상을 중시하여 선오후수先悟後修 사상을 정립하였다. 이에 비해 학일의 가지산문도들은 선종사상을 통합하려 하면서도 교학의 다양한 교리에 대한 관심을 강하게 노출하였다.

화엄사상의 이해에 치중한 굴산문도와는 달리, 가지산문도는 화엄사상에 관심을 가지면서도 특히 유식사상의 흡수에 보다 비중을 두었다. 학일은 운문사에 주석하였으며, 그 이전에 법주사法住寺에 주지하면서 유식사상을 깊이 이해하였다.[65] 운문사는 신라의 원광에서부터 이어지는 유식사상의 전통과 밀착된 사원이다. 유식사상의 강조라는 면에서 가지산문의 사상 경향은 수선사로 이어진 굴산문의 사상 경향과 구별되지만, 그 둘 모두 선종의 입장에서 화엄사상을 융섭하려는 경향을 가진 점에서 비슷하다.

학일의 사상에 정통하였던 일연은 선관을 닦고 유식사상에 밝았지만, 화엄사상에 대해서도 지대한 관심을 표명하였다. 말하자면 학일이 비교적 덜

---

64 윤언이, 위의 비, 위의 책, 1919, 351쪽에 "汝等 專資道力 不可貪求名利 仍說□ □□□□□ □然偏十方 十方渾一一体 出沒本同光 言訖 幾於入寂 …… 師日 山門無藏無日 □忌□□□□ 若以爲忌"라고 하였다.

65 윤언이, 위의 비, 위의 책, 1919, 348쪽에 "如來愍其然 四十九年說 三乘十二□敎 □根利鈍 而導引之"라 하였다. 學一의 사상적 특징으로 根機의 차별을 인정하고는 三乘方便과 12分敎로서 중생을 제도함을 들었다. 그것은 유식에 의한 차별의 설정과 연관되었다.

72

중시했던 화엄사상에 대해 조예가 있었다. 학일은 의천의 천태종 결사에 참가하지 않았을 뿐만 아니라 오히려 이에 대항하여 선관을 고수하였다.[66] 학일과는 달리 일연은 천태종의 일심삼관법 논리를 흡수하였다. 그는 『중편조동오위』를 편찬하면서 '정'과 '편'을 '중도' 속에서 통합하였는데, 그것은 천태의 삼관법과 연결될 수 있다. 그런가 하면 처음에 주석한 포산 지역의 보당암은 법화사상의 전통과 연결된 곳으로,[67] 일연은 일찍부터 법화사상을 접하였다.

학일 이후 흥성했던 가지산문의 사상 전통을 이은 일연은 스스로 수선사의 법맥을 계승하였다고 표방하였다. 지눌은 대혜大慧 종고宗杲의 임제종 사상과 함께 이통현李通玄의 화엄사상을 포용하였다. 중국 화엄종의 방계인 이통현장자는 의상의 화엄사상을 받아들여 성기론적性起論的인 화엄관을 체계화하였다.[68] 일연의 화엄관이 성기론적 성격을 가졌는지는 분명하지 않지만, 선종사상을 통합하기 위해 선관의 근원으로 돌아갈 것을 주장하였다. 이 점은 성기론적 논리와 큰 차이가 없다.

고려후기에 중국 임제종사상의 교리 논쟁이 알려져 있다. 황룡파黃龍派와 양기파楊岐派의 논쟁이 그것이다. 물론 지눌은 양기파에 속한 교선일치를 주장하는 종고의 사상에서 영향을 받았겠지만, 선관의 본원을 추구하려는 황룡파의 사상에 대해서도 관심을 가졌다. 지눌을 계승한 진각眞覺 혜심은 불유동원佛儒同源 사상을 가졌는데, 이는 양기파의 사상 전통으로 형성

---

66 윤언이, 위의 비, 위의 책, 1919, 349쪽에 "國師 西游於宋 傳華嚴經 兼學天台敎觀 以哲宗元祐
元年丙寅回 尊崇智者 別立宗家 于時聚林衲子 傾屬台宗者十六七 師哀祖道凋落 介然孤立 以身
任之 大覺使人頻論 而卒不受命"이라 하였다.

67 李詹,「宝幢庵重創 法華三昧懺疏」,『東文選』권111, 疏 참조.
물론 李詹은 주로 공민왕에서 공양왕 때에 활동하였고 太宗 5년(1405년)에 죽었기 때문에, 그
가 찬술한 寶幢庵에 관한 내용은 일연이 활동하던 이후의 사실을 기록하였다. 그렇지만 寶幢庵
에서 행해진 法華三昧懺은 그곳의 사상 전통과 연관하여 생각할 수 있다.

68 김두진,「의상 화엄사상의 불교사상사적 위치」,『義湘, 그의 생애와 화엄사상』, 민음사, 1995,
350쪽.

된 것이다. 뒷날 양기파의 설암雪巖 조흠祖欽은 이러한 사상 전통을 체계화하여 불유동일佛儒同一 사상을 내세웠다.[69] 고려말의 선종사상은 유학사상과 교섭하였는데, 일연은 물론 훗날 태고太古 보우普愚나 나옹懶翁 혜근惠勤 등도 유학사상에 상당한 조예가 있었다.

수선사의 선승들과 비슷한 사상 경향을 가졌으면서도, 일연은 그들보다 유식사상에 더 밝거나 가지산문의 법맥을 내세우는 등의 차이를 가졌다. 이러한 일연의 사상 경향은 무신정권이 무너지고 왕정이 복고되기는 했으나, 아직도 무신들이 권력의 중심에 있었던 원종이나 충렬왕 때의 왕실 및 고려 조정으로부터 주목을 받았다. 그리하여 일연은 국존에 봉해졌으며, 이후 고려 불교계 내의 가지산문과 굴산문 등 구산선문의 차별은 점차 무의미해져 갔다. 이는 선종사상을 통합하려는 일연의 노력으로 나타난 결과이다.

가지산문의 법맥과 연결이 가능한 태고는 일연의 구산선문을 통합하려는 사상 경향을 이어 받아 실제로 그것의 통합을 시도하였다. 다음 기록에서 이를 알 수 있다.

그러나 지금 구산九山 선승禪僧들은 각각 그 법문法門을 짊어지고 피차의 우열을 따짐으로써 싸움이 심해졌다. 근래에는 더욱이 도문道門으로써 창과 방패로 삼아 울타리를 만들고, 화합과 정도를 해치고 깨트렸다. 아! 선禪은 본래 일문一門이었건만 사람들이 스스로 여러 문을 만들었으니, 저 본사本師의 평등하고 무아無我한 도와 여러 선사禪師의 격의 없는 청양清敭한 가풍家風 및 선왕先王의 호법護法이나 안방安邦의 뜻이 어디 있습니까? 이것이 지금의 폐단입니다.[70]

69 金東華,『禪宗思想史』, 太極出版社, 1975, 421쪽.
70 維昌,「行狀」,『太古和尙語錄』권하;『韓國佛敎全書』권6, 불교문화연구원, 1984, 698쪽 하에
　　"雖然今也 九山禪流 各負其門 以爲彼劣我優 閼鬪滋甚 近者益之以道門 持矛楯作藩籬 繇是傷
　　和敗正 噫禪是一門 而人自闢多門 烏在其本師平等無我之道 列祖格外淸敭之風 先王護法安邦

공민왕 때 태고는 구산선문이 본래 하나였는데, 그 문도들이 피차의 우열을 나누고 서로 울타리를 만듦으로써 폐단을 만들었다고 하였다.

고려말의 구산선문은 각자가 자기의 법문을 중시함으로써 부처의 평등하고 무아한 도나 여러 조사의 청양淸歔한 가풍은 물론 호법 정신까지를 망각시켰다. 그러한 폐단을 시정하기 위해 태고는 구산선문의 통합을 주장하였다. 곧 구산선문이 갈라지기 이전의 일문一門으로 돌아가야 하는 것을 제시하였다. 그는 물과 젖이 화합하듯 부처의 마음으로 돌아가 한가지로 평등하게 되어야 한다고 역설하였다.[71] 태고의 구산통합론은 바로 일연의 사상 전통과 연결된 것이다.

일연은 유학사상에 밝았다. 이러한 그의 교학은 고려말에 선관을 닦으면서 유학사상까지 이해하려는 불교계에 능동적으로 작용하였다. 태고 역시 그러한 사상적 전통을 지녔고, 그의 문하에서 조선중기 서산西山대사가 『삼교귀감三敎龜鑑』을 저술하여 유교는 물론 도교사상까지를 회통하고자 하였다. 조선후기에 저술된 『조보』, 곧 『불조원류佛祖源流』는 서산의 문하에서 편찬되었기 때문에 나옹의 법맥 등 고려말의 불교계를 이해하는 데에는 한계성을 지녔지만, 조선중기 이후에 태고의 법문이 불교계를 장악한 모습을 보여준다.

고려말 태고와 비슷한 시기에 활동한 나옹은 반드시 일연의 법맥으로 이어지지는 않는다. 또한 그는 임제종의 평산平山 처림處林의 법인을 받았기 때문에, 같은 임제종이지만 석옥石屋 청공淸珙의 문하인 태고와는 법맥을 달리하였다. 분명 나옹은 태고의 사상과는 구별되는 사상 경향을 가졌을지라도, 일연의 사상 전통과 어긋나지는 않았던 듯하다. 나옹이 굴산문의 법

之意也 此時之蔽也"라고 하였다.

71 유창, 위의 글, 위의 책, 1984, 698쪽 하에 "九爲老陽 一爲初陽 老而衰也 理之常而及立都之時 九山之來旣久 不如反其初 爲新陽之爲愈也 此數之變也 當是時也 若統擧一門 九山不爲我人云 山 山名道存 同出一佛之心 水乳相和 一槃齊平"이라 하였다.

맥을 이었는지는 분명하지 않으나 가지산문의 법맥을 이은 태고보다 화엄
사상이나 천태교학에 대해서는 더 밝았다.

　나옹의 법맥은 무학無學 자초自超나 함허涵虛 기화己和 등으로 이어졌는
데, 이들은 조선초에 왕성한 활동을 전개하였다. 『유석질의론儒釋質疑論』이
나 기화의 『현정론顯正論』 등은 불교사상과 유학사상의 회통을 의도한 저술
이다. 이에 편승하여 나옹의 법맥은 아니지만 서산대사의 『삼교귀감』이 등
장할 수 있었다. 이러한 저술은 일연의 사상 전통에서 영향을 받아 작성된
것은 분명하다. 고려말의 불교계가 일연의 사상 전통과 모두 맥락이 닿으면
서도 태고와 나옹의 문도가 달라지는 이유나 기화의 『현정론』이 서산대사
의 『삼교귀감』과 어떻게 연결될 수 있는지에 대해서는 앞으로 풀어야 할 숙
제이다.

제2장
『삼국유사』의 체제와 내용

제1절 『삼국유사』의 체제와 편목 구성

1. 『삼국유사』의 체제

(1) 편명과 조목

　한국고대사의 체계를 수립하는 데『삼국사기三國史記』와『삼국유사三國
遺事』는 실로 중요한 사서이다. 이 두 사서는 고려중기 이후에 기록되었기
때문에, 한국고대의 역사적 사실이 전승되는 과정에서 신이한 신앙을 곁들
이는 설화 형태의 사료로 기록되기도 하였다. 그리하여 그 내용을 믿을 수
없는 것으로 취급하여, 한국고대사를 연구하는 데 소외되기 쉬웠다. 그러한
경향은『삼국사기』보다는『삼국유사』의 연구에 더 많이 나타났다.

　『삼국유사』는 신이한 기록으로 채워져 있어서 영험을 통해 불교신앙을
홍포하는가 하면, 그 내용은 종종 역사적 진실을 알려주기도 한다. 오히려
『삼국유사』는 한국고대사나 불교사를 체계화하는 데 대단히 유용한 사서이

다. 이러한 『삼국유사』의 자료적 가치를 끄집어내기 위해 우선 『삼국유사』 자체에 대해 포괄적으로 이해할 필요가 있다. 바로 이러한 목적에서 우선 고려후기에 일연이 찬술한 『삼국유사』의 체제나 편목의 대체적인 구성에 대해 지적하고자 한다.

『삼국유사』 판본 중 조선 중종 7년(1512년)에 간행된 정덕본(正德本, 中宗壬申本)이 가장 완전한 형태로 전하는데, 총 5권 9편으로 구성되어 있다. 그러나 권수와 편명을 명확하게 나타내 주지 않는 부분이 있다. 정덕본 『삼국유사』에서 권수와 편명篇名을 따로 뽑아 제시하면 다음과 같다.

三國遺事 王曆第一　紀異卷第一

三國遺事 卷第二

三國遺事 卷第三　　興法第三 塔像

三國遺事 卷第四　　義解第五

三國遺事 卷第五　　神呪第六 感通第七 避隱第八 孝善第九

편명인 탑상塔像의 경우 '第四'가 빠진 것임이 분명하므로 『삼국유사』 권3에 홍법제3興法第三과 탑상제4塔像第四가 속해 있고, 권4는 의해제5義解第五로 채워졌으며, 권5에는 신주제6神呪第六과 감통제7感通第七, 피은제8避隱弟八, 효선제9孝善第九가 속해 있다. 비교적 권3부터 권5까지의 편명은 분명한 셈이다. 그러나 권1과 권2 및 그에 속한 편명의 구분이 매우 혼란스럽다. 그것은 간본刊本의 작성자가 서술의 양에 의하여 구분되는 권卷과 내용에 의하여 구분되는 편篇을 명백하게 분별하여 표시하지 못한 데서 야기된 혼란으로 이해된다.[1]

---

1 이기백, 「三國遺事의 篇目構成」, 『佛教와 諸科學, 東國大學校 開校八十周年紀念論叢』, 동국대 출판부, 1987, 983쪽.

'三國遺事 王曆第一'은 정덕본에서 가장 처음 나타나 있는데, 권수와 편명을 함께 나타내는 것으로 생각된다. 곧 그것은 '삼국유사 권제1卷第一 왕력제1王曆第一'로 이해해야 한다. 다음으로 '紀異卷第一'과 '三國遺事 卷第二'도 혼란되어 있다. '기이권제1'의 권수 표시는 잘못된 것으로 봄이 옳다. 그렇게 되면 왕력 다음의 편명으로 보아 '기이제2'로 고쳐야 하며 '삼국유사 권제2'는 기이제2의 연속으로 보아야 한다. 이러한 견해로 상기한 정덕본의 권수와 편명을 〈표 1〉과 같이 정리할 수 있다.[2]

〈표 1〉 정덕본 『삼국유사』의 卷·篇 구분

卷	篇	비고
三國遺事(卷第一)	王曆第一 紀異第二	卷第一이 빠져 있음 第二는 卷第一로 되어 있음
三國遺事卷第二	(계속)	
〃　卷第三	興法第三 塔像第四	第四가 빠져 있음
〃　卷第四	義解第五	
〃　卷第五	神呪第六 感通第七 避隱第八 孝善第九	

〈표 1〉은 이미 최남선崔南善이 교정한 『신정新訂 삼국유사三國遺事』의 권수 및 편명의 구분과 일치한다. 사실 최남선본本의 권수와 편명 구분은 학계의 통설로 받아들여지고 있다.[3] 물론 이러한 통설과 다른 견해도 있다. 그러한 견해는 우선 왕력을 『삼국유사』의 부록으로 보았으며, '기이권제1'을 '삼국유사 권제1 기이제1'로 해석하였고, 자연스럽게 '삼국유사 권제2'는 '기이제2'가 생략된 것으로 판단하였다. 즉, 왕력은 『삼국유사』의 부록이고 권

---

2 이기백, 위의 논문, 1987, 983쪽에 제시된 〈표 2〉를 참조하였다.

1은 '기이제1', 권2는 '기이제2'라고 하였다.[4]

　『삼국유사』의 편명은 9개임이 분명하므로, 정덕본에서 제시한 왕력王曆·
기이紀異·홍법興法·탑상塔像·의해義解·신주神呪·감통感通·피은避隱·효선
孝善으로 설정하는 것이 자연스럽다. 그중 굳이 왕력을 부록으로 돌리고 기
이를 '기이제1'과 '기이제2'로 갈라 9개를 설정하려는 것은 무언가 어색해
보인다.[5] 또한 왕력을 부록으로 처리한 논리적 근거를 기이편의 서叙에 "此
紀(神)異之所以漸諸篇也"라고 기록한 데에서 찾았다. 이에 대해 종전에는
"기이가 모든 편의 머리가 된다"고 번역하였다. 기이편이 수편首篇이 되기
때문에 왕력은 부록이 되는 것이다. 그러나 이 부분에 대해서는 "기이의 제

3　崔南善, 『新訂 三國遺事』(瑞文化社, 1996)의 卷數와 篇名 구분은 다음과 같다.

卷	篇
卷第一	王曆第一
	紀異第二
卷第二	〃 (계속)
卷第三	興法第三
	塔像第四
卷第四	義解第五
卷第五	神呪第六
	感通第七
	避隱第八
	孝善第九

　民族文化推進會가 發行한 『三國遺事』(1973) 등, 이후 간행된 『삼국유사』의 卷數와 篇名의 구
　분은 대체로 崔南善本의 구분을 따르고 있다.

4　이렇게 정리한 『삼국유사』의 卷1과 卷2의 篇名은 다음과 같다.
　三品彰英, 『三國遺事考証』上, 塙書店, 1975, 35쪽에서는 "三國遺事 王曆, 三國遺事卷第一 紀
　異第一, 三國遺事卷第二 紀異第二"라 하였다. 또한 金相鉉, 「三國遺事 王曆篇 檢討」, 『東洋學』
　15, 1985, 222쪽에서는 "三國遺事卷第一 王曆第一, 三國遺事卷第一 紀異第一, 三國遺事卷第
　二 紀異第二"라고 하였다.

5　이기백, 「三國遺事 王曆篇의 檢討」, 『歷史學報』107, 1985, 2쪽.
　卷이 양을 기준으로, 篇이 내용을 기준으로 한 구분이기 때문에 이기백은 "紀異가 양이 많아서
　두 권으로 갈라져 있다고 해서 두 편이 될 수는 없다. 비록 두 권으로 갈라져 있더라도 기이가
　한 편이라고 한다면, 결국 王曆을 독립된 편으로 봐야만 『삼국유사』의 9편이 비로소 갖추어진
　다는 이야기가 된다"고 하였다.

편제篇을 정리한다"라고 번역하기도 한다.[6] 이럴 경우 왕력이 반드시 부록이어야 할 당위성은 없어지며, 아울러 도표가 아닌 문장으로서『삼국유사』의 첫 부분이 된 기이편의 의미가 훼손되는 것도 아니다.

다만 왕력은 일연이 찬술한 것이 아니고 후대의 사람들에 의해 첨가되었을 가능성을 제시하면서, 무극無極이『삼국유사』에 다른 기록과 함께 그것을 덧붙여 간행했다고 한다.[7] 비록 왕력에는 금주金州·동주東州 등 충선왕 2년(1310년)에 개명되는 지명이 보이는 등 부분적으로 후대에 첨삭되었을 가능성은 배제할 수 없으나, 그것이 일연의 찬술이 아니라는 주장에는 반론의 여지도 있다. 우선「역대연표歷代年表」의 존재가 이러한 회의를 낳게 한다. 충렬왕 4년(1278년)에『삼국유사』보다 앞서 간행된「역대연표」는『삼국유사』, 특히 왕력편을 찬술하기 위한 선행 작업의 일환으로 만들어졌다고 한다.[8] 이렇게 되면 왕력은 일연의 찬술이 아니라거나 또는 부록으로 가볍게 취급할 수 있는 것은 아니다.

왕력은 연표로 작성된 것이며, 표의 맨 상단에 중국의 연대가 적혀 있다. 중국의 국명과 왕명, 연호와 그 연호가 시작된 간지명干支名 및 그 연호가 지속된 연수가 적혀 있는데, 이것은 절대 연대를 표시하는 데 불과하다. 왕력편의 본문에 해당되는 부분은 처음 4단으로 구분하여, 거기에 신라·고려(고구려)·백제·가락국(駕洛國, 加耶)을 각기 배당하였다. 그리고 통일신라시대는 1단으로 하였으며, 후삼국시대는 다시 3단으로 구분하여 신라·후고려

---

6 이기백, 앞의 논문, 1987, 938~944쪽의 註2 참조.

7 김상현, 앞의 논문, 1985, 236~237쪽.

8 蔡尙植,「至元 15年(1278) 仁興社刊 歷代年表와 三國遺事」,『高麗史의 諸問題』, 三英社, 1986, 700쪽 참조.
   그러한 이유로 ① 형태상「歷代年表」와『삼국유사』왕력편의 기재 양식이 일치한다는 점, ② 중국의 정통왕조로 파악한 내용이 서로 일치한다는 점, ③ 일연이「역대연표」를 간행하기 1년 전에 인흥사에서 雲門寺로 옮겨갔지만,「역대연표」를 간행하기 위한 준비 기간의 대부분을 포함하여 간행처인 인흥사에서 14년간 주석하였다는 점 등을 들었다.

(後高麗, 弓裔)·후백제(後百濟, 甄萱)를 배당하였다. 삼국 이전과 발해는 왕력편에서 빠졌다.

『삼국유사』의 9편목은 각각 많은 조목으로 나뉘어 있다. 이들 조목들은 모두 독립된 주제로 된 구체적 사실을 기록한 것인데, 역시 약간 혼란스럽다. 이러한 혼란은 몇 가지 면에서 지적할 수 있다.

첫째는 일연이 일단 『삼국유사』를 마무리 지은 뒤에 다른 사람이 추가한 부분이 있다는 것이다.[9] 그 예로 『삼국유사』 권4 관동풍악발연수석기關東楓岳鉢淵藪石記조와 『삼국유사』 권3 전후소장사리前後所將舍利조의 끝 부분을 들 수 있다.[10] 이 두 기록은 일연의 제자인 무극이 추가한 것이다. 그 외에 『삼국유사』 권2 가락국기駕洛國記조와 권3의 명주오대산보질도태자전기溟州五臺山寶叱徒太子傳記조 및 오대산문수사석탑기五臺山文殊寺石塔記조, 동경흥륜사금당십성東京興輪寺金堂十聖조 등도 후대에 추가된 것으로 추측된다.[11]

둘째는 원래 한 조목이었는데 후대의 간본刊本에서 두 조목으로 나뉘었거나 또는 그 반대로 두 조목이었는데 한 조목으로 묶은 경우가 있다고 한다.[12] 전자의 예로 『삼국유사』 권1의 진한辰韓조와 우사절유택又四節遊宅조를 들 수 있는데, 이 두 조목은 본래 같은 내용으로 구성된 것이다. 진한조의 삼십오금입택三十五金入宅과 우사절유택조의 내용은 이어질 수 있다.[13] 마찬가지로 『삼국유사』 권2의 경덕왕충담사 표훈대덕景德王忠談師 表訓大德조와 찬기파랑가왈讚耆婆郎歌曰조도 같은 내용을 구성하고 있다. 또한 후자의 예로는 『삼국유사』 권1 마한馬韓조를 들 수 있는데, 여기에는 사이四夷·구이

---

9 이기백, 앞의 논문, 1987, 986쪽.
10 『三國遺事』권3, 前後所將舍利조의 "按此錄義湘傳云"부터 끝까지인 "而無舍利焉 無極記"한 부분이다.
11 이기백, 앞의 논문, 1987, 987~993쪽.
12 이기백, 앞의 논문, 1987, 989쪽.
13 金煐泰, 「三國遺事의 體裁와 性格」, 『三國遺事所傳의 新羅佛敎思想研究』, 信興出版社, 1979, 11쪽, 註10.

九夷·구한九韓·예맥穢貊이 기록되었다. 이 조목은 '마한'조와 '사이·구이·구한·예맥'조로 나누는 것이 옳다.[14] 같은 예로『삼국유사』권1 말갈발해靺鞨渤海조는 그 안에 나오는 '흑수黑水·옥저沃沮'조와 나누는 것이 바람직하다.[15]

셋째는 조목의 명칭이나 순서가 잘못되거나 바뀐 것이 있다. 명칭이 잘못된 예로는『삼국유사』권1 칠십이국七十二國조와 권3 삼소관음중생사三所觀音衆生寺조가 해당된다. 우선 칠십이국조는 '칠십팔국七十八國'조로 고치는 것이 옳다. 칠십이국조에는 "나뉘어져 70여 국이 되었다"라고 했지만, 이 기록으로 '칠십이국'이라는 표현을 정당화할 수는 없다. 같은 칠십이국조에는 이어서 "나뉘어져 78국이 되었는데, 각 만 호를 거느렸다"라 하였고, 또한『삼국지三國志』위서魏書 동이전東夷傳에서는 마한이 54국, 진한·변한이 각 12국이라 하여 도합 78국의 이름을 나열하였다.

삼소관음중생사조와 이어서 백률사栢栗寺, 민장사敏藏寺조는 모두 세 조목으로 나뉘어 서술되었다. 그런데 3곳의 관음三所觀音은 중생사·백률사·민장사의 관음을 말한다.[16] 따라서 이 3조목은 합쳐서 기술되어야 하며, 그 조목 이름은 '삼소관음 중생사·백률사·민장사'로 고쳐야 한다. 그러나 이 경우 '백률사'와 '민장사'의 조목 이름이 내용 중에 돌출하게 되어 어색함이 따른다. 이런 문제를 해결하기 위해서, 이 3조목은 합쳐 기록하되 그 이름은 '삼소관음三所觀音'조 정도로 정하는 것이 바람직하다.

다음으로『삼국유사』권1 이부二府조는 분명히 조목으로 설정되어 있는데, 위만조선衛滿朝鮮조에 합쳐 기술하는 것이 바람직하다.『삼국유사』권1 칠십이국조에는 "처음에 사군四郡을 설치하고 후에 이부二府를 두었다"라고 하였다. 이로 보아 일연은 사군四郡과 이부二府를 같은 비중으로 낮추

---

14 三品彰英, 앞의 책, 1975, 328쪽 및 332쪽.
15 三品彰英, 앞의 책, 1975, 354쪽 및 361쪽.
16 이기백, 앞의 논문, 1987, 992쪽.

어 설명한 셈이다. 사군과 이부에서 보다 더 중요한 것은 사군이다. 그러나 『삼국유사』에는 '사군'이라는 조목이 따로 설정되어 있지 않고 권1 위만조선조에 간단히 언급되었다. 이런 사정은 일연이 한사군에 대해 일부러 격하시켜 기술하였다는 인상을 준다. 그렇다면 이부조는 일연이 독립 조목으로 설정하지 않았을 것으로 생각한다. 이부조의 기술이 위만조선조 속에 포함되었다면, 권1 마한조에 이어 칠십이국조로 이어지는 서술이 자연스럽게 보인다.

마지막으로 『삼국유사』 권3 동경흥륜사금당십성조의 편명을 분명히 설정할 필요가 있다. 정덕본에는 그것을 흥법편의 마지막에 기술하였으며, 그 다음으로 탑상편이 이어진다. 그렇지만 그것은 탑상편에 들어가야 한다는 주장이 있다.[17] 동경흥륜사금당십성조의 내용이 너무 소략하기 때문에, 이러한 혼란을 더 가중시킨 셈이다. 앞에서 지적했듯이 일연 이후에 누군가가 그것을 추가한 것으로 파악하였다. 비록 그것은 후대에 추가한 것이라 하더라도 어느 편목 속에 들어간 것인지를 밝혀야 한다.

동경흥륜사금당십성은 동벽東壁과 서벽에 각각 다섯 분의 성인을 이소상泥塑像으로 모신 것이다. 이 때문에 이 조목이 탑상편에 들어가야 한다고 주장되었다. 다만 10성 중 가장 시대가 늦은 표훈表訓의 행적을 유념할 필요가 있다. 『삼국유사』 권2 경덕왕충담사 표훈대덕景德王忠談師 表訓大德조에는 "표훈 이후에는 신라에 성인이 태어나지 않았다"라고 하였다. 표훈은 경덕왕에게 자식을 점지하기 위해 하늘나라를 오르내렸고, 상제를 만나 천기를 누설하였다. 이 때문에 천제가 이후부터는 하늘 문을 막아버려 신라에 성인이 다시 태어날 수 없었다고 한다. 표훈이 신라의 마지막 성인이라는

---

17 東京興輪寺金堂十聖조를 塔像篇에 귀속시켜 篇目體系를 정리한 것으로 대표적인 것은 李丙燾 譯註, 『三國遺事』(東國文化社, 1956)와 李載浩 譯註, 『三國遺事』 2책(한국자유교육협회, 1967) 이다.

이 연기설화와 흥륜사 금당의 10성 중에 마지막으로 표훈이 모셔진 것은 서로 연결되어 있다. 이렇듯 동경흥륜사금당십성조는 신라 사회에 전승된 이러한 연기설화가 저변이 되어 설정되었고 『삼국유사』의 조목으로 기술되었다. 따라서 그것은 『삼국유사』 권3 홍법편에 들어가는 것이 옳다.

『삼국유사』의 편목을 일연이 편찬할 당시의 모습대로 정리하는 작업은 중요하지만 대단히 어려운 일이다. 편명은 그런대로 왕력·기이·홍법·탑상·의해·신주·감통·피은·효선의 9편으로 정리할 수 있다. 편명 내의 조목은 후대에 첨가하는 등 혼란이 더 심하다. 『삼국유사』의 조목을 정확하게 복원해야 하는데, 그러한 작업은 일연의 역사의식을 천착해서 밝힘으로써 보다 잘 수행될 것이다.

(2) 역사·승전류의 정립

『삼국유사』를 중국의 승전류僧傳類와 비교·검토해야 한다. 『삼국유사』는 역사 기술과 불교 관계 기록을 모두 갖춘 사서이다. 이와 비슷한 체제의 승전으로 중국 송대 이후에 정사체正史體를 모방하여 편찬된 『석문정통釋門正統』이나 『불조통기佛祖統記』의 편목을 검토함으로써, 『삼국유사』가 어떤 모습으로 기록되는지에 대해 접근하고자 한다.

일연이 『삼국유사』를 간행하기 이전 고려시대에는 많은 사서와 승전이 저술되었다. 그중 대표적인 것이 김부식金富軾이 편찬한 『삼국사기』와 각훈覺訓의 『해동고승전海東高僧傳』이다. 승전류로는 『해동고승전』이 지금까지 전하지만 완전한 것이 아니어서, 그 체제를 이해하기는 어렵다.[18] 각훈은 불교 국가로서의 전통을 잇고, 불교 종파의 여러 교리를 회통會通한 대각국사大覺

---

18 『海東高僧傳』은 현재 2권1책만 전하는데, 그 篇名은 流通 一之一과 流通 一之二로 구성되어 있다.

國師의 귀정歸正을 내세운다는 자부심에서 『해동고승전』을 편찬하였다.[19]

『삼국유사』도 흔히 고승전류의 불교신앙사를 서술한 것으로 이해되고 있다. 일연이 중국의 양梁·당唐·송宋의 3조 고승전의 체제를 표방하여 『삼국유사』를 편찬한 것이라고도 한다.[20] 그러나 『삼국유사』의 기이편은 분명 국가나 국왕 중심으로 편찬되었고 왕력편도 이를 보완하는 것이어서, 그것을 승전류로만 볼 수는 없다. 다만 『삼국유사』의 9편목 중 왕력과 기이편을 뺀 나머지 7편목은 대부분 불교 관계 내용으로 채워졌다.

『삼국유사』의 편목은 역사의 기술인 왕력·기이편과 불교신앙사인 나머지 7편목으로 나뉠 수 있다. 이렇듯 역사 기술과 불교신앙사를 묶어 편찬한 데에 『삼국유사』의 특성을 찾을 수 있다. 이러한 『삼국유사』의 체제를 일단 역사·승전류로 정의하고자 한다. 역사·승전류로서의 『삼국유사』 체제를 보다 잘 이해하기 위해, 그 편목을 중국의 승전류와 비교해 볼 필요가 있다. 중국의 양·당·송 3조 고승전의 편목은 다음과 같다.

① 양고승전梁高僧傳: 역경譯經·의해義解·신이神異·습선習禪·명률明律·망신亡身·송경誦經·흥복興福·경사經師·창도唱導

② 당고승전唐高僧傳: 역경譯經·의해義解·습선習禪·명률明律·호법護法·감통感通·유신遺身·독송讀誦·흥복興福·잡과雜科

③ 송고승전宋高僧傳: 당고승전唐高僧傳과 같음

중국 고승전의 편명과 『삼국유사』의 편명은 다소 차이가 있다. 우선 중국의 고승전에 가장 먼저 나오는 역경편譯經篇은 현실적으로 우리나라의 승

---

19 覺訓, 『海東高僧傳』, 流通篇 序(韓國學文獻研究所, 1973, 9쪽)에 "逐使於三韓及我聖祖葦舊鼎 (新) 尤尊佛敎 凡制度多用佛敎 守文繼體之君 傳而不失 惟太祖四代孫大覺國師 於宣王三年乙 丑四月 航海求法 東至于洋 導其百派 大小始終頓圓之五敎 各得其所 復歸于正"이라 하였다.

20 閔泳珪, 「三國遺事」, 『韓國의 古典百選』, 東亞日報社, 1969, 88쪽.

86

전류에서는 설정될 수 없는 편명이다. 불경의 번역이 크게 진척된 것이 아니었기 때문이다.[21] 그렇지만 의해義解나 감통感通 등 같은 이름의 편명도 설정되어 있다. 그 외『삼국유사』의 흥법·탑상·신주·피은·효선편은 중국의 세 고승전의 편명과 달리 설정되었다. 특히 탑상편은 중국의 고승전에는 설정되지 않았던 편명이다.

또한 효선편은 부모를 모셔야 하는 효도와 출가하여 선善을 닦으려는 수도修道와의 사이에 생기는 서로 상반되는 사회문제를 해결하려는 것이어서,[22] 신라시대나 고려시대의 불교도들이 갖는 현실적인 고민을 반영하여 설정되었다. 따라서 일연은 중국의 고승전에서 몇 개의 편명을 취하기는 했어도, 그대로 가져오지는 않고 우리 사회에 맞게 새로운 편명을 설정하였다.

고려후기에 중국에서는 천태학이 교관教觀 논쟁을 일으키는 분위기 속에서 승전류가 새로운 체제로 편찬되었다. 송의 오극기吳克己가 찬술한『석문정통釋門正統』과 지반志磐이 찬술한『불조통기佛祖統記』의 체제가 그것인데, 다음과 같다.

① 석문정통: 본기本記·세가世家·제지諸志·열전列傳·재전載傳

② 불조통기: 본기本記·세가世家·열전列傳·표표表表·지지志志

천태종 관계 사서라 할 수 있는『석문정통』은 송나라 영종寧宗 경원慶元 연간(1195, 明宗 25~1200년, 神宗 3년)에 간행되었는데, 정사체를 모방하여

---

21 각훈,『해동고승전』, 유통편 서(한국학문헌연구소, 1973, 10쪽)에 "且道不自弘 弘之由人 故著 流通篇 以示于後 按古梁唐宋三高僧傳 皆有譯經 以我本朝 無翻譯之事 故不存此科也"라 하였 다. 그러나 각훈이『해동고승전』의 篇名을 정하면서 梁·唐·宋의 세 高僧傳에 譯經篇을 설정할 수 없는 이유를 특별히 거론한 것은 역경편 이외의 다른 편명을 고려하였음을 알려준다.『삼국 유사』의 편명을 정하는 데에도 역시 세 高僧傳의 편명을 고려하였을 것으로 생각한다.

22 이기백,「新羅佛敎에서의 孝觀念 ―三國遺事 孝善篇을 중심으로―」,『東亞研究』2, 1983;『新羅 思想史研究』, 一潮閣, 1986, 278쪽.

찬술되었다. 승전류의 이러한 체제는 1268년(元宗 9년)에 간행된 『불조통기』에 의해 거의 완비되었다. 그런데 『석문정통』 제지편諸志篇의 조목은 다음과 같다.

신토身土·제자弟子·탑묘塔廟·호법護法·이생利生·순속順俗·흥쇠興衰·척위斥僞

『석문정통』 제지편의 조목은 다른 편의 조목과 다소 중복되기도 한다.[23] 제지편의 탑묘塔廟지는 『삼국유사』의 탑상편을 생각하게 한다. 그 외 순속順俗지도 『삼국유사』의 효선편과 연계될 수 있다고 생각한다.

일연은 『석문정통』 등 중국 정사체를 모방한 승전류의 편목을 상당히 참고하였다. 아마 그는 『석문정통』의 편목뿐만 아니라 그 체제에 대해서도 관심을 기울였을 법하다. 말하자면 정사체를 갖춘 승전류에 대해 유념하였다. 그렇지만 우리나라의 승전을 서술하면서 본기本紀나 세가世家로 나누는 구분은 현실적으로 어렵다. 이러한 어려움에도 불구하고 일연이 정사체의 승전을 유념한 데에는 특별한 의도가 담겨 있다.

『삼국유사』의 왕력편과 기이편은 9개의 편목 중 2개에 불과하지만, 분량은 약 절반을 차지한다. 나머지의 절반인 7개의 편목은 불교에 관한 내용으로 채워졌다. 특히 왕력이나 기이편은 국가나 국왕을 중심으로 서술한 역사 기술이다. 『삼국유사』는 역사 기술과 불교신앙에 대한 기록으로 채워졌다. 『삼국유사』의 이러한 체제는 역사歷史·승전류僧傳類로 부를 수 있겠는데,

---

23 『釋門正統』의 本紀篇과 世家篇은 印度와 中國의 高僧列傳이다. 列傳篇과 載傳篇의 條目名은 다음과 같다.
　－列傳: 倚負扶持傳·本支輝映傳·扣擊宗途傳·護法內傳·護法外傳.
　－載傳: 禪宗相涉載記·賢首相涉載記·律宗相關載記·慈恩相涉載記.
　諸志篇의 護法지와 列傳篇의 護法內傳·護法外傳은 중복되고 있다. 載傳篇의 條目은 宗派別로 僧傳을 정리한 것이다.

중국의 정사체 승전류에서 시사를 받은 것이다.

　중국의 정사체 승전류가 불교를 당대의 역사 속에서 이해하려는 의도를 가진 것인지는 분명하지 않다. 그러나 역사·승전류의 체제를 모색한 『삼국유사』는 불교신앙을 역사의 흐름 속에서 파악하려는 의도를 가졌다. 또한 불교신앙을 역사의 흐름 속에서 서술하려는 태도는 일연 이전인 고려전기에도 분명히 나타난다. 『해동고승전』의 경우, 마라난타摩羅難陀에 대해서 대략 다음과 같은 인용문으로 기술하였다.

　① 고기古記
　② 기로기耆老記
　③ 보장경寶藏經
　④ 송승전宋僧傳

　이 인용문 중 고기古記의 내용만이 『삼국유사』 권3 난타벽제難陀闢濟조에 수록되었고, 그 외 기로기耆老記·보장경寶藏經·송승전宋僧傳의 내용은 난타벽제조에 실리지 않았다. 고기에는 호승胡僧인 마라난타가 진晉에서부터 백제로 와서 불법을 전한 사실과 함께 한산주漢山州에 절을 세운 사실을 적었다. 그 외 송승전에서 인용한 난타는 백제에 불법을 전한 마라난타와 동일인이 아님을 적고 있다. 당연히 이 내용은 난타벽제조에서 빠져나갈 수밖에 없다.

　나머지 기로기와 보장경의 내용은 상당히 장황하게 서술되어 있는데 백제나 그 주변 여러 나라에 대한 역사를 정리한 것이다. 다음 기록을 참고해 보자.

　기로기耆老記에서 말하기를 고구려의 시조 주몽朱蒙이 고려高麗의 여자를 아내로 맞아 두 아들을 낳았는데, 피류避流와 은조恩祖라 한다. 두 사람은 뜻을 같이하여 남쪽으로 내려가 한산漢山에 이르러 개국開國하였는데, 지금 광주廣州가 그곳이다. 본래 백가百家가 강을 건넜던 고로 백제百濟라 불렀다.[24]

이 내용은 분명 백제의 시원을 기록한 것으로 불교신앙이나 마라난타의 행적과는 직접 관계가 없다. 상기한 내용 외에도 기로기에는 백제의 주변국에 대한 번다한 설명이 기록되었으며, 보장경의 내용도 불교 관계의 기술이 아닌 삼한이나 백제에 대한 기록이다. 기로기와 보장경의 내용은 『해동고승전』에 편입되었으나, 엄격히 말해 역사 기록에 속한 것이다. 따라서 그것은 『삼국유사』의 기이편에서 찾을 수 있다.

일연이 왕력과 기이편을 따로 듦으로써 역사 기록과 불교 관계 서술을 분리하여 이해하려 한 것은 아니다. 오히려 그 반대 입장인 것이 분명하다. 『해동고승전』 마라난타전의 내용은 백제 관계의 역사 기록과 마라난타에 관한 기술이 매끄럽지 않은 상태로 접합된 것에 불과하다. 일연은 이런 면을 보강하고자 하였을 법하다. 이를 이해하기 위해 『해동고승전』의 석아도전釋阿道傳과 『삼국유사』 권3 아도기라阿道基羅조의 기술 태도를 비교해 보기로 하자.

석아도전과 아도기라조의 내용은 대동소이하다. 그러나 비교적 확실한 사서를 인용하면서 그 내용이 보다 세련된 것은 아도기라조이다.[25] 특히 원표元表에 대해서 두 기록이 모두 『고득상시사高得相詩史』를 인용하여 설명하였다. 원표를 승전류가 아닌 『고득상시사』에서 인용하고 있는 것 자체가

---

24 각훈, 『해동고승전』, 流通 一之一, 釋摩羅難陀전(한국학문헌연구소, 1973, 22쪽)에 "耆老記云 高句麗始祖朱蒙 娶高麗女 生二子曰避流恩祖 二人同志 南走 至漢山開國 今廣州是也 本以百家 渡河 故名百濟"라고 하였다.
25 '七處伽藍之墟'에 대해서는 『해동고승전』과 『삼국유사』에 모두 나와 있다. 다만 전자의 내용은 朴寅亮이 撰한 『殊異傳』에서 인용되었으나, 後者의 내용은 "我道本碑"에서 인용되었다. 그 외 阿道基羅조에서는 新羅本紀·三國本史 등 역사서를 인용하였다.

불교를 당대의 역사 조류 속에서 이해하려는 것과 연관된다. 석아도전에서
는 원표를 이해하기 위해 고득상의 시를 완전히 인용하였을 뿐만 아니라 그
주기註記까지 기록하였다.[26] 이에 비해 아도기라조에서는 고득상의 시문 중
관계된 부분만을 정확하게 인용하였다.[27]

　일연은 『고득상시사』 중 원표 관계 기사를 간략하게 인용하면서, 그 외의
장황한 서술을 생략하였다. 물론 그러한 서술이 반드시 기이편에 기록된 것
은 아니지만, 이전 승전류 속에 전승된 비교적 장황한 내용의 역사 기술을
흡수할 목적에서 기이편을 설정하였다. 『해동고승전』의 석법공釋法空전과
석법운釋法雲전의 내용은 『삼국유사』의 기이편에서 다루지 않았다. 석법공
전은 『삼국유사』 권3 원종흥법 염촉멸신原宗興法 厭髑滅身조에서, 석법운전
은 『삼국유사』 권1 진흥왕眞興王조와 권3 미륵선화미시랑 진자사彌勒仙花
未尸郞 眞慈師조에서 대체로 언급되었다. 그렇지만 『삼국유사』의 원종흥법
염촉멸신조와 진흥왕조·미륵선화미시랑 진자사조는 법흥왕과 진흥왕대의
역사와 불교신앙을 동시에 설명해 주고 있다.

　『삼국유사』는 왕력·기이편의 역사 기술과 그 외 편목의 불교신앙에 대한
서술로 크게 나눌 수 있다. 그런 체제로 구조되었기 때문에, 『삼국유사』를
역사·승전류라 부를 수 있다. 그렇지만 일연은 왕력·기이편에서 반드시 역
사만을 기술하거나 그 외의 편목에서 불교와 관련된 내용만을 서술하지는
않았다. 왕력은 물론 기이편에서 불교 관계 기사를 많이 찾아낼 수 있다. 또
한 왕력과 기이편이 아닌 나머지 편목의 기술에서도 순수한 역사 기록을 찾
을 수 있다. 『삼국유사』 권5 물계자勿稽子조가 이에 해당된다. 이처럼 역사·

26　각훈, 『해동고승전』 流通一之一, 釋阿道전에서 "又按高得相詩史曰 梁氏遣使曰元表 送沈檀及
　　經像 不知所爲 旮四野 阿道逢時指法相"이라 하였고, 또한 곧이어 '註云'이라 하여 註記를 기술
　　하였다.
27　『삼국유사』 권3, 阿道基羅조의 挾註에서 "高得相詠史詩云 梁遣使僧曰元表 宣送溟檀及經像"이
　　라 하였다.

승전류의 체제를 갖춘『삼국유사』는 고구려·백제·신라의 불교신앙을 서술하려는 의도로 편찬되었다.

2.『삼국유사』편목의 구성

『삼국유사』의 첫머리 부분에 실린 왕력편은 단순한 연대표가 아니다. 왕들의 즉위와 죽은 연대만을 기록한『삼국사기』의 연표와 비교해서 왕력편은 상당히 많은 역사적 사실을 담고 있다. 신라말에 최치원崔致遠이 편찬한『제왕연대력帝王年代曆』은 비교적 풍부한 사실을 실은 연표 관계의 저술이었을 것으로 추측된다. 그러나 거서간居西干 등 고유 왕명을 사용하지 않았던 점으로 보아『제왕연대력』의 내용을 축약한 것이 왕력편이라고 할 수 없다.[28]

왕력편은 5단의 표로 구성되었으나 신라의 통일 이후 후삼국이 출현하기까지는 2단이다. 표의 맨 상단에는 중국의 연대 곧 중국의 국명과 왕명, 그 왕대의 연호명, 연호가 시작된 간지명干支名, 그리고 연호가 지속된 연수가 적혀 있다. 왕력편의 본문에 해당되는 부분은 신라·고구려·백제·가락국駕洛國 순으로 배정하였다.[29] 왕력편에서는 국명·왕명·연호를 큰 글자로 기록하였다. 그 외 나라가 망하였을 때의 '국제國際'와 고려가 후삼국을 통일한 '통삼統三'이라는 기록도 큰 글자로 표시되어 있다. 이 같이 큰 글자로 적힌 사항들은 모두 왕조 중심으로 엮어진 연표에서 골격이 되는 사실이다.[30]

그리고 왕의 아버지·어머니와 왕비의 이름을 적었으며, 어머니나 왕비

28　이기백,「삼국유사 왕력편의 검토」, 앞의 책, 1985, 3쪽.

29　『삼국유사』紀異篇은 古朝鮮으로부터 시작되고 있지만 王曆에서는 三國 이전의 국가들을 제외하였다. 또한 統一新羅時代에서도 渤海를 제외하였다. 그러나 후삼국시대에는 後高句麗와 後百濟를 첨가하였다.

30　이기백, 앞의 논문, 1985, 8~9쪽.

의 아버지 이름과 그 성을 기록하였다. 또한 왕이 즉위한 해의 간지와 치세의 연수年數 및 때로는 왕릉의 위치를 기입하였다. 그 외에 국가와 직접 관계되는 국호와 국도 및 축성·제방·율령·대외 관계·불교에 관한 것들을 기록하였다. 특히 왕력에는 『삼국사기』와 비교할 때 달리 기록한 것이 있어서 중요하다.[31] 결국 왕력편은 강한 왕조사관王朝史觀에 입각해서 편찬된 것이고, 국가 중심 또는 국왕 중심으로 우리나라 고대사의 체계화를 시도한 기이편과 궤도를 같이하는 것이다.[32]

기이편의 첫머리에는 서문이 있다. 이는 일연이 기이편을 엮은 의도를 알려준다. 이 서문을 제시하면 다음과 같다.

무릇 옛날 성인聖人은 예악禮樂으로 나라를 일으키고 인의仁義로써 가르침을 베풀었다. 즉 괴력怪力과 난신亂神을 말하지 않았다. 그러나 제왕帝王이 장차 일어남에 부명符命에 응하여 도록圖錄을 받음으로써 반드시 사람들과 다른 점이 있었다. 그런 후에 능히 큰 변화를 타서 대기大器를 잡고 대업大業을 이루었다. 중국의 복희伏羲나 염제炎帝 등 여러 나라의 시조가 모두 그러하였다. 그런즉 삼국의 시조가 모두 신이神異함에서 나온 것이 어찌 괴상怪常하다 하겠는가? 이것이 기이紀異로써 제편諸篇을 정리하는 까닭이며 그 의도가 여기에 있다.

국가가 일어남에 초인간적인 힘의 작용을 믿었으며, 그러한 예로 중국의 여러 성인을 들었다. 따라서 일연은 신라·고구려·백제 3국의 시조가 신이한 데서 나왔다고 해서 하등 이상한 일이 아니라고 하였다. 그 외 신라 역

---

31 王曆篇에서 上古·中古·下古의 시대 구분은 『三國史記』에서 上代·中代·下代로 시대를 나눈 것과 다르다. 또한 왕력편에서는 奈勿麻立干·實聖麻立干으로 나와 있으나 『삼국사기』에는 모두 尼師今으로 기록되었다.
32 이기백, 앞의 논문, 1985, 12쪽.

대 왕들에 대해 기록하면서도 대부분 신이 기사로 채웠다. 이로써 기이편은
'신이神異를 기록한다'는 뜻을 가졌던 것이 명백하며,[33] 기이편뿐만 아니라
다른 편들도 실은 이와 같은 취지에서 저술되었다.[34] 곧 일반 역사 중에서
신이한 내용을 기록한 것이 기이편이고, 불교 사화史話 중에서 신이한 내용
을 기록한 것이 다른 편들이라 할 수 있다.[35]

기이편은 삼국 이전의 국가들에 대해 기록하였다. 기이편에는 고조선古
朝鮮부터 위만조선衛滿朝鮮을 거쳐 마한馬韓과 그 다음에 사이四夷·구이九
夷·구한九韓·예맥穢貊을 위시해서 이부二府·칠십이국七十二國·낙랑국樂浪
國·북대방北帶方·남대방·말갈靺鞨·발해渤海·흑수黑水·옥저沃沮·이서국伊
西國·오가야五伽耶·북부여北扶餘·동부여 등의 기록이 나열되어 있다.

일연은 한국고대의 독립된 정치세력으로 볼 수 있는 것들을 모두 적었지
만 실상은 삼한을 중시하고, 거기에서 삼국을 이끌어내었다.[36] 신라시조 혁
거세왕新羅始祖 赫居世王조 이후에는 신라의 왕들에 대한 기록으로 채워졌
다. 주로 신라의 역대 제왕을 조목명으로 내걸고, 이들에 관한 이야기를 전
개하였다. 다만 기이편에서 신라 56명의 왕을 모두 언급한 것은 아니다. 또
한 조목명에 왕명이 아닌 경우도 있다. 곧 김알지 탈해왕대金閼智 脫解王代
조·연오랑세오녀延烏郎細烏女조·사금갑射琴匣조·도화녀 비형랑桃花女 鼻荊
郎조·천사옥대天賜玉帶조·김유신金庾信조·장춘랑파랑長春郎罷郎조·만파식
적萬波息笛조·효소왕대 죽지랑孝昭王代 竹旨郎조·수로부인水路夫人조·조설
무雪조·처용랑 망해사處容郎 望海寺조 등 12조항이 그러하다. 그러나 이들

33 이기백,「삼국유사의 史學史的 意義」,『創作과 批評』, 1976, 가을호;『韓國史學의 方向』, 일조
    각, 1978, 42쪽.
34 이기백, 위의 논문,『한국사학의 방향』, 1978, 43쪽.
35 이기백,「三國遺事 紀異篇의 考察」,『新羅文化』 創刊號, 1984, 14쪽.
36 『삼국유사』 권1, 卞韓百濟조 및 辰韓조는 卞韓을 百濟로, 辰韓을 新羅로 분명하게 기록하였다.
    또한『삼국유사』 권1, 馬韓조에서는 "崔致遠云 馬韓麗也 辰韓羅也"라 하였다. 곧 일연은 최치
    원의 주장을 받아들여 마한을 고구려라고 하였다.

조목을 자세히 살펴보면 대체로 왕을 중심으로 이야기를 이끌어갔거나 제왕의 정치와 관련된 것이다.[37]

기이편의 마지막 4개의 조목 중에서 남부여 전백제南扶餘 前百濟조와 무왕武王조는 백제사에 관한 기록이다. 후백제견훤後百濟甄萱조는 후삼국의 하나인 후백제의 역사를 기록하였다. 왕력편에서 후고구려 단을 후백제 단보다 상단에 설정하면서도, 일연은 기이편에서 궁예(후고구려)에 관한 조목을 싣지 않았다. 마지막의 가락국기조는 가야사를 기록하였다. 『삼국사기』에 가야사가 온전하게 실리지 않았기 때문에 가락국기조는 가야사를 복원하는 데 매우 중요한 문헌 기록이다.

금관가야사金官加耶史에 대해서는 고려시대에 금관지주사가金官知州事가 편찬한 「가락국기」 외에도 다른 기록이 전하였다. 이본異本 「가락국기」가 고려시대에 편찬된 것인지는 분명하지 않으며, 김해金海 허씨세보許氏世譜 중심으로 전해졌던 듯하다. 수로왕首露王과 허왕후許王后 사이에 일곱 아들이 태어났는데, 장자는 태자인 거등居登이다. 둘째 아들은 어머니 성을 좇아 허씨가 되었고, 모후母后의 동생인 보옥선인寶玉仙人을 따라 신선술을 배운 일곱째 아들은 쌍계사雙溪寺의 칠불七佛이 되었다고 한다.[38] 그 외에도 대가야大加耶 중심의 가야사가 전승되었지만, 모두 후대에 전하지 않고 있다.[39]

가락국기조처럼 기이편 내에는 『삼국사기』에 빠진 역사 기록이 종종 있다. 그런가 하면 『삼국사기』와는 달리, 역사적 진실을 알려주는 기술도 있다. 제십팔실성왕第十八實聖王조에서 실성왕이 고구려 군사들에게 살해되었다는 기록이나, 도화녀 비형랑桃花女 鼻荊郎조에서 진지왕이 국인國人에

---

37 이기백, 「삼국유사 기이편의 고찰」, 앞의 책, 1984, 23~24쪽.
38 『金官古事及許姓齊文集』의 「駕洛國記」에 "名曰皇玉 號曰普州太后 誕生七男 長曰居登封太子 二男從母姓而許氏 七男從母后弟寶玉仙人 學仙受雙溪寺七佛云"이라 하였다(丁仲煥, 『加耶史草』, 釜山大 韓日文化硏究所, 1962, 79~80쪽).
39 김두진, 「伽耶 建國神話의 성립과 그 변화」, 『韓國學論叢』 19, 1997, 3~4쪽.

의해 폐위되었다는 기록 등이다. 기이편에서는 신이를 기록하지만 신이사神異事가 아닌 기록들도 상당히 수록되어 있다. 곧 신이한 내용 외에 일반적인 역사 기록을 남겼다. 일연은 기이편에서 그저 무슨 일이든 신이한 일이나 『삼국사기』에 빠져 있는 기록을 무조건 모아 놓은 것이 아니라, 이를 통해 우리나라의 고대사 체계를 갖추고자 하였다.[40]

홍법편 이하에는 불교에 관한 내용으로 채워졌다. 기이편이 국가나 국가를 다스리는 왕들에 대해 다루었다면 홍법편 이하에서는 개인을 주 대상으로 설명하였다.[41] 홍법편은 삼국에 불교가 전래되어 공인되는 과정 및 불교의 홍기에 대해 기술하였다. 순도조려順道肇麗조와 난타벽제難陁闢濟조는 각각 고구려와 백제의 불교 수용에 대한 기록이다. 아도기라阿道基羅조와 원종홍법 염촉멸신조는 신라의 초전 불교와 이차돈異次頓이 순교함으로써 신라에 불교가 공인되는 내막을 적은 것이다.

삼국의 불교 전래와 공인에 대해서는 고구려나 백제의 경우 소략하게 설명되었지만, 신라의 경우 비교적 풍부하게 기록되었다. 그 외 법왕금살法王禁殺조나 보장봉로 보덕이암寶藏奉老 普德移庵조는 불교의 홍함과 폐함을 기록한 것인데, 백제의 중흥과 불교의 홍기를 연계시키고 고구려의 멸망과 불교의 폐함을 연결하여 서술하였다. 마지막의 동경흥륜사금당십성東京興輪寺金堂十聖조는 신라 고승인 10성을 소상으로 봉안한 기록이다.

탑상편은 불탑·불상·불전·범종梵鐘·사리 등에 대한 기록이다.[42] 이러한

---

40 이기백, 앞의 논문, 1984, 18쪽.
41 鄭求福, 「삼국유사의 史學史的 고찰」, 『三國遺事의 綜合的 檢討』, 韓國精神文化研究院, 1987, 13쪽.
42 塔像篇의 조목을 내용별로 분류하면 다음과 같다.
 - 佛塔: 遼東城育王塔·金官城婆娑石塔·高麗靈塔寺·皇龍寺九層塔·五臺山文殊寺石塔記조.
 - 佛像: 迦葉佛宴坐石·皇龍寺丈六·(皇龍寺鐘 芬皇寺藥師 奉德寺鐘)·靈妙寺丈六·四佛山 掘佛山 萬佛山·生義寺 石彌勒·興輪寺壁畵普賢·三所觀音 衆生寺·敏藏寺·栢栗寺·彌勒仙花 未尸郎 眞慈師·南白月二聖 努肹夫得怛朴朴·芬皇寺千手大悲 盲兒得眼·洛山二大聖 觀音正趣調信·魚山佛影·臺山五萬眞身·溟州五臺山 寶叱徒太子傳記·臺山月精寺 五類聖衆·南月山조.

조형물들은 거의 모두 불교 미술품들이기도 하다. 이 때문에 탑상편은 불교 미술사 자료로서 각광을 받아왔다.[43] 그러나 일연은 불교미술 자료로서 탑상편을 기록한 것은 아니며, 탑이나 불상에 대한 신앙의 시말에 더욱 관심을 가졌다.[44] 탑상편은 기이편의 연장에 불과하여 탑이나 불상에 관한 신이한 연기설화를 주로 기록한 것이다. 그는 불교적인 조형물에 대한 신앙이 기적적인 영험을 나타낸다는 사실을 알리려 하였다. 그렇게 함으로써 일반인들이 불교신앙의 위대한 힘을 깨닫게 하려는 목적에서 탑상편을 기술하였다.[45]

탑상편은 우선 신라 불국토佛國土신앙이 신령한 연기설화 형식으로 채워져 있다. 황룡사皇龍寺를 전불前佛인 가섭불迦葉佛 때의 가람이 있었던 곳에 건립하였으며, 경주에는 전불시대 칠가람터가 있었다고 한다. 그 외 꼭 신라에 관한 것은 아니지만 요동성육왕탑遼東城育王塔이나 금관성파사석탑金官城婆娑石塔도 인도의 불교가 직접 우리나라로 전해지는 연기설화를 가졌다. 신라의 불국토신앙은 신라왕을 천축의 찰제리종왕刹帝利種王으로 인식하면서[46] 실제로 진평왕대의 왕실은 석가족의 이름을 따와 그대로 사용하였다. 불국토신앙으로 말미암아서인지 인도 불교와 연관하여 신라의 탑이나 불상을 경배하였다. 어산불영魚山佛影조의 밀양密陽 만어사萬魚寺는 북인도 가라국訶羅國의 아야사산阿耶(那)斯山과 연결되었으며, 황룡사장륙皇

　－ 佛殿: 天龍寺·鍪藏殿 彌陀殿·靈鷲寺·有德寺조.
　－ 梵鐘: 皇龍寺鐘 芬皇寺藥師 奉德寺鐘조.
　－ 佛經·舍利: 前後所將舍利·伯嚴寺石塔舍利조.
43　秦弘燮,「三國遺事에 나타난 塔像 －皇龍寺 塔像을 중심으로－」,『삼국유사의 종합적 검토』, 한국정신문화연구원, 1987, 266쪽.
44　洪潤植,「三國遺事와 塔像」,『佛教學報』17, 1980, 134~135쪽.
45　이기백,「三國遺事 塔像篇의 意義」,『斗溪李丙燾博士九旬紀念 韓國史學論叢』, 知識産業社, 1987, 152~153쪽.
46　『삼국유사』 권3, 皇龍寺九層塔조에 "文殊又云 汝國王是天竺刹利種王 預受佛記 故別有因緣 不同東夷共工之族"이라 하였다.

龍寺丈六조도 불탑과 불상을 배에 실어 띠운 인도의 아육왕 연기설화로 구성되었다. 아육왕이 띠운 불상을 모시기 위해 동해변의 울주 하곡현河曲縣에 동축사東竺寺를 건립하였다.

탑상편은 탑이나 불상의 영험을 주로 기술하였다.[47] 그러한 영험으로 가장 중시하였던 것은 관음신앙이다. 아기를 구하거나 집 나간 아들을 찾고자 하는 등 서민의 소원을 모두 듣고는, 그것을 이루게 해 주는 중생사衆生寺·백률사栢栗寺·민장사敏藏寺·낙산사洛山寺의 관음상이나 분황사芬皇寺 천수대비상千手大悲像의 영험을 구체적으로 기록하였다. 그 외 미륵신앙이나 문수신앙, 아미타신앙을 통해서 나타난 영험 등을 기술하였다. 그러므로 탑상편은 탑이나 불상을 통해 불교신앙을 권장하려는 의도로 기술되었다.

의해편은 바로 고승전이라 할 수 있다. 곧 불교 교리에 능통한 승려들의 전기이다. 의해편에서 다룬 승려는 다음과 같다.

원광圓光·보양寶壤·양지良志·혜숙惠宿·혜공惠空·자장慈藏·원효元曉·의상義湘·사복蛇福·진표眞表·승전勝詮·심지心地·태현太賢·법해法海

그 외 귀축제사歸竺諸師조에서는 중국을 거쳐 인도에까지 불법을 구하러 간 신라의 승려들을 간략하게 소개하였다. 특히 양지良志에 대해서는 석장錫杖으로 시주를 받는 신이한 행적 외에, 글씨를 잘 써서 영묘사靈廟寺·법림사法林寺의 사액寺額을 썼거나 영묘사의 장륙삼존丈六三尊과 천왕상을 비롯하여 천왕사天王寺·법림사法林寺 등 여러 절의 불상과 신장神將의 소상을 조성한 행적을 기록하였다. 의해편이 불교 교리의 이해를 목적으로 설정되었다고는 하지만, 양지사석良志使錫조는 대부분 양지가 불교미술품을 잘 만든 예술가였다는 내용을 강조하여 기술하였다. 이 점은 『삼국유사』에서 탑

---

47 이기백, 「삼국유사 탑상편의 의의」, 앞의 책, 1987, 152~156쪽.

상편을 비중 있게 설정한 것과 연관하여 유념된다.

의해편에 실린 승려들의 전기는 중국의 고승전에도 상당수 나타나 있다.[48] 그중 원광圓光전은『당고승전』에 거의 그대로 나와 있으나, 그 외의 대부분은 중국 고승전에 없는 내용을 주로 기록하였다. 또한 원광서학圓光西學조에도『당고승전』의 내용 외에『고본수이전古本殊異傳』에 기록된 원광의 전기가 실려 있다. 진표의 전기로는 진표전간眞表傳簡조 외에 이본인 관동풍악발연수석기關東楓岳鉢淵藪石記조를 함께 실었다. 그렇지만 일연은 원칙적으로 다른 승전에 실렸거나 독자적 전기가 전하는 경우에는 거기에 없는 내용을 중심으로 의해편을 구성하였다.[49]

신주편은 밀교사密敎史에 대한 기록이며, 밀본密本·혜통惠通·명랑明朗의 전기로 구성되어 있다. 주술을 구사하는 밀교는 본래 토착신앙과 불교신앙을 융합하면서 성립되었다. 사실『삼국유사』는 신이를 기록하였기 때문에 홍법편 이후의 불교신앙도 엄밀히 말해 토착적인 신이신앙을 곁들인 밀교적 성격을 갖는다. 그럼에도 일연은 특별히 신주편을 따로 설정함으로써 인도에서 중국을 거쳐 우리나라로 전해진 정통 밀교인 신인종神印宗을 부각하려는 의도를 드러냈다.

감통·피은·효선편은 모두 불교신앙을 다루었다. 감통편이 신앙상의 기적이나 영험을 적었다면, 피은편은 신앙과 사회, 효선편은 신앙과 가정의 문제를 기록하였다. 감통편에서는 정토신앙이 나타나 있다. 욱면비郁面婢나 광덕廣德·엄장嚴莊이 정토에 왕생하기를 구하였다. 이와 곁들여 석가나 미륵의 진신眞身을 만나 뵙기도 하였다. 그 외 불교신앙에 감명을 받아 불사를 행한 사실을 적었다. 선도산신모仙桃山神母나 선율善律·김현金現의 불

---

48 唐 道宣이 편찬한『續高僧傳』에 圓光과 慈藏전이 실려 있다. 贊寧이 찬술한『宋高僧傳』에는 義湘·元曉·眞表전이 실려 있다.

49 『삼국유사』권4, 義湘傳敎조의 말미에서 "餘如崔侯所撰本傳"이라 하였다. 곧 일연은 崔致遠이 撰한 義湘傳에 없는 내용으로 의상전교조를 기록하였다.

사가 이에 속한다.

　피은편은 세속에서 떠나 은둔한 인물을 다루었는데, 주로 승려들의 수도 생활을 대상으로 기록하였다. 피은편에는 물계자勿稽子조도 있는데, 물계자는 순전히 정치적인 이유로 은둔하였다. 승려의 경우라 하더라도 그들이 은둔하여 수도하는 데에는 정치·사회적 이유가 도사리고 있었다. 신충信忠이 단속사斷俗寺를 창건하고 은둔하는 것이 그 대표적인 예이다.

　효선편은 불교의 수도와 유교의 효도 문제 사이에서 발생하는 모순을 극복하고, 그 조화를 모색하려는 것이다.[50] 진정사효선쌍미眞定師孝善雙美조에 이러한 의도가 잘 나타나 있다. 곧 진정이 홀어미를 봉양하는 것보다는 출가하여 그 공덕으로 어머니를 극락왕생하게 만드는 것이 진정한 효도라고 한다. 그 외에 대성大城이 전세와 현세의 부모에게 모두 효도한 사실과 향득向得·손순孫順·빈녀(貧女, 知恩)의 효도를 기록하였다.

　『삼국유사』는 모두 9개의 편목으로 구성되어 있는데, 그중 기이편의 분량이 전체의 절반에 이른다. 왕력과 기이편은 일반 역사 기록이지만, 불교에 관한 기록을 상당히 포함하고 있다. 반면 홍법편 이후의 편목은 거의 모두가 불교에 관한 기록이지만, 그 속에 일반 역사 기록을 포함하였다. 기이편은 신이한 사실을 주로 기록하였는데, 홍법편 이후의 내용도 신이한 사실을 기록하고 있어서 기이편의 연장이라는 인상을 준다. 따라서 『삼국유사』는 신이한 영험 속에서 불교신앙을 홍포하려 하였으며, 아울러 그것을 역사 속에서 이해함으로써 더욱 신빙성을 갖게 하려는 목적에서 편찬되었다.

50　이기백,「新羅佛敎에서의 孝觀念 -삼국유사 孝善篇을 중심으로-」,『신라사상사연구』, 1986, 278쪽.

제2절 『삼국유사』 편목의 내용

1. 한국고대의 역사 서술(왕력·기이편)

(1) 연표로 본 한국고대사 체계

『삼국유사』는 천태종 계통의 승전을 참고하여, 왕력·기이·홍법·탑상·의해·신주·감통·피은·효선의 9편목篇目으로 나눈 역사歷史·승전류僧傳類로 편찬되었다.[1] 왕력과 기이편이 단군조선에서부터 왕건의 후삼국 통일까지의 한국고대사를 체계적으로 기술한 역사 전승이다. 홍법 이후의 편목은 불교신앙 전승을 담고 있다. 왕력과 기이편도 엄격히 나누면, 전자는 연표年表이고 후자는 역사 기술이다. 『삼국사기』의 경우 지志의 연표가 전자에 해당된다면, 본기는 후자에 해당된다.

『삼국유사』의 왕력편은 『삼국사기』의 연표와 비교해 볼 때 독특하게 기술되었다. 『삼국사기』의 연표는 단순한 연대표에 불과하지만, 왕력편은 대단히 중요한 사실을 언급하고 있다. 그러면서 그것은 『삼국유사』의 첫머리에 배정됨으로써, 편목 중에 으뜸이라는 인상을 준다. 가장 처음에 설정된 왕력편이 뒤의 8편목 모두와 밀접한 연관을 가지면서 편찬되었는지는 분명하지 않지만, 적어도 기이편과는 표리가 되어 기술되었다. 일연은 왕력편을 바탕으로 하여 기이편을 서술하였다.

왕력편은 다른 기전체 사서의 연표와는 달리, 비교적 간단하면서도 중요하게 생각되는 많은 사실을 기술하였다. 왕의 부모나 왕비의 이름 및 왕릉의 위치 등, 대부분은 기이편이나 『삼국사기』 본기 속에 나오는 것이지만, 개중에는 왕력편에만 기록된 것도 있다. 왕력편의 간략한 기록은 기이편의

---

[1] 김두진, 「삼국유사의 체제와 내용」, 『韓國學論叢』 23, 2001, 10~15쪽.

기술을 보강하면서 한국고대사의 체계를 세우는 데 도움을 준다. 그런 의미에서 삼국 성립 이후의 국가 체제를 정립하려는 것은 중요하며, 왕력편은 그 큰 틀을 제시하였다.

우선 왕력편은 한국고대사에서 신라·고구려·백제 및 가락국駕洛國의 세계世系와 이를 통합한 민족국가인 통일신라의 세계를 제시하였다. 중요하기 때문에 큰 글자로 표시된 사항은 바로 이런 면을 이해하게 한다. 왕력편의 상단에는 절대 연대를 표시한 중국 황제의 이름이나 연호를 큰 글자로 표시하였다. 왕력편의 하단은 신라와 고구려·백제·가락국의 3단 또는 4단으로 출발하였지만, 통일신라는 1단으로, 후삼국은 다시 3단으로 구성하였다. 그중 국명이나 왕명은 물론 신라중고대에 사용된 건원建元·개국開國·대창大昌·홍제鴻濟·건복建福·대화大和 등 연호를 큰 글자로 표시하였다.

또한 국가가 멸망했다는 의미의 '국제國際'를 큰 글자로 표시하였다. 고구려나 백제 및 가락국이 멸망하는 해에 '국제'를 기록하였다. 후삼국 정립 이후 후백제가 멸망하는 해에는 '국제'가 표시되어 있지만, 후고구려 궁예가 쫓겨나거나 신라가 귀순하는 해에는 '국제'로 기록하지 않았다. 반면 후백제가 멸망하는 해인 936년에는 삼국을 통일했다는 의미로 '병신통삼丙申統三'을 큰 글자로 기록하였다.[2] 이는 고구려가 멸망하는 해의 왕력편 신라 단에 '통삼統三'을 기록하지 않은 점과 비교하여 유념된다.

『삼국유사』 왕력편은 태조 왕건이 등장하여 후삼국을 통일하는 것으로 대미를 장식한다. 신라와 후고구려의 멸망에 '국제'를 표시하지 않은 것은 왕건이 후고구려는 물론 신라를 계승하였다는 역사의식을 강하게 드러낸 셈이다. 궁예의 축출은 포악한 정치를 개혁한 반정反正으로 이어진다. 이 때문에 『삼국사기』에서는 반역전叛逆傳에 해당하는 열전 제10에 견훤전과

---

2 王曆편 후고려 단 끝에 '丙申統三'의 '三'은 순암수택본에는 '韓'으로 加筆되었다. 이는 신라의 삼국통일과 구별하기 위한 의미로 첨삭한 것으로 보인다.

함께 궁예전을 수록하였지만, 『삼국유사』 기이편에서는 후백제견훤後百濟甄萱조만 실려 있다. 왕력편 후고려의 세계世系인 궁예와 태조(왕건)에 관한 기록은 후백제견훤조 내에 분산하여 언급되었다.

왕력편의 후고려 단에는 궁예와 태조 및 '병신통삼'이 큰 글자로 기록되었다. 그러면서 신유辛酉(901년)에 후고려後高麗라고 부르고 이어 마진摩震으로 국호를 고쳤으며, 철원鐵原으로 이도한 사실을 언급하였다. 918년에 궁예가 죽자 태조가 즉위한 후 송악松岳으로의 천도와 함께, 창건한 사원을 비교적 장황하게 나열하였다.[3] 이외에 유암乳岩 아래에 세운 유시油市를 기록하였다. 왕건이 계속해서 세운 사원과 삼한 통합은 서로 깊은 관련을 가졌다. 이는 마치 법흥왕과 진흥왕의 출가를 특별히 언급한 것과 같이 파악될 수 있는데, 불교 흥국사관興國史觀으로 편찬된 『삼국유사』는[4] 왕력편을 통해 고려의 역사 계승과 삼한 통합의 체계를 제시하였다.

왕력편에서는 법흥왕 때에 '건원'이라는 연호가 처음 시행되었음을 지적하였다. 연호의 사용을 중시한 것이다. 이와 연관하여 신라가 사용한 연호를 큰 글자로 표시한 것은 자주적인 의미로 해석되지만, 왕명과 함께 우리나라 역사의 절대 연대를 나타내려는 의도를 지녔다.[5] 왜냐하면 고구려의 연호는 기록되지도 않았을 뿐만 아니라 궁예가 사용한 연호인 무태武泰를 작은 글자로 표시하였기 때문이다.

왕력편에 기록된 사실은 대단히 중요한데, 다음 내용은 그 간지가 특별히

---

3 왕력편 후고려 단의 태조조에는 당시에 창건된 절로 法王寺·慈雲寺·王輪寺·內帝釋院·舍那寺·大禪院寺(普濟寺)·新興寺·文殊寺·圓通寺·地藏寺 등 10대 사찰과 大興寺·日月寺·外帝釋院·神衆院·興國寺·△妙寺(智妙寺)·龜山寺·(安和禪院) 등을 기록하였다.

4 김두진, 「삼국유사의 佛教史자료와 그 성격」, 『淸溪史學』 16·17 합집, 2002, 776쪽.

5 진흥왕의 연호로 표시된 開國 辛未 17년이나 大昌 戊子 4년 또는 鴻濟 壬辰 11년이 특별한 역사적 사건과 연결하여 기록된 것이 아니다. 뿐만 아니라 숫자를 큰 글자로, 반면 간지를 작은 글자로 표시한 것은 절대 연대를 나타낸 중국 연호의 표시 방법과 같다. 곧 개국은 신미년(551년)으로부터 17년간, 대창은 무자년(568년)으로부터 4년간 사용한 연호이다.

큰 글자로 기록되어 있다.

① 갑신甲申(B. C. 37년, 혁거세왕 21년)에 금성金城을 쌓다.

② 을사乙巳(165년, 신대왕 1년)에 왕이 형제 두 왕(次大王 등)을 살해하였다.

③ 무오戊午(538년, 성왕 16년)에 사자泗沘로 도읍을 옮기고 남부여南扶餘라
  고 불렀다.

④ 을미乙未(935년, 태조 18년)에 견훤의 아들 신검神劍이 아버지를 찬탈하고
  자립自立하였다.

  큰 글자로 표시된 갑신甲申과 을사乙巳 등의 간지는 더 중요하다는 의미
를 가졌다. 성을 쌓고 도읍을 옮기거나 국호를 바꾸는 것은 국가 체제의 정
비와 연관된 문제이다. 왕을 시해하고 등극한 경우도 같이 생각할 수 있다.
  큰 글자로 표시하지는 않았지만, 왕력편에는 축성이나 이도移都 등을 비
교적 충실하게 기록하였다.[6] 또한 신대왕 등, 비정상적으로 등극한 사실을
대체로 기록하였다. 그럴 경우에 차대왕이나 견훤처럼 왕의 시해를 반드시
명기하지 않는 반면,[7] 조부祖父를 추봉하는 기록을 덧붙이고 있다.[8] 이는 크
게 보아 국가 체제의 정립이나 왕통의 정당성 수립과 연관되는 문제이다.
그 외 왜국이나 백제 등 인접 국가와의 전쟁이나 통빙通聘 외교관계를 언급

---

6 儒禮尼師今 때에 月城을 수리하고 碧骨堤를 쌓거나 자비왕 때에 明活城을 쌓은 사실을 기록하
   였다. 고구려의 경우 國原王이 平壤城을 增築하고 丸都城(安市城)으로 도읍을 옮겼으며, 長壽
   王 때에 평양성으로 도읍을 옮긴 사실을 기록하였다. 또한 백제는 慰禮城에 도읍을 정한 후, 漢
   山·北漢山·熊川 등으로 수도를 옮긴 사실이 나와 있다.
7 왕력편에는 哀莊王이 피살되었다는 것 외에 특별히 왕의 피살 사실을 뚜렷하게 기록하지는 않
   았다.
8 신라하대에 비정상적 등극으로 말미암아 왕실 가계가 바뀐 경우, 왕은 즉위하면서 조부를 추봉
   한 사실이 거의 빠짐없이 기록되었다. 신라하대를 연 宣德王에서부터 元聖王·閔哀王·神武王·
   景文王·神德王·敬順王 등이 조부를 추봉하였는가 하면, 眞聖女王은 남편인 魏弘을 惠成大王
   으로 추봉하였다.

하였다. 이렇듯 왕력편에 제시된 사실은 국가 체제의 정비와 성장을 가늠하게 한다.

왕력편을 통해 일연은 삼한을 통합한 고려가 고구려 및 신라 계승의식을 함께 가진 사실을 내세우면서도, 현실적으로는 신라사를 중심으로 국가 체제의 발전 단계를 제시하였다. 이 때문에 왕력편은 신라사에 대해 상고上古·중고中古·하고下古의 세 시기로 뚜렷하게 시대를 구분하였다. 곧 박혁거세왕부터 지증왕까지를 상고, 법흥왕부터 진덕여왕까지를 중고, 무열왕 이후를 하고로 나누었다. 이러한 시대 구분을 이해하는 데 왕력편의 다음 내용은 도움을 준다.

① 정묘(丁卯, 307년)에 국호를 신라新羅로 정하였다. '신新'은 덕업德業이 날로 새로워지며, '라羅'는 사방四方의 백성을 망라한다는 뜻이다. 혹은 지증智證·법흥왕法興王 때의 일이라고도 한다(基臨尼叱今조).
② 성골聖骨 남자가 없으므로 여왕이 즉위하였다(善德女王조).

신라중고와 하고를 나누는 기준을 왕실의 가계가 성골에서 진골로 바뀐 사실에서 구하였다. 왕력편은 신라상고와 중고를 나누는 기준을 제시하지 않았지만, 신라중고대의 왕실을 성골로, 신라하고대의 왕실을 진골로 뚜렷하게 구별하였다.[9] 『삼국유사』에서는 신라중고대의 왕들만이 성골 신분을 가졌다고 서술하였는데, 이는 혁거세왕으로부터 진덕여왕까지를 성골 신분으로 기록한 『삼국사기』와 분명히 다른 점이다.

기림이사금 10년(307년)에 국호를 신라로 정한 사실은 믿을 수 없다. 다만 국호를 신라로 고치면서 사방의 백성을 아우른 시기를 지증마립간 혹은

---

9 『삼국유사』 권1, 王歷, 智證麻立干조에 "已上爲上古 已下爲中古"라고 하였고, 왕력편, 眞德女王조에는 "已上中古 聖骨 已下下古 眞骨"이라 하였다.

법흥왕 때라고 한 것은 바로 신라상고와 중고를 가르는 기준을 제시하려는 의도를 드러냈다. 『삼국사기』와는 달리 법흥왕 때에 국호를 '신라'로 정하였다는 왕력편의 기록은 주목된다. 법흥왕에서 진덕여왕까지의 왕은 불교식 이름을 가졌다.[10] 불교식 왕명 시대의 동륜계銅輪系 왕실은 진흥왕의 적장자임을 표방함으로써, 다른 왕실 혈연 집단과 구별하기 위해 성골과 같은 우월한 혈연 의식을 가졌다.[11]

율령의 반포를 통해 중앙집권적 귀족국가 체제를 정비하는 것과 표리가 되어 골품제를 성립시켰다. 또한 신라 왕위명이 거서간居西干에서 차차웅次次雄·이사금(尼師今, 尼叱今)·마립간麻立干 등으로 바뀌는 것은 신라상고대에 보다 세분된 모습으로 국가 체제가 갖추어져 가는 모습을 짐작하게 한다. 그중 마립간 왕호는 적어도 연맹왕국으로의 집권 체제를 보다 강화하는 시기에 사용되었다.[12] 그런데 왕력편에서 마립간이 사용된 시기는 『삼국사기』의 그것과 차이를 이룬다.[13] 이는 두 역사서가 신라상고대 사회를 바라보는 시각의 차이를 드러낸 것이다.

『삼국사기』의 연표뿐만 아니라 신라본기에서는 이사금이나 마립간 등 고유 왕위호王位號를 사용하였다. 반면 『삼국유사』의 왕력편에서는 고유 왕위호를 사용하였으나, 본문인 기이편에서는 고유 왕위호를 사용하지 않고 '왕'

---

10 김철준,「新羅 上代社會의 Dual Organization(下)」,『歷史學報』2, 1952, 99~100쪽.

11 김두진,「신라 眞平王代의 釋迦佛신앙」,『한국학논총』10, 1988, 21~24쪽.

12 이병도,「古代南堂考 —原始集會所와 남당」,『한국고대사연구』, 博英社, 1976, 628~630쪽.

13 왕력편에는 3대 弩禮(儒理)에서부터 16대 乞解(訖解)까지는 尼叱今으로, 17대 柰勿부터 22대 智證까지는 麻立干으로 불렀다. 그런데 『삼국사기』에서는 3대 弩禮(儒理)에서부터 18대 實聖까지는 尼師今으로, 19대 訥祗로부터 22대 지증까지는 마립간을 사용하였다. 다만 기이편에는 智哲老王으로부터 '왕'을 사용하였으나, 왕력편은 물론 『삼국사기』도 23대 법흥왕에서부터 왕을 사용하였다. 즉, 마립간을 처음 사용한 시기에 대해 왕력은 17대 내물부터라고 하였으나, 『삼국사기』는 19대 눌지부터라고 하였다. 마립간 시기에 대해 『삼국사기』는 눌지왕에서 지증왕까지라고 하였으나, 왕력편은 내물왕에서 지증왕까지라고 하였다. 이러한 차이는 연맹왕국 내에서 중앙집권 체제를 보다 강화한 시기를 달리 보는 데에서 오는 것이라 할 수 있다.

으로 통일하였다. 고유 왕위호를 세련되지 못한 것으로 여긴 최치원은 『제왕연대력帝王年代曆』을 저술하면서, 그것을 모두 '왕'으로 고쳤다. 『제왕연대력』은 단순한 연표가 아니라 간략한 역사적 사실을 기록한 저술로 이해된다. 이렇게 볼 때 『삼국유사』 왕력편은 『제왕연대력』을 다소 참고하면서 저술되었다.

(2) 설화로 엮은 역사 기록

1) 국가의 흥기와 계승

왕력편에서도 국가의 흥기에 관한 내용을 언급하였다. 국가를 일으킨 시조의 신이한 행적을 지적한 것은 이와 연결시켜 이해된다. 왕력편은 혁거세왕의 난생卵生이나 탈해왕의 완하국(琓夏國, 花夏國) 출생을 기록하였다. 고구려와 백제의 출현도 시사성을 준다. 왕력편의 동명왕東明王조에서는 주몽朱蒙이 단군檀君의 아들이며, 온조왕溫祚王조에서는 온조가 동명왕의 셋째 아들이라고 하였다. 이와 같이 『삼국유사』는 고구려와 백제가 고조선을 계승하였다는 역사의식을 가졌다. 시조의 신이한 행적이나 고조선 계승의식은 국가의 출현이나 흥기에 반드시 갖추어야 할 요인으로 작용하였다.

기이편은 신이를 기록하였는데, 그 서문에서 중국의 성인이나 국가의 시조가 모두 신이한 행적을 가졌던 사실을 지적하면서, 우리나라의 경우 "삼국의 시조가 모두 신이한 데에서 나왔다고 해서 무엇이 괴이하겠는가?"라고 하였다. 기이편의 서문은 오로지 삼국 시조의 출현과 그 신이한 행적을 언급하면서, 삼국의 흥기에 초점을 맞춘 인상을 준다. 그러나 『삼국유사』 왕력편뿐만 아니라 기이편은 실제로 수많은 국가의 출현에 관심을 두었다.

국가가 출현하면서 시조전승, 곧 시조의 신이한 행적이 개국 신화로 갖추어졌다. 신라와 고구려·백제의 삼국으로 통합되기 이전에 무수한 성읍국가가 존재하였으며, 그들이 모두 개국 신화를 가졌다. 그러한 개국 신화는 전

승되는 과정에서 대부분 기록으로 남지 못하였다. 이와 곁들여 다음 기록이
유념된다.

① 육부六部의 시조는 모두 하늘에서 내려온 것 같다(『삼국유사』 권1, 新羅始
   祖 赫居世王조).

② 어느 날 연오延烏가 바다에 나가 해조海藻를 뜯던 중 갑자기 바위 하나가
   (그를) 싣고 일본日本으로 가버렸다. 그 나라 사람들이 보고 말하기를 "비상
   한 사람이다"라고 하면서, 이에 왕으로 세웠다. 세오細烏는 남편이 돌아오지
   않는 것을 이상하게 여겨 찾으러 갔다. 남편이 벗어놓은 신발을 발견하고 그
   바위에 올랐더니, 바위가 역시 전과 같이 (부인을) 싣고 갔다. 그 나라 사람
   들이 놀라고 의아해 하면서 왕에게 아뢰니, 부부가 서로 만나게 되어 귀비貴
   妃로 삼았다(『삼국유사』 권1, 延烏郎細烏女조).

기이편에는 고조선 개국 신화를 필두로 하여 고구려나 신라의 개국 신화
가 실려 있다. 주몽이나 박혁거세 또는 석탈해 및 김알지 등의 시조전승을
중심으로 이루어진 개국 신화는 대개 천신족과 지신족 시조전승이 결합하
는 양상을 갖는다.

고조선 개국 신화는 천신족인 환웅족桓雄族과 지신족인 웅족熊族 시조전
승이 결합하여 이루어졌다. 이 때문에 천신족이나 천강天降 전승은 개국 신
화의 존재를 알려준다. 이런 맥락으로 볼 때 신라 육부는 본래 6개의 성읍
국가로 출발하였지만 연맹왕국 속에 통합되었고, 그러면서 육부 시조의 개
국 신화가 전승되지 못하였다. 가야 지역의 9간 역시 성읍국가로서의 기반
을 가져 천강 시조전승을 가졌다. 그러나 뒤에 6가야 연맹이 성립되면서, 9
간 중심의 개국 신화는 전승될 수 없었다.[14] 성읍국가가 연맹왕국 내에 통합

---

14 김두진, 「伽倻 建國神話의 성립과 그 변화」, 『한국학논총』 19, 1997; 『韓國古代의 建國神話와

되면, 그 개국 신화는 전승되기 어려웠다.

반면 연맹왕국의 통치권을 벗어나면서, 성읍국가의 개국 신화는 다시 독립하여 새롭게 전승되기도 하였다. 연오랑과 세오녀 시조전승은 바로 이런 면을 보여준다. 동해변에서 바위를 타고 바다를 건너간 연오랑과 세오녀 부부가 일본 지역에서 왕과 왕비로 옹립되었다. 그런데 이들은 해와 달의 영정이어서[15] 천강신화를 갖고 있었던 셈이다. 연오랑과 세오녀 시조전승은 본래 동해의 영일 지역에 전승되던 성읍국가의 개국 신화였다. 그것은 신라 연맹왕국 속에 포함되었다가 어느 시기에 떨어져 나왔고, 이동하여 일본 지역에 성립된 성읍국가의 개국 신화로 정착되었다.[16]

기이편은 우선 고조선을 위시하여 삼한에 이르기까지의 국가를 제시하였다. 조목명으로 칠십이국조七十二國條가 나온다. 거기에는 『통전通典』을 인용하여 조선의 유민이 70여 국으로 나뉘었다고 한 반면, 『후한서後漢書』를 인용하여 조선의 옛 지역에는 78국이 나뉘어 존재하였다고 한다.[17] 다만 기이편의 어디에도 78국의 이름을 나열하지는 않았다. 이 점은 기이편이 국가의 형성보다는 흥기에 비중을 두고 기록되었다는 사실을 알려준다. 이 때문에 기이편은 78개 국가의 개국 신화를 소개하기보다는 그 흔적을 짐작할 수 있게 할 뿐이다.

기이편은 한국상고대에 수없이 많이 존재한 성읍국가의 나열에 목적을 두기보다는 그것이 통합되어가는 면을 강조하였다. 왕력편 지마이질금祗磨

祭儀』, 一潮閣, 1999, 229쪽.

15 『삼국유사』 권1, 延烏郎細烏女條에 "是時新羅日月無光 日者奏云 日月之精 降在我國 今去日本"이라 하였다. 연오랑과 세오녀는 각각 해와 달의 요정이었는데 신라에 내려와 있었다. 그런데 일본으로 갔기 때문에 신라의 해와 달이 광채가 없어졌다고 하였다.

16 가야왕자 阿羅斯나 신라왕자 天日槍의 부부가 일본 難波로 들어가, 그곳 신사의 신으로 모셔진 것도 연오랑세오녀 시조전승과 같이 파악할 수 있다.

17 『後漢書』 東夷傳에는 韓(삼한)에 78국이 있었고, 伯濟는 그중의 한 나라이다. 그런데 78국의 이름은 『三國志』 魏書 東夷傳에 나와 있다.

尼叱今조에는 음질국(音質國, 지금의 安康)과 압량국(押梁國, 지금의 梁山)을 멸망시키는 기사가 나온다. 기이편의 이서국伊西國조와 미추왕 죽엽군未鄒王竹葉軍조는 유례왕儒禮王 때 신라와 이서국의 전쟁 기사를 기록하였다. 미추왕릉 주위에 떨어진 대나무 잎이 죽엽군으로 변하여 이서국 군사를 물리쳤다고 한다. 이는 신라가 안강이나 양산·청도 등 주변 지역을 합병하면서 영토를 넓혀 가는 모습을 보여준다.

왕력편에서 축성은 물론 벽골제碧骨堤, 곧 제방을 쌓는 기사와 함께 이웃나라와의 전쟁을 기록한 것은 중요하다. 축성과 제방을 쌓는 일은 통합한 여러 부족을 동원함으로써 가능하였을 뿐만 아니라, 그로 인한 생산력의 발달과 잉여 농산물은 왕이 관료나 군대를 양성할 수 있게 하였다. 한국고대의 여러 국가는 통합되어 삼한을 거쳐 삼국으로 정립되어 갔다. 다만 왕력편에는 삼국 외에 가락국 단을 따로 설정하였을 뿐만 아니라 기이편의 마지막에서 금관지주사金官知州事가 편찬한 「가락국기駕洛國記」를 비교적 장황하지만 조목으로 실었다.

한국고대의 여러 성읍국가가 연맹왕국을 거쳐 중앙집권적 귀족국가로 성립되는 과정에서, 일연은 가야연맹국을 중시하였지만 4국 체제를 염두에 두지는 않았다.[18] 수로왕首露王과 허황옥許黃玉의 시조전승으로 이루어진 금관가야의 개국 신화와 뒤에 거등왕居登王으로부터 구형왕仇衡王에 이르는 금관가야사를 기록한 「가락국기」 외에도 가야국에 관한 기록은 따로 전승되었다. 장자인 거등왕 외에 둘째 아들이 어머니 성을 받아 허씨를 칭하였거나 일곱째 아들이 외삼촌을 따라 신선술을 배워 쌍계사雙溪寺의 칠불七

---

18 가야사를 연구하다 보면, 한국고대사에 四國시대를 설정하려는 주장이 있다. 이는 옳지 않다. 왜냐하면 삼국시대는 한국고대의 가장 전통적인 사서인 『삼국사기』와 『삼국유사』에서 이미 설정된 것이기 때문이다. 따라서 사국의 설정은 연구자 개인의 의견이라는 전제가 붙어야 하고, 한국고대사의 보편적인 시대 구분으로 사용될 수는 없다.

佛이 되었다는 전승이 그것이다.[19] 그 외 최치원이 지은 「석이정전釋利貞傳」
은 대가야 계통의 개국 신화가 전한 사실을 알려준다.

한국고대의 정통 국가는 고조선에서부터 비롯된다. 고조선조는 『위서魏
書』와 고기古記 및 「당배구전唐裵矩傳」의 인용으로 구성되어 있다. 『위서』와
고기가 각각 단군이 조선을 개국한 사실과 단군신화를 실었다면, 「당배구
전」은 주周나라가 기자箕子를 조선의 왕으로 봉하는 사실을 기록하였다. 단
군에서 기자로 이어지는 정통 왕조로 고조선조를 설정한 셈이다. 이어 기이
편은 고조선조와 분리하여 위만조선魏滿朝鮮조를 따로 기술하였다.[20] 이에
따르면, 연왕燕王 노관盧綰이 반란을 일으켜 흉노로 도망가자, 위만은 무리
를 이끌고 조선으로 들어와 왕위를 찬탈하였다. 반면 마한馬韓조는 위만에
게 쫓겨난 조선왕 준準이 좌우의 궁인宮人을 이끌고, 바다를 건너 남쪽의 한
지韓地로 내려와 개국한 사실을 기록하였다. 이 국가가 마한이다.

고조선의 정통은 마한으로 이어졌다. 위만조선조는 우거왕右渠王 때에
한漢이 양복楊僕과 순체荀彘를 보내어 위만조선을 멸망시키고, 그 땅에 진
번·임둔·낙랑·현토의 이른바 4군을 설치한 내용을 실었다. 이후 이부二府·
낙랑국樂浪國·북대방北帶方·남대방조는 한사군으로부터 이어지는 국가나
정치 연맹을 제시한 것이다. 이와는 달리 마한조와 칠십이국조에는 조선을
이어 토착 사회에 성립된 국가나 정치 세력을 언급하였다. 마한조에는 사이
四夷·구이九夷·구한九韓·예맥濊貊 등을 기재하였다.[21] 『삼국지』 위서 동이

---

19 김두진, 「가야 건국신화의 성립과 그 변화」, 『한국고대의 건국신화와 제의』, 1999, 247쪽.

20 『삼국유사』 권1 기이편에는 古朝鮮조에 이어 魏滿朝鮮조가 나와 있다. 대신 기자조선조는 설
정되어 있지 않다. 이 점은 조선시대의 유교 사서와 비교하여 차이가 나며, 고조선의 계승자가
지리적으로는 위만조선이며 통치자는 마한으로 이어지는 것으로 생각하였다(이기백, 「삼국유
사 기이편의 고찰」, 『한국 고전 연구』, 일조각, 2004, 54~56쪽). 다만 기이편의 고조선조는 단
군이 개국한 조선을 기자가 잇는 것이기 때문에 단군조선과 기자조선을 함께 기록하였다. 이
와는 달리 위만조선은 기자 왕실을 찬탈하였으므로 독립된 조목으로 설정하였는데, 그렇다고
해서 그 의미를 강조한 것은 아니다.

21 사실 四夷·九夷·九韓·濊貊은 조목명으로 독립시키는 것이 옳다. 그러나 사이·구이·구한·예

전에 78국의 이름이 나오기 때문에 칠십이국조는 칠십팔국조로 고쳐야 할 것이다.[22] 실제로 칠십이국조에는 조선의 유민이 점차 78국으로 나뉘었다고 기록되어 있다.

그 외 말갈발해靺鞨渤海조와 북부여北扶餘조 및 동부여조는 한반도 북쪽이나 만주 지역의 정치 세력을, 이서국伊西國조와 오가야五伽耶조는 한반도 남쪽 지역의 정치 세력을 알려준다. 발해는 속말粟末말갈이지만, 대조영이 세웠고 스스로 진단震旦이라 불렀다고 한다. 발해를 고구려 유민이 세웠다는 역사의식이 반영되었다. 아울러 말갈발해조에는 흑수黑水말갈과 옥저가 나와 있다. 북부여에서 일어난 고구려는 금와金蛙와 그 아들 대소帶素가 다스리던 동부여를 흡수하면서 성장하였다. 이어 삼한과 삼국을 다루었다.

기이편은 고구려가 고조선의 정통을 이었음을 강조하였다. 왕력편에서 동명왕을 단군의 아들이라고 하였다. 동부여조에는 북부여왕 해부루解夫婁가 재상인 아란불阿蘭弗의 권고로 동명왕을 위해 동부여로 옮겨가는 연기설화가 실려 있다. 또한 마한은 고조선의 정통을 이어받았는데, 고구려로 연결되었다. 마한조는 최치원의 설을 인용하여 마한을 고구려로, 진한을 신라로, 변한을 백제로 연결시켰다.이처럼 기이편에서는 고구려가 고조선과 마한의 두 국가에서 비롯되었다고 하였다.[23]

고구려조에는 천신의 아들인 해모수解慕漱와 하백河伯의 딸인 유화柳花의 시조전승으로 구성된 고구려 개국 신화를 기록하였다. 이어 변한백제卞韓百濟조와 진한辰韓조를 실었다. 변한백제조는 물론 백제에 대한 기록인데, 온조의 가계가 동명왕으로 이어진 것을 특별히 나타내었다. 진한조는 신라에 대한 기록이며, 그 안에 삼십오금입택三十五金入宅과 사절유택四節遊宅을 소

맥조가 馬韓조 내에 편성되어 있는 그 자체는 의미를 가진다.
22 김두진,「삼국유사의 체제와 내용」, 앞의 책, 2001, 7쪽.
23 김주성,「삼국유사 기이편의 신고찰」,『한국학논총』34, 2010, 507쪽.

개하였다. 삼십오금입택과 사절유택은 신라 진골귀족의 호사스런 생활을 떠올리기에 충분한 자료이다. 그러면서 제49대 헌강왕대의 신라 사회에는 성중에 초가집이 하나도 없으며, 집의 처마와 담이 서로 이어져 있고, 노랫소리와 음악 소리가 길에 가득해서 밤낮으로 끊이지 않았다고 한다.

기이편은 삼한과 그것에서 이어지는 삼국을 매우 강조하였는데, 신라의 경우 국가가 크게 흥기한 사실을 집중해서 언급하였다. 신라뿐만 아니라 백제와 고구려에 대해서도 국가가 전성하였을 때의 호구를 구체적으로 기록하였다.[24] 신라 국왕을 조목명으로 등장시키기 이전의 기이편은 한국상고대의 국가 계승의식을 나타내고 있다. 위만조선을 찬탈로 인식함으로써 고조선의 기자 왕실이 마한으로 이어진다는 기이편의 역사의식은 조선시대 유학자들의 사서史書에 거의 그대로 계승되었다.[25]

일연은 삼한에 대한 최치원의 인식을 받아들여, 고구려가 마한의 영역을 차지한 사실을 강조하였다. 대신 금마산金馬山에 비정함으로써 마한이 백제가 되었다는 주장을 부정하였다. 이렇듯 기이편에는 고구려로 이어지는 역사 계승의식을 중시하면서, 국가의 흥기를 추구하려는 의도를 노출하였다. 그러나 일연은 불교 흥국사관의 입장에서 국가의 흥기를 논하였다. 고구려와 함께 신라사를 중시하는 모습을 이런 면에서 찾을 수 있다.

2) 제왕의 출현과 흥국興國

기이편의 대부분은 국가나 정치 세력 외에 국왕 특히 신라왕들에 관한 내

---

24 기이편의 高句麗조와 卞韓百濟조 및 辰韓조에는 고구려와 백제 및 신라 전성기의 호구가 나와 있다. 곧 고구려는 210,508戶였으며, 백제는 152,300호였고, 신라 전성기에 京中에만 178,936호가 존재하였을 뿐만 아니라 수도의 행정구역이 1,360坊 55里로 나뉘어져 있었다고 한다. 다만 『삼국유사』 권5, 念佛師조에는 避里寺 승려의 염불 소리가 360방 17萬戶에 고루 들렸다고 하여 방의 수에 차이가 있다.

25 『東史綱目』은 단군조선에서 기자조선을 거쳐 마한으로 이어지는 정통의식을 제시하였는데, 이러한 역사 계승의식은 조선초기의 사서에 거의 그대로 나와 있다.

용으로 채워졌다. 신라시조 혁거세왕新羅始祖 赫居世王조 이후의 기이편 조목들은 신라왕에 대한 기록이나 국왕 중심의 신라사 서술로 파악된다.[26] 그러나 이는 일연이 불교 흥국사관을 가진 것과 연관시켜 파악해야 한다. 기이편의 조목에서 국왕에 관한 기록이 신라에 관한 것으로 치우쳤지만, 고구려 계승의식을 함께 가진 일연이 고구려왕을 싣지 않은 것은 쉽게 이해되지 않는다. 반면 남부여전백제南扶餘前百濟조나 무왕武王조를 통해 백제왕들을 언급하였다.

불교 흥국사관을 편 일연은 신이신앙을 토대로 하면서 불교로 인해 국가가 강성하게 된다는 의식을 가졌다. 기이편이 주로 신라왕들을 다루면서, 신라 중심으로 서술하는 이유를 이런 면에서 발견할 수 있다. 신라시조 혁거세왕조 이후 기이편의 조목은 바로 신라왕들의 이름으로 붙여졌다. 그렇지 않은 경우라 하더라도 그 내용은 신라의 국왕에 관한 것이다.[27] 그러나 신라왕이 모두 실린 것도 아니며,[28] 의외로 법흥왕이 제외되었다.[29] 신라상대의 석씨昔氏 왕이나 또는 박씨 왕의 일부가 빠져 있는데 이는 김씨 왕실 중심으로 조목명이 설정되었음을 보여준다.

기이편은 신이한 영험신앙을 통해 제왕의 출현을 알리고자 하였다. 이를 국가의 개시와 연결하여 신화의 모습으로 제시하였다. 단군고기가 곧 그것

---

26 이기백,「삼국유사 기이편의 고찰」,『한국고전연구』, 일조각, 2004, 57쪽.
   김주성, 앞의 논문, 2010, 511쪽.
27 이기백, 위의 논문, 2004, 60~62쪽.
28 『삼국유사』 기이편의 조목명에 실리지 않은 왕은 婆娑王·祇摩王·逸聖王·伐休王·奈解王·助賁
   王·理解王·儒禮王·基臨王·乞解王·訥祇王·慈悲王·法興王·宣德王·昭聖王·僖康王·閔哀王·
   憲安王·定康王·神德王 등 20명이다. 신덕왕은 孝恭王조에 실렸는데, 내용으로 보아 조목명으
   로 독립하여 설정될 수 있다고 생각한다. 그중 파사왕·지마왕·일성왕은 박씨 왕들이고, 벌휴
   왕·내해왕·조분왕·이해왕·유례왕·기임왕·걸해왕은 석씨 왕들이다.
29 불교 흥국사관을 가진 일연이 조목명으로 법흥왕을 제외한 것은 잘 이해되지 않는다. 그러나
   흥법편에 原宗興法 厭觸滅身조가 있기 때문에 기이편에 법흥왕조를 중복해서 설정할 필요가
   없었을 것이다.

이다. 천신인 환인桓因의 아들 환웅桓雄과 지신地神인 웅녀熊女가 혼인하여 신이하게 태어난 단군이 고조선을 개국하였다. 기이편의 고구려조에서 주몽이 태어나는 모습이나 변한백제조의 온조를 고구려 주몽과 연결시키려는 데에서도 이런 면을 읽을 수 있다. 신라시조 혁거세왕조에는 박혁거세왕과 왕비 알영閼英이 신이하게 태어나는 개국 신화를 기록하였다. 박혁거세왕은 말이 울고 하늘로 올라간 나정蘿井가에 놓였던 알 속에서 깨어났으며, 알영은 알영정閼英井 변에 나타난 계룡雞龍의 왼쪽 옆구리에서 태어났다고 한다.

신라시조 혁거세왕조는 박혁거세왕과 알영을 맞는 6촌장과 6촌에 대해 비교적 자세하게 언급하였다. 신라 연맹왕국은 박씨 왕실이 석씨나 김씨 왕실과 연합함으로써 이루어졌다. 연맹에 참가한 두 왕실의 시조전승을 신화의 모습으로 기록하였다. 제사탈해왕第四脫解王조는 석씨 왕실의 시조전승이다. 탈해왕은 본래 용성국왕龍城國王 함달파含達婆와 적녀국積女國 공주 사이에서 알로 태어났다. 배에 태워져 인연이 있는 곳으로 오던 중, 알을 깨고 동자가 된 탈해는 신라의 아진포阿珍浦에 닿았고 토함산으로 들어왔다. 이러한 석탈해신화는 영웅 전승적 성격을 가졌다.[30]

석탈해신화에는 야장冶匠설화가 포함되었고, 본래는 탈해와 김수로왕의 재주내기나[31] 토함산의 요내정遙乃井에서 백의白衣가 물을 떠오는 사건 등이 설화로 흡수되어 있었다. 백의가 물을 떠서 먼저 먹자, 바가지가 그의 입에 붙어버렸다고 한다. 특히 계책을 사용하여 호공택瓠公宅을 빼앗는 야장설화는 탈해가 월성月城 지역으로 진출함으로써, 뒤에 왕위에 오르는 기반

---

30 김두진,「신라 脫解신화의 형성 기반 −英雄傳承的 성격의 再定立」,『한국고대의 건국신화와 제의』, 1999, 295~303쪽.
31 『삼국유사』권1, 第四脫解王조에는 "駕洛國海中有船來泊 其國首露王 與臣民鼓譟而迎 將欲留之 而舡乃飛走"라고 하였다. 그러나 『삼국유사』권2, 駕洛國記조에는 가야 지역의 지배권을 걸고 수로왕과 탈해가 재주내기를 하는 모습이 비교적 자세하게 기록되어 있다. 실제로 파사왕 23년에는 석탈해의 기반이 되었던 韓祇部와 수로의 가야가 충돌하였다.

을 마련한 사실을 알려준다. 제왕의 출현은 아니지만 김알지 탈해왕대金閼智 脫解王代조는 김씨 왕실의 시조인 알지의 출생을 박혁거세나 석탈해와 같은 모습의 신화로 기술하였다. 시림始林에서 백계白雞가 울었는데, 알지는 닭이 울던 나무 가지에 걸린 황금 궤 속의 알에서 깨어났다고 한다. 알지도 신이하게 출현하는 제왕과 동등한 모습을 보여준다.

제왕 특히 시조는 신성하게 출현하였는데, 백제 온조의 경우 이런 면이 약하게 기록되었다. 그러나 백제사에서 제왕이 신성하게 출현하는 모습을 찾을 수 있다. 무왕武王조는 그런 면을 알려준다. 그는 홀로된 어머니와 연못의 용 사이에서 태어났다.[32] 무왕조에 실려 있는 서동薯童 설화는 무왕과 신라의 선화공주가 혼인하여 미륵사를 창건하는 내용으로 구성되어 있다. 남부여 전백제조에는 백제의 간략한 역사와 함께 정사암政事岩이나 용암龍岩·삼산三山·돌석堗石·대왕포大王浦 설화를 짧막하게 언급하였다. 이렇듯 백제 사회에 전하는 신이신앙의 모습은 백제 개국 신화나 시조의 출현을 추측하게 한다.

기이편은 국가에 대한 기록을 제외하면 대부분 신라사 중심으로 정치의 표폄褒貶을 드러내고자 하였다. 일연은 왕의 통치를 통해 호국護國은 물론 흥국, 곧 국가를 흥성시켜 태평성대를 이루는 데 가장 관심을 두었다. 그리하여 왕의 행적을 신이하게 서술하였다. 지철로왕智哲老王조에는 왕이 모량부牟梁部 상공相公의 딸과 혼인하는 설화가 실려 있다. 지증왕은 음경이 커서 북만 한 크기의 똥을 눈 여자를 왕비로 맞았다. 이는 왕의 몸이 크다는 것을 의미해 준다. 천사옥대天賜玉帶조는 진평왕의 몸이 크다는 사실을 강조하였다. 왕이 내제석궁으로 행차하여 섬돌을 밟자 돌 세 개가 부러졌는

---

32 『삼국유사』 권2, 後百濟甄萱조에도 견훤이 光州 北村에 사는 부자의 딸과 담 벼랑 밑에 서식한 지렁이 사이에서 태어났다고 하였다. 이것도 역시 백제에 전해져 내려온 시조전승으로, 백제계 개국 신화의 모습을 찾는 데 도움을 준다.

데, 이 돌을 옮기지 못하게 하였다고 한다.

몸이 크다고 함으로써 왕은 특별하다는 것을 나타낸다. 사금갑射琴匣조에는 서출지書出池 설화가 나온다. 소지왕(毗處王)이 천천정天泉亭에 갔다가 돌아오는 중에, 연못에서 나온 늙은이로부터 서신을 받았다. 그 표지에는 "열어보면 두 사람이 죽고 안 열어보면 한 사람이 죽는다"라고 쓰여 있었다. 그런데 한 사람은 왕이기 때문에 편지를 뜯어보았다. 궁으로 돌아온 소지왕은 편지에서 이른 대로 금갑을 활로 싸서, 반역을 꾀하려던 궁주宮主와 분수승焚修僧을 죽였다. 이는 중앙집권적 귀족국가가 성립되는 과정에서 왕의 권력이 강대해져 갔던 사실을 짐작하게 한다.

왕에 대한 충성이 강요되는 것도 같은 맥락에서 이해된다. 내물왕 김제상奈勿王 金堤上조는 왕을 위해 목숨을 버리기까지 한 충절을 기록하였다. 눌지왕의 두 아우인 보해寶海와 미해美海는 각각 고구려와 왜에 인질로 갔는데, 이들을 구하러 가면서 삽라군歃羅郡 태수太守 제상이 말한 다음 내용은 유념된다.

> 신臣은 듣자오니 임금이 근심이 있으면 신하는 욕을 당하고, 임금이 욕을 당하면 신하는 죽어야 한다고 하였습니다. 만약 어렵고 쉬운 것을 따진 뒤에 행한다면 이를 불충不忠이라 말하고, 죽고 사는 것을 꾀한 후에 움직인다면 이를 무용無勇이라 말합니다. 신이 비록 불초不肖하나 원컨대 명령을 받들어 행하겠습니다(『삼국유사』 권1, 奈勿王 金堤上조).

김제상은 왕을 위해서라면 목숨을 돌보지 않는 충성을 언급하였다. 제상은 고구려에서 비교적 쉽게 보해를 구해 왔다. 그러나 미해를 구출하다가 왜국에 붙잡힌 그는 끝까지 충절을 버리지 않음으로써 죽임을 당했다.

신라 문무왕 때에는 '통삼統三'을 명기하지 않았는데, 이로 보면 왕력편은 왕건의 후삼국 통일에 초점을 맞추고 있는 셈이다. 그러나 기이편은 신라의 삼국통일을 중요하게 다루었다. 삼국을 통일하기까지 신라는 주위를 정벌하거나 고구려 및 백제와의 항쟁을 지속하였다. 지철로왕조에는 박이종朴伊宗이 사자 모양의 목우木偶를 이용하여 우릉도于陵島를 정복한 내용이 실려 있다. 그렇지만 기이편에서 가장 많은 분량으로 중요하게 다룬 것은 삼국통일 과정이다.

기이편에서 태종춘추공太宗春秋公조와 문호왕법민文虎王法敏조를 대단히 많은 분량으로 기록하였다. 그 외 김유신金庾信조와 장춘랑파랑長春郞罷郞조도 삼국통일에 관한 내용으로 구성되었다. 다만 김유신에 대해서는 소략하게 기록된 셈이다. 김유신조는 고구려 첩자 백석白石과 재매곡財買谷의 송화방松花房에 대해 언급하였다.[33] 백석 설화에는 김유신이 삼국통일의 주역이라는 상징성을 포함하고 있다. 고구려 점쟁이 추남楸南 설화가 이를 알려준다. 추남은 고구려에서 억울하게 죽임을 당하자, 다른 나라의 대장으로 태어나서 반드시 고구려를 멸망시킬 것이라고 하였다. 추남이 김유신으로 태어났기 때문에, 백석이 그를 고구려로 유인하여 죽이고자 하였다. 김유신은 내림奈林·혈례穴禮·골화骨火 등 세 신의 도움을 받아 신라로 잠입한 백석을 처단하였다.

김유신 집안의 원찰인 송화방에 대해서는 짤막하게 언급하였고, 이어 경명왕 때에 김유신을 흥무대왕興武大王으로 봉하였다는 사실을 덧붙였다. 김유신조도 국왕에 관한 사실을 기술하는 기이편의 취지에 맞게 설정된 셈이다.[34] 김유신의 활동상은 오히려 태종춘추공조에 보다 풍부하게 나온다. 거

---

33 『삼국유사』 권1의 김유신조는 『삼국사기』 열전의 김유신전에 비해 대단히 소략하다. 『삼국사기』 권41~43의 3권으로 구성된 김유신전은 그 자체로도 방대한 것이다. 그렇지만 金富軾은 김유신의 玄孫인 金長淸이 지은 『金庾信行錄』 10권을 보고는 이를 줄여 『삼국사기』에 3권의 분량으로 김유신전을 작성하였다.

34 이기백, 「삼국유사 기이편의 고찰」, 앞의 책, 2004, 62쪽.

기에는 김유신의 누이 문희文姬가 언니인 보희寶姬의 꿈을 사고는, 춘추공의 부인이 되는 설화가 기록되었다. 보희가 서악西岳에 올라 오줌을 누니 서울이 잠기었다고 한다. 이 꿈을 산 문희는 춘추공과 결혼하여 슬하에 많은 자식을 두었고, 이들이 신라를 다스렸다.[35]

태종춘추공조에서는 고기古記와 고전古傳을 인용하여 삼국통일 전쟁에서 김유신의 활약을 부각하였다. 김유신은 문무왕 8년(668년)에 고구려를 치는 당나라 군사를 위해 평양에까지 군량을 전달하였을 뿐만 아니라 퇴각하는 군대를 신속하게 도왔다. 매우 위험한 일이지만 김유신이 성공적으로 작전을 수행하였다. 그 외에 백제와 고구려를 멸망시킨 후 신라를 치려는 당나라 군사를 물리친 당교唐橋 설화와 백제 멸망 이후 신술로써 고구려와 말갈 군사를 물리치는 내용을 기록하였다. 그리하여 무열왕은 김유신의 도움을 받아 삼국을 통일시킨 군주로 다음과 같이 그려졌다.

① 왕은 유신庾信과 함께 신비로운 꾀와 힘을 다해서 삼한을 통일하여, 나라에 큰 공을 세웠기 때문에 묘호廟號를 태종太宗이라 하였다.
② 태종이 즉위하자 돼지 한 마리를 바치는 자가 있었는데, 머리는 하나이고 몸뚱이는 둘이며 발은 여덟이었다. 의논하여 말하기를 "이는 반드시 천하를 통일할 상서입니다"라고 하였다(태종춘추공조).

태종춘추공조는 무열왕이 백제를 평정한 사실을 비교적 길게 서술하였다. 또한 의자왕 때 백제에서 일어난 여러 가지의 변괴를 소상하게 실었다. 뿐만 아니라 충신인 성충成忠과 흥수興首의 말을 듣지 않아 신라와 당의 연합군이 탄현炭峴과 기벌포伎伐浦를 지남으로써, 백제가 멸망하게 된 사실과

---

35 『삼국유사』 권1, 太宗春秋公조에는 문희의 소생으로 태자 法敏과 角干 仁問·文王·老且·智鏡·愷元을 들고는, 당시에 꿈을 산 징조가 여기에 나타난 것이라 하였다.

계백階伯의 결사대를 기술하였다. 아울러 백제고기百濟古記와 신라별기新羅別記를 인용하여 각각 타사암墮死岩 전설 및 부여융扶餘隆과의 맹약을 언급하였다.

고구려 멸망 후 당의 신라 침공 계획과 이를 물리치는 내용은 문호왕법민조에 비교적 자세하게 나온다. 장춘랑파랑조에도 백제 평정 후 당군唐軍에 대해 압박하는 내용을 간략히 언급하였다. 무열왕은 장춘랑과 파랑을 위해 한산주漢山州에 장의사壯義寺를 세웠다. 그들이 저승에서 당군과의 싸움을 도운 공로를 기리려는 것이다. 문호왕법민조는 김인문이 의상을 귀국시켜 당의 침공 계획을 알리니, 조정은 명랑明朗의 문두루文豆婁 비법으로 이를 물리쳤다고 하였다.[36] 문무왕은 죽은 후 호국룡護國龍이 되어 국가를 수호하였으며, 또한 장창長倉을 세우고 남산성南山城을 쌓았을 뿐만 아니라 서제庶弟인 차득공車得公을 기용하였다.

호국룡이나 치적을 강조하는 것은 태평성대를 구가하려는 의도를 지녔다. 삼국통일은 무엇보다도 큰 치적이다. 만파식적萬波息笛조는 이런 면을 보여준다. 신문왕이 감은사感恩寺로 나아가 머무니, 이튿날에 용이 나와 옥대玉帶를 바쳤다. 이 옥대는 호국룡과 천신天神이 된 문무왕과 김유신의 두 성인이 국가를 지키기 위해 보낸 것이다. 옥대의 여러 쪽은 모두 진짜 용으로, 그것을 떼어서 물에 담그면 바로 용이 되어 하늘로 올라갔다고 한다. 옥대를 얻은 곳의 대나무를 베어 만든 피리가 만파식적이다. 이 피리는 적병을 물리치고 가뭄과 홍수를 다스리며 바람과 파도를 잠잠하게 하였다고 한다.

호국룡과 연관된 만파식적은 국가를 수호하는 상징인 동시에 왕위 계승의 정당성을 부여하였다. 원성대왕元聖大王조는 이런 면을 보여준다. 김경신金敬信은 복두幞頭를 벗고 흰 갓을 썼으며, 열두 줄 가야금을 들고 천관사

---

36 『삼국유사』 권4, 義湘傳敎조에도 당나라에 가서 구금된 승상 金欽純과 金良圖 등이 의상을 급히 귀국시켜, 당의 신라 침공 계획을 알리는 내용이 나와 있다.

天官寺 우물 속으로 들어가는 꿈을 꾸었다. 이 꿈은 상재上宰인 김주원金周
元을 제치고 그가 왕이 될 징조를 보여준 것이다. 실제로는 김경신이 무력
으로 화백회의 결의를 뒤엎고 등극하여 원성왕이 되었다. 그래서인지 아버
지 효양孝讓은 만파식적을 구하여 원성왕에게 전해주었다고 한다.

만파식적을 얻었기 때문에 원성왕은 하늘의 은혜를 두텁게 입고 그 덕德
을 멀리까지 빛낼 수 있었다. 처용랑 망해사處容郎 望海寺조는 헌강왕 때의
태평성대를 언급하는 한편, 이와는 다른 분위기를 전해주기도 한다. 헌강왕
은 개운포開雲浦에 갔다가 동해 용왕의 아들인 처용을 맞아 서울로 데리고
왔으며, 그를 위해 망해사를 창건하였다. 이는 지방호족의 아들을 기인其人
으로 맞는 것을 의미하기도 한다.[37] 또한 헌강왕 때에는 남산신南山神이나
북악신北岳神이 나타나 춤추면서 나라가 장차 망할 것이라고 예언하였다.

처용랑 망해사조는 태평성대의 강조와 아울러 국가가 흔들리는 모습을
동시에 보여준다. 기이편은 왕정의 득실을 논하는 뜻에서 왕의 치적과 함께
세태를 경계하는 정치적 징후를 모두 실었다. 조설무雪조는 정치적 징후에
관해 기록한 것이다. 애장왕과 헌덕왕 및 문성왕 때에는 각각 8월과 3월 및
5월에 눈이 내렸다. 조설은 어떤 사건의 징조를 나타내 준다. 곧 애장왕은
헌덕왕에게 죽임을 당하였으며, 헌덕왕이 즉위하자 초적이 봉기하였고, 문
성왕 때에는 청해진 장보고의 반란이 예견되었다.[38]

기이편은 신라왕에 대해서도 직접적인 징후로써 경계하였다. 효공왕孝恭
王조와 경명왕景明王조에는 봉성사奉聖寺나 영묘사 내의 행랑에 까치와 까
마귀가 무려 30~40개에 이르는 많은 집을 짓거나 참포斬浦와 바다의 물이
서로 싸웠다고 기록되어 있다. 또한 사천왕사의 벽화에 그린 개가 울면서

37 李佑成, 「三國遺事所載 處容說話의 一分析 -고려 其人制度의 기원과의 관련에서」, 『金載元博
    士 華甲紀念論叢』, 乙酉文化社, 1969, 110~111쪽.
38 이기백, 「삼국유사 기이편의 고찰」, 앞의 책, 2004, 60~61쪽.

정원을 돌아다녔고 오방신五方神의 활줄이 모두 끊어졌다고 한다. 이러한 변괴는 의자왕 때 백제 사회에 나타난 것과 매우 유사한데, 신라말에 박씨 왕실 곧 신덕왕과 경명왕 때에 집중적으로 나타나 있다.[39] 이 외에도 기이편에는 사회의 혼란이나 경계해야 할 일을 기록하였다.

혜공왕惠恭王조나 진성여대왕 거타지眞聖女大王 居陁知조는 사회 혼란을 바로 기록하였다. 혜공왕대에는 대공大恭 각간이 반란을 일으킨 것을 위시하여, 전국의 96각간이 서로 싸움으로써 사회가 크게 어지러웠다. 그러한 징후로 강주康州 관아의 동쪽 땅이 꺼져 못이 되었다거나 범이 궁성 안으로 들어오는 등의 변괴가 나타났다. 진성여왕 때에도 유모인 부호鳧好부인과 남편인 위홍魏弘으로 인하여 정사가 어지러웠다. 이와 연관하여 왕거인王居仁이 지은 시와 다라니陁羅尼로 된 투서投書가 등장하였다. 이는 모두 정치적 징후로써 세태를 경계하려는 것이다.

거타지는 사신 양패良貝를 따라 당으로 가던 도중, 풍랑을 만나 홀로 무인도에 남았다. 마침 용왕 가족을 해치는 늙은 여우를 처치한 거타지는 용녀龍女를 아내로 맞아 돌아왔다. 이 설화는 왕건의 할아버지인 작제건作帝建 설화와 대단히 비슷하다. 왕건의 등장을 자연스럽게 이끌어내준 셈이다. 김부대왕金傅大王조와 후백제견훤조는 궁극적으로 왕건의 정통성을 제시한 것인데, 그 안의 사론史論은 이런 면을 보다 명백하게 해준다. 정통을 계승하였으면서도 신라는 운세를 다하였을 뿐만 아니라 견훤은 신라의 녹을 먹었지만 화심禍心을 품었다. 그렇기 때문에 대의와 천명이 왕건에게로 돌아간 사실을 지적하였다.

김부대왕조에는 견훤의 침입으로 포석정에서 경애왕이 살해되었으며, 반면 왕건의 경주 입성 때에는 백성들이 부모와 같이 따랐다는 사실을 기록하

---

39 『삼국유사』 권2, 孝恭王조에는 "奉聖寺外門東西二十一間鵲巢"라 하였다. 이 외에 신덕왕 때와 景明王 때에 더 많은 변괴가 일어났음을 기록하였다.

였다. 경순왕은 왕건에게 귀부하고는 고려 왕실과 중첩으로 혼인을 맺었다. 또한 후백제견훤조에는 견훤과 왕건이 서로 주고받은 서신의 내용을 그대로 실었다. 견훤이 보낸 서신과 비교하여 왕건의 답신이 보다 세련된 내용으로 구성되었다. 견훤은 신검神劍·양검良劍·용검龍劍 등 삼형제에 의해 금산사에 유폐되었다가 탈출하여 고려에 투항하였고, 이후 왕건은 후백제를 평정하였다. 기이편은 왕력편에 이어 고려가 삼한을 통합하여 정통 왕조로 수립된 사실을 강조하면서도, 왕력편과는 달리 신라의 삼국통일을 분명하게 부각하였다.

2. 불교신앙의 홍포(홍법·탑상편)

(1) 불국토신앙의 수립

『삼국유사』홍법편은 우리나라에 불교가 전해져서 공인되는 과정을 기록한 것이다. 왕실 중심으로 전래된 불교는 귀족에게까지 수용됨으로써 공인되었다. 이로 말미암아 성립된 국가불교는 논리 체계를 갖추어 갔다. 순도조려順道肇麗조와 난타벽제難陀闢濟조 및 아도기라阿道基羅조는 각각 고구려와 백제 및 신라의 삼국에 불교가 전래된 사실을 알려준다. 전진前秦의 부견符堅이 소수림왕 2년(372년)에 중 순도順道를 고구려에 파견하여 불상과 불경을 보내주었다. 백제에는 침류왕 즉위년(384년)에 호승胡僧 마라난타摩羅難陀가 동진東晉으로부터 불교를 전하였다. 신라에는 묵호자墨胡子나 아도阿道 등이 처음으로 불교를 전하였다. 이를 이어 설정된 원종홍법 염촉멸신原宗興法 厭髑滅身조는 신라의 초전불교가 법흥왕 때에 공인되는 사실에 대한 기록이다.

고구려 소수림왕이나 백제 침류왕 때의 불교 전래는 초전불교가 공인되는 것으로 이해된다. 고구려에 초문사肖門寺나 이불란사伊弗蘭寺를 창건하고 백제의 한산주에 절을 세워 승려 10명을 제도한 것은 공인불교의 모습을 알려준다. 고구려 승려 망명亡名은 중국 격의格義불교의 대가인 지둔支遁 도림道林과 편지를 주고받았다. 도림은 366년에 입적하였기 때문에 망명의 존재는 372년 이전에 고구려 초전불교의 모습을 상정하게 한다. 백제에도 침류왕 이전에 불교가 전래되어 있었다. 기이편의 난타벽제조와는 달리 『해동고승전』의 석마라난타釋摩羅難陀전에는 천축의 다섯 승려가 바다를 통해 불법을 전하였다고 한다.

백제의 초전불교는 관음보살의 정토와 연관되는 것이 흥미롭다. 삼한 가운데 성주산聖住山의 정상이 월악月岳인데, 거기에 관음보살의 궁전이 있었다고 한다.[40] 백제 초전불교 전승이 유연국토설有緣國土說을 포용하고 있는 셈이다.[41] 이런 모습은 신라의 초전불교 전승 속에 보다 강하게 나타났다. 아도기라조에는 고구려로부터 들어온 신라의 초전불교 전승이 세 개가 전한다. 첫째는 눌지마립간 때에 묵호자가 일선군一善郡 모례毛禮의 집에 숨어 불교를 전하였고, 둘째는 비처마립간 때에 아도我道가 시자 세 명을 데리고 역시 모례의 집에 머물렀으며, 셋째는 미추이사금 때에 아도阿道가 서울의 서쪽에 우거하며 불교를 전하였다는 것이다.

세 개의 초전불교 전승은 공통된 내용을 지녔다. 곧 묵호자나 아도가 양나라 사신이 가지고 온 향香의 용도를 알려주거나 공주의 병을 고침으로써, 왕실의 도움을 받아 불사를 일으켰다. 그러나 종국에는 국인國人들의 반대

---

40 『海東高僧傳』권1, 釋摩羅難陀전에 "中有聖住山 名實利母怛梨 峻峰高聳 觀世音菩薩宮殿 在彼山頂"이라 하였다.

41 『삼국유사』권3, 興法篇의 難陁闢濟조에는 『해동고승전』의 석마라난타전에 나오는 유연국토설이 생략되었다. 다만 석마라난타전에는 백제에 처음으로 불법을 전한 사실은 물론 관음보살의 정토 외에도 백제와 주변국에 대해 언급하는 등 상당히 다양한 내용이 기록되었다. 일연은 이러한 석마라난타전을 흥법편에 옮기면서, 번다하다고 생각하여 유연국토설을 생략하였다. 그러나 그 뜻은 오히려 신라 초전불교를 언급한 阿道基羅조에 충분히 반영되었다.

로 그들의 불사는 실패로 끝났다. 왕실이 주도적으로 불교를 받아들이려고 하였던 데 반해 국인, 즉 귀족이 반대하였다. 다만 초전불교가 김씨 왕실의 세습이나 왕권을 강화하려는 시기에 전래된 것은 유념해야 한다.

아도전승에는 전불前佛시대의 칠가람터가 있다고 하면서, 어머니 고도녕 高道寧이 아도에게 다음과 같이 부탁하였다.

> 그곳은 전불시대의 절터이니 불법이 앞으로 길이 전해질 곳이다. 네가 그곳
> 으로 가서 불교를 전파한다면 마땅히 이 땅에 불교의 개조자開祖者가 될 것이
> 다(『삼국유사』 권3, 阿道基羅조).

전불시대 칠가람터는 ① 천경림天鏡林, ② 삼천기三川歧, ③ 용궁남龍宮南, ④ 용궁북龍宮北, ⑤ 사천미沙川尾, ⑥ 신유림神遊林, ⑦ 서청전婿請田이다. 유연국토설은 불국토신앙으로 이어져 결국은 신라에 불교가 크게 일어날 것이라는 홍법신앙으로 나타났다.

의해편에 따르면, 불국토신앙을 정립한 사람은 자장이다. 이에 대해서는 다음 내용을 참조해 보자.

> 너희 나라 왕은 천축天竺의 찰리종왕刹利種王이어서 이미 불기佛記를 받았
> 으므로 특별한 인연이 있고, 동이東夷의 오랑캐 족속과는 같지 않다(『삼국유
> 사』 권4, 慈藏定律조).

문수가 자장에게 말한 이 내용은 신라왕이 전생에 인도의 찰제리종왕刹 帝利種王이었다는 것이다. 그리하여 불교왕명시대를 열었고 결국에는 석가 족이 윤회에 의해 신라 왕족으로 태어났다고 한다.

유연국토설을 배경으로 성립한 불국토佛國土신앙이 신라 불교를 크게 떨

치게 하였다. 아도기라조에 담시曇始의 행적을 싣고 있는 이유를 이런 면에서 찾을 수 있다.[42] 담시는 도교에 빠진 후위後魏의 탁발도(拓拔燾, 太武帝)를 깨우쳐 호불護佛의 군주로 만든 장본인이다. 탁발도는 도교를 믿어 구겸지寇謙之와 최호崔皓를 신용하였다. 그런데 담시가 이들을 모두 병에 걸리게 함으로써, 결국 탁발도는 불교를 수호하였다. 원종흥법 염촉멸신原宗興法厭髑滅身조에는 이차돈異次頓의 순교로 불교가 공인되는 연기설화와 함께, 법흥왕과 진흥왕이 출가하여 불법을 일으키는 내용을 기록하였다.

이차돈이 순교하는 과정은 초전불교 전승에서 왕실이 불교를 홍포弘布하려던 모습을 떠올리게 한다. 이차돈은 법흥왕과 막역한 사이로, 심복이었다. 법흥왕은 불교를 공인하려고 하였으나 귀족들이 반대하였다. 그 반대를 무마하기 위해 불사의 책임을 이차돈에게 지워, 그를 사형시켰다. 그러자 흰 피가 솟아오르는 등, 이적이 나타남으로 해서 법흥왕은 귀족들의 반대를 누르고 불교를 공인하였다. 평소 귀족들은 왕실의 불교 공인에 대해 반대하였다. 이차돈의 순교가 계기가 되었지만, 실제로는 신앙 면에서 국왕과 귀족이 조화와 타협을 이루면서 불교가 공인되었다. 왕과 귀족이 타협하게 된 배경으로 전륜성왕관념과 미륵신앙 내지 석가불과 미륵의 조화를 들었다. 또한 귀족의 현실적 기반을 인정해 주는 윤회전생신앙도 한 이유가 되었다.[43]

원종흥법 염촉멸신조에는 법흥왕과 진흥왕이 출가하는 내용을 기록하였다. 그들은 불교를 일으켜 절을 세웠으며 면류관을 벗고 가사를 입었다. 진흥왕은 법흥왕이 세운 절을 대흥륜사大興輪寺로 사액하였다. 법흥왕의 법호는 법운法雲이고, 자字는 법공法호이다. 법흥왕비도 출가하여 법명을 묘법妙法이라 하고 영흥사永興寺를 세워 거주하였다. 특히 진흥왕 때에는 양나

---

42 慧皎, 『梁高僧傳』에는 고구려 승려로 道人과 僧朗 및 曇始를 실었는데, 아도기라조는 그중 담시의 전기를 특별히 실었다.
43 이기백, 「신라 初期佛教와 귀족세력」, 『震檀學報』 40, 1975; 『新羅思想史研究』, 일조각, 1986, 88~93쪽.

라 사신 심호沈湖가 사리를 가져왔고, 진陳나라 사신 유사劉思가 중 명관明
觀과 함께 불경을 전하였다. 이렇듯 공인 이후 신라 불교가 흥기하였던 사
실을 뚜렷하게 기록하였다. 다만 『삼국사기』에는 왕의 출가를 권장할만한
것으로 기록하지 않았다. 이 때문에 여기서도 이에 대한 기록을 분명하게
제시하지는 않았다.[44]

홍법편은 삼국의 불교 공인 이후 국가 정책을 통해 불교를 흥기시키려는
목적으로 편찬되었다.[45] 백제 불교의 중흥에 대해서는 법왕금살法王禁殺조
에 기록하였다. 법왕은 살생을 금지시키고자 민가에서 기르는 매를 방생하
고, 물고기 잡는 기구를 불사르게 하였다. 또한 30인의 도승度僧을 두고 사
비성泗沘城에 왕흥사王興寺를 세웠는데, 터만 닦다가 돌아갔다. 무왕이 아
버지의 뜻을 계승하여 절을 완성하고는 미륵사라고 불렀다. 백제 불교는 미
륵신앙을 배경으로 형식에 흐를 정도로 엄격한 계율을 강조하였다.[46] 미륵
사의 창건에 대해서는 다소 다른 연기설화가 전한다.[47] 이 때문에 부여와 익
산에 각각 미륵사가 창건되어 있었던 것으로 이해하기도 한다.

아도기라조에 실린 담시(曇始, 白足和尙)전은 도교로부터 불법을 지켜 홍
기시키려는 내용을 기록한 것이다. 홍법편에는 호법 신앙이 강하게 나타나
있다. 보장봉로 보덕이암寶藏奉老 普德移庵조는 이런 면을 이해하게 한다.
고구려 보장왕 때에 연개소문淵蓋蘇文이 국권을 전횡하면서 도교를 숭상하
니, 보덕이 반룡사盤龍寺에서 방장方丈을 남쪽의 완산주完山州 고대산孤大山

---

44 『해동고승전』에는 법흥왕의 법명을 法空, 진흥왕의 법명을 法雲이라 하였다. 그러나 『삼국유
   사』 권3, 原宗興法 厭髑滅身조의 細註에 "亦以(法興)王妃 出家名法雲 又眞興王爲法雲 又以爲
   眞興之妃名法雲 頗多疑混"이라 하였다.
45 이기백, 「삼국유사 홍법편의 취지」, 앞의 책, 2004, 66~68쪽.
46 김두진, 「백제의 미륵신앙과 계율」, 『百濟硏究叢書』 3, 충남대 백제연구소, 1993, 71쪽.
47 『삼국유사』 권2, 武王조에는 무왕의 왕비인 善花公主가 발원하여 익산에 미륵사를 창건하였
   다. 그런데 최근 발견한 미륵사지 출토 金製舍利奉安記에는 선화공주가 아니라 佐平 沙宅積德
   의 딸인 백제왕후가 창건한 것으로 기록하였다.

으로 옮겼다. 지금의 전라북도 완주군 고달산高達山에 있는 경복사景福寺가 그것이다. 여기서 보덕은 11명의 이름난 제자를 두었는데, 그들이 각각 절을 창건하여 거주함으로써 불교가 크게 흥기하였다. 후에 대각국사 의천은 경복사에 들러 남긴 시에 보덕을 열반종과 방등교方等教를 연 장본인이라고 묘사하였다.

보장봉로 보덕이암조는 보덕이 방장을 남쪽으로 옮김으로써 불교가 크게 흥기하였던 사실과 함께, 불교를 배척하고 도교를 숭상하면 국가가 망한다는 것을 분명하게 나타내었다. 보덕은 도교가 불교와 싸워 흥기하면 나라가 위태로워진다고 걱정하였다. 실제로 보장왕이 도교를 받들자 얼마 있지 않아 나라가 망하였다. 특히 양명羊皿 설화는 고구려 멸망과 관련된 내용을 지녔다. 수 양제의 고구려 정벌에 참가한 양명은 원정이 실패로 끝나자, 연개소문으로 태어나 도교를 숭상하고는 고구려를 멸망의 길로 이끌었다는 것이다.

동경홍륜사금당십성東京興輪寺金堂十聖조는 홍륜사 금당에 모신 10성聖으로 동쪽 벽에 아도我道·염촉·혜숙惠宿·안함安舍·의상과 서쪽 벽에 표훈表訓·사파蛇巴·원효·혜공惠空·자장을 들었다. 이들은 모두 신라에 불교를 받아들여 크게 일으켰기 때문에 성인으로 추앙을 받았다. 경덕왕충담사 표훈대덕조는 신라의 마지막 성인으로 표훈을 들었다. 홍법편은 불교를 받아들여 크게 일으킨 모습을 제시하였으며, 그 밑바닥에는 유연국토신앙이 깔려 있다. 유연국토신앙은 불국토신앙으로 확립되어 신라 경주의 곳곳에 불상이나 탑이 조성되었다.

(2) 불교신앙의 양상

유연국토신앙으로부터 이어진 불국토신앙은 탑상편에 많이 나타나 있다. 탑상편은 탑이나 불상 및 불전·범종·사리 등 불교 조형물에 대한 기록으로, 불교미술사의 풍부한 자료를 제공해 준다.[48] 가섭불연좌석迦葉佛宴坐石조나 요동성육왕탑遼東城育王塔조·금관성파사석탑金官城婆娑石塔조·고려영탑사高麗靈塔寺조·황룡사장륙皇龍寺丈六조·황룡사구충탑조 등은 모두 유연국토신앙을 보여주며, 특히 인도 불교가 일찍 전래된 사실을 알려준다. 신라의 황룡사는 전불시대 칠가람터 중 하나로 거기에는 가섭불의 연좌석이 있으며, 일찍이 일연도 그것을 확인하였다. 그리고는 『아함경阿含經』을 인용하여 현겁賢劫의 세 번째 부처인 가섭불이 설법한 시대에서부터 신라 불교의 연원을 끌어내었다.

불교의 창시국인 인도의 사실이 그대로 우리나라에서 이루어진다는 신앙은 탑상편의 저변에 깔려 있다.[49] 요동성육왕탑조나 고려영탑사조는 고구려에 전해진 유연국토신앙을 알려준다. 요동성에는 본래 아육왕이 보낸 불탑이 묻혔던 자리에 고구려 성왕聖王이 세운 7층 목탑이 있는데, 이를 육왕탑이라고 불렀다. 또한 고구려의 영탑사는 보덕普德이 신인神人의 말을 듣고, 땅속을 파서 8면 7층 석탑을 얻은 곳에 세운 절이다. 이렇듯 땅속을 파서 얻은 불탑은 그 자재가 전불시대에 인도로부터 왔다고 함으로써 유연국토신앙을 갖게 하였다.

금관성파사석탑조는 가야에 남방불교가 전래되었다는 사실을 알려준다. 금관金官 호계사虎溪寺에 있는 파사석탑은 수로왕비 허황옥許黃玉이 인도의 아유타국阿踰陁國에서 싣고 온 것이다. 허황옥은 배에 파사석탑을 싣고 옴으로써, 바다신의 노여움을 누르고 순조롭게 바다를 건넜다. 가야에 남방불교가 전래된 사실은 어산불영魚山佛影조에도 보인다. 고려 명종 때에 밀양의 자성산慈成山에 세운 만어사萬魚寺터는 가야의 수로왕이 부처에게 청하여 독룡毒龍과 다섯 나찰녀羅刹女로 하여금 계율을 지니도록 순화시킨 곳

---

48 이기백, 「삼국유사 탑상편의 의의」, 앞의 책, 2004, 73~74쪽.
49 이기백, 위의 논문, 2004, 84쪽.

이었다. 이로 인해 동해의 어룡魚龍이 마침내 골짜기에 가득한 돌로 변하여 종과 경쇠의 소리를 내었다고 한다. 이는 북인도 가라국訶羅國의 부처 그림자와 부합하는 것이다.

인도에서 바다를 통해 불교가 전래되었다는 것은 아육왕 전설과 연관된다. 황룡사장륙조에는 신라에 동축사東竺寺를 창건하는 연기설화가 나온다. 서천축 아육왕이 황철과 황금 및 불상과 딸린 두 보살상의 모상模像을 실어 띄운 배가 하곡현河曲縣 사포絲浦에 닿았다. 이에 동축사를 창건하여 싣고 온 불상과 보살상을 봉안하였고, 황철과 황금으로 장륙존상을 주조하여 황룡사에 모셨다. 뒤에 동축사의 삼존불상도 황룡사로 옮겨 안치하였다. 황룡사는 본래 석가불과 가섭불이 강연한 곳이었기 때문에 아육왕이 띄운 배가 1300여 년이나 지난 후에 신라에 이르렀다고 한다.

불국토신앙의 중심에 자리한 황룡사는 신라 호국불교의 상징이 되었다. 황룡사구층탑조에서 이런 면을 읽을 수 있다. 중국 태화지太和池가에서 자장과 만난 신인神人이 일러준 다음 내용을 참고해 보자.

황룡사皇龍寺의 호법룡護法龍은 나의 맏아들이오. 범왕梵王의 명을 받아 이 절에 와서 보호하고 있으니, 본국에 돌아가서 절 안에 구층탑을 이룩하면, 이웃 나라는 항복하고 구한九韓이 와서 조공하여 왕업王業이 길이 편안할 것이요. 탑을 세운 후 팔관회八關會를 베풀고 죄인을 사면하면 외적이 침범하지 못할 것이오(『삼국유사』 권3, 皇龍寺九層塔조).

자장은 이웃 나라를 항복시키고 구한의 조공을 받고자 구층탑을 건립하였다. 안홍安弘의 『동도성립기東都成立記』에는 9층의 각각에 진압할 이웃 나라의 이름이 설정되어 있다.[50] 무열왕의 아버지 용춘龍春이 백제 장인 아

---

50 『삼국유사』 권3, 皇龍寺九層塔조에는 신라가 제압하려는 나라를 제1층은 日本, 제2층은 中華,

비지阿非知를 청하여 구층탑의 건조를 주관하였다. 찰주를 세우는 날에 아버지는 백제가 망하는 꿈을 꾸고는 일손을 놓았다. 황룡사구층탑의 건조는 호법에서 더 나아가 삼국통일의 염원과 이어졌던 것이다. 이후 고려시대에 걸쳐 구층탑의 신축 사실을 명기하였다.

신라 불교신앙의 대상으로 관음과 미륵 및 미타신앙은 중요하다. 남백월 이성 노힐부득달달박박南白月二聖 努肹夫得怛怛朴朴조를 통해 이들 신앙을 대체적으로 이해할 수 있다. 노힐부득과 달달박박은 도를 닦는 친구가 되어, 백월산白月山 무등곡無等谷으로 들어가 각각 미륵과 미타불로 성도하기를 원하였다. 도가 무르익을 무렵에 관음보살이 낭자로 변신하여, 두 사람을 시험하고는 미륵과 미타불로 성도하는 것을 도와주었다. 날이 저물 무렵 박박의 북암에서 묵기를 거절당한 낭자는 부득의 남암에 이르렀는데, 이미 날이 어두웠으므로 어쩔 수 없이 유숙하였다. 밤이 되자 물을 끓여 낭자의 해산을 도운 부득은 그 물에 목욕하고는 미륵불이 되었으며, 아침에 찾아온 박박도 역시 남은 물에 목욕하여 미타불이 되었다고 한다.

관음과 미륵 및 미타불은 정토 3불이다. 미륵이나 미타정토로의 왕생을 이끄는 데 관음보살이 큰 역할을 담당하였다. 관음보살은 사소하더라도 세상의 모든 소원을 듣고는 이루어주기 때문에 서민 대중과 가장 친근하였다. 삼소관음 중생사三所觀音 衆生寺조와 백률사栢栗寺조 및 민장사敏藏寺조 등에는 이러한 관음신앙의 모습이 집중적으로 나타나 있다. 삼소관음은 중생사와 백률사 및 민장사의 관음상을 가리킨다. 중국 화공畵工이 신라로 와서 중생사의 관음상을 이루었는데, 사람들이 우러러 공경하고 기도하여 복을 얻은 바가 다 기록할 수 없을 정도로 많았다.

신라말에 최은함崔殷誠은 중생사의 관음상에게 빌어 아들 승로(承老, 丞

제3층은 吳越, 제4층은 托羅, 제5층은 鷹遊, 제6층은 靺鞨, 제7층은 丹國, 제8층은 女狄, 제9층은 濊貊이라고 명기하였다.

魯)를 얻었다. 견훤의 경주 침입 때에 그는 아들을 관음전에 맡기고 피난을 떠났다. 반달 후 난리가 끝나 다시 돌려받은 아기는 입에서 젖 냄새가 나고 새로 목욕한 듯이 보였다. 그 외에도 중생사의 관음보살은 멀리 금주金州에 사는 단월로 하여금 살림이 곤궁하여 떠나려는 중 성태性泰에게 시주하게 만들거나, 문맹인 점숭占崇이 순간적으로 글을 읽게 함으로써 주지권을 뺏으려는 시도를 막아주었다. 이렇듯 중생사의 관음상은 주지의 어려운 사정을 해결해 주거나 아들 낳기를 바라는 서민의 소원을 들어주었다.

백률사 관음상도 중생사의 불상을 조성할 때에 함께 만든 것인데 역시 많은 영험을 나타내었다. 마침 국선인 부례랑夫禮郎이 북명北溟의 적적狄賊에게 피랍되었을 뿐만 아니라 천존고天尊庫에 보관 중이던 신적(神笛, 만파식적)이 없어졌다. 이에 부례랑의 양친이 기도하였더니, 백률사 관음은 국선을 돌아오게 하고 만파식적을 찾아주었다고 한다. 또한 우금리禺金里에 사는 가난한 여자 보개寶開의 아들 장춘長春이 바다의 장사꾼을 따라다녔는데, 오랫동안 소식이 없었다. 이에 보개가 민장사의 관음상에게 나가 빌었더니, 장춘이 갑자기 돌아왔다.

분황사천수대비 맹아득안芬皇寺千手大悲 盲兒得眼조나 낙산이대성 관음정취조신洛山二大聖 觀音正趣調信조도 관음신앙이 서민 대중과 깊이 연관된 모습을 보여준다. 한기리韓歧里의 희명希明은 분황사의 천수대비에게 빌어 장님인 자식의 눈을 뜨게 하였으며, 세규사世逵寺의 장사莊舍에 지장知莊으로 파견된 조신은 낙산사의 관음상에게 빌어 꿈에서 김흔金昕의 딸과 혼인하였다. 감통편의 경흥우성憬興遇聖조에는 경흥이 십일면관음의 도움으로 병을 고쳤다고 나온다. 이렇듯 서민 대중의 생활과 깊이 연관된 관음신앙은 『법화경』의 보문품에 의거한 영험신앙으로 이어졌다.[51]

---

51 三所觀音인 衆生寺·栢栗寺·敏臟寺 또는 분황사 및 낙산사 등의 관음상은 서민의 소원을 들어주는 영험신앙을 가졌다. 고려후기에 了圓이 撰述한 『法華靈驗傳』 속에는 이러한 관음의 영험

백월산남사의 미륵과 미타불은 정토와 연관되었지만, 남월산南月山조에
실린 「미륵존상화광후기彌勒尊像火光後記」와 「미타불화광후기彌陀佛火光後
記」에는 이런 면이 더 분명하게 나타나 있다. 중아찬重阿湌 김지성(金志誠,
金志全)은 국왕과 대신을 포함해서 돌아간 부모와 형제 및 친척을 위해, 감
산사甘山寺를 창건하여 미타불과 미륵존상을 조성하였다. 서방정토로 왕생
하거나 미륵정토가 구현되기를 바란 것이다.[52] 그런데 미륵은 죽은 후 전생
轉生신앙과 연관되어 있다. 기이편의 효소왕대 죽지랑조에는 죽지령竹旨嶺
의 거사가 죽자, 술종공述宗公이 그의 무덤 앞에 돌 미륵상을 만들어 세웠다
고 한다. 미륵상의 조성에는 거사가 술종공의 아들인 죽지로 태어났다는 신
앙이 깔려 있다.

생의사석미륵生義寺石彌勒조는 생의가 땅속에서 미륵상을 파내어 삼화령
三花嶺에 안치하고 생의사를 창건한 사실을 기록한 것이다. 조신은 꿈에서
죽은 아이를 해현蟹峴에 묻었다. 꿈을 깬 그는 해현을 파서 돌 미륵상을 얻
어 안치하였고, 지장知莊을 그만 둔 후에는 정토사를 창건하였다. 미륵정토
의 구현은 사후의 전생신앙과 밀접하게 연결되었다. 삼국시대 미륵신앙의
정형은 미륵선화미시랑 진자사彌勒仙花未尸郎 眞慈師조에 잘 나타나 있다.
진지왕 때의 진자는 화랑으로 모실 미륵선화를 받들고자 웅진熊津의 수원
사水源寺로 나아갔다. 거기서 미륵을 알아보지 못한 그는 경주로 돌아와 영
묘사靈妙寺 동쪽 나무 밑에서 노는 미시랑을 미륵선화로 맞이하였다.[53]

신앙이 잘 정리되어 있다. 그중 黑風吹其船舫조와 顯比丘尼身조는 각각 『삼국유사』의 芬皇寺
千手大悲 盲兒得眼조와 憬興遇聖조의 내용과 비슷하다.

52 南月山조의 彌勒尊像火光後記와 彌陀佛火光後記는 『朝鮮金石總覽』 권상(朝鮮總督府, 1919)
에 그 원문이 전한다. 『삼국유사』 남월산조와 『조선금석총람』에 전하는 두 기록을 대조하면,
후자가 훨씬 자세하고 정확하다. 미타불은 물론 미륵존상도 金志誠이 죽은 부모를 위해 조성
한 것이다. 다만 미타불화광후기에 죽은 자만을 기록한 것과는 달리 미륵존상화광후기에는 죽
은 부모 외에도 생존자를 위해 선한 일을 함께 경영한다는 것을 적고 있다.

53 『삼국유사』 권3, 彌勒仙花未尸郎 眞慈師조는 삼국시대 미륵의 성지가 熊津 지역임을 알려준
다. 그런데 백제에서의 미륵신앙이 엄격한 계율과 연관되어 있었다면, 신라에서의 미륵신앙은

아미타불신앙은 서방정토로의 왕생과 연결된다. 이에 대해 기록한 것이 무장사미타전鍪藏寺彌陀殿조이다. 무장사는 원성왕이 아버지 효양孝讓을 추모하기 위해 세운 절이며, 미타전은 계화桂花왕후가 먼저 죽은 소성왕을 위해 무장사 위쪽에 조성한 전각이다. 천룡사天龍寺조는 만일석가도량萬日釋迦道場의 결사를 알려준다. 천룡이라는 사명寺名은 본래 단월의 두 딸인 천녀天女와 용녀龍女의 이름을 따서 붙인 것이다. 고려 때 최제안崔齊顔은 이 절을 중수하여, 만일석가도량을 설치하였다. 만 일 동안 행하는 석가도량은 사바세계에 석가정토를 실현시키려는 의도를 지녔다.

오대산신앙은 대산오만진신臺山五萬眞身조나 명주오대산 보질도태자전기溟州五臺山 寶叱徒太子傳記조 및 대산월정사 오류성중臺山月精寺 五類聖衆조에 나와 있다. 자장은 오대산의 문수신앙과 밀접하게 인연을 맺었다. 중국 오대산에서 문수보살을 접하고 귀국한 자장은 명주의 오대산에서, 탑을 세우고 절을 창건하여 문수진신을 만나고자 하였다. 대산오만진신조는 이런 사실을 간략하게 소개하였지만, 자장의 오대산 불사는 정암사淨嵓寺나 월정사의 창건과 연결되어 있었다. 우선 정암사는 자장이 원녕사元寧寺에 거주할 때에 문수가 일러준 갈반지葛蟠地에 창건한 절이다. 그는 이곳에서 문수진신을 기다리면서 생을 마쳤다.

월정사는 자장이 오대산으로 가는 도중에 잠깐 휴식하던 곳에 범일梵日의 문인인 두타頭陁 신의信義가 지은 암자이다. 그곳은 오랫동안 황폐하였으나, 수다사水多寺 장로 유연有緣이 중창하여 지금의 월정사가 되었다. 자장 때까지만 하더라도 오대산은 문수보살의 정토였다. 오대산문수사석탑기五臺山文殊寺石塔記조는 풍수도참 신앙을 싣고 있지만,[54] 문수보살의 성지

화랑과 연결되어 전륜성왕의 통치를 돕는 의미를 가졌다.

54 『삼국유사』 권3, 五臺山文殊寺石塔記조에 "比丘處玄曾住此院 輒移置庭心 則二十餘年間 寂無靈應 及日者求基抵此 乃嘆曰 是中庭地 非安塔之所 胡不移東乎 於是衆僧乃悟 復移舊處 今所立者是也"라고 하였다.

인 오대산에 문수사가 세워졌을 것으로 생각하게 한다. 오대산의 다섯 봉우리에 각각 진신眞身이 상주한다는 신앙은 뒤에 성립되었다. 정신淨神대왕의 태자인 보천寶川과 동생인 효명孝明의 전기에는 오대산의 오만진신을 소개하였는데, 명주오대산 보질도태자전기조에도 비슷한 내용이 전한다.

보천과 효명 두 형제는 오대산에 숨어 암자를 짓고 수도하였다. 마침 정신왕의 아우가 왕과 왕위를 다투었다. 국인이 이를 폐하고 왕자를 맞아오기 위해 장군 4명을 산으로 보냈다. 보천은 울면서 사양하자, 효명이 돌아가 즉위하였다. 산에 남아 진여원眞如院을 개창한 보천은 항상 신령한 골짜기의 물을 길어 마셨으므로, 만년에는 몸이 공중으로 날아 울진국蔚珍國 장천굴掌天窟까지 왕래하였다. 입적하면서 그는 「후일 산중에서 행할 바 국가를 도울 일」을 남겼다. 그 내용이 오대산의 각 봉우리에 진신을 모시고 결사하는 것이었다.[55]

오대산 결사는 신라중대에 성덕왕이 즉위하면서 이루어진 것이라고 하나,[56] 오대산의 각 봉우리에 다섯 여래를 배정하는 내용은 징관澄觀에 의해 집대성되었다.[57] 이 때문에 오대산 각대의 결사는 신라하대에 가서야 이루어져 최종적으로는 왕건의 등장과 연관하여 완성되었다고 이해된다.[58] 대산월정사 오류성중조는 공주의 신효信孝거사가 오류성중의 변신인 다섯 학이 떨어뜨린 깃을 주워 유랑하다가, 자장이 얽었던 오대산의 띳집에 머문다는 내용의 연기설화를 기록한 것이다. 그리하여 오류성중을 월정사사적月

---

55 『삼국유사』 권3, 臺山五萬眞身조에 기록된 寶川이 남긴 「後來山中所行輔益邦家之事」 속에는 오대산의 다섯 봉우리에 각각 여래를 모시는 내용이 나온다. 곧 東臺에는 觀音房을 두고 관음보살을, 남대에는 地藏房을 두고 지장보살을, 서대에는 彌陀房을 두고 無量壽佛을, 북대에는 羅漢堂을 두고 釋迦佛을, 중대에는 眞如院을 두고 文殊菩薩을 모셨다.

56 辛鐘遠, 「신라 五臺山事蹟과 聖德王의 卽位背景」, 『崔永禧先生華甲紀念 韓國史學論叢』, 탐구당, 1987, 124~127쪽.

57 朴魯俊, 「唐代 五臺山신앙과 澄觀」, 『關東史學』 3, 1968, 105~107쪽.

58 김두진, 「新羅下代 五臺山信仰과 華嚴結社」, 『伽山李智冠스님華甲紀念論叢 韓國佛敎文化思想史』 권상, 1992, 689~693쪽.

精寺事蹟으로 연결시켰다. 자장이 쉬었던 곳에 신효가 살았고, 그 뒤를 신의와 유연이 거주하면서 지금의 월정사가 되었다.

사리나 불경의 전래는 탑상편에 기록되었는데, 특히 전후소장사리前後所將舍利조에 주로 나온다. 첫 사리는 진흥왕 때에 양梁나라가 심호沈湖를 통해 전해주었다. 자장은 선덕여왕 때에 부처의 두골과 어금니 및 사리 등을 가져왔으며, 그중 사리는 황룡사탑과 태화사탑太和寺塔 및 통도사通度寺 계단戒壇에 나누어 두었다. 이어 고려시대에 사리를 보관하여 관리한 사실을 비교적 자세하게 언급하였다. 특히 일연은 기림사祇林寺의 대선사 각유覺猷가 작성한 『실록』을 참고하여, 몽골 침입 때의 강화 천도나 다시 개경으로 환도할 당시에 사리를 보관한 사실을 기록하였다.

진흥왕 때에 진陳나라가 사신 유사劉思와 중 명관明觀을 보내어 불경을 전해주었고, 자장도 대장경을 가져와 통도사에 안치하였으며, 홍덕왕 때에는 당나라에 유학한 중 구덕丘德이 불경을 구입하여 돌아왔다. 또한 신라말에는 보요普耀선사가 대장경을 가져왔는데 그는 해룡왕사海龍王寺의 개산조이다. 구산선문에 포함되지는 않았으나 해룡선종의 문도는 고려말까지 활동하였다.[59] 그 외 고려초에 묵默화상이 당나라에서 대장경을 싣고 왔으며, 예종 때에 혜조慧照국사는 요나라 판본 대장경 3부를 들여왔다. 선종 때에 대각국사 의천은 송나라에 유학하고는 천태종 교관과 함께 관련 전적을 많이 수입하였다. 이렇듯 탑상편은 탑이나 불상 등을 조성하는 신이한 연기설화는 물론, 불사리나 경전의 전래를 기록함으로써 불교신앙을 크게 일으키려는 의도로 설정되었다.

59 김두진, 「신라하대 선종산문의 정립과 사상」, 『신라하대 선종사상사 연구』, 일조각, 2007, 69쪽.

3. 불교사상사의 정립(의해·신주편)

(1) 교학불교사상의 전개

1) 법상종

의해편은 고승전에 해당된다. 이를 통해 신라 불교사상사를 정립할 수 있다. 처음 왕실에서 받아들인 신라 불교는 공인 이후 귀족 중심으로 수용되어 결국은 대중화의 방향으로 나아갔다. 의해편의 귀축제사歸竺諸師조에는 불법 전래 초기에 인도로 구법을 떠난 승려들을 기록하였고, 이혜동진二惠同塵조는 불교의 대중화 모습을 알려준다. 귀축제사조는『구법고승전求法高僧傳』을 인용하여 인도에 구법한 신라 승려로, 나란타사那蘭陁寺에 거주하였던 아리나阿利那를 비롯하여 혜업惠業·현태玄泰·구본求本·현각玄恪·혜륜惠輪·현유玄遊 등을 들었다. 이들은 인도에 머물렀고 국내로 돌아온 것 같지는 않으며, 거의 모두가『해동고승전』에 실려 있다.[60]

이혜동진조는 혜숙惠宿과 혜공惠空, 두 승려의 전기이다. 본래 호세랑好世郎의 낭도였던 혜숙은 화랑 명부에서 이름을 면하게 되자, 국선國仙 구참공瞿旵公의 무리가 되었다. 구참공이 사냥하면서 고기 구워먹기를 좋아하니 혜숙은 자기의 다리 살을 베어 줌으로써 그를 뉘우치게 하였다. 혜숙은 많은 이적을 행하였다. 여자의 침상에 누워 있는 것을 보여주는가 하면, 같은 시간에 단월 집의 법석을 주재하였다. 혜공도 천진공天眞公 집에서 고용살이를 하던 우조憂助의 아들인데, 공의 종기를 낫게 하는 등 이적을 행하였다. 출가한 혜공은 매양 미친 듯이 취해서, 삼태기를 지고 거리에서 노래를 부르며 춤추었기 때문에 부궤夫簣화상으로 불렸다.

혜공의 행적은 마치 박을 두드리며 노래하고 춤추면서 거리를 헤맨 원효

---

60 『해동고승전』, 流通 一之二에는 求本을 제외한 阿離耶跋摩·慧業·玄恪·慧輪·玄遊·玄太 등의 간략한 전기가 실려 있다.

의 모습을 떠올리게 한다. 만년의 혜공은 항사사恒沙寺에 머물 때에 교류한 원효에게 영향을 주었다. 원효는 여러 경전을 주석하면서 매번 그에게 의심 나는 것을 물었다. 두 사람이 시냇가에서 물고기와 새우를 잡아먹고 돌바닥 위에 대변을 누었다. 혜공이 이를 보고 "그대가 눈 똥은 내가 잡은 물고기이다"라고 하였다. 이로써 절의 이름이 오어사吾魚寺가 되었다. 그 외 혜숙은 지귀志鬼 설화를 만든 장본인인데,[61] 금강사金剛寺의 명랑明朗과 교류하였으며 옛날에 스스로 『조론肇論』을 찬술하였다고 하여 승조僧肇의 후신으로 자처하였다.

혜공은 유식사상에 밝았다. 불교의 대중화가 진행되면서 이론 불교로서의 논리 체계가 갖추어져 갔다. 당시 인도는 물론 중국 불교는 유식과 공관空觀의 입장에서 서로의 대립을 해소하려는 경향을 지녔고, 전자가 법상종 사상으로 성립하였다면 후자가 화엄종사상으로 정립되었다. 유식사상을 이해하는 데 원광서학圓光西學조와 보양이목寶壤梨木조는 중요하며, 진표 전간眞表傳簡조나 관동풍악발연수석기關東楓岳鉢淵藪石記조 및 심지계조心地繼祖조도 도움을 준다. 원광의 행적은 신이한 모습을 보여준다. 원광서학조는 『속고승전』의 원광전과 『신라수이전新羅殊異傳』의 원광법사전을 모두 수록한 것이다. 두 전기는 원광에 대해 달리 기록한 부분이 많다.[62]

『속고승전』의 원광전은 유식사상을 정착시킨 모습을 보여준다. 중국의 장엄사莊嚴寺 민공旻公 문하에 출가한 원광은 『성실론成實論』과 『열반경涅

---

61 『삼국유사』 권4, 二惠同塵조에는 志鬼 설화가 소략하게 나와 있다. 곧 뒤에 火鬼로 변하는 지 귀가 선덕여왕을 사모하였는데, 심중의 불로 말미암아 영묘사가 탈 지경에 이르렀다. 이에 혜 공이 새끼줄을 쳐서 화재를 막았다. 지귀 설화는 『新羅殊異傳』의 心火燒塔 설화에 보다 자세하 게 소개되어 있다.

62 『續高僧傳』 권13, 義解篇 9에 실린 新羅國皇隆寺釋圓光전은 『삼국유사』 권4의 圓光西學조에 실린 내용과 거의 같다. 다만 이것과 『新羅殊異傳』에 실린 圓光法師전과는 내용 면에서 상당한 차이가 있다. 우선 『續高僧傳』의 원광전에는 그의 성씨가 朴氏이며 중국 陳나라에 들어가서 출 가한 것으로 기록하였다. 반면 『新羅殊異傳』의 원광법사전에는 그의 속성이 薛氏이고, 국내의 三岐山에서 출가한 후 臂長山神의 도움을 받아 중국으로 求法하였다고 기록하였다.

槃經』을 수학하였으며, 다시 호구산虎丘山으로 들어가 각관覺觀을 닦았다. 중국에 유학하였을 당시에 그는 『성실론』과 『반야경』을 강의할 정도로 유식에 밝아 섭론종攝論宗을 받아들였다. 귀국한 원광은 황룡사에 거주하였고, 그의 제자로 원안圓安이 있었다. 원광의 신이한 행적은 『속고승전』의 원광전에도 다소 보이지만,[63] 『신라수이전』의 원광법사전에 보다 자세하게 기록되었다. 그 속에는 비장산신臂長山神과의 인연에 관한 연기설화가 나온다. 비장산신은 원광의 이웃에서 주술을 닦는 승려를 거세시켰지만, 끝내는 세월의 무상을 이기지 못하고 늙은 여우로 변하여 죽었다.

원광서학조에는 원광이 수나라에 보낼 걸병표乞兵表를 작성하였거나 귀산貴山과 추항箒項 두 청년에게 세속오계를 내렸으며, 귀계멸참법歸戒滅懺法을 열고 점찰보占察寶를 설치한 내용 등이 나온다. 다만 일연은 보양과 운문사사적雲門寺事蹟이 원광전에 잘못 들어간 것을 지적하고는,[64] 보양이목조를 따로 떼어 설정하였다. 거기에는 고려초에 중앙 정부가 청도 지역을 파악해 가는 모습을 담은 청도군계이심사순영대내말수문등 주첩공문淸道郡界里審使順英大乃末水文等 柱貼公文 등의 공문이 실려 있다. 처음에 고려 정부는 청도군과 같은 지방의 군현 전체를 조사하였다. 그런 다음에는 운문산선원雲門山禪院을 비롯하여, 군현 내의 구체적인 세력을 파악하였다.[65]

보양은 파괴된 대작갑사大鵲岬寺·소작갑사·소보갑사所寶岬寺·천문갑사天門岬寺·가서갑사嘉西岬寺 등 다섯 갑사를 일으켜 운문선사雲門禪寺를 창

---

63 예를 들면 隋나라 장군이 불타고 있는 탑을 찾아보니, 탑이 아니라 원광이 난병에게 살해될 지경에 있었다고 한다. 그 외 그의 무덤에 胎死한 아이를 묻으니, 벼락을 쳐 이를 무덤 밖으로 내던졌다는 것 등이다.

64 『삼국유사』 권4, 圓光西學條에 "鄕人 金陟明 謬以街巷之說 潤文作光師傳 濫記雲門開山祖 寶壤師之事迹 合爲一傳 後撰海東僧傳者 承誤而錄之 故時人多惑之 因辨於此"라고 하였다. 그런데 『해동고승전』의 釋圓光傳에는 鵲岬寺와 璃目의 사실을 기록하였다.

65 김두진, 「고려 광종대 전제왕권과 호족」, 『한국학보』 15, 1981; 『均如華嚴思想研究』, 일조각, 1983, 69~73쪽.

건하고 운문산문을 열었다. 그런 과정에서 보양은 용왕의 아들 이목璃目을 데려와 가뭄에 비를 내리게 하였다. 또한 보양이목조에는 견성犬城 설화가 실려 있다. 왕건은 보양의 조언을 듣고 견성을 성공적으로 공략하였다. 보양은 선승이면서 풍수지리설에도 밝았다. 나주에서 바다를 통해 김해를 확보한 왕건은 육로로 북진하여, 청도 지역을 수중에 넣음으로써 후삼국 통일을 가속화시켰다.

원측圓測의 전기는 『송고승전』에 실렸으나 『삼국유사』 의해편에는 빠졌다. 원측은 자은慈恩·혜소惠沼·지주智周로 이어지는 중국 법상종의 정통파와는 다른, 신라 계통의 서명파西明派를 형성하였다.[66] 신라 법상종은 원측에서 태현太賢으로 이어지는 교파와 원광에서 진표로 이어지는 교파로 나뉘어 있었다. 전자는 미륵과 미타의 두 불상을 모셨다면 후자는 미륵과 지장의 양존을 모셨다. 진표전간조나 관동풍악발연수석기조 및 심지계조조는 진표 계통의 법상종사상을 알려준다. 진표는 완산주完山州 만경현萬頃縣 사람으로 속성은 정씨井氏이다. 『송고승전』의 진표전에는 잡힌 올챙이(가재)가 일주일이 지나도록 대꼬챙이에 꿰인 채 살아 꿈틀거리는 모습을 보고, 충격을 받은 진표가 곧바로 출가하였다고 한다. 이로 보아 진표는 백제의 부흥을 꿈꾼 인물로 추증된다.[67]

진표는 금산사의 숭제崇濟법사에게 나아가 출가하였고, 이어 선계산仙溪山 불사의암不思議庵에서 망신참회亡身懺悔의 계법을 닦았다. 처음 그는 지장보살로부터 계를 받았으나 이에 만족하지 않고 정진하였다. 그 결과 미륵보살이 감응하여 『점찰경占察經』 2권과 증과證果 간자簡子 189개를 주면서, 그중 제8간자와 제9간자는 자신의 손가락뼈로 만들었고, 나머지는 침단목沈檀木으로 만든 것이라고 하였다. 이러한 진표의 교학은 점찰계법으

---

66 黃晟起,「圓測의 唯識學觀에 관한 연구」,『불교학보』9, 1972, 19쪽.
67 이기백,「眞表의 彌勒信仰」, 앞의 책, 1986, 267~268쪽.

로 파악되기도 한다.[68] 그러나 진표는 미륵으로부터 계를 받는 데 뜻을 두었다. 또한 지장이 『점찰경』과 189개의 간자를 내리지 않았을 뿐만 아니라 미륵이 강조한 것은 제8간자와 제9간자였다. 이 두 간자는 『점찰경』에 나오는 189개의 선악과보상善惡果報相 중에 계율을 지니는 소욕수득묘계所欲受得妙戒와 소증수득구계所曾受得具戒를 가리킨다.

미륵과 함께 계율을 강조한 진표의 교학은 점찰계법이라기보다는 법상종 교학으로 이해된다. 일연은 진표 교학에 대한 이러한 혼란을 예상하고는, 진표전간조에 『당고승전』이나 『석교록釋敎錄』을 인용하여 『점찰경』이 정장正藏으로 편성되었음을 들었다. 그리하여 진표 교학을 성종性宗으로서는 부족하지만 상교相敎 대승으로서는 우수한 것이라고 하였다.[69] 그 외에 진표전간조에는 진표가 미륵의 감응을 받은 후에 아슬라주(阿瑟羅州, 지금의 강릉)에 이르러 물고기와 자라에게 계를 내리는가 하면, 이들을 위해 강연한 곳에 발연사鉢淵寺를 창건한 사실과 함께 영심永深·보종寶宗·신방信芳·체진體珍·진해珍海·진선眞善·석충釋忠 등의 제자들을 기록하였다.

강릉 지역에서 진표가 행한 전교와 그 법맥의 계승에 대해서는 관동풍악발연수석기조와 심지계조조에 보다 자세하게 언급하였다. 진표전간조에서와는 달리 관동풍악발연수석기조에는 그가 지장으로부터 계본戒本을 받고는 미륵으로부터 제8과 제9의 두 간자를 받았다고 하였다. 고성의 발연사에 거주할 당시에 강릉 지역에 흉년이 들자, 진표가 계법을 설하니 물고기가 저절로 죽어 나왔다. 이 물고기를 먹게 함으로써 백성의 기근을 구제하였다. 그의 법통을 계승한 영심이 속리산에서 길상사吉祥寺를 창건하였다. 심지계조조에는 진표의 법통이 영심을 거쳐 동화사桐華寺의 심지에게로 전

68 金瑛泰, 「占察法會와 진표의 불교사상」, 『崇山朴吉眞박사화갑기념 한국불교사상사』, 1975, 404~405쪽.
69 『삼국유사』 권4, 眞表傳簡조에 "雖外乎性宗 其相敎大乘 殆亦優矣 …… 佛言是離塵之相 割拂之物也 據此則與占察經 擲輪得相之事 奚以異哉"라고 하였다.

해졌을 뿐만 아니라, 석충釋冲이 189개의 간자를 구해다가 왕건에게 바친 사실을 기록하였다. 이는 왕건이 후삼국을 통일하는 정당성을 부여해 준다.

의해편 마지막의 현유가해화엄賢瑜珈海華嚴조는 법상종과 화엄종의 관계를 이해하는 데 도움을 준다. 유가의 태현과 화엄의 법해法海가 각각 기우제를 지냈는데, 그 결과는 법해가 더 수승殊勝한 것으로 기록되었다. 태현이 『금광명경金光明經』을 강연하면서 기우제를 지낼 때에는 궁중 금광정金光井의 우물이 7자나 솟아올랐으나, 다음 해에 법해가 『화엄경』을 강연하면서 기우제를 지낼 때에는 경주의 못이 넘치고 동해 바닷물이 감은사 계단 앞에까지 차올랐다고 한다. 신라중대 말에 뛰어난 유가 학승인 태현이 별로 저명하지 않았던 화엄종의 법해를 능가하지 못하였던 사실은 시사적이다.

신라중대 초기에는 의상계 화엄종이 불교계를 주도하였지만, 시대가 내려갈수록 점차 법상종 학승들이 활발하게 활동하였다. 실제로 그들은 많은 논소를 남겼으며, 태현 자신도 방대한 저술을 집필하였다. 화엄종 승려들의 활동은 이전에 비해 위축되었다. 그렇다 하더라도 태현을 능가한 법해의 기우제는 우리나라 불교에서 화엄종의 전통이 강잉强仍하게 전해진 사실을 알려주기에 충분하다. 아울러 신라 법상종 중 원광에서 진표로 이어진 교파가 고려시대까지 법맥을 계승하면서 영향력을 행사하였던 반면, 원측에서 태현으로 이어진 교파는 신라하대에 급속하게 쇠퇴하였다.

2) 화엄종

신라 화엄사상의 체계와 논리를 완성시킨 사람은 물론 의상이고, 자장이나 원효의 교학도 화엄사상으로 이해된다. 자장은 계율종을 성립시켰지만 실제로는 엄격한 계율을 강조하였다기보다는 그것을 생활화하였다. 비록 스스로는 가시로 둘러막아 조금만 움직여도 찔리게 하는 고골관枯骨觀을

닦았으나, 그는 신라 사람이면 10명 중 8~9명이 계를 지니게 하였다. 자장
정률慈藏定律조는 바로 이런 의미로 붙여진 조목명이다. 우선 거기에는 자
장이 중국 청량산淸凉山의 문수로부터 석가의 가사와 사리를 받았으며, 다
시 종남산終南山 운제사雲際寺에서 계율을 받고는 대장경을 구입하여 귀국
하였고, 대국통大國統에 올라 승관제僧官制를 시행한 사실 등이 나와 있다.

　신라 불교는 자장으로 말미암아 크게 일어났다. 그는 통도사通度寺를 창
건하고 계단戒壇을 쌓아 사람들을 제도하였으며, 태어난 집을 희사하여 원
녕사元寧寺로 바꾸고 『화엄경』을 강의하였다. 아울러 조정에 건의하여 중국
식 의관제衣冠制를 도입하였을 뿐만 아니라 중국의 정삭正朔과 연호를 사용
하도록 건의하였다. 말년에 자장은 강릉에 수다사水多寺를 창건하고는 거
기서 문수보살을 만나고자 하였다. 다시 태백산 갈반지葛蟠地로 옮겨 석남
원(石南院, 지금의 淨岩寺)을 세워 거주하면서 문수대승을 기다렸다. 그런데
자장은 망태기에 죽은 강아지를 넣고는 남루한 옷차림으로 찾아 온 문수대
승을 알아보지 못하였다. 죽은 강아지가 사자대로 변하자 문수는 그 위에
올라 앉아 빛을 발하며 가버렸다. 자장이 듣고 남악에 올랐으나 묘연하여
미치지 못하고 운신殞身하였다.

　자장정률조는 화려했던 경력에 비하여 매우 대조적인 모습으로 자장의
최후를 기록하였다. 마치 그는 문수로부터 따돌림을 당한 인상을 준다. 이
부분에 대해서는 보다 부연된 연기설화가 「정암사사적淨岩寺事跡」에 전한
다. 자장이 문수를 추적하였으나 미치지 못하여 몸을 버리고 가면서, 3개월
후에는 돌아올 것이니 자신의 몸을 보존하라고 하였다. 그러나 1개월이 못
되어 외도인 이승異僧의 꾸지람을 듣고는 시신을 화장하였으므로, 자장은
의탁할 몸이 없어 떠난다고 하였다.[70] 이는 자장계의 화엄종 세력이 의상계

70　『江原道旌善郡 太伯山淨岩寺事跡』에 "師追之不及 舍身而去曰 我身在室中三月則還來矣 應有
　外道來欲燒之 不從留待 未過一月 有異僧大責 燒之 三月後空請曰 無身可托己矣 奈何 吾之遺骨

의 화엄종 세력으로 교체되어 가는 모습을 시사해 주는 것으로 이해된다.[71]

원효는 화엄종 승려였지만 불교의 대중화에 절대적으로 기여하였다. 부 궤화상으로 불리던 혜공은 그에게 영향을 끼쳤다. 사복蛇福도 원효에게 영 향을 준 인물이다. 사복불언蛇福不言조에는 사복이 원효와 함께 그의 어머 니를 장사 지내는 연기설화가 실려 있다. 사복이 시체를 업고는 활리산活里 山 동쪽 기슭의 띠풀을 뽑고 연화장蓮花藏세계로 들어갔다. 사복의 어머니 는 전생에 그와 원효가 경을 실었던 암소였다. 이렇게 볼 때 사복은 원효가 『금강삼매경론』을 저술하는 데 관여한 대안大安이라고 생각한다. 용궁으로 부터 갖고 온『금강삼매경』의 순서를 바로잡은 자가 대안이다. 그도 역시 불교의 대중화에 기여하였다.

원효는 소의 두 뿔 사이에 책상을 안치하고는 대안이 배열한『금강삼매 경』을 주석하여『금강삼매경론』을 저술하였다. 각승角乘이라고 하는 이각 二角은 시각始覺과 본각本覺을 비유한 것이다. 이런 내용은『송고승전宋高 僧傳』의 원효전에 자세하게 나오지만, 의해편의 원효불기元曉不羈조에도 간 략하게 기록되었다.『송고승전』의 원효전과 비교하여 원효불기조는 원효의 간략한 전기에 불과하다.[72] 원효는 속성이 설씨이고 아버지는 담내談㮈이 다. 원효불기조에는 부모가 밤나무 밑을 지나다가 사라수娑羅樹 아래에서 원효를 낳음으로써, 사라율娑羅栗에 대한 민간전승이 실려 있다. 초명이 서 당誓幢인 원효는 출가한 후 집을 희사하여 초개사初開寺라 불렀고, 밤나무 옆에도 사라사를 창건하였다.

특히 요석궁瑤石宮의 홀로된 공주와 결혼하는 연기설화가 자세하게 실려 있다. 요석공주와의 사이에서 낳은 아들이 설총薛聰이다. 원효는 이후 스스

藏置嵓穴……"이라 하였다.

71 김두진,「慈藏의 文殊信仰과 戒律」,『한국학논총』12, 1990, 25~28쪽.

72 일연은 元曉不羈조를 작성하면서,『송고승전』의 원효전이나 행장에 실린 내용을 자세하게 언급 하지 않았다. 오히려 거기에는 빠졌지만 鄕傳에 실린 한두 개의 특이한 사적만을 기록하였다.

로를 소성거사小姓居士라고 불렀다. 큰 박을 쓰고 『화엄경』에 의한 무애가無㝵歌를 지어 부르고 춤추면서, 전국 방방곡곡 안 가는 곳이 없을 정도로 다니며 교화하였다. 원효가 분황사에 있으면서 『화엄경소』를 찬술하였는데 제4 십회항품十廻向品에 이르러 절필絕筆하였다. 또한 일찍이 송사訟事로 인해 몸을 백송百松으로 나누었으나, 항상 위계位階의 초지初地라고 하였다. 이 내용은 그의 화엄사상이 의상과 비슷한 횡진법계관橫盡法界觀을 가진 것으로 파악하게 한다.[73]

탑상편의 낙산이대성 관음정취조신조는 원효와 의상의 화엄사상의 차이를 짐작하게 한다. 원효는 관음진신을 만나기 위해 낙산사로 가는 도중에, 개울에서 생리가 묻은 월수백月水帛을 빠는 여인을 만났다. 마침 물을 청하자 그 여인은 더러운 물을 떠서 주었다. 이를 버리고는 다시 깨끗한 물을 떠서 먹는 순간 원효는 아집을 가진 자로 비쳐졌고, 낙산사에 이르러서는 풍랑으로 다시 진용을 볼 수 없었다. 이는 원효계 화엄사상이 당시 80권 『화엄경』에 의한, 실천과 수행을 내세우는 의상계 화엄사상에 미치지 못했던 사실을 알려준다.[74]

원효의 화엄사상을 일승만교一乘滿教라고 부른다면, 의상의 화엄사상은 일승원교一乘圓教라고 한다. 만교는 원교와 크게 다르지 않고 거기에 별교別教를 첨가한 것이다. 별교에 대한 관심은 다른 교학의 이해로 이어졌다. 의상과는 달리 원효는 실제로 거의 모든 경전에 대해 주석함으로써, 신라 불교의 수준을 높이는 계기를 마련하였다. 그런데 신라 화엄종단에서 원효가 방계를 형성하였다면, 의상은 주류를 이루었다.[75] 의상전교義湘傳教조는 그의 화엄사상을 엿보게 하지만, 『송고승전』의 의상전과 비교하여 내용이

---

73 김두진, 「의상의 橫盡法界觀」, 『義湘, 그의 생애와 화엄사상』, 민음사, 1995, 193~197쪽.
74 김두진, 「의상 화엄사상의 불교사적 위치」, 위의 책, 1995, 355~356쪽.
75 金知見, 「신라 華嚴學의 主流考」, 『숭산박길진박사화갑기념 한국불교사상사』, 1975, 273쪽.

매우 소략하다. 일연은 최치원이 지은 의상전을 참고하고는 거기에 실리지 않았던 사실만을 의상전교조로 작성하였다.[76]

의상은 속성이 김씨로 아버지는 한신韓信이며, 29세에 황복사皇福寺에 출가하였다. 의상전교조에는 그가 원효와 더불어 중국에 불법을 구하러 가는 내용을 기록하였다. 『송고승전』의 의상전에는 이 부분을 보다 자세하게 언급하였다. 그들이 비를 만나 무덤 속에서 이틀 밤을 보냈는데, 첫날은 편히 쉬었으나 다음 날에는 구토증이 나타나고 귀신을 보았다. 이로 말미암아 원효는 삼계유심三界唯心, 곧 만법萬法이 마음 작용임을 깨닫고는 귀국하였다. 반면 의상은 뜻을 굽히지 않고 중국으로 들어가 양주揚州에 머물렀으며, 주장州將 유지인劉至仁의 지극한 공양을 받았다. 종남산 지상사至相寺의 지엄智儼 문하로 나아가 『화엄경』의 이치를 깨달은 의상은 귀국하여, 태백산으로 나아가 부석사를 창건하였다.

부석사 창건과 관련된 선묘善妙 설화는 의상전교조에는 보이지 않지만, 『송고승전』 의상전에 비교적 자세하게 나온다. 의상이 중국에 들어가 양주에 머물 때에 선묘와 사랑에 빠졌다. 의상이 지엄 문하에서 불법을 터득한 후 곧바로 귀국길에 오르자, 선묘가 용이 되어 그를 호위하였다. 마침 부석사 터에 이르러 선묘가 부석浮石이 되어 공중에서 떨어지려고 함으로써, 미리 점거하였던 권종權宗과 이부異部의 무리를 쫓아내었다. 이렇듯 선묘의 도움을 받아 의상은 태백산에 부석사를 창건하였다. 의상의 화엄사상은 관음신앙을 중시하였으며, 부석사의 창건은 아미타불의 정토를 구현하려는 의도를 가졌다. 미타정토는 관음신앙과 연관된다. 이 때문에 선묘신앙은 관음신앙과의 연결을 가능하게 한다.[77]

---

76 『삼국유사』 권4, 義湘傳教組에 "餘如崔侯所撰本傳"이라 하였다.
77 김두진, 「신라 화엄사상의 사회적 성격」, 『신라 화엄사상사 연구』, 서울대학교 출판부, 2002, 269쪽.

의상전교조에는 법장이 의상에게 전한 편지가 그대로 실려 있다. 법장은 자신의 문하에서 수학하고 귀국하는 승전勝詮 편에, 안부 편지와 함께 그의 저술을 전하였다. 법장 서신의 별폭別幅은 승전촉루勝詮囑髏조에 전하는데, 거기에는 의상에게 보낸 법장의 저술 목록이 실려 있다.[78] 이 서간은 의천의 『원종문류圓宗文類』에도 전한다. 법장이 보낸 묵간墨簡 자체는 현재 일본 나라현奈良縣의 덴리天理대학 도서관에 소장되어 있다. 그러나 진본이라기보다는 다른 종이에 전사한 초본이 제자들에 의해 전수된 것으로 추증된다.[79] 의상은 제자인 진정眞定 등에게 법장의 저술을 분석하게 하여, 대표적 저술인 『화엄오교장華嚴五敎章』의 체제를 바꾸어놓았다.[80]

의상전교조의 마지막에서는 의상이 세운 화엄 10찰과 그의 10대 제자를 소개하였다. 화엄 10찰은 꼭 의상이 세운 것은 아니지만, 의상계 화엄종에 속한 사찰이다.[81] 10대 제자는 오진悟眞·지통智通·표훈·진정眞定·진장眞藏·도융道融·양원良圓·상원相源·능인能仁·의적義寂으로 그들의 저술이나 간략한 행적을 들었다. 이들 외에 신림神琳과 도신道身 등도 의상의 제자로 대단히 중요한 인물이다. 이와 함께 의상이 「일승법계도인一乘法界圖印」을 작성하는 경위를 기록하면서, 나머지는 찬술할 것이 없으니 한 점의 고기로 온 솥의 국물 맛을 알 수 있다고 하였다. 이는 원칙적인 하나의 이해로써 전

---

78 『삼국유사』 권4, 勝詮囑髏조에는 법장의 저서로 探玄記 20권·敎分記 3권·玄義章等雜義 1권·華嚴梵語 1권·十二門疏 1권·法界無差別論疏 1권 등을 소개하였다.

79 李丙燾, 「天理圖書館 所藏의 "唐法藏致新羅義湘書"에 대하여」, 『韓國古代史硏究』, 1976, 博英社, 736~738쪽.

80 김두진, 「의상의 생애와 저술」, 『의상, 그의 생애와 화엄사상』, 민음사, 1995, 70~73쪽.
法藏이 저술한 『華嚴五敎章』의 원본을 鍊本이라 하고 의상이 바꾼 교정본을 草本이라 한다. 연본의 체제는 제9문에 所詮差別, 제10문에 義理分齊를 둔 것이다. 의상이 이를 검토하여 교정한 초본은 제9문에 의리분제, 제10문에 소전차별을 설정하였다.

81 華嚴 10刹에 대해 義湘傳敎조에는 태백산의 부석사와 원주의 毗摩羅寺·가야산의 해인사·毗瑟山의 玉泉寺·金井山의 梵魚寺·南岳의 화엄사 등이라 하였지만, 이 외에도 최치원이 지은 법장전에는 公山의 美理寺와 熊州의 普願寺·계룡산 岬寺·母岳山 國神寺·朔州 華山寺·漢州의 靑潭寺 등을 들었다.

체를 관조觀照하려는 의상의 횡진법계관橫盡法界觀을 나타내 준다.

의상의 제자들에 대한 이해는 의상계 화엄종과 그 사상을 이해하는 데 매우 중요하다. 횡진법계관을 가져서인지, 『화엄일승법계도기』 외에 의상의 다른 저술이 많이 전하지 않는다. 이 점은 수진법계관竪盡法界觀을 가진 법장이 방대한 저술을 남긴 것과 대조를 이룬다.[82] 의상도 처음에는 『대승장大乘章』 10권을 저술하였으나, 이를 줄여서 『화엄일승법계도기』로 작성하였다. 이 때문에 『대승장』 자체는 무의미해져서 전하지 않게 되었다.[83] 그러나 초기에 비교적 번다하게 형성된 의상의 화엄교학은 그의 제자들에게 광범하게 전승되었다.

고려시대 승려들의 문집 속에 인용된 의상은 물론 그의 제자들의 교학은 한국불교사를 정립하는 데 충분히 고려되어야 한다. 승전도 의상의 문인이었다. 승전촉루조에는 그가 의상에게 법장의 편지와 저술을 전해주면서 아울러 『후분화엄경後分華嚴經』, 곧 40권 『화엄경』과 징관澄觀이 지은 『화엄경소』를 구해왔다고 한다. 이어 그는 상주에 갈항사葛項寺를 창건하고, 거기에서 돌 해골을 상대로 『화엄경』을 강설하였다. 이는 불성 상주의 무정불성론無情佛性論으로 이어질 수 있는 소지를 가져 주목된다. 신라중대에 성행하였던 화엄종은 신라하대에 선종이 일어난 분위기 속에서도, 법상종과는 달리 계속해서 그 세력을 온존시킬 수 있었다.

(2) 밀교사상의 정립

신주편은 밀교계의 승전인데, 밀본최사密本摧邪조와 혜통항룡惠通降龍조 및 명랑신인明朗神印조로 구성되어 있다. 불교는 크게 현교顯敎와 밀교로 나뉘며, 현교는 논리를 세우는 교종과 논리를 초월하는 선종으로 구분된다.

---

82 김두진, 「의상의 생애와 저술」, 앞의 책, 1995, 113쪽.
83 김두진, 위의 논문, 1995, 112~114쪽.

혹은 현교와 밀교 외에 심교心敎로 나누기도 한다. 밀교는 호마護摩와 관정灌頂 의식을 행하면서, 만다라曼茶羅를 구현한다.[84] 밀교의 수행자임을 인정해 주는 관정 의식이나 기도의 성격이 강한 호마행법 또는 대일여래를 중심으로 여러 부처의 집회를 도식적으로 제시한 만다라 등은 비법秘法으로 여겨질 소지를 가졌다. 이러한 특징으로 말미암아 밀교는 주술 불교이고, 인도의 토착신앙과 연관된 것으로 이해되었다.

주술적 의식이나 비법은 방편에 불과하며, 밀교는 이를 통해 정각正覺을 추구하려는 것이다. 『반야경』과 『화엄경』에 의한 유식과 화엄사상을 근간으로 베다에서의 치병治病과 초복招福을 위한 다라니를 흡수하면서 형성되었지만, 밀교는 선무외善無畏와 금강지金剛智에 의해 번역된『대일경大日經』과『금강정경金剛頂經』을 근본 경전으로 삼으면서 정식 교파로 성립하였다. 불공不空이 인도에 구법求法하여 경전을 정비함으로써 당나라 때에 성행한 밀교는 즉신성불卽身成佛 사상과 함께, 일문즉보문一門卽普門의 논리를 내세워 일문 속에 보문총덕普門總德을 갖추었다. 이리하여 밀교는 인도의 토착적 성격을 초월하여 여러 부처의 세계, 곧 만다라에 이르기 위한 보편성을 강조하였다.

우리나라에는 밀본이나 혜통 또는 명랑이 밀교를 도입하였지만, 그 이전에 원광의 수행과 관련된 삼기산三岐山과 금곡사金谷寺는 초기 밀교신앙의 흔적을 알려준다. 원광의 부도가 있었던 금곡사에는[85] 뒤에 밀본이 주석하였다. 또한 원광이 초기 비장산에서 행한 신이한 수행은 밀교의 주술적 성격을 가진 것으로 이해하기도 한다. 그러나 이는 초기 유식불교가 신이한 토착신앙을 흡수하면서 인명론因明論을 형성시키는 경향과 연결하여 이해

---

84 『송고승전』 권3, 역경 3, 唐京師滿月傳에 "一顯敎者 諸乘經律論也 二密敎者 瑜伽灌頂五部護摩 三密曼拏羅法也 三心敎者 直指人心見性成佛禪法也"라고 하였다.
85 『삼국유사』 권4, 圓光西學조에 "卒於貞觀間 浮圖在三岐山金谷寺"라고 하였다.

하는 것이 옳다. 실제로 원광과 대척적이던 이웃의 승려가 주술을 구사하였기 때문이다.[86] 신라 밀교신앙도 초기의 치병 등 비법을 사용하는 특성을 강하게 지니면서 구체적으로 나타났다.

밀본최사조에는 선덕여왕과 김양도金良圖의 병을 고치는 연기설화가 담겨 있다. 선덕여왕의 경우 병든 지 오래되었는데, 흥륜사 승려 법척法惕이 이를 돌보았으나 효험이 없었다. 이에 밀본이 왕의 침실에 이르러 『약사경』을 읽자, 그의 지팡이가 저절로 날아 들어가 늙은 여우 한 마리와 법척을 찔러 거꾸러뜨리니 왕의 병이 곧 나았다. 또한 승상 김양도는 어릴 때에 귀신의 장난으로 말미암아, 입과 몸이 굳어 말을 못하고 움직일 수 없었다. 법류사法流寺의 승려를 초청해 이를 다스리고자 하였으나 소용이 없었다. 그러자 밀본이 와서 『약사경』을 펴기도 전에 대력신大力神이 사방에서 나타나 귀신들을 묶어서 잡아갔다. 이로 말미암아 그의 병이 나았다. 이렇듯 밀본의 밀교신앙은 치병에 비중을 두어 『약사경』을 중시하였고, 대력신 등을 부리는 능력을 행사하였다.

밀본최사조의 마지막에는 김유신과 교분을 가진 늙은 거사가 밀교신앙을 가진 것으로 기록되어 있다. 노老거사가 밀본인지는 분명하지 않으나, 유신공의 친척인 수천秀天의 병을 고쳐주었다. 이때 마침 수천의 친구인 인혜사因惠師가 거사의 행색을 보고 그를 모멸하였다. 거사는 인혜사를 앞에 서게 하여 손가락으로 튕기니, 그는 공중으로 솟았다가 거꾸로 떨어져 머리가 땅에 박혀 나무처럼 우뚝 섰다. 이로 인해 인혜사는 다시 재주를 팔지 못하였다고 한다. 거사는 공산에 거주하는 승려 인혜를 제압하였을 뿐만 아니라 신통력을 행사하면서 병을 고쳤다. 이는 마치 밀본의 행적을 떠올리게 하

---

86 『삼국유사』 권4, 원광서학조에는 『古本殊異傳』에 실린 圓光法師傳을 그대로 인용하였다. 원광이 三岐山에서 수학할 때에 이웃 승려는 주술 닦기를 좋아하였다. 반면 원광은 신술을 행사하는 臂長山神의 도움을 받았다. 그런데 비장산신은 벼락을 쳐서 주술 닦는 승려를 제거하였다. 이렇게 볼 때 원광의 불교신앙은 신이한 성격을 갖지만, 주술적인 것이 아니다.

며, 김유신도 밀교신앙과 연관되었을 것으로 보여진다.

혜통과 명랑은 밀교신앙에서 비법을 등장시켰다. 혜통은 잡아 죽인 어미 수달의 뼈가 전에 살던 구덩이로 가서, 새끼 다섯 마리를 안고 있는 것을 보고 감동을 받아 출가하였다. 그는 당나라로 가서 무외삼장無畏三藏의 밑에서 수학하였다. 혜통항룡조에는 그가 당나라 공주의 병을 치료해 주는 연기설화가 나온다. 삼장을 대신하여 궁전에 이른 혜통은 주문을 외워, 흰콩과 검정콩을 각각 흰 갑옷과 검은 갑옷을 입은 신병神兵으로 변하게 하였다. 이들이 병마를 쫓으니, 교룡蛟龍이 도망가면서 공주의 병이 나았다. 혜통의 밀교신앙은 치병을 목적으로 삼았지만, 밀본과는 달리 비법을 사용하였다.

혜통이 당나라 공주의 병을 고치는 연기설화 속에는 정공鄭恭이 등장하고 있어 흥미롭다. 정공은 혜통항룡조 외에는 나타나지 않는 인물이지만, 그의 행적은 신라 정치사의 전개를 이해하는 데 도움을 준다. 내쫓긴 것을 원망한 교룡은 신라의 문잉림文仍林으로 들어와 사람들에게 더욱 심하게 해를 끼쳤다. 정공이 당나라에 사신으로 가서 이 사실을 알리자, 혜통은 그와 함께 고국으로 돌아와 용을 쫓았다. 용은 복수하기 위해 정공 집 앞의 버드나무에 기생하였다. 정공은 무성한 버드나무를 매우 좋아하고 사랑하였다. 마침 신문왕의 장례 길을 버드나무가 가로막자, 정공이 자신의 머리를 벨지언정 이 나무는 베지 못한다고 하였다. 이에 조정은 그를 죽이고 길을 닦았으며, 장례를 마친 후 정공과 연결된 혜통을 치려고 하였다. 그러나 혜통은 신술로 말미암아 무사하였다.

정공 설화는 신라중대 전제주의의 향배를 짐작하게 한다. 정공의 거세는 신라중대의 전제왕실이 정통 진골귀족 세력을 도태시키는 일면을 보여준다. 다만 그와 연결된 혜통을 제거하지 못한 것은 전제주의의 한계성, 곧 귀족세력 기반 자체를 해체시키지 못한 사실을 알려준다. 그 외에 혜통항룡조에는 신충봉성사信忠奉聖寺의 건립 및 명랑의 신인비법에 대해 간략하게 기록하였다. 신문왕이 등창으로 고생하였는데, 혜통이 와서 주문을 외우니 병이 나았다. 신문왕은 전생에 재상으로 있으면서 신충을 잘못 판결하여 노예로 만들었다. 이로 말미암아 그가 원한을 품고 환생할 때마다, 보복으로 등창이 난 것이라고 한다. 이에 신문왕은 신충의 명복을 빌기 위하여 신충봉성사를 창건하였다.[87]

명랑이 문두루文豆婁, 곧 신인비법으로 신유림에 천왕사天王寺를 창건하여 이웃 나라의 침입을 물리쳤다. 명랑신인조에 간략하지만 이런 내용을 분명하게 기록하였다.[88] 당나라의 이적李勣이 고구려를 멸망시킨 후에 신라침공 계획을 세웠다. 당 고종의 명령을 받은 설방薛邦이 군사를 일으켜 쳐들어오니, 문무왕은 명랑에게 청하여 비법으로써 이를 물리쳤다. 그리하여 명랑은 신인종의 시조가 되었다. 명랑은 재량才良의 아들로 어머니 남간부인南澗夫人은 무림茂林의 딸인데 자장의 누이동생이다. 두 형은 각각 국교國敎대덕과 의안義安대덕이다. 선덕여왕 원년(632년)에 그는 당나라에 들어갔다가 635년에 귀국하였다.

명랑신인조에는 「금광사본기金光寺本記」가 인용되어 있다. 명랑은 당나라에 들어가 도를 배우고 돌아올 때에 용궁에 들어가 비법을 전하였다. 용왕으로부터 황금 천 냥을 보시로 받은 그는 지하로 잠행潛行하여, 자기 집의 우물 밑으로 솟아 나왔다. 이 집을 희사하고 용왕이 보시한 황금으로 탑과 불상을 장식하여 금광사를 창건하였다. 명랑에서부터 이어지는 신인종의 후예들은 왕건이 창건한 현성사現聖寺와 신라시대부터 내려온 원원사遠源寺를 중심으로 활동하였다. 명랑신인조의 마지막은 이들에 대한 기록으로

---

87 『삼국유사』권5, 信忠掛冠조에는 景德王 22년(763년)에 信忠이 두 친구와 함께 왕을 위하여 지리산으로 들어가 斷俗寺를 창건하였다고 한다. 봉성사와 연관된 신충과 단속사를 창건한 신충은 혼동되어 있다. 여기서는 신충이 서로 다른 두 사람이라고 하였다.

88 『삼국유사』권2, 文虎王法敏조나 『삼국유사』권4, 義湘傳敎조에도 明朗의 文豆婁 비법으로 당나라의 침입을 막아내는 기록이 보인다. 다만 여기서는 당나라의 감옥에 갇힌 金欽純 등이 의상을 귀국시켜 당나라의 침공에 대비하는 과정을 비교적 자세하게 언급하였다.

152

채워졌다.

　신인종의 안혜安惠와 낭융朗融의 후예인 광학廣學과 대연大緣 등은 왕건에게 나아가, 비법으로 해적을 물리침으로써 고려의 건국을 도왔다. 왕건이 이들을 위해 현성사를 창건하였는데, 이 절을 토대로 신인종의 문도가 활동하였다. 원원사도 신인종 계통의 사찰인데 김유신과 김의원金義元·김술종金述宗 등이 발원하여 세웠고, 4대덕의 유골을 모셨기 때문에 사령산四靈山 조사암祖師嵒으로 불렸다. 그러나 김유신 등이 원원사를 세울 때에 모셔진 조사는 안혜와 낭융이어서, 일연은 광학과 대연 등의 뼈가 뒤에 이곳에 안치되었다고 추정하였다. 그러므로 안혜와 낭융은 왕건에게 나아간 것이 아니다.

　명랑신인조에는 돌백사주첩주각埃白寺柱貼注脚이 인용되었다. 거기에는 광학과 대연 형제가 왕건에게 나아가는 사정이 다소 자세하게 언급되어 있다. 광학과 대연은 적리녀積利女의 아들인데 모두 신인종에 귀의하였다. 이들은 경순왕 5년(931년)에 태조 왕건을 수종하여 고려의 수도로 올라갔으며, 임금의 행차를 따라다니면서 분향하였다. 왕건은 그 노고를 포상하여 그들 부모의 기일보忌日寶를 돌백사에 설치하고는, 거기에 전답을 지급하였다. 이는 왕건 당시 기일보의 설치를 알려줄 뿐만 아니라 고려초기 신인종 승려가 활동하였던 사실을 짐작하게 한다.[89] 신라 밀교신앙은 밀본이나 혜통에서부터 이어졌고, 신인종은 명랑에 의해 성립되어 그 후예들이 신라 말부터 고려초까지 활동하였다.

---

89 『삼국유사』 권5, 明朗神印조에 실린 埃白寺柱貼注脚은 慶州戶長 巨川 당시에 작성한 것이다. 거천의 어머니는 阿之女이고, 아지녀의 어머니는 積利女이며 적리녀와 광학 및 대연은 형제간이다. 광학과 대연 등 신인종 승려들의 활동은 적어도 거천 때까지는 이어진 듯하다.

4. 사회와 신앙의 문제(감통·피은·효선편)

(1) 불사佛事의 봉행과 정토의 구현

1) 불사의 봉행

『삼국유사』에는 호국 불교신앙이 강하게 나타나 있지만, 이와 아울러 일연은 불교신앙을 일상의 사회생활 속에서 이해하였다. 감통편이나 피은편 및 효선편은 주로 불교신앙과 사회와의 문제를 다루려는 의도로 편성되었다. 감통편은 불사로 인한 신앙상의 감동을 다루었다. 절을 창건하는 연기설화는 『삼국유사』의 곳곳에 광범하게 전한다. 출가하기 이전의 생가를 희사하여 절을 조성하는 등, 탑상편에는 많은 사찰을 창건하는 설화가 나온다. 그러나 불사의 공덕에 대해서는 유독 감통편에서 비중을 두고 기록하였다.

선도성모수회불사仙桃聖母隨喜佛事조는 선도산신모神母가 불사를 담당한 내용을 알려준다. 안흥사安興寺의 비구니 지혜智惠는 불전을 수리하고자 하였으나 경비를 마련하지 못하였는데, 꿈에 선도산신모가 나타나 금 10근을 시주하였다. 지혜는 신사神祠로 가서 신모가 앉은 자리 아래를 파서 황금 160냥을 얻어, 그것으로써 주불 3존상을 장식하고 아울러 벽에는 53불과 6류성중 및 천신·오악신군五岳神君을 그려 모셨다. 또한 매년 봄과 가을에 선남선녀를 모아 10일간 점찰占察법회를 열고 이를 상례로 삼았다. 선도산신모는 토착신앙의 대지모신이다. 만물을 기르는 대지모신의 생육 능력이 불사를 담당하는 것으로 나타났다.

선도산신모는 본래 중국 황실의 딸인 사소娑蘇인데 일찍이 신선술을 터득하여 지선地仙이 되었고, 우리나라의 서연산西鳶山에 이르러 머물렀다. 신라시조 박혁거세와 알영閼英은 선도산신모의 자식으로 파악되었다. 선도성모수회불사조는 이런 면을 송나라 우신관佑神館에 모셔진 선녀상仙女像과 연관시켜 설명하였다. 김부식金富軾이 송나라에 사신으로 가서 우신

154

관에 머물렀는데, 그곳에 한 선녀상이 있었다. 관반학사館伴學士인 왕보王
黼가 선녀상이 바로 선도산신모이며, 아들을 낳아 해동의 시조가 된 사실을
일러 주었다. 송나라 사신 왕양王襄이 우리나라에 와서 동신성모東神聖母에
게 제사한 제문 속에도 이런 내용이 들어 있었다.

진신수공眞身受供조와 김현감호金現感虎조는 모두 불교신앙상의 감동으
로 말미암아 절을 창건하는 연기설화를 실었다. 진신수공조에는 효소왕이
석가진신을 친견親見하는 내용을 기록하였다. 망덕사望德寺 창건 낙성법회
에 효소왕이 친히 가서 공양하였는데, 마침 비파암琵琶嵓에 거주한다는 누
추한 차림의 비구가 참석하였다. 효소왕은 그에게 "국왕이 직접 참가한 법
회에 갔다고 말하지 말라"고 희롱하였다. 이에 비구는 "폐하께서도 진신석
가를 공양하였다고 말씀하지 마십시오"라고 대답하고는 몸을 솟구쳐 공중
에서 남쪽을 향해 가버렸다. 이에 효소왕은 비파암 아래에 석가사釋迦寺를,
또한 자취가 없어진 곳에 불무사佛無寺를 세웠다. 이어 『지론智論』을 인용
하여 화려한 형색으로 사람을 판단하는 것을 경계하는 내용을 실었다.[90]

김현감호조는 김현金現이 호랑이의 명복을 빌고자 호원사虎願寺를 창건
하는 연기설화를 비교적 장황하게 소개하였다. 신라에는 흥륜사 전탑殿塔
을 돌며 복을 비는 풍속이 있다. 밤늦도록 전탑을 돌던 김현과 호랑이인 낭
자가 정을 통하였다. 마침 호랑이 형제의 해악으로 말미암아, 하늘이 이를
징계하기 위해 한 놈을 죽이기로 결정하였다. 이에 세 오빠들의 악행을 대
신해서 호랑이 낭자가 죽음을 택하였고, 특히 김현의 칼에 의해 죽게 되기
를 바랐다. 다음 날 사나운 호랑이를 죽인 공으로 김현은 등용되었다. 뒤에
그는 서천西川가에 호원사를 세워 항상 『범망경梵網經』을 강설하면서 호랑

---

90 『大智度論』제14에는 罽賓國의 三藏이 누추한 옷으로 日王寺의 법회에 참가하려 했으나, 매번
   거절당한 내용이 나온다. 이에 좋은 옷을 빌려 입고 와서 참가하게 되자, 그는 갖가지 음식을
   얻어서는 들기 전에 먼저 옷에게 주었다. 그리고는 이 옷으로 인해 이 자리에 있게 되었으니,
   마땅히 옷에게 먼저 음식을 주어야 할 것이라고 하였다.

이의 은혜에 보답하였다.

　김현감호조의 마지막은 중국의 신도징申屠澄이 호랑이 낭자와 혼인한 설화를 기록하면서, 같이 이물에 감응하였지만 김현과 신도징의 경우에 서로 차이가 있음을 지적하였다. 김현의 호랑이가 부득이해서 사람을 상하게 하였으나 흥륜사의 간장을 바르게 하여 사람을 구한 사실을 부각하였다. 반면 신도징의 호랑이는 사람을 배반하는 시를 준 후에 으르렁거리며 할퀴고 달아났다. 이러한 차이에 대한 지적은 공덕과 불계佛戒를 강하게 견지해야 함을 알게 하려는 것이다. 불탑을 돌 때의 정성과 해악을 없애고자 대신 징계를 받은 희생 및 신효한 처방으로 사람을 구한 태도 등이 바로 공덕으로 이어지는 것이다.

　선율환생善律還生조에는 경전을 조성하는 공덕을 기록하였다. 망덕사의 승려 선율善律은 600권 『반야경』을 조성하던 중에 명부로 잡혀갔다. 이미 수명을 다하였으나 나머지 공덕을 마저 이루도록, 명부는 그를 놓아 돌려보냈다. 도중에 선율은 금강사金剛寺 수전水田 한 이랑을 빼앗은 부모의 죄에 연루되어, 명부에서 고통을 받고 있는 여자를 만났다. 환생한 선율은 수전을 돌려주게 함으로써 여자가 고통에서 벗어나게 해 주었다. 뿐만 아니라 생전에 여자가 모아 두었던 기름과 베를 팔아 경전을 완성하였다. 그가 완성한 『반야경』은 고려후기까지에도 경주의 승사장僧司藏 안에 보관되어 있었다.

　재해를 없애려는 법회나 자비를 베푸는 수행을 통해서도 공덕을 이루었다. 월명사도솔가月明師兜率歌조나 융천사혜성가 진평왕대融天師彗星歌 眞平王代조 및 정수사구빙녀正秀師救氷女조 등은 이런 면을 알려준다. 일식이 일어나거나 혜성이 나타나는 것도 중요한 재해로 여겼으며, 경우에 따라서 이러한 재앙의 징후는 이웃 나라의 침공 등 국난을 예고해 주기도 한다. 경덕왕 당시 일식이 나타났을 때에 이를 제거하기 위해 산화공덕재散花功德齋

를 지냈는가 하면, 진평왕 때에 혜성이 나타나자 거열랑居烈郎과 실처랑實處郎, 보동랑寶同郎 등 화랑의 세 낭도가 풍악楓岳으로 놀러가는 것을 그만두었다. 또한 혜성이 심대성心大星을 범하자 일본이 신라를 침공하려고까지 하였다.[91]

일식이나 혜성으로 인한 변고를 제거하기 위해 향가를 사용하였다. 융천사가 혜성가를 지어 부르니 혜성이 없어지고, 도리어 나라에 복된 경사가 생겼다. 일식을 없애기 위해 조원전朝元殿에 제단을 설치한 후, 경덕왕은 청양루靑陽樓로 행차하여 법회를 주관할 인연이 있는 승려를 맞아들였다. 이리하여 모신 월명사가 도솔가를 지어 읊으니 일식은 사라졌다. 또한 월명사는 일찍이 죽은 누이를 위해 제사를 지내면서 향가를 지어 불렀다. 이것이 재망매가齋亡妹歌이다. 신라 향가 14수는 『삼국유사』에 전하는데, 감통편의 월명사도솔가조와 융천사혜성가 진평왕대조에 세 수가 전한다.[92]

월명사는 사천왕사에 살면서 피리를 잘 불었다. 달밤에 그가 대문 앞 큰 길을 지나면서 피리를 부니 달이 멈추어 섰다고 한다. 이로 인해 그 길을 월명리月明里라고 불렀다. 월명사는 능준能俊대사의 문인이다. 신라 사람들이 숭상한 향가는 능히 천지와 귀신을 감동시켰다. 월명사가 도솔가를 지어 일식을 없애니, 경덕왕은 이를 가상히 여겨 상품으로 차茶 한 봉과 염주 108개를 내려 주었다. 문득 한 동자가 이를 받아 남쪽의 벽화 미륵상 앞에 놓고는 내원의 탑 속으로 숨어버렸다. 국선의 무리에 속해 있던 월명사는 미륵을

---

91 『삼국유사』 권5, 融天師彗星歌 眞平王代조에 "星怪卽滅 日本兵還國 反成福慶 大王歡喜 遣郎遊岳焉"이라 하였다. 곧 혜성으로 인한 괴변이 없어지자 일본의 군사가 돌아갔으며, 진평왕은 낭도들이 풍악으로 遊娛하는 것을 허락하였다.
92 황패강, 『향가문학의 이론과 해석』, 일지사, 2001, 13~16쪽.
   兜率歌와 齋亡妹歌 및 彗星歌 외에 『삼국유사』에 실린 향가로 薯童謠(권2, 武王조)·風謠(권4, 良志使錫조)·願往生歌(권5, 廣德嚴莊조)·慕竹旨郎歌(권2, 孝昭王代 竹旨郎조)·獻花歌(권2, 水路夫人조)·怨歌(권5, 信忠掛冠조)·安民歌(권2, 景德王忠談師 表訓大德조)·讚耆婆郎歌(권2, 景德王忠談師 表訓大德조)·千手大悲歌(권3, 芬皇寺千手大悲 盲兒得眼조)·遇賊歌(권5, 永才遇賊조)·處容歌(권2, 處容郎 望海寺조) 등이 전한다. 그 외 「균여전」에 普賢十願歌 11수가 나온다.

받들었는데, 미륵선화彌勒仙花는 동자의 모습으로 나타나고 있다.

정수사구빙녀조는 정수의 수행 공덕에 대한 기록이다. 황룡사에 거주한 정수는 삼랑사三郞寺에서 돌아오던 중 천엄사天嚴寺 대문 밖에서, 아이를 낳고는 추위에 얼어 죽게 된 거지 여인을 보았다. 그는 옷을 벗어 그들을 덮어주고는 맨몸으로 본사에 도착하여 거적으로 몸을 덮었다. 이러한 사실로 말미암아 정수는 대궐로 나아가 국사의 봉임을 받았다. 추운 겨울에 옷을 벗어줌으로써, 얼어 죽어가는 여인을 구한 공덕으로 인한 신앙상의 감동을 지적한 것이다. 이렇듯 감통편은 물질로써 절을 창건하거나 불상이나 탑을 조성하는 공덕에서부터 경전을 작성하고 향가를 지으면서 수행하는 등 다양한 공덕의 모습을 제시하였다.

2) 정토의 구현

신앙상의 감동을 바탕으로 절을 세우고 불상이나 탑 등을 조성하는 불사는 결국에는 정토에 이르려는 염원을 담은 것이다. 신라 불교의 밑바닥에는 정토로의 왕생 신앙이 깔려 있다. 신라 불교는 귀족 중심에서 대중화의 방향으로 나아갔다. 불교가 대중화되면서 정토신앙이 유행하였다. 왜냐하면 억압받는 서민 대중이 현실의 고통에서 벗어나 극락에 왕생하기를 더 바랐기 때문이다. 정토에 왕생하기를 바란 계층은 서민 대중에 한정된 것은 아니었다. 귀족들도 이 세상에서 복록을 누리다가 죽은 후에는 정토에 왕생하기를 바랐다.

귀족들은 주로 불사를 행하였고, 그러한 추선追善의 공덕으로 사후에는 정토에 태어나기를 바랐다.[93] 반면 서민은 현실 생활에서 빨리 벗어나고자, 염불念佛을 통해 산몸으로 정토에 나아가고자 하였다.[94] 감통편의 욱면비염

---

93 이기백, 「신라 淨土信仰의 다른 類型들」, 『신라사상사연구』, 일조각, 1986, 170~176쪽.
94 이기백, 「신라 정토신앙의 두 유형」, 『역사학보』 99·100합집, 1983; 『신라사상사연구』, 1986,

불서승郁面婢念佛西昇조와 광덕엄장廣德嚴莊조는 정토신앙의 모습을 다양하게 보여준다. 신라 사람들은 현실 사회의 미륵정토와 서방세계의 미타정토가 존재한다고 믿었다. 특히 미타정토 신앙이 우세하게 나타났다. 욱면비염불서승조에는 미타정토에 왕생하기를 바라는 신앙이 강하게 나타나 있다. 경덕왕 때에 강주(康州, 지금의 진주)의 선사善士 수십 명이 서방정토를 구하려는 뜻에서 미타사彌陀寺를 창건하고는, 만 일 동안을 기약하는 계를 만들고 수행하면서, 평생 동안 미타정토를 구하려는 도량을 조성하였다.

욱면비염불서승조에 인용된 향전鄕傳은 강주 미타사에서 아간 귀진貴珍의 계집종인 욱면이 염불을 통해 정토에 왕생하는 연기설화를 기록한 것이다. 욱면은 귀진을 따라 미타사에 가서 마당에 서서 염불하였다. 귀진이 이를 싫어해 매번 곡식 두 섬씩을 주며 하루에 다 찧게 하였다. 욱면은 초저녁에 이를 다 찧고는 절에 가서 염불하기를 게을리하지 않았다. 이러한 정성 때문에 하늘로부터 "욱면은 법당에 들어가서 염불하라"는 외침이 들려왔다. 법당에 들어 정진한 지 얼마 안 되어 욱면은 솟구쳐 대들보를 뚫고 나가, 형체를 버리고는 진신으로 변하여 서방으로 가버렸다. 욱면은 계집종의 신분이지만, 염불에 의해 산몸으로 정토에 왕생하는 모습을 보여준다.[95]

욱면의 정토왕생에 대해서는 향전의 내용과 함께 이와 다른 승전의 기록을 소개하였다. 전생의 욱면은 팔진八珍의 무리에 속하였으나 계를 어겨 축생도畜生道에 떨어진 부석사의 소였는데, 다시 경전을 싣고 간 공덕으로 귀진의 계집종으로 태어났다. 귀진은 혜숙惠宿법사가 세운 미타사에 가서 염불하였으며, 그의 종인 욱면도 따라가서 마당에서 염불하였다. 이렇게 9년을 계속 수행하니 욱면은 집 대들보를 뚫고 나가 소백산小伯山에 이르러 신한 짝을 떨어뜨렸으며, 산 아래에 이르러 육신을 버렸다. 신을 떨어뜨린 곳

143~150쪽.
95 이기백, 위의 논문, 위의 책, 1986, 144~145쪽.

에 보리사菩提寺를 지었으며 육신을 버린 곳에 제2의 보리사를 지어, 그 불전의 현판을 욱면등천지전勖面쯮天之殿이라고 붙였다.

욱면이 염불을 통해 정토에 왕생하자, 뒤에 귀진은 이인異人이 의탁해 태어난 곳인 자기의 집을 희사하여 법왕사法王寺를 창건하고 거기에 전민田民을 바쳤다. 오랜 세월이 흘러 폐허가 되자 회경懷鏡대사가 유선劉宣 및 이원장李元長 등과 함께 법왕사를 중창하였다. 그는 신사에 이르러 불교의 이치로 신을 타일러 허락을 받고는, 주변의 나무를 베어 중창에 사용하였다. 회경은 귀진의 후신이다. 이렇듯 승전의 내용은 뒤에 불사를 담당하는 회경을 통해 귀족층의 염불공덕 신앙을 보여준다.

광덕엄장조에는 수행 공덕으로 인해 정토에 왕생하는 신앙이 나온다. 문무왕 때에 사문 광덕과 엄장은 우애가 좋았는데, 서로 다짐하고 서방의 극락에 가기를 원하였다. 광덕은 분황사 서쪽 마을에 숨어서 처자를 데리고 신을 삼으면서 생활하였고, 엄장은 남악南岳에 암자를 짓고 살면서 씨를 뿌리고 경작하였다. 어느 날 해질 무렵에 광덕은 구름 밖에서 천악天樂 소리를 울리며 서방으로 가면서, 엄장에게 속히 자기를 따라 오라고 하였다. 다음 날 엄장이 분황사 서쪽 마을로 찾아갔더니, 광덕이 죽었으므로 그의 아내와 함께 장사를 지냈다.

장사를 마친 엄장은 광덕의 부인과 같이 거주하고는 밤에 정을 통하고자 하였다. 이에 부인이 정색하며 말하기를 "광덕은 밤마다 아미타불의 이름을 염송하고 16관을 닦았는데, 그 관이 무르익기까지 정성을 다함으로써 서방정토로 나아갔다"고 하였다. 부끄럽게 여긴 엄장은 바로 원효법사의 처소로 나아가 삽관법鍤觀法을 열심히 닦고는 서방정토에 왕생하였는데, 여기의 삽관법은 다른 문헌에 나오지 않는다. 광덕엄장조의 끝에는 광덕이 불렀던 향가인 원왕생가가 실려 있다. 광덕과 엄장은 염불로 서방정토에 왕생하기를 추구하였을지라도, 처자를 거느렸으며 씨를 뿌리고 경작하는 등의 일상적인 삶을 유지하였다.

서방정토로 이끄는 데 관음보살이 중요한 역할을 담당하였다. 광덕의 아내는 분황사의 계집종으로 관음보살의 19응신應身 중의 하나이다. 관음보살은 광덕과 엄장이 관법을 닦도록 깨우치게 하여 서방정토에 왕생하게끔 도와주었다. 욱면비염불서승조에는 서방정토로의 왕생에 관음보살이 도움을 주는 모습을 찾을 수 있다. 곧 팔진은 관음보살의 응현應現이다. 팔진은 천 명의 무리를 모아 노력도勞力徒와 정수도精修徒의 두 패로 나누어 정진하게 하였다. 노력도와 정수도는 정토로의 왕생을 구하려는 목적으로 결사한 것이다. 욱면은 노력도에 속해 있었다.

감통편의 경흥우성憬興遇聖조는 국로國老 경흥이 관음과 문수보살을 만나는 내용을 실었다. 먼저 관음보살이 여승의 모습으로 나타나 경흥의 병을 고치는 연기설화가 나온다. 문무왕은 돌아가면서 경흥을 국사에 봉하라고 명령하였는데, 신문왕이 국로로 삼아 삼랑사에 거주하게 하였다. 경흥이 갑자기 병이 들어 한 달이 지나도록 낫지 않았다. 이에 남항사南巷寺의 11면 관음보살이 여승으로 현신하여, 그를 문안하고는 병을 고쳐 주었다. 국로의 병은 근심으로 해서 생겼으니 기쁘게 웃으면 나을 것이라고 말하고는, 여승이 『화엄경』의 교설에 따라 11가지의 모습을 지으면서 우습게 춤을 추었다. 그 모습이 하도 우스워 경흥이 크게 웃으니 자기도 모르게 병이 나았다.

왕궁에 들어가는 경흥의 행차는 말을 타고 채비를 갖추면서 제법 화려하였다. 남산 문수사의 문수보살이 거사로 현신하여 이를 경계하였다. 허름한 모습의 문수거사는 광주리에 마른 고기를 넣은 채, 하마대下馬臺 아래에 앉아 쉬고 있었다. 시종이 꾸짖자 거사는 "두 다리 사이에 살아 있는 고기를 끼고 앉은 것보다는 차라리 등에 마른 물고기를 지는 것이 무슨 허물이 되겠는가"라고 하였다. 그런데 거사가 지고 있었던 마른 물고기는 소나무 껍질이었다. 이 일로 인해 경흥이 다시는 말을 타지 않았다. 경흥우성조에 나타난 관음보살은 질병을 고치는 모습을 보여주지만, 연로한 경흥의 병을 고치고 계율을 지니게 함으로써 정토로의 왕생을 도와주었다.

신라 사회의 정토신앙은 먼 훗날의 현실 정토보다는 서방정토를 선호하였다. 귀족이 추선의 공덕으로 사후에 왕생하는 정토는 물론, 서민 대중이 염불을 통해 곧바로 이르려는 정토는 모두 아미타불의 청정국토이다. 미타정토로의 왕생을 관음보살이 이끌고 있는 것은 주목해야 한다. 관음보살의 도움으로 중생은 곧바로 정토에 왕생할 수 있다. 감통편의 정토신앙은 주로 관음보살의 도움을 받음으로써, 천장을 뚫고 하늘을 날아 지체 없이 정토에 이르게 하는 것이다. 감통편 이외에도 피은편 등에 정토신앙이 나타난다. 포산包山의 성범成梵이 만일미타도량萬日彌陀道場을 개설하거나 염불사念佛師와 포천산布川山의 다섯 비구가 미타를 염불하면서 서방정토를 구하였다. 관음보살과 연관되지는 않았지만, 이들은 오랫동안 염불을 통해 수행하는 모습을 보여준다.

(2) 수행과 은거

1) 법화수행

피은편에는 법화수행이 뚜렷하게 나타나 있다. 대승불교에서는『법화경』을 매우 중시하였고, 영취산靈鷲山 도량을 통해 사바세계에 설정된 석가정토는 중생의 마음속에서 찾는 것이다. 중생이면 누구라도 법화도량에서 언제든지 불타의 설법을 접함으로써 출가자 외에 재가신도까지도 성불하게 한다.『법화경』은 석가의 영취산 설법을 기록하였는데, 그 내용은 대승불교사상을 포괄적으로 담아 성문聲聞·연각緣覺·보살菩薩의 삼승을 먼저 제시하지만, 종국에는 일승의 가르침을 깨닫게 한다는 것이다. 방편인 삼승을 통해 일승인 불성을 깨치려는『법화경』은 대승 경전의 백미로 여겨졌다.

일찍이 법화의 회삼귀일會三歸一 사상에 기초하여 일심삼관법一心三觀法

을 제시함으로써 중국에서는 천태종을 성립시켰으며, 일본에서도 법화신앙이 종파를 형성시킬 수 있을 정도로 성행하였다. 반면 우리나라에서는 법화신앙이 널리 유행한 것 같지 않다. 천태종은 고려 의천에 의해 개창되었다. 고구려나 신라에 비해 백제는 상대적으로 법화신앙을 많이 수용하였다. 이런 면은 중국 승전이나 요원了圓이 찬술한 『법화영험전法華靈驗傳』 등에 나오며, 오히려 피은편에는 신라의 법화신앙을 보다 자세하게 실었다.

우선 피은편의 혜현구정惠現求靜조는 백제와 고구려의 법화수행을 피상적으로 알려준다. 혜현은 백제 사람으로 어려서 출가하여 『법화경』을 독송하는 것을 업으로 삼았다. 처음 그는 북부의 수덕사修德寺에 거주하면서 『법화경』을 강론하였으며, 끝내 번잡한 것이 싫어 강남의 달라산達拏山에 들어가 거주하였다. 달라산은 사람의 내왕이 드문 매우 험준한 곳에 있었으며, 혜현은 거기에서 고요히 앉아 생각을 잊고 생을 마쳤다. 그는 법화신앙에 정통하였지만 중국에 유학하지 않았는데, 당나라 도선道宣이 편찬한 『속고승전』에 그의 전기가 실렸다.

혜현은 58세의 나이로 죽었으며, 같이 공부하던 사람이 그의 시체를 석실 속에 안치하였다. 마침 호랑이가 그의 유해를 다 먹고 오직 해골과 혀만 남겨두었다. 3년이 지나도록 혀는 여전히 붉고 연하였다. 그 후 혀는 변하여 자줏빛이 나고 돌처럼 단단하게 되었는데, 승려나 속인들이 그것을 공경하여 석탑 속에 간직하였다. 『법화경』을 염송하기만 해도 많은 영험을 얻기 때문에, 붉은 혀와 연관된 신이신앙이 법화 영험신앙 속에 광범하게 퍼져 있었다.[96] 『법화경』을 염송한 혀가 그 영험으로 썩지 않는다는 것이다.

---

96 了圓, 『법화영험전』, 제10단의 舌常誦典조나 같은 책, 제17단의 誦舌長好조는 모두 『법화경』을 염송하다가 죽은 사람들이 그 공덕으로 말미암아, 사후에도 그들의 혀가 생생하게 남아 전한 사실을 언급하였다. 신라 義寂이 찬술한 『法華經集驗記』에도 『법화경』을 염송한 공덕 때문에 사후에 그 혀가 생생하게 살아있었다는 영험신앙을 많이 기록하였다. 失名人・某僧・法上・釋遺俗・呵擄 등은 모두 사후에 그러한 신앙의 모습을 보여준다.

혜현구정조에는 법화신앙을 펴온 고구려 승려 파약波若에 대해 간략하게 언급하였다. 파약은 중국 천태산에 들어가 지자의 교관을 전수받았으며, 그로 말미암은 신이로운 행적이 널리 알려져 있었다. 『속고승전』에는 그의 전기가 실렸는데, 그 내용은 이보다 조금 더 자세하다. 한적한 곳에서 선법을 구하고자 한 파약은 국청사國淸寺로부터 6, 70리 떨어진 천태산의 최고봉 화정華頂에서, 무려 16년간이나 두타행頭陀行을 수행하면서 영험한 행적을 많이 남겼다. 파약 외에도 고구려에는 혜자慧慈와 혜관慧觀이 법화신앙을 가졌는데 주로 일본에서 활동하였다.

낭지승운 보현수朗智乘雲 普賢樹조와 연회도명 문수점緣會逃名 文殊岾조는 신라 법화신앙의 내용을 알려준다. 낭지승운 보현수조는 낭지의 영취산 법화도량과 함께 거기에 얽힌 지통智通의 행적을 제시한 연기설화이다. 울산의 영취산은 일찍이 법화도량으로 설립되었는데, 거기에 낭지가 주석하고 있었다. 문무왕 때에 이량공伊亮公의 종이었던 지통은 출가하여 낭지의 제자가 되기 위해 영취산을 찾아갔다. 도중에 그는 나무 아래에서 보현보살로부터 계품戒品을 받았다. 이로 말미암아 지통은 낭지의 문하에 들었지만, 낭지도 그를 공경하였다.

신라의 법화신앙은 낭지에서 지통으로 이어지게끔 인위적으로 기록하였다는 인상을 준다. 왜냐하면 낭지는 법흥왕 14년(527년)부터 활동하였지만, 지통이 그를 찾아갔을 때는 문무왕 원년(661년)이어서 시간상으로 너무 괴리가 크기 때문이다. 낭지의 법화도량은 지통과 연결되면서 보현을 강조하고 수행을 중시하였다. 곧 보현관행普賢觀行을 닦으려는 것이다. 이 점은 연회도명 문수점조에 분명히 나온다. 연회緣會는 영취산에 숨어 살면서 『법화경』을 읽고 보현관행을 닦았는데, 원성왕이 그를 국사로 삼고자 하였다. 이 소식을 들은 연회는 멀리 숨으러 가다가, 문수와 변재천녀辯才天女를 만나 깨우치고는 대궐로 들어가 국사의 봉임을 받았다.

신라의 법화도량에는 보현관행을 닦는 수행을 중시하였는데, 이는 화엄종의 영향을 받은 것이다. 지통은 뒤에 의상의 제자가 되어『추동기錐洞記』를 저술하였을 뿐만 아니라 관행을 닦았다. 관행과 화엄사상에 밝았던 낭지는 원효에게「초장관문初章觀文」과「안신사심론安身事心論」을 짓게 하였다. 뿐만 아니라 그는 구름을 타고 중국 청량산淸凉山에 가서, 대중과 함께 강의를 듣고는 잠시 후에 돌아왔다고 한다. 낭지가 화엄종과 깊이 관련되었던 것을 바로 알 수 있다.

청량산의 화엄도량은 다른 절에서 온 승려에게 각기 사는 곳의 꽃이나 식물을 바치게 하였다. 낭지는 이상한 나뭇가지를 바쳤는데, 그것으로 말미암아 그가 해동의 영취산에서 온 사실을 알았다고 한다. 낭지가 바친 나무는 범어로 달제가怛提伽인데 우리말로는 혁赫이라고 하며, 서천축과 해동의 두 영취산에서만 자란다는 것이다. 이 두 영취산은 제10 법운지法雲地의 보살이 사는 곳으로, 낭지가 거주한 암자를 혁목사赫木寺라고 불렀다. 이렇듯 낭지의 영취산 법화도량은『화엄경』의 법운지와 연결되었다.

신라 법화도량에는 보현관행을 강조하였고, 이 점은 뒷날 천태종 결사에 수용되었다. 고려후기 요세了世는 백련사白蓮社를 결사하면서 보현을 중시하는 도량을 설치하였다. 그러나 백제의 법화도량에서는 삼매를 내세웠을지라도 보현을 강조한 것 같지는 않다. 백제에는『법화경』을 염송하는 승려로 혜현 외에도 현광玄光·발정發正 등이 알려져 있다. 현광은 중국의 혜사慧思로부터 법화의 안락행품安樂行品을 전수받고 법화삼매를 내세웠다. 발정은『화엄경』보다는『법화경』을 더 우월한 것으로 여겼으며, 관음의 영험신앙을 크게 부각하였다. 백제 법화도량은 관음과 함께 문수를 중시하였다.

화엄사상에서 문수와 관음은 매우 중시되었으며, 의상계 화엄종은 관음을 크게 내세웠다. 낭지는 화엄종과 연관을 가졌기 때문에 신라 법화도량이 특별히 보현을 표방하였을지라도 문수와 관음을 배제한 것 같지는 않다. 연회의 법화도량에서 이런 면을 찾을 수 있다. 연회는 화엄종에 속하였지만 낭지의 법화도량을 계승하였다. 원성왕 때에 그는 영취산에 주석하면서 낭지의 전기를 지었다. 그런데 연회가 문수와 변재천녀를 만나 깨치는 모습은 마치 관음 영험신앙을 대하는 느낌을 준다.

변재천녀는 관음과 연결될 수 있는 성격을 많이 지녔으며 연회의 법화도량 속에 문수가 소홀하게 기록되지는 않았다. 신라의 법화도량은 화엄종과 깊이 연관된 데에서 백제의 법화도량과 차이를 가진다. 그것은 보현관행을 강조하지만 문수는 물론 관음의 영험신앙을 다소 수용하였다. 피은편은 삼국시대 불교의 법화신앙을 끌어낼 수 있기 때문에 소략하더라도 매우 중요한 기록이다. 그렇지만 그 내용은 법화신앙 일반의 분위기를 알려주는 『법화영험전』과는 미세하게나마 차이가 있다.

2) 은거와 결사

법화 수행도 세상과 왕래가 힘든 지역에서 이루어지기 때문에 그 도량이 속세와 절연된 인상을 주기 쉽다. 피은편에 실린 법화 수행 외의 조목도 대체로 은거하여 결사하는 모습을 보여준다. 신충괘관信忠掛冠조와 영재우적永才遇賊조 및 물계자勿稽子조에는 은거하는 문제를 언급하였다. 신충괘관조에는 단속사斷俗寺 창건 연기설화가 실렸다. 효성왕이 잠저에 있을 때에 신충信忠과 함께 궁궐 뜰의 잣나무 밑에서 바둑을 두었는데, 훗날 잘되면 그대를 잊지 않을 것이라고 하였다. 몇 달이 지나서 효성왕이 즉위하여 공신들에게 상을 주면서, 신충을 잊고 차례에 넣지 않았다. 이에 신충이 원가怨歌를 지어 잣나무에 붙였더니 나무가 갑자기 시들어버렸다.

원가는 후구後句가 없어졌지만 『삼국유사』에 현전하는 14개 향가 중 하나이다. 원가로 말미암아 신충은 효성왕과 경덕왕 때에 은총을 입었다. 경덕왕 22년(763년)에 벼슬을 그만둔 신충은 두 친구와 함께, 지리산으로 들어가 머리를 깎고 중이 되었다. 그들은 경덕왕을 위해 단속사를 창건하고 거기에 주석하였다. 신충괘관조에는 단속사 창건에 관한 다른 연기설화가 나온다. 경덕왕 때에 직장直長 이준李俊이 50세가 되자, 조연소사槽淵小寺를 중창하여 단속사라고 불렀다. 그는 출가하여 법명을 공굉장로孔宏長老라 하고, 거기서 20년 동안 거주하다가 세상을 마쳤다. 이준은 이순李純과 같은 인물이다.

『삼국사기』에는 이순이 단속사를 창건하였다고 기록하였다. 이순은 왕이 총애하는 신하였는데, 경덕왕 22년에 갑자기 세상을 피하여 산속으로 들어갔다. 왕이 여러 번 불렀으나 나오지 않고 출가하여 단속사를 세우고 거기에 거주하였다. 후에 왕이 풍악을 좋아한다는 말을 들은 이순은 그 허물을 고치도록 간하였다. 이와 같이 경덕왕 22년에 왕의 총신인 신충이나 이순은 지리산에 은둔하여 단속사를 창건하였다. 이때는 경덕왕의 측근이 물러남으로써 전제정치가 기울고 있었다. 이 때문에 어쩔 수 없이 지리산으로 은둔한 신충이나 이순은 기록과는 달리, 원가를 지어 왕에 대한 그리움과 정치적 불만을 함께 나타낸 것으로 이해된다.[97]

물계자조도 정치적 불운으로 인해 은거하는 내용을 기록한 것이다. 나해이사금 17년(212년)에 보라국保羅國 등 8국이 침입해 오자 태자 내음捺音이 이를 막아 물리쳤는데, 물계자는 이 싸움에 참가하여 큰 공을 세웠다. 그러나 내음의 미움을 산 그는 전공에 누락되어 상을 받지 못하였다. 주위에서 논공이 잘못되었음을 지적하자, 물계자는 공을 자랑하지 않으며 복록을 다투지 않고 때를 기다릴 뿐이라고 하였다. 나해이사금 20년에는 골포국骨浦國 등 3국이 갈화(竭火, 지금의 蔚州)를 공격해 오자 왕이 직접 군사를 거느리고 가서 막았다. 이 싸움에서도 공을 세웠으나 사람들이 그의 공을 말하지

97 이기백, 「景德王과 斷俗寺·怨歌」, 『韓國思想』 5, 1962; 『新羅政治社會史硏究』, 일조각, 1974, 220~223쪽.

않았다. 이에 물계자는 충성과 효도를 못한 것으로 생각하고는 거문고를 맨 채 사체산師彘山으로 들어가 다시는 세상에 나오지 않았다.

물계자는 신충이나 이준처럼 정치적 이유로 사체산에 은둔하였지만 결사를 한 것인지는 분명하지 않다. 영재우적조는 승려가 은거하여 결사하는 모습을 보여준다. 원성왕 때에 중 영재永才는 만년에 지리산에 은거하려고 대현령大峴嶺을 넘다가 도적 60여 명을 만났다. 그는 그들의 칼날을 무서워하지 않고 향가를 지어 불렀다. 그것이 우적가遇賊歌이다. 도적들이 감동하여 비단 2단端을 주니, 영재는 웃으며 사절하고 말하기를 "재물로 말미암아 지옥에 가게 됨으로 궁벽한 산에 피하려 한다"라고 하였다. 다시 감동을 받은 도적들이 모두 머리를 깎고 지리산에 들어가 나오지 않았다. 영재와 도적들은 지리산에 은거하면서 절을 창건하였던 것이 분명하다.

법화 수행이 아니더라도 승려들이 은거하여 수행하는 모습은 포산이성 包山二聖조와 영여사迎如師조·포천산오비구 경덕왕대布川山五比丘 景德王代조·염불사念佛師조 등에 보인다. 포산이성조의 관기觀機와 도성道成은 포산 (현풍의 所瑟山)에 숨어 살았다. 관기는 남쪽 고개에 암자를 지었으며, 도성은 북쪽 굴에 몸을 의지하고 살았다. 두 성사는 구름을 헤치고 달을 노래하며 서로 왕래하였는데, 산속의 나무가 남쪽을 향하거나 북쪽으로 향하게 하는 것으로 서로를 불렀다. 이러기를 여러 해가 되어 도성이 먼저 바위굴을 뚫고 나와 몸이 하늘로 올라갔으며, 관기도 그의 뒤를 따라 세상을 떠났다.

관기암과 도성암은 정토신앙과 연관을 가졌다. 고려 성종 원년(982년)에 중 성범成梵이 도성암에 와서 거주하면서 만일미타도량萬日彌陀道場을 여니, 당시의 현풍 신사信士 20여 명이 매년 결사하여 절에 향나무를 바쳤다. 그 향나무가 밤에 빛을 발하자, 고을 사람들이 신이하게 여겨 향도香徒에게 크게 보시하였다. 이렇듯 미타정토 신앙을 표방하면서 번성하던 포산의 결사는 산신인 정성천왕靜聖天王의 도움으로 이루어진 것이라고 한다. 정성천

168

왕은 가섭불迦葉佛 때에 부처의 부탁을 받고는 이 산속에서 천 명을 출가시키겠다고 언약한 바가 있다.

영여사조는 영여가 은거한 행적을 기록한 것이다. 실제사實際寺의 승려 영여는 씨족을 잘 알 수 없으나 덕망이 높았으므로, 경덕왕이 그를 맞아 공양을 드렸다. 대궐에서 법회를 마친 영여가 돌아가려고 하자, 경덕왕이 사자를 보내어 절까지 전송하여 모시게 하였다. 영여는 절간을 들어서자마자 숨어버려서 행적을 알 수가 없었다. 경덕왕이 이를 듣고 그에게 국사를 추봉하였지만, 이후에도 세상에 다시 나타나지 않았으므로, 그 절을 국사방國師房이라고 불렀다. 영여사조는 국사에 추봉될 정도로 왕실과 깊은 인연을 맺었던 영여가 이를 버리고 은거하는 아름다움을 나타내었다.

포천산오비구 경덕왕대조와 염불사조도 승려들이 은거하여 결사하고는, 염불에 의한 서방정토에 왕생하려는 신앙을 실었다. 포천산의 다섯 비구가 염불하면서 서방정토를 구한 지 10년 만에, 성중聖衆이 이들을 맞이하기 위해 서쪽으로부터 왔다. 5비구가 연화대좌에 앉아 허공을 달리다가 통도사 문 밖에서 잠시 머물며 유해를 벗어버렸는데, 그곳에 정자를 세워 치루置樓라고 하였다. 포산에는 「구성유사九聖遺事」가 전하였다. 관기와 도성을 포함하여 반사㮽師·첩사㮽師·도의道義·자양子陽·성범·금물녀今勿女·백우사白牛師 등 9성사는 모두 포산에 은둔하여 결사하면서 수행하였다.

피리사避里寺의 염불사念佛師는 항상 미타를 염송하였다. 그가 죽은 후 그의 소상을 민장사敏藏寺 내에 모셨고, 피리사를 염불사로 고쳤다. 염불사 역시 서방정토로의 왕생을 추구하였다. 서방정토에 왕생하기 위해서는 불사 등의 추선을 행하기도 하였지만, 주로 서민 대중이 중심이 되어 염불을 통해 공덕을 쌓았다. 염불 수행은 대개 세상을 잊고 은거함으로써 이루어졌다. 5비구는 물론 염불사도 염불 공덕을 쌓기 위해 은거하여 수행하였다. 염불사가 아미타불을 염송하는 소리는 성안에 들리지 않는 곳이 없었다고는 하지만, 그가 주석한 피리촌의 피리사는 세상과 절연된 느낌을 준다. 이 때문에 세상에 이름을 말하지 않았다는 염불사는 은거하여 염불 수행하였다.

일연은 관기와 도성 두 성사의 전기를 직접 보고 기록으로 남길 정도로 포산에서의 결사와 수행을 중시하였다. 왜냐하면 포산의 결사와 수행 신앙은 일연의 교학 형성에 크게 영향을 끼쳤기 때문이다. 관기와 도성 외에 7성사의 행적을 자세하게 언급하지는 않았다. 다만 9성사가 바위에 숨어 살며 세상 사람과 사귀지 않았다는 사실을 강조하였으며, 모두 나뭇잎을 엮어 옷을 삼아 추위와 더위를 피하고 축축한 기운을 막을 뿐이라고 하였다. 일연은 은거한 승려들의 빼어난 수행 공덕과 그것을 답습하려는 결사 신앙을 기리려는 의도에서 피은편을 작성하였다.

(3) 효도와 수도의 문제

『삼국유사』 효선편은 출가로 인해 서로 배치될 수밖에 없는 효도와 수도의 문제를 해결하려는 의도로 편찬되었다. 가정에서의 부모에 대한 효孝와 신앙에서의 부처에 대한 선善, 곧 세속적인 윤리와 종교적인 신앙과의 관계를 설정하여 양자의 조화를 모색하였다.[98] 진정사효선쌍미眞定師孝善雙美조는 바로 효도와 수도를 조화시키려는 원칙을 제시하였다. 출가하기 전의 진정眞定법사는 군역軍役을 지는 여가에 품팔이로 곡식을 얻어 홀어머니를 모셨다. 집안에 살림이라고는 오직 다리 부러진 솥 한 개가 있을 뿐이어서 매우 가난하였지만, 절을 짓는 데 솥을 시주할 정도로 진정 모자는 대단한 불심을 가졌다. 그는 솥 대신에 질그릇으로 음식을 익혀 어머니를 봉양하였다.

진정은 군대에 갔을 때 의상법사가 태백산에 주석하여 불법을 설하면서 교화한다는 말을 들었다. 그는 어머니에게 "효도를 다한 후에는 의상법사

---

98 이기백, 「신라불교에서의 孝觀念 －三國遺事 孝善篇을 중심으로」, 『東亞硏究』 2, 1983; 『신라사상사연구』, 1986, 278쪽.

문하에 출가하여 불법을 배우겠습니다"라고 하였다. 이를 들은 어머니가 불법은 만나기 어렵기 때문에, 죽기 전에 진정이 깨달았다는 소식을 듣는 것만 못하다고 하면서 적극적으로 출가를 권하였다. 그는 차마 만년의 어머니를 버리고 출가할 수 없다고 하면서 여전히 머뭇거렸다. 그러나 어머니가 강권함으로 그 뜻을 거스르기 어려워, 진정은 의상에게 나아가 제자가 되었다.

이때 어머니가 그를 출가시키고자 설득한 내용은 효선쌍미조의 핵심을 이루는 것이다. 봉양하기 위해 출가하지 못함으로써, 그 결과 어머니를 지옥에 빠뜨리는 것은 효도가 아니라고 하였다. 비록 살아서 풍성한 음식으로 대접을 받기보다는 남의 집 문간에서 빌어먹을지라도, 아들의 출가 공덕으로 인해 어머니가 정토에 왕생하는 것이 바로 효도가 되었다. 신라 사회의 경우 자식이 많은 귀족 가문에서는 문제될 수 없었겠지만, 홀어머니를 모신 서민들의 출가는 해결해야 할 현실적 문제를 안고 있었다. 효선쌍미 신앙은 서민 출가자들을 중심으로 나타났으며, 주로 의상계 화엄종에서 수용되었다.[99]

신라중대 이후 유교의 합리적인 정치 이념이 등장하면서, 출가와 효도에 대한 상반된 윤리가 당대 사회의 고민거리로 등장하였다. 효선쌍미 신앙은 현세보다는 내세의 종교적인 복록을 우위에 둠으로써, 출가가 곧 효도의 길임을 제시하였다. 진정은 출가한 지 3년 만에 어머니의 부음을 접하자, 가부좌를 하고 선정에 들어가 7일 만에 일어났다. 이는 슬픔을 극복하면서 어머니의 환생할 곳을 관조觀照한 것이라 한다. 세속의 어머니를 위해 지성을 드린 셈이다. 이렇듯 진정사효선쌍미조에는 최후의 가장 중요한 효도는 불사에 의탁하여 사후 어머니의 복록을 비는 것으로 기록하였다.

대성효이세부모 신문대大城孝二世父母 神文代祖·향득사지할고공친 경덕왕대向得舍知割股供親 景德王代祖·손순매아 흥덕왕대孫順埋兒 興德王代祖·

---

99 김두진, 「의상계 화엄종의 孝善雙美신앙」, 『의상, 그의 생애와 화엄사상』, 민음사, 1995, 262~266쪽.

빈녀양모貧女養母조는 모두 앞의 출가자와는 달리 재가자在家者의 효행을 다루었다. 대성효이세부모 신문대조는 대성大城이 전세와 현세의 부모 모두에게 효도한 사실을 기록한 것이다. 대성은 모량리牟梁里의 여인 경조慶祖의 아들이었는데, 집이 가난하여 부자인 복안福安의 밭을 빌려 경작하면서 생활하였다. 마침 점개漸開가 흥륜사에서 육륜회六輪會를 베푸니, 대성 모자는 용전傭田을 시주하여 복록을 빌었다. 얼마 후 대성이 죽었다. 이날 밤 하늘이 재상 김문량金文亮의 집에 외치기를, 모량리의 대성이 네 집에 태어날 것이라고 하였다. 그리하여 태어난 아이를 대성이라 부르는 한편, 김문량은 경조를 집에 모셔와 봉양하였다.

대성은 사냥을 좋아하였는데, 하루는 토함산에 올라 곰 한 마리를 잡고 산 아래 마을에서 잤다. 꿈에 곰이 귀신으로 변하여 "어찌 나를 죽였느냐"고 책망하면서 잡아먹으려고 덤비니, 대성이 두려워하고 용서를 빌었다. 그 뒤로 사냥을 금하고 돈독한 불심을 가져 곰을 위하여 장수사長壽寺를 세웠다. 또한 이 일로 깨달은 바가 많아 이승의 부모를 위해 불국사를 세우고, 전세의 부모를 위해 석불사(石佛寺, 석굴암)를 창건하였으며, 신림神琳과 표훈表訓을 청하여 각각 두 절에 주석하게 하였다.[100] 더구나 이 일은 천신의 도움을 받아 이루었기 때문에 불국사의 운제雲梯와 석탑은 경주의 여러 절에 있는 어느 것보다도 뛰어났다고 한다.

신라중대에는 불교 사원의 창건이나 불교 의식의 증가로 보시나 과대한 불사는 점점 사회문제로 대두되었다. 대성효이세부모 신문대조는 부모에 대한 효도와 신앙을 위한 보시와의 사이에 내재해 있는 갈등을 해결하려는

---

100 일연은 鄕傳의 기록을 인용하여 大城孝二世父母 神文代조의 본문과 다른 내용을 아울러 제시하였다. 곧 김대성은 경덕왕 10년(751년)에 처음 불국사를 세우다가 이루지 못하고, 혜공왕 10년(774년)에 죽었다. 이에 국가가 불국사를 완성하고는 瑜伽 大德 降魔를 청해 이 절에 주석하게 하였다.

것이다.[101] 일연은 "불상을 크게 조성하여 기르신 은혜를 갚으니, 한 몸으로 2세의 부모에게 효도한 것은 예전에도 듣기 드문 일이다"라고 하였다. 창사가 부모의 복록을 위한 것이고, 불상의 제작이나 수행을 위한 법회의 개최는 부모의 은혜를 기리거나 갚기 위한 것으로 설명하였다.

진골귀족으로서 효도를 행하면서 불사를 주관한 대성과는 달리 향득사지 할고공친 경덕왕대조와 손순매아 홍덕왕대조 및 빈녀양모조는 하급 귀족 내지 일반 서민들이 행한 효도에 관해 기록한 것이다. 향득向得은 웅천주熊 川州 사람이었는데, 흉년이 들어 굶어 죽게 되자, 자기의 다리 살을 베어 아버지를 봉양하였다. 고을 사람들이 이 사실을 조정에 알리자, 경덕왕은 조 租 500석石을 그에게 상으로 내렸다. 향득 고사는 불교적 색채를 찾아볼 수 없으며, 순전히 효도를 기리는 내용으로 채워졌다.[102] 『삼국유사』의 향득 고사는 『삼국사기』에도 거의 그대로 전한다.[103] 이외에도 대산월정사 오류성 중조의 신효信孝나 『삼국사기』의 성각聖覺도 효도를 행한 인물이다.

향득 고사와는 달리 성각의 행적은 오히려 불교와 연관되어 있다. 성각은 청주菁州 사람인데 벼슬을 즐겨하지 않고, 스스로 거사라 일컬으며 일리현 一利縣의 법정사法定寺에 거주하였다. 그의 어머니가 늙고 병들어 나물밥을 싫어함으로, 자기의 다리 살을 베어 먹였는데 곧 돌아갔다. 성각은 죽은 어머니를 위해 정성껏 불사를 행하고 재齋를 올렸다. 공주 사람인 신효거사의 효행은 공주의 향득이나 청주의 성각이 행한 효행 신앙을 연상시킨다.[104] 신효는 고기가 아니면 먹지 않는 어머니에게 자기의 다리 살을 베어 바쳤다.

---

101 이기백,「신라불교에서의 효관념 ─삼국유사 효선편을 중심으로」,『신라사상사연구』, 일조각, 1986, 284쪽.
102 이기백, 위의 논문, 위의 책, 1986, 281쪽.
103 『삼국사기』권48, 向德전에는 '得'이 아니라 '德'으로 나와 있고, 상으로 租 500석이 아니라 300석을 내리는 것으로 기록하였다. 약간의 차이는 있지만 『삼국사기』나 『삼국유사』의 向德 (得)고사는 같은 사실을 기록한 것으로 생각한다.
104 김두진,「의상계 화엄종의 孝善雙美신앙」, 앞의 책, 1995, 266~267쪽.

유동보살幼童菩薩의 화신化身이라는 것과 신효信孝라는 이름은 효선孝善신 앙을 알려주기에 충분하다.

손순매아 흥덕왕대조와 빈녀양모조는 서민들이 효도를 행한 사례를 기록한 것이다. 손순은 모량리 사람으로 그의 아버지는 학산鶴山이다. 아버지가 죽자 그는 부인과 함께 남의 집 고용살이로 늙은 어머니 운오運烏를 봉양하였다. 아이가 매번 어머니의 음식을 빼앗아 먹으므로, 손순은 아내와 의논하여 아이를 묻어버림으로써 어머니의 배를 채워드리고자 하였다. 부부가 아이를 묻으려고 땅을 파다가 돌종을 얻었다. 이로 인해 아이를 묻지 않고 집으로 돌아온 손순 부부는 돌종을 들보에 매달고 두드렸다. 은은한 소리가 궁궐에까지 들렸다. 흥덕왕이 이를 듣고는 매년 벼 50석을 그들에게 주어 효행을 숭상하였다. 손순은 옛집을 희사하여 홍효사弘孝寺라 부르고, 거기에 돌종을 안치하였다.

분황사 동쪽 마을에 사는 빈녀貧女는 걸식으로 눈먼 어머니를 봉양하였다. 흉년이 들어 걸식이 어려워지자, 부잣집에 품을 팔아서 산 쌀로 어머니께 밥을 지어 드렸다. 그런지 며칠 후 어머니는 "전의 거친 음식이 마음을 편안하게 하였으나 요즘 좋은 음식은 가슴을 아프게 하니 어찌된 일이냐"고 물었다. 사실을 말한 모녀는 서로 껴안고 울고 있었는데, 이를 보고 사정을 안 효종랑孝宗郎이 낭도와 함께 조 천 섬을 보내는 등 도움을 주었다. 또한 진성여왕은 곡식 500섬과 집 한 채를 내렸는데, 뒤에 그 집을 내어 양존사兩尊寺라고 하였다. 『삼국사기』에서는 빈녀를 효녀 지은知恩이라 하고는, 열전에 그 전기를 실었다.

손순이나 빈녀 등 서민들은 효도로 말미암아 복을 받았으며, 상으로 받은 재물을 희사하여 불사를 행하였다. 성각이나 신효의 사례로 보아 향득도 불사를 행하였을 것으로 생각한다. 효선편은 사회적 문제로 대두된 효도와 수도의 배치 문제를 불교도의 입장에서 해결하려는 의도를 지녔다. 특히 빈녀는 단지 입과 배를 봉양할 줄만 알고 정작 부모의 마음을 살필 줄 모른 것을 한탄하였다. 이는 효도가 물질로써가 아니라, 마음을 편하게 해드리는 것에 있음을 지적하였다. 유교 윤리로서의 충忠과 효는 같이 생각될 수 있는데, 효선편에서는 충에 대해 언급하지는 않았다. 오히려 충의 윤리는 신라상고 대 말인 내물마립간대를 전후해서 강하게 나타나 있다.

제3장
『삼국유사』의 사료적 가치

제1절 『삼국유사』 소재 설화의 사료적 이용

1. 『삼국유사』 소재 설화의 사례

한국고대사를 체계화하는 데 『삼국사기』와 『삼국유사』는 대단히 중요하다. 그중 토착적인 신앙이나 전통문화를 보다 많이 제시하고 있는 것은 『삼국유사』이다. 정사正史인 『삼국사기』가 유교에 의한 합리적인 사관으로 서술되었다면 『삼국유사』는 불교에 의한 신이神異사관으로 기술되었다. 합리적인 사고의 범위를 벗어나서 신령스런 행적이나 신이하게 전개된 사건은 주로 『삼국유사』에 많은 분량으로 기록되었다. 『삼국유사』의 기이편紀異篇은 신이한 사실에 대한 기술이며, 기이편뿐만 아니라 『삼국유사』의 다른 편목도 모두 신이한 사실을 기록하고 있어서 사실상 기이편의 연장에 불과하다.

『삼국유사』에 전하는 신이한 사실들은 대부분 설화로 기록되었다. 『삼국유사』의 모든 조목의 내용은 대개 설화로 채워졌고, 개중에는 둘 이상의 설화를 기술한 것도 있다. 신이한 사실을 한두 줄 정도로 간략하게 언급하기도 하였다. 그러나 본래 그것은 풍부한 이야기로 구성된 설화로 형성되었는데, 기록 당시 사회에서는 필요 없는 내용이 대부분 빠져나가고 그 근간만 남게 되었다. 이렇듯『삼국유사』의 전체 내용은 설화가 밑바탕을 이루면서 서술되었다. 당연히『삼국유사』를 통해 한국고대사를 체계화하고자 할 때, 거기에 담긴 설화의 사료적 가치를 먼저 이해해야 할 것이다. 이러한 작업은『삼국유사』에 실린 설화가 어떤 역사적 사실을 알려주는가에 대해 접근할 수 있게 한다.[1]

『삼국유사』에 실린 설화의 사료적 성격을 규명하기 위해 우선 얼마나 많은 설화가 그 안에 있는가를 살펴서, 그것을 역사 기술이나 불교신앙의 홍포 또는, 그 두 영역이 혼합된 유형으로 나누고자 한다. 설화가 보여주는 역사적 사실이나 불교신앙의 모습은 구체적 내용을 갖기도 하지만, 대체로 역사 전개의 대세나 불교신앙의 큰 특징을 제시하고 있다. 역사적 사실도 마찬가지겠지만 특히 설화는 당대 사회의 사상과 문화 풍토 속에서 형성되었으므로, 이를 지나치게 세분된 학문 영역으로 나누어 분석적으로 접근하기에 앞서, 불교사상이나 한국문화 전반을 이해한 기반 위에서 연구해야 한다.[2] 설화에 대한 역사학적 접근이 필요하게 되는 요인을 바로 이런 데서 찾을 수 있다.

『삼국유사』는 모두 5권 9편으로 구성되어 있는데, 두 번째 편명인 기이紀異는 전체 분량의 반 이상을 차지한다. 기이편 외에도『삼국유사』대부분의 내용은 '신이神異'한 사실로 채워졌다. 신이한 사실을 기록하다보니『삼국유사』는 시종 설화로 구성된 느낌을 준다. 연표인 왕력편을 빼면『삼국유

---

1 『三國遺事』에 실린 설화를 통해 역사를 연구하는 방법론에 대해서는 다음 글이 도움을 준다.
　조동일,「삼국유사 설화 연구사와 그 문제점」,『韓國史研究』38, 1982.
2 조동일, 위의 논문, 1982, 84쪽.

사』의 모든 편명의 조목들은 대부분 신이한 설화로 채워졌다.[3] 『삼국유사』
의 각 조목은 하나의 설화로 구성된 경우가 일반적이지만 개중에는 둘 이상
의 설화를 포함하였거나, 한 내용의 설화가 여러 조목에 조금씩 흩어져 기
록되기도 하였다.

기이편의 조목은 삼국이 성립하기까지의 여러 국가 또는 주로 신라의 왕
들이나 왕을 중심으로 전개된 이야기를 기록한 것이다.[4] 자연히 기이편에
나타난 설화가 국가나 왕들의 정치를 알려준다. 왕력이나 기이편 이외의 흥
법興法·탑상塔像·의해義解·신주神呪·감통感通·피은避隱·효선孝善편의 각
조목은 불교를 홍포하려는 내용을 가졌으며, 그 속에 나타난 설화 역시 불
교의 연기설화로 구성되었다. 그러나 기이편에 포함된 설화도 불교와 관련
된 내용을 다소 담았으며, 마찬가지로 기이편 외의 다른 편목에 속한 설화
역시 국가나 국왕의 정치에 관한 내용을 상당히 포함하고 있다.

우선 『삼국유사』에 실린 설화는 국가를 건설하였거나 위대한 행적을 남
긴 인물의 활동을 상징적으로 제시하고 있다. 특히 국가를 건설한 인물들의
탄생과 그 행적은 신이한 신화로 기록되었다. 『삼국유사』의 이러한 면을 이
해하는데, 서문인 다음 기록이 참고가 된다.

……간적簡狄은 알 하나를 삼키고 설契을 낳았고, 강원姜嫄은 발자국을 밟
고 가서 기거棄를 낳았다. (요의 어머니는) 잉태한 지 14개월 만에 요堯를 낳았
고, (패공의 어머니는) 대택大澤의 용과 교접해서 패공沛公을 낳았으니, 이 밖
의 일을 어찌 다 기록하겠는가? 그런즉 삼국의 시조가 모두 신이한 데서 나왔

---

3 『삼국유사』에 실린 설화의 분류에 대해서는 다음 글이 참고가 된다.
　張德順,「三國遺事 說話 分類」,『人文科學』 2, 1958.
　　장덕순,『한국 설화문학 연구』, 서울대학교출판부, 1978, 405~427쪽.
　　黃浿江,『一然 作品集』, 螢雪出版社, 1977, 179~195쪽.
4 李基白,「三國遺事 紀異篇의 考察」,『新羅文化』 創刊號, 1984, 23~24쪽.

다는 것이 어찌 괴이하겠는가? 이것이 신이神異로써 제편諸篇을 정리하는 까닭이다(『삼국유사』 권1, 叙).

괴력怪力과 난신亂神을 이야기하지 않으려고 하면서도, 일연은 성인의 탄생이 예언을 받아 하늘의 명령에 순응하여 이루어지기 때문에, 보통 사람과는 다른 점이 있다는 것을 지적하였다.[5] 『삼국유사』의 서문에서는 중국의 성인이 보통 사람과 다르게 태어났음을 여러 사례로서 제시한 후, 삼국의 시조가 신이하게 태어난 것을 강조하였다.

『삼국유사』에는 단군檀君신화를 비롯해서 고구려·신라·가야의 건국신화를 비교적 자세하게 기록하였다. 고구려 건국신화 속에는 동부여東扶餘의 해부루解夫婁나 금와金蛙 시조전승이 간략하게 삽입되었으며, 본래 신라 건국신화 속에 포함되었던 탈해脫解나 알지閼智 개국 신화가 독립된 모습으로 기록되었다. 건국신화는 성읍국가를 이룬 지배 세력인 천신족天神族과 지신족地神族 시조전승이 복합된 관념 체계를 이루면서 정립되었다. 삼국이 연맹왕국을 성립시킨 후에도 그 안에 복속된 성읍국가의 시조신화가 존재하였다. 신라 육촌장六村長은 천강설화天降說話를 가졌으며 가야의 9간九干 또는 6가야六加耶의 왕 등이 가진 성읍국가의 시조전승은[6] 연맹왕국 속에 흡수되어 퇴화한 모습을 보여준다.

---

5 『삼국유사』 권1, 叙에 "大抵古之聖人 方其禮樂興邦 仁義設敎 則怪力亂神 在所不語 然而帝王之將興也 膺符命受圖籙 必有以異於人者"라고 하였다. 一然은 토착적인 神異사관을 합리주의적인 유교사관과 조화시키려고 하였다. 고려후기의 역사 서술은 바로 이런 점을 문제로 삼았고, 그리하여 李奎報는 "先師仲尼 不語怪力亂神 …… 然亦初不能信之 意以爲鬼幻 及三復耽味漸涉其源 非幻也乃聖也 非鬼也乃神也"(『東國李相國集』 권3, 東明王篇 幷序)라고 하였다. 幻이 아니라 聖이며 또는 鬼가 아니라 神이라 한 기준의 제시는 『삼국유사』에서 기이편을 설정한 정신과 서로 이어지는 것이다.

6 『新增東國輿地勝覽』 권29, 高靈縣, 建置沿革조에 "伽耶山神 正見母主 乃爲天神夷毗訶之所感 生大伽耶王惱窒朱日 金官國王惱窒靑裔二人 則惱窒朱日爲伊珍阿豉王之別稱 靑裔爲首露王之別稱"이라 하였다. 이로 보면 대가야도 駕洛國記와 같은 건국신화를 가졌다.

다만『삼국유사』에는 백제의 건국신화가 분명하게 나타나 있지 않다. 이와는 달리『삼국사기』에는 온조溫祚나 비류 시조전승이 비교적 자세하게 기록되었으나, 천신족과 지신족이 제휴하여 신이한 행적을 연출하는 면을 쉽게 찾을 수 없다. 아마 온조 시조전승은 후에 합리적인 역사 기술로 정착되면서, 완전한 모습의 신화로 기록될 수 없었던 듯하다. 그러나『삼국유사』에는 서동薯童, 곧 백제의 무왕이나 견훤甄萱이 연못 속의 용이나 담장 밑의 지렁이에게서 태어나는 시조전승을 기록하였다. 그것은 주몽朱蒙을 통해 천신으로 연결되는 온조 시조전승과 함께, 지신으로 생각되는 백제 건국신화의 모습을 상정할 수 있게 한다.[7]

연오랑延烏郞과 세오녀細烏女가 각각 해와 달의 정령으로 표현되었고 일본으로 가서 왕과 왕비가 되었기 때문에, 신라 제8대 아달라阿達羅이사금 때의 연오랑·세오녀 설화는 천신족과 지신족 체계를 갖춘 성읍국가의 건국을 알려주는 시조전승으로 이해된다. 그들이 일본으로 간 것은 새로운 천지를 찾아 건국하는 모습을 보여준다. 상고대에 한반도에서 일본으로 이주해 간 무리가 많았기 때문에 일본에 전하는 소전오존素戔嗚尊 신화나 가야 왕자 아라사阿羅斯·신라 왕자 천일창天日槍 설화는 모두 한반도에서 일본으로 건너간 인물이 신으로 받들어진 내용을 담은 것이다.[8] 연오랑·세오녀 설화는 이러한 분위기를 알려주는 표본으로『삼국유사』에 실리게 되었다.[9]

국가를 건설한 시조 외에 여러 왕들의 행적이 설화로 형성되었다.『삼국유사』의 기이편은 왕에 관한 설화를 유난히 많이 기록하였다. 이름이 왕명이 아닌 조목도 대체로 왕에 관한 내용으로 채워져 있다. 사금갑射琴匣조

7 김두진,「百濟 建國神話의 復元試論 -'祭天祀地'의 儀禮와 관련하여-」,『國史館論叢』13, 1990;『韓國古代의 建國神話와 祭儀』, 一潮閣, 1999, 188~197쪽.
8 黃浿江,「日本神話와 韓國」,『日本神話의 硏究』, 知識産業社, 1996, 49~52쪽.
9 김두진,「伽倻建國神話의 성립과 그 변화」,『韓國學論叢』19, 1996;『한국고대의 건국신화와 제의』, 일조각, 1999, 231~232쪽.

는 소지왕의 행적을 알려주며, 천사옥대天賜玉帶조는 진평왕이 장대하였음을 알리기 위해 내제석궁內帝釋宮에 갔을 당시 밟았던 섬돌이 부서진 내용의 설화로 구성되었다. 만파식적萬波息笛조는 신문왕의 행적에 관한 설화로 채워졌으며, 처용랑 망해사處容郎 望海寺조는 헌강왕 때의 정치 상황을 알려주는 설화이다. 미추왕 죽엽군未鄒王 竹葉軍조와 도화녀 비형랑桃花女 鼻荊郎조는 각각 미추이사금과 진지왕의 혼魂에 관한 설화이다. 그 외 기이편의 조목은 거의 대부분 왕들의 이름으로 설정되었고, 왕에 관한 신이한 행적의 설화로 구성되었다.[10]

기이편 속에 전하는 설화는 당시의 정치 상황과 관계된 위대한 인물의 행적을 알려준다. 내물왕 김제상奈勿王 金堤上조·문호왕법민文虎王法敏조·효소왕대 죽지랑孝昭王代 竹旨郎조·수로부인水路夫人조·신무대왕 염장궁파神武大王 閻長弓巴조·처용랑 망해사조 등의 내용은 특이한 인물들의 행적을 설화로 구성한 것이다. 이를 통해 김제상金堤上이나 차득공車得公·죽지竹旨·수로부인·염장閻長·처용 등의 행적을 살필 수 있다. 물론 처용이 실재한 인물이었는지는 분명하지 않다. 아마 설화 속에 등장한 가공 인물로 생각된다. 진성여대왕 거타지眞聖女大王 居陁知조도 가공의 인물인 거타지의 활약을 담은 설화이다. 그런데 거타지 설화는 서해 용왕의 딸인 용녀龍女를 아내로 맞이하여 돌아오는 작제건作帝建 설화와 비슷하다. 처용 설화나 거타지 설화는 당대의 사회상을 이해하는 데 중요하다.

김유신의 행적은 비교적 내용이 풍족한 신이한 설화로 전한다. 김유신조에는 삼산신三山神이 나타나 고구려 첩자인 백석白石으로부터 그의 생명을

10 기이편의 조목명 중 국가나 왕의 이름이 아닌 경우로 본문에서 제시한 것 외에 長春郞罷郞조가 있는데, 그 내용은 太宗 武烈王과 연관된 것이다. 또한 四節遊宅조는 辰韓조에, 水路夫人조는 聖德王조에 포함되어야 한다. 金庾信조는 그가 뒤에 왕으로 추봉되기 때문에 왕의 행적에 관한 설화와 동일하게 보아야 할 것이다. 무설조는 간략하지만 哀莊王·憲德王·文聖王 때의 사실을 기록하였다.

구하는 설화와 고구려의 서사(筮土, 점쟁이)인 추남楸南이 김유신으로 태어나는 설화[11] 등이 나온다. 그 외 태종춘추공太宗春秋公조에는 김유신의 누이 문희文姬가 언니인 보희寶姬의 꿈을 삼으로서 태종의 부인이 되는 설화가 실렸다. 이 설화는 역시 김유신의 행적과 연결되었다. 김유신의 신이한 행적은 여러 곳에 흩어져 기록되었다. 다만 문희가 꿈을 사는 설화는 작제건의 어머니인 진의辰義가 언니로부터 꿈을 사는 설화와 비슷하며, 고려시대에 김유신의 행적은 신이한 설화로 널리 퍼져 있었다.[12]

홍법·탑상·의해·신주·감통·피은·효선편에도 대부분 불법을 홍포하려는 많은 연기설화를 기록하였다. 우선 홍법편에는 신라에 불교가 처음으로 전해지는 과정을 설명하는 묵호자墨胡子나 아도我道 혹은 아도阿道 설화와 신라에 불교가 공인되는 과정을 알려주는 이차돈異次頓의 순교 설화가 실렸다. 탑상편에는 절이나 탑·불상의 건립에 관한 수많은 연기설화가 나온다. 특히 탑이나 불상의 조성에 관한 연기설화는 신라가 불국토佛國土신앙을 펴려는 의도를 담기도 하였다. 불국토신앙은 주로 자장慈藏과 연관되었는데, 자장정률慈藏定律조보다는 황룡사장륙皇龍寺丈六조나 황룡사구층탑皇龍寺九層塔조에 보다 분명하게 나타나 있다.

황룡사장륙조에는 인도의 아육왕阿育王이 조성하려던 석가존상이 신라로 전해져서 장륙상으로 만들어지는 연기설화와 함께, 자장이 중국 오대산에서 문수의 감응을 받는 과정에서 신라가 불국토임을 알리는 연기설화가 포함되어 있다.[13] 이것은 불교 연기설화의 전형적인 모습을 보여준다. 인도

<hr />

11 『삼국유사』권3, 寶藏奉老 普德移庵조에는 수나라가 고구려 정벌에 실패하자 右相인 羊皿이 죽어 연개소문으로 태어나 고구려를 멸망에 이르게 하였다는 설화가 나온다. 楸南과 羊皿 설화는 비슷한 모티브를 가졌다. 그러나 김유신과 연개소문이 국가에 공헌하는 면에서 두 설화는 차별된다.

12 『삼국사기』권43, 金庾信傳下에 "庾信玄孫 新羅執事郞長淸 作行錄十卷 行於世"라고 하였다. 곧 고려중기까지 『金庾信行錄』 10권이 전하였다.

13 신라의 불국토신앙은 『삼국유사』권3, 皇龍寺九層塔조에 "汝國王是天竺刹利種王 預受佛記 故

에서 전래된 자료로써 신라의 탑이나 불상을 조성하는 설화가 성립되었다. 가섭불연좌석迦葉佛宴坐石조·요동성육왕탑遼東城育王塔조·금관성파사석탑金官城婆娑石塔조와 흥법편 아도기라阿道基羅조에 나오는 전불前佛시대 칠가람七伽藍터는 모두 인도와 연결된 연기설화를 가졌다.

인도에서 보낸 소재로 조성되었다는 연기설화를 가진 불상을 간혹 더 찾을 수 있지만, 그 외에 『삼국유사』에서 언급한 불상은 기이한 인연으로 출현하였다는 신이한 영험신앙을 가졌다. 사불산四佛山·굴불산掘佛山·만불산萬佛山의 불상이나 생의사生義寺의 석미륵石彌勒 또는 낙산사洛山寺의 정취正趣불상 등은 모두 하늘이나 땅속에서 출현하는 연기설화를 가졌다. 황룡사의 구층탑·흥륜사興輪寺의 벽화인 보현상·중생사衆生寺와 백률사栢栗寺의 관음상·백월산남사白月山南寺의 미타불상과 미륵불상·오대산의 문수사석탑文殊寺石塔 등도 특이하게 조성된 연기설화를 가졌다. 또한 오대산의 진여원眞如院을 비롯하여 특별한 인연으로 절을 조성하는 연기설화가 많이 전해졌다.[14]

탑상편의 탑이나 불상은 신앙의 대상이 되었으므로 특이한 영험설화를 가졌다. 극락왕생을 도울 뿐만 아니라 서민들의 자질구레한 소원을 모두 들어주기 때문인지, 관음불상에 관한 영험설화가 비교적 널리 퍼져 있었다. 중생사·백률사·민장사敏藏寺·분황사·낙산사·남항사南巷寺 등의 관음불상은 아기를 점지해 주거나 집 나간 아들이나 납치된 화랑을 돌아오게 하며,

---

別有因緣"이라 한 데에서 구체적으로 나타나 있다. 또한 前佛의 伽藍터라는 설화 역시 불국토 연기설화로 이해할 수 있다. 여기서 皇龍寺에 있는 宴坐石은 釋迦와 迦葉이 강연하던 곳이라는 설화를 형성하였다. 황룡사의 宴坐石은 탑상편 迦葉佛宴坐石조에 나오는 月城의 동쪽 용궁의 남쪽에 있었다는 宴坐石과 같은 것으로 생각되지만, 확실하지는 않다.

14 神文王 때에 靈鷲寺나 釋迦寺·佛無寺(『삼국유사』 권5, 眞身受供조)·虎願寺(『삼국유사』 권5, 金現感虎조)·斷俗寺·佛國寺·石佛寺·長壽寺(『삼국유사』 권5, 大城孝二世父母 神文代조)·弘孝寺(『삼국유사』 권5, 孫順埋兒 興德王代조)·兩尊寺(『삼국유사』 권5, 貧女養母조) 등의 조성 연기설화가 간략하게 전해졌다.

또는 도둑맞은 보물을 찾아주는가 하면 맹아盲兒의 눈을 뜨게 하거나 병을 고쳐주는 등의 영험설화를 가졌다.

관음과 함께 미타와 미륵신앙은 정토淨土, 곧 극락을 추구하는 연기설화를 성립시켰다. 백월산남사에 나타난 관음은 정토에의 왕생을 도울 뿐만 아니라 미타와 미륵불로 성도하게끔 돕는 영험설화를 가졌다(『삼국유사』 권3, 南白月二聖 努肹夫得怛怛朴朴조). 신라중대에는 죽으면 바로 갈 수 있는 미타 정토신앙을 더 선호하였지만, 미륵정토신앙은 현실사회를 정토로 만들려고 하였기 때문에 당대 사회에 강한 영향력을 행사하였다. 미륵의 영험설화는 전륜성왕과 그의 치세를 돕기 위해 미륵을 출현시키거나 혼란한 사회를 개혁하고 정화하기 위해 계율을 강조하며, 그리하여 이상세계를 건설하는 등의 내용을 가졌다.[15]

불교신앙의 영험설화는 일종의 고승전이라 할 수 있는 의해편과 밀교密敎 승려들의 전기라 할 수 있는 신주편에 보다 더 구체적으로 수록되어 있다. 의해편은 혜숙惠宿·혜공惠空·원광圓光·보양寶壤·양지良志·자장慈藏은 물론 신라에 이른 불교의 기틀을 마련한 원효나 의상 등, 승려들의 신이한 행적을 기록한 승전이라 할 수 있다. 의해편의 진표전간眞表傳簡조나 관동 풍악발연수석기關東楓岳鉢淵藪石記조·심지계조心地繼祖조 등은 미륵이 내린 간자簡子에 대한 설화를 소개하였다. 신주편은 주술적인 이적을 행하여 병을 고치거나 문두루文豆婁 비법으로 적병을 물리치게 하는 밀본密本이나 혜통惠通·명랑明朗의 행적을 설화로 구성하였다. 감통편이나 피은편·효선편도 많은 설화로 채워져 있는데, 불교신앙과 수도에 관한 문제나 또는 출가에 따른 부모를 모시는 문제를 조화롭게 해결하려는 의도를 가졌다.

다음으로 『삼국유사』에는 역사적 사실과 불교신앙이 혼합된 내용의 설화를 찾을 수 있다. 우선 기이편의 사금갑射琴匣조나 문호왕법민文虎王法敏조·

---

15 김두진, 「弓裔의 彌勒世界」, 『韓國史市民講座』 10, 일조각, 1992, 20~23쪽.

효소왕대 죽지랑孝昭王代 竹旨郞조·경덕왕충담사 표훈대덕景德王忠談師 表訓大德조·원성대왕元聖大王조·무왕武王조 등에는 역사적 사실 외에 불교의 전래나 홍포를 알려주는 설화가 포함되어 있다.[16] 이와는 대조적으로 불교 신앙을 홍포하려는 흥법·탑상·의해·신주·감통·피은·효선편에 실린 설화 중에도 역사적 사실을 알려주는 것들을 상당수 찾을 수 있다. 금관성파사석 탑金官城婆娑石塔조는 가야사를, 미륵선화미시랑 진자사彌勒仙花未尸郞 眞慈師조는 화랑도의 개창改創을 알려준다. 혜통항룡惠通降龍조는 효소왕대의 정공鄭恭 설화를 포함하고 있으며, 신문왕 때의 신충信忠에 대해 언급하였다. 물론 경덕왕 때의 신충에 대해서는 신충괘관信忠掛冠조에 기록하였다.

관음신앙은 서민들의 소원을 해결해 주는 성격을 지녀서인지, 이와 연관하여 최승로崔承老의 탄생이나 효소왕 때 부례랑夫禮郞의 구출 등에 관한 설화를 형성시켰다. 대산오만진신臺山五萬眞身조나 명주오대산 보질도태자전기溟洲五臺山 寶叱徒太子傳記조는 신라의 정신대왕淨神大王과 보천寶川태자·효명孝明왕자의 행적에 관한 설화를 기록하였다. 의해편이나 신주편의 여러 승전에도 신라사의 이해를 돕는 설화가 나온다. 또한 신주편이나 감통편 등의 불교 영험설화 속에는 신라 고유의 토착신앙이 많이 흡수되어 있다. 그 외 원광서학圓光西學조에는 신라 토착신앙과의 연결이 가능한 삼기산신三岐山神의 권능에 관한 설화가, 이혜동진二惠同塵조에는 선덕여왕과 연관된 지귀志鬼 설화가 나온다. 이렇듯 『삼국유사』에는 많은 설화가 실렸는데, 그것은 위대한 인물의 행적이나 역사적 사실을 나타내거나 또는 불교 신앙을 홍포하려는 의도를 가졌으며, 대체로 그 둘을 뒤섞은 내용을 포함하였다.

---

16 射琴匣조에는 불교 공인 이전 궁전 내에 焚修僧이 있었던 것을 알려주며, 文虎王法敏조에는 明朗의 文豆婁秘法을 소개하였다. 孝昭王代 竹旨郞조에는 미륵과 연관된 죽지랑의 탄생설화가, 元聖大王조에는 釋智海의 행적이 나와 있다. 물론 武王조는 백제의 미륵신앙을 알려준다.

2. 설화가 보여주는 역사적 사실

『삼국유사』의 기이편에 전하는 설화는 역사적 사실을 함축해서 알려준다. 한국고대사를 체계화하려는 의도에서 기이편을 편찬하였기 때문에[17] 그 속에는 많은 역사적 사실이 기록되었지만, 그 대부분이 신이한 설화 형태로 전한다. 기이편 외에 불교신앙을 홍포하려는 목적에서 편찬한 여러 편목 속에 나오는 연기설화도 불교신앙이나 사상 등 불교사를 밝히는 데 중요할 뿐만 아니라, 일정한 역사적 사실을 언급해 주기 때문에 주목된다. 한국고대사를 정립하기 위해 『삼국유사』의 설화는 사료로서의 가치가 대단히 높다. 한국고대의 정치·사회사를 밝힐 경우 『삼국유사』 외에 『삼국사기』도 중요하게 고려되어야 하지만, 고대 불교사를 체계화하는 데에는 『삼국유사』의 기록이 절대적으로 참고가 될 수밖에 없다.

『삼국유사』가 알려주는 역사적 사실은 설화로 전승되어서인지, 역사 흐름의 대세를 파악하는 데 매우 유용하다. 조금 장황하지만 다음 설화를 주목해 보자.

① 혜통惠通이 당나라 무외삼장無畏三藏의 문하에 가서 문두루文豆婁 비법秘法을 전수 받았는데, 마침 독룡毒龍을 쫓아 공주의 병을 낫게 하였다. 신라로 온 독룡의 피해가 심하자, 당에 사신으로 간 정공鄭恭이 이 사실을 혜통에게 고하였다. 이에 665년 정공과 함께 신라로 돌아온 혜통은 용을 쫓아 버렸다. 용은 다시 정공을 원망하여 그 집 앞 버드나무에 기탁하였다. 그러나 정공은 이것을 알지 못하고 다만 버드나무의 무성한 것을 좋아하여 그 나무를 매우 사랑하였다. 이때 신문왕神文王이 돌아가자 효소왕孝昭王이 즉위하여 산릉山陵을 닦는데, 그 장로葬路에 정공 집 앞의 버드나무가 가로막고

17 이기백, 앞의 논문, 1984, 18쪽.

있어, 관리들이 이것을 베려고 하였다. 이에 정공은 노하여 "차라리 내 목을 벨지언정 이 나무는 베지 못한다"고 하였다. 이를 들은 왕이 크게 노하여 정공을 죽이고 그 집을 묻어버렸다. 또한 조정은 혜통이 정공과 매우 친하므로 뒤에 근심이 있을까 염려하여, 그를 없애고자 군사를 보냈다. 왕망사王望寺에 있던 혜통은 군사들이 보는 앞에서 지붕 위에 올라가 사기병의 목에 붉은 먹으로 한 획을 그었다. 그 순간 군사들의 목에 전부 붉은 줄이 그어졌다. 혜통이 "병의 목을 자르면 너희들의 목도 잘라질 것이다"라고 하니, 군사들이 일제히 달아났다. 이를 들은 왕은 "화상和尙의 신통한 힘을 어찌 사람의 힘으로 막을 수 있겠느냐"고 하면서 그대로 내버려두었다(『삼국유사』 권5, 惠通降龍조).

② 경덕왕景德王은 후사後嗣를 두지 못하자, 어느 날 표훈대사表訓大師에게 명하기를 "상제上帝에게 청하여 아들을 갖게 해 달라"고 하였다. 표훈이 하늘에 올라가 천제에게 고하고 돌아와 아뢰기를 "딸을 구하면 가능하나 아들을 구해서는 안 된다"라고 하였다. 왕은 또 말하길 "원컨대 딸을 바꾸어 아들로 만들어 주시오"라고 하였다. 표훈이 다시 하늘로 올라가서 청하니 천제가 말하기를 "될 수는 있으나 아들을 두면 나라가 위태롭다"라고 하였다. 표훈이 하늘에서 내려오려 하자 천제는 천기天機를 누설한다고 하여, 금후今後에는 다시 통하지 못하게 하였다. 표훈이 와서 그대로 아뢰니 왕은 "나라가 비록 위태롭더라도 아들을 얻어 대를 이으면 만족한다"라고 하였다. 이리하여 만월왕후滿月王后가 태자를 낳으니 곧 혜공대왕惠恭大王이다(『삼국유사』 권2, 景德王忠談師 表訓大德조).

③ 이찬伊飡인 김주원金周元이 맨 처음 상재上宰가 되고, 원성왕(元聖王, 金敬信)은 이재二宰가 되었다. 어느 날 꿈에 왕은 복두幞頭를 벗고, 소립素笠을 썼으며, 12줄 가야금을 들고 천관사天官寺의 우물 속으로 들어갔다. (꿈을 깬 후) 사람을 시켜 점을 치게 했더니 "복두를 벗은 것은 실직할 징조요, 가

야금을 든 것은 칼을 쓸 징조요, 우물 속으로 들어간 것은 옥에 갇힐 징조요"
라고 하였다. 몹시 근심하여 문을 닫고 나가지 않았던 왕을 찾아뵌 아찬阿湌
여삼餘三은 다시 해몽하기를 "복두를 벗은 것은 공의 위에 거하는 사람이 없
다는 뜻이요, 소립을 쓴 것은 면류관을 쓸 징조요, 12줄의 가야금을 든 것은
12자손에게 왕위가 전해질 징조이며, 천관정天官井으로 들어간 것은 궁궐
로 들어갈 상서로운 징조입니다"라고 하였다. 그리고는 "비밀히 북천北川의
신神에게 제사를 지내면 좋을 것입니다"라고 하니 왕은 그 말을 따랐다. 얼
마 안 되어 선덕왕宣德王이 죽자 국인國人이 주원周元을 받들어 왕으로 삼
으려 하였는데, 갑자기 내가 불어 그 내의 북쪽에 집이 있었던 주원이 건널
수 없었다. 이에 왕이 먼저 궁에 들어가 즉위하니 주원의 무리들도 모두 와
서 하례賀禮하였다. 이이가 원성대왕元聖大王이다(『삼국유사』 권2, 元聖大
王조).

이 세 가지 설화는 신라중대에서 하대에 이르는 역사의 큰 흐름을 보여준
다. 우선 정공鄭恭은 실존 인물인지 아니면 설화 속의 가공 인물인지 정확
하지 않은데, 여기 외에 『삼국사기』 등 다른 문헌에는 전혀 나타나지 않는
다. 무열왕으로부터 시작된 신라중대에는 전제주의를 단행하였고, 특히 신
문왕 때에는 왕실이 진골귀족 세력에 대한 압제를 한창 강화하였다. 곧 왕
비의 아버지인 김흠돌金欽突을 반역죄로 처단하였고, 난을 알고 있었음에
도 고발하지 않았다는 죄목으로 당시 국방장관이었던 군관軍官을 처형하였
다. 정공은 신라중대의 전제주의가 진행되는 과정에서 실제로 죽임을 당한
인물일 수도 있지만, 또한 그의 죽음은 신문왕대 이후 진골귀족이 피비린내
를 내면서 거세되는 모습을 상징적으로 반영해 준다.

신라 사회는 전통적으로 토착의 진골귀족 세력이 강한 기반을 가졌고, 신
라중대의 왕실은 귀족세력의 반발을 받으면서 전제주의를 성공적으로 구

축하지 못하였다. 효소왕이 정공과 밀착된 혜통을 거세하지 못하였음은 당시의 전제주의가 귀족세력 기반을 철저하게 해체시키지 못하였던 것을 의미한다. 전제주의는 성덕왕과 효소왕 때를 지나면서 점점 쇠퇴하였는데, 경덕왕은 마치 노을에 기우는 해와 같은 전제주의를 안간힘으로 부둥켜 안고는, 전제왕권을 지키기 위한 몸부림과 같은 개혁을 단행하였다. 그것이 경덕왕 16년(757년)의 지방 주군현州郡縣과 경덕왕 18년의 중앙 관직에 대한 개혁으로 나타났다.[18] 경덕왕이 표훈을 통해 아들을 낳으려고 집착한 것은 기울어가는 전제주의를 바로 세우려는 집념의 소산으로 이해된다.[19] 그렇기 때문에 당시에 아들을 낳지 못하는 왕비는 왕궁에서 퇴출退出당하였다.

혜공왕은 본래 딸로 점지되었으나 아들로 바뀌어 태어났기 때문에, 그로 인해 나라가 위태로워졌다고 한다. 사실 혜공왕 때에는 96각간이 서로 다툰다고 표현할 정도로 무수한 반란이 계속해서 일어났고, 결국 왕도 그러한 반란 속에 죽임을 당하였다.[20] 경덕왕 때에 전제주의를 더 강화하기 위한 제도 개혁은 실패로 돌아갔으며, 혜공왕 12년(776년)에는 관직명이 경덕왕 때의 개혁 이전의 모습으로 복고되었다. 이 사실은 신라중대의 전제주의가 종말을 고하면서 신라하대 사회의 도래를 암시해준다. 선덕왕 말년에 김주원

---

18 이기백, 「景德王과 斷俗寺·원가」, 『한국사상』 5, 1962; 『新羅政治社會史硏究』, 일조각, 1974, 217쪽.

19 이기백, 「新羅 惠恭王代의 政治的 變革」, 『社會科學』 2, 1958, 91~92쪽; 『신라정치사회사연구』, 일조각, 1974, 246~247쪽 참조.
    경덕왕 16년(757년)에 九州를 비롯한 지방 군현의 명칭을 모두 漢式으로 고쳤으며, 같은 왕 18년(759년)에는 중앙 관부의 명칭도 모두 漢式으로 고쳤다. 이러한 조치는 단순한 명칭의 변경이 아니라, 신라중대 초기에서부터 전제주의를 확립하기 위한 漢化政策을 강력하게 추진하려 한 것이다. 무열왕의 즉위로 眞興王의 차자인 舍輪(眞智王)系가 정권을 잡으면서 전제주의를 성립시켰다. 이들은 신라의 토착적인 전통을 고수하는 정통 진골귀족인 銅輪系를 누르기 위해 보편적인 중국의 제도를 받아들여 정치 개혁을 단행하였다. 이것이 곧 漢化政策이다.

20 혜공왕 때에는 一吉飡 大恭(4년 7월)·大阿飡 金融(6년 8월)·伊飡 金隱居(11년 6월)·伊飡 志貞(16년 2월) 등의 반란이 일어났다. 혜공왕 16년 4월에는 上大等 金良相과 伊飡 金敬信이 병사를 일으켜 志貞을 죽였는데, 그 와중에 왕과 왕비가 살해되었다.

金周元은 왕위계승 서열의 우선권을 가졌으며, 김경신金敬信은 다음 순위에 있었다. 그러나 김경신의 꿈을 해석하면서 전개되는 설화의 내용은 이러한 왕위 서열의 원칙이 지켜지지 않고, 진골귀족 상호 간의 정권 쟁탈전에서 승리한 자가 왕위를 획득한 반면, 패한 자는 중앙 정계에 머물지 못하고 지방의 연고지로 낙향하여 지방호족으로 전락해 간 사실을 알려준다.

원성왕이 즉위하면서 신라하대 사회가 실질적으로 시작되었다. 이후 원성왕의 자손이 왕위를 이어가지만, 원성왕계 내에 소혈족小血緣 집단으로 분기分岐된 왕족 세력이 왕위를 둘러싼 정권 쟁탈전을 전개하였다. 김주원과 김경신의 왕위 다툼은 그러한 모형을 제시한 셈이다. 왕위계승 싸움에 이긴 김경신이 즉위한 반면, 패한 김주원은 중앙 정계에서 물러나 강릉 지역으로 퇴거하였으며, 그 지역에서 거대한 호족 세력을 형성하였다. 신라하대 사회를 움직여간 낙향호족 세력은 이런 모습으로 성립하였다.

이상에서 정공의 집 앞 버드나무 설화나 표훈의 천국 왕래 설화·원성왕 꿈의 해몽 설화 등은 신라중대에서 하대 사회에 이르는 역사 전개의 대세를 보여주었다. 정공 설화에서처럼 불교 연기설화 속에도 구체적인 역사적 사실을 알려주는 내용이 많이 포함되었다. 대체로 기이편에 실린 설화들은 당대의 사회 모습을 이해하는 데 도움을 준다. 내물왕 때의 김제상 설화·비처왕毗處王 때의 사금갑射琴匣 설화·문무왕 때의 차득공車得公 설화·효소왕 때의 죽지랑 설화·신무왕 때의 염장 궁파 설화·경문왕의 등극 설화·헌강왕 때의 처용 설화·백제 무왕 때의 서동 설화 등은 모두 당시의 사회상이나 역사 전개의 양상을 묵시적으로 제시해 준다.

『삼국유사』에 실린 불교 연기설화는 불교사 전개의 대세를 파악하는 데 매우 유익하다. 다음에서 이를 이해해 보자.

경덕왕景德王 천보天寶 12년(753년) 여름에 가뭄이 심하자, 태현太賢을 대궐로 불러들여 『금광경金光經』을 강론하여 단비를 내리게끔 빌었다. 대궐 안의 우물물이 말라 공양하는 정수淨水를 구할 수가 없었다. 태현은 잠깐 사이에 우물물이 솟아 나와서 그 높이가 일곱 길이나 되게 하였음으로, 궁중 사람들이 모두 놀라서 그 우물을 금광정金光井이라 불렀다. 그 이듬해(754년) 여름에 왕은 고승高僧 법해法海를 황룡사로 청하여 『화엄경』을 강론하게 하면서, 작년 태현太賢의 일을 일러주었다. 법해는 그런 일이 아주 작은 것이라고 하면서, 바닷물을 기울여서 동악東岳을 잠기게 하고 수도에 홍수가 나게 하였다(『삼국유사』 권4, 賢瑜珈海華嚴조).

경덕왕 때에 기우제를 주관한 법상종 승려 태현太賢과 화엄종 승려 법해法海의 연기설화는 그 영험 면에서, 후자가 월등한 법력을 가졌다고 결론을 맺었다. 신라중대 말인 경덕왕 때에 태현을 중심으로 법상종이 일어나 그 세력을 떨치고 있었다. 반면 화엄종은 의상에 의해 정립되어 신라중대 초에 융성하였고 경덕왕 때에는 오히려 쇠퇴해 가는 느낌을 준다. 태현과 법해의 기우제에 관한 연기설화는 경덕왕 때에 법상종과 화엄종의 관계를 알려준다. 화엄종 승려인 법해의 법력이 더 우수하다고 한 것은 비록 쇠퇴해 가기는 하였어도, 당시의 화엄종 세력이 새로 일어나 크게 떨치고 있었던 법상종 세력을 능가하였다고 추측하게 한다. 아울러 이는 신라 불교사에서 화엄사상의 위치나 그 중요성과 연관시켜 이해하게 한다.

불교 연기설화 속에서 신라 불교사의 전개나 대세를 알려주는 것을 흔히 찾을 수 있다. 낙산이대성 관음정취조신洛山二大聖 觀音正趣調信조에는 원효가 낙산사의 관음진신을 만나러 가는 연기설화가 나온다. 요석궁瑤石宮의 홀로된 공주와 결혼한 원효는 승속僧俗을 초월한 실천 신앙을 가졌다. 그러나 원효는 개울가의 여인이 떠주는 더러운 물을 버리고 깨끗한 물을 떠서 먹었다. 그 여인이 화생化生한 관음이었다. 이로써 원효는 아집을 가진

자로 비쳐졌고, 낙산사에 이르러서 다시 관음진신을 만날 수 없었다. 이 설화는 80권 『화엄경』을 이해하는 화엄사상 면에서 의상과 원효의 교학을 비교하게 한다.[21] 비록 원효가 80권 『화엄경』을 이해하는 수준은 의상에게 미치지 못하였다. 그러나 그 외 거의 모든 불교 경전을 주석註釋하였기 때문에 원효는 신라 불교의 전반적인 수준을 크게 높이는 데 기여하였다.[22]

일반적으로 한국고대의 불교는 통불교通佛敎 사상을 가진 것으로 이해하지만, 실제로는 종파宗派로 나뉘어져 있었다. 『삼국유사』에 실린 불교 연기설화는 불교신앙이나 종파의 특징을 드러내 준다. 고승전이라 할 수 있는 의해편이나 신주편에 심오한 불교사상을 기록하지는 않았다. 다만 이적을 행하는 연기설화의 내용으로도 화엄사상뿐만 아니라 유식사상의 이해에 접근할 수 있다. 신라 불교사상의 주류는 화엄사상에서 찾아야 하지만, 원광圓光·보양寶壤·진표眞表의 이적을 알려주는 연기설화나 백월산남사白月山南寺의 노힐부득努肹夫得과 달달박박怛怛朴朴의 성도成道 설화 등은 신라 법상종사상의 특성을 알려준다. 진표의 간자簡子가 심지心地로부터 석충釋沖을 거쳐 왕건에게 전해지는 연기설화도 법상종단의 전승과 함께, 삼한을 통합하는 역사 흐름의 대세를 가늠하게 한다.

설화는 간혹 다양한 계층에 의해 당대 사회에서 동시에 만들어지기도 하기 때문에 대체로 전승 과정에서 변화되어 복합적인 구조를 가졌다.[23] 그러한 변화는 어느 시기의 특정 세력이나 계층의 이해와 맞물려 나타났다. 설화 속에는 특정한 세력 집단과의 연결을 가능하게 하는 신이 전승이 첨가되었다.[24] 설화 속의 상징적인 인물이나 사건 또는 그것에 대한 서술의 변화

21 김두진, 「의상의 觀音信仰과 淨土」, 『震檀學報』 71·72合, 1991; 『義湘, 그의 생애와 화엄사상』, 민음사, 1995, 236~238쪽.
22 김두진, 「元曉의 唯心論的 圓融思想」, 『한국학논총』 22, 2000, 37~39쪽.
23 金學成, 「三國遺事 所載 說話의 形成 및 變異過程 試考 —鄉歌와 關聯說話를 中心으로—」, 『冠嶽語文研究』 2, 서울대 국어국문학과, 1977, 195~196쪽.
24 김학성, 위의 논문, 1977, 215~216쪽.

내용을 면밀히 검토하면, 당대 사회를 움직여간 세력 집단이나 그 부침을 밝힐 수 있다. 신라 건국신화 중 알영 시조전승이 변화하는 모습에서 이런 면을 이해할 수 있다. 알영 시조전승의 원초적 모습은 다음과 같다.

> 사량리沙梁里 알영정변閼英井邊에서 용龍이 나타나 죽으매 그 배를 갈라 동녀童女를 얻었다.[25]

알영 시조전승은 용이 죽자, 그 뱃속에서 생명이 재생하는 탄생 설화로 꾸며졌다. 그것은 파충류 특히 뱀의 재생 관념을 흡수하여, 풍요와 다산을 비는 원시적 토착신앙이다. 그러다가 뒤에 알영정閼英井은 아리영정娥利英井으로, 용은 계룡雞龍으로, '배를 갈라 얻는 동녀童女'는 '왼쪽 옆구리로 태어나는 동녀'로 바뀌었다. 아리영은 순舜임금의 두 비妃인 아황娥皇과 여영女英을 뜻한다. '왼쪽 옆구리로 태어남'은 불교신앙에서 미륵이 어머니의 왼쪽 옆구리로 태어난다든가 혹은 석가가 그 오른쪽 옆구리로 태어난다와 같은 신앙에서 영향을 받은 것이다. 알영 시조전승은 후대에 불교나 유교 중 가장 권위 있는 신앙을 빌려 변화되었으며,[26] 그 뒤에도 중국 제실帝室의 딸이라는 선도성모仙桃聖母 설화로 윤색되었다.

신라 김씨 왕실의 시조전승은 알영 외에 알지 시조신앙을 성립시켰다. 이처럼 김씨 왕실의 시조전승은 변화된 여러 모습으로 나타났다. 이는 처음 박

김학성은 설화의 변화 과정에는 각 계층의 상이한 美意識과 가치관이 가장 의미 있는 전승 요소로 작용한다고 보아, 계층과 전승 요소와의 상관관계나 그러한 변화에 각 계층이 어떤 모습으로 참여하였는가를 살펴야 한다고 하였다.

25 김두진, 「新羅建國神話의 神聖族 관념」, 『한국학논총』 11, 1989, 33~34쪽; 『한국고대의 건국신화와 제의』, 일조각, 1999, 277~278쪽.
본문의 내용은 『삼국유사』에 나타난 閼英 시조전승을 종합하여 가장 원초적인 모습을 제시한 것이다.

26 김두진, 위의 논문, 『한국고대의 건국신화와 제의』, 일조각, 1999, 278~279쪽.

씨 왕조인 사로국의 왕비족으로 등장한 김씨 왕족이 뒤에는, 왕위를 세습하면서 신라 귀족연합국가의 실질적인 지배자로 성장한 사실과 연관된 것이라고 생각한다. 특히 알지 시조전승은 눌지마립간에서 자비·소지마립간으로 내려가는 시기에 폐쇄적인 김씨 왕족의식이 성립하면서 부각되었다.[27]

『삼국유사』에 전하는 설화는 모두 일정한 역사적 사실을 알려주기 때문에, 설화를 통해 그러한 역사적 사실을 찾아내려는 노력은 중요하다. 미추왕 죽엽군未鄒王 竹葉軍조에서 유신庾信의 혼백이 죽현릉竹現陵에 행차하여 하소연하는 설화는 혜공왕 때 이후 김유신 후손들의 신원伸冤 운동을 반영한다고 이해된다.[28] 그 외에도 김유신의 누이인 문희文姬의 매몽買夢 설화나 진성여왕 때의 거타지居陁知 설화 등은 『고려사高麗史』의 고려세계高麗世系 속에 나타난 작제건作帝建 설화나 진의辰義의 매몽 설화 등과 서로 연관시켜 분석함으로써 당대 사회의 세력 집단과 그 추이 등에 대해 접근할 수 있게 한다. 이렇듯 『삼국유사』에 실린 설화는 한국고대사의 대체적인 역사 흐름이나 그것을 주도한 구체적인 인물의 행적 또는 역사적 사실의 전개 등을 알려준다.

3. 설화의 사료적 성격

한국고대의 구체적인 역사적 사실이 전승되는 과정에서 변형되어, 신이한 관념적 사료로 기록되었다. 『삼국사기』와 『삼국유사』는 모두 고려중기 이후에 편찬되었다. 삼국시대나 통일신라시대의 역사적 사실이 기록되기

---

27 김두진,「新羅 閼智神話의 형성과 神宮」,『李基白先生古稀紀念 韓國史學論叢』, 一潮閣, 1994; 『한국고대의 건국신화와 제의』, 일조각, 1999, 333~336쪽.
28 이기백,「신라혜공왕대의 정치적 변혁」,『신라정치사회사연구』, 일조각, 1974, 248~252쪽.

까지 약 500년에서 길게는 1000여 년의 세월이 지났다. 그러한 역사적 개별 사실이 고려중기 이후의 사회에, 본래 모습 그대로 전해질 수 없었다. 고려 사람들의 생활과 직접 연관성이 없는 개별 사실은 전승되는 과정에서 대부분 빠져나갔으며, 그 자리에 신이한 신앙이나 영험이 담겨짐으로써 설화가 형성되었다.

『삼국유사』에 실린 설화는 전승되는 과정에서 신이나 이적을 수용하였기 때문에 토착신앙이나 불교사상 등 사상사를 밝히는 데 좋은 자료로 사용될 수 있다. 다만 같이 전승된 자료를 사용하였음에도 정사체인 『삼국사기』에 비해 『삼국유사』는 설화가 갖는 자유분방하면서도 생경生硬한 모습을 적나라하게 반영하였다. 도덕적 합리주의를 표방한 『삼국사기』는 근엄한 문체로 기술되었기 때문에, 거칠면서 신이한 토착신앙에 관한 내용을 삭제하거나 분리하여, 역사 기록의 범주에서 제외시켰다. 이에 비해 『삼국유사』는 역사 기록과 신이한 신앙을 분화하지 않은 채 기록하였다.

뒷날 유교사관이 성립하면서, 설화 속의 합리적인 부분은 역사적 사실로 기록되었지만 그 나머지 부분은 누락되어 갔다. 탈해脫解 전승에 대한 『삼국유사』와 『삼국사기』의 기록을 비교해 봄으로써, 『삼국유사』에 실린 설화가 어떤 모습으로 정착되었는지를 제시하고자 한다. 『삼국유사』에 실린 탈해 전승의 모습은 대략 다음과 같이 구성되어 있다.

① 가락국駕洛國의 해변에 (탈해가 탄) 배가 와서 닿았다. 수로왕首露王이 백성들과 함께 맞아다가 머물게 하려 했으나, 배는 계림雞林의 동쪽 아진포阿珍浦에 이르렀다. 혁거세왕赫居世王의 해척모海尺母인 아진의선阿珍義先이 까치가 배 위에 모여 있음을 보고, 배를 끌어와 보니 궤櫃 안에서 남자아이와 칠보七寶 및 노비가 나왔다.

② 탈해는 본래 용성국龍城國 사람이며, 아버지는 함달파왕含達婆王이고 어머

니는 적녀국왕積女國王의 딸이었다. 7년 만에 알을 낳으니 대왕은 궤를 만들어 칠보와 노비를 함에 넣고, 인연이 있는 곳에서 나라를 세우도록 빌고는 바다에 띄웠다. 이때 붉은 용이 배를 호위해 왔다.

③ 탈해는 종과 더불어 토함산吐含山 위에 올라가 7일을 머물고는 성안에 머물만한 곳을 살폈다. 마침 호공瓠公의 집이 오랫동안 머물만하므로, 속임수를 써서 그곳을 빼앗아 살았다.

④ 남해왕南解王은 탈해가 지혜 있는 사람임을 알아 맏공주를 그의 아내로 삼았으니, 아내가 아니부인阿尼夫人이다.

⑤ 탈해가 동악東岳에 올라갔다가 백의白衣에게 물을 떠오게 하였다. (백의가) 요내정遙乃井에서 물을 떠가지고, 중도에서 먼저 맛보았더니 물그릇이 입에 붙어 떨어지지 않았다. 탈해가 꾸짖자 백의가 다시는 먼저 맛보지 않겠다고 맹세하니, 그릇이 입에서 떨어졌다.

⑥ 옛날〔昔〕에 남의 집을 빼앗았다고 하여 성을 석昔이라 하였다. 혹은 까치〔鵲〕 때문에 궤를 열고 관에서 나왔다고 하여 조鳥 자를 떼고 석昔으로 성을 삼고, 이름을 탈해脫解라고 하였다.

⑦ 이가 엉기어 하나처럼 되고 뼈마디가 모두 붙어 있어서 천하에 대적할 자가 없는 역사力士의 골상骨像을 갖추었다. 그 뼈를 동악에 봉안하였고 문무왕 文武王 때에 동악신東岳神으로 모셨다. (권1, 第四脫解王조)

『삼국사기』에도 탈해 전승이 실려 있지만, 그 내용이 매우 간략하다. 『삼 국사기』에 전하는 탈해 전승에는 백의白衣 설화나 역사力士의 골상骨像을 갖추었다는 내용은 빠져나갔다. 그 외에도 아진포阿珍浦에 닿기 이전 가락국 왕과의 관계나 아진의선阿珍義先의 이름이 빠진 점, 호공瓠公의 집을 뺏는 과정과 그로 인한 석昔으로 성을 삼는 이유 등이 『삼국사기』의 탈해 전승과는 달리 나타났다. 그런가하면 『삼국유사』에서와는 달리 『삼국사기』의 탈해 전승 중에는 탈해의 직업을 고기잡이라고 하였다. 『삼국유사』에 실린 탈해 전승이 『삼국사기』에 실린 그것과 비교하여 차이가 난 부분은 대부분 『삼국사기』의 연대기 자료 속에 흡수되어 합리적인 역사 기록으로 나타났다.

백의 설화는 본래 유리왕 때의 이사금尼師今 설화와 합쳐 하나의 연결된 줄거리를 형성하였던 듯하다. 남해왕이 돌아가자 유리와 탈해가 서로 왕위를 양보하였는데, 탈해가 말하기를 "성인은 이빨이 많기 때문에 떡을 깨물어서 시험하자"고 하였다. 이에 이빨이 많은 유리왕이 즉위하여 이사금이라 불렸다. 이사금은 방언으로 '이빨 자국'이며, 이빨이 많은 연장자가 왕위를 이어간다는 뜻을 가졌다.[29] 물론 이사금이라는 왕호는 유리왕 때부터 사용되었고, 이빨이 많은 연장자가 왕위를 이어가도록 권한 사람은 남해왕으로 나와 있다. 그러나 그것을 주도적으로 수용한 사람은 탈해였다. 바로 탈해가 그러한 제의를 주장하였을 뿐만 아니라 백의 설화에도 상하가 엄격한 연장자에 대한 경배가 짙게 드리워져 있다.

백의 설화와 이사금 설화는 본래 서로 연결된 내용으로 엮어졌다. 그중 이사금 관계 전승은 『삼국사기』에서 정식 역사 기술의 자료로 편입되면서, 백의 설화는 빠져나가 독립된 전승으로 남았다. 탈해가 호공의 집을 빼앗는 과정이 『삼국사기』의 탈해 전승 속에서 빠져나가는 것도 마찬가지로 이해된다. 탈해는 해로를 통해 신라의 동해안으로 들어와 토함산을 근거지로 활동하였다. 뒤에 호공의 집 곁에 몰래 숫돌과 숯을 묻은 탈해는 조상 때에 살던 곳이므로, 그 집을 돌려달라고 관가에 고발하였다. 자기의 집안은 본래 야장冶匠이었다고 주장한 탈해는, 땅을 파서 나온 숫돌과 숯을 증거로 그 집을 빼앗았다. 이로 보아 탈해 부족은 철을 제련하는 야장 기술을 가졌고, 그

---

29 『삼국사기』 권1, 儒理尼師今 卽位年조에 "脫解曰 神器大寶 非庸人所堪 吾聞聖智人多齒 試以餠噬之 儒理齒理多 乃與左右奉立之 號尼師今 古傳如此 金大問則云 尼師今 方言也 謂齒理 昔南解將死 謂男儒理壻脫解曰 吾死後 汝朴昔二姓 以年長而嗣位焉 其後金姓亦興 三姓以齒長相嗣 故稱尼師今"이라 하였다. 비슷한 내용이 『삼국유사』 권1, 第三弩禮王조에도 나와 있다.

것을 기반으로 호공의 집을 뺏고는 월성 지역, 곧 신라의 중앙 정계로 진출
하였다.[30]

호공의 집을 뺏는 내용의 설화가 누락된『삼국사기』에서는 탈해의 직업
을 고기잡이로 기록하였다. 바다를 생활 근거지로 하여 성장한 탈해가 고기
잡이였다는 전승을 가졌겠지만, 이러한 전승이 주류를 형성하지는 않았다.
그것은 탈해가 바닷길로 이동했고 처음 해안 지역에 거주했기 때문에 생겨
났으며, 실제로 탈해 부족의 직업은『삼국유사』에 기록된 야장이었다. 합리
적인 역사 서술을 강조하다 보니『삼국사기』에는 탈해에 관한 신이한 전승
이 빠져나갔으며,[31] 그의 직업을 현실적으로 그럴듯하게 추정하여 고기잡
이라고 기술하였다. 아울러『삼국사기』에는 천하무적인 역사力士의 골상을
가졌다거나 뒤에 토함산신으로 되는 신이설화가 빠졌다.

『삼국사기』는 전승된 설화의 합리적인 측면을 역사 기록으로 남겼음에
비해,『삼국유사』는 설화의 상반된 전승을 모두 싣거나 특히 그중 진실한
모습을 부각하였다.『삼국유사』에는 탈해의 성이 석씨인 이유로 호공의 집
을 빼앗거나, 또는 까치가 배 위에 모여 있었다는 데서 유래하였던 것을 모
두 제시하였다. 신라로 들어오기 이전에 탈해는 가락국에 먼저 닿았다. 이
에 대해『삼국사기』에는 "금관국 사람들이 괴이하게 여겨 취取하지 않았
다"(권1, 脫解尼師今 卽位年조)라고 하였으나,『삼국유사』에는 수로왕이 맞아
서 머물게 하려 하였다고 기록하였다. 물론 전자가 합리적인 역사 서술로
보이지만, 후자 속에도 역사적 사실이 숨어 있다.

『삼국유사』권2, 가락국기駕洛國記조에는 탈해가 수군을 이끌고 가락국

---

30 김두진,「新羅 脫解神話의 형성기반 -英雄傳承的 성격의 再定立-」,『한국학논총』8, 1986;『한
　국고대의 건국신화와 제의』, 일조각, 1999, 297~308쪽.
31 脫解가 南解王의 사위가 되는 이야기는『삼국사기』의 탈해 전승에도 간략하게 언급되었지만,
　같은 책 권1, 南解次次雄 五年 春正月조에 "王聞脫解之賢 以長女妻之"라 하였고, 또 이어 南解
　次次雄 七年 秋七月조에 "以脫解爲大輔 委以軍國政事"라고 하였다. 곧『삼국사기』에는 탈해
　전승의 일부 기록이 편년체의 역사 기술 자료로 사용되었다.

의 해변으로 들어와 수로왕을 몰아내려 한 사실이 생생한 설화로 전한다.
수로왕과 탈해의 재주내기가 그것이다. 삽시간에 탈해가 매로 변하자 수로
왕은 독수리로 변하였고, 또 탈해가 참새로 변하자 수로왕은 송골매로 변하
였다. 재주내기에서 진 탈해가 떠나려 하였는데, 수로왕은 머물면서 난을
일으킬까 염려하여 수군 500척을 보내 쫓으니, 계림 땅으로 달아났다라고
하였다. 이처럼『삼국유사』에는 탈해와 가락국과의 관계에 대한 두 전승을
모두 기록하였지만, 그 진실은 두 세력 사이의 처절한 투쟁의 모습이었고[32]
『삼국유사』에 실린 설화 속에 보다 더 생생하게 전해졌다.

　『삼국유사』에 실린 설화는 역사적 진실을 전한다.[33] 설화로 된 사료는 전
승되는 과정에서 신이한 신앙이 더 첨가되지만, 그 원래의 모습 중에서 탈
락되는 부분도 있었다.[34] 그것은 고대의 역사적 개별 사실이 고려중기 사회
에서 불필요하게 되었거나 또는 처음 작성될 당시에 윤색된 면이었다.『삼
국유사』에 실린 설화가 구체적 역사 사실을 직접 알려주는 데에는 부족할지
라도, 작성자에 의해 윤색된 부분은 전승되는 과정에서 탈락되면서 역사적
진실을 거침없이 보여준다. 실성왕이 고구려 군사들에게 살해되었다거나
(『삼국유사』권1, 第十八實聖王條) 또는 진지왕이 국인國人에 의해 폐위되었다

32　『삼국사기』권1, 婆娑尼師今 23년조에 "於是王命六部 會饗首露王 五部皆以伊湌爲主 唯漢祇
　　部 以位卑者主之 首露怒 命奴耽下里 殺漢祇部主保齊而歸"라 하였다. 漢祇部는 토함산을 포함
　　한 경주의 동남 지역에 있었는데, 그곳은 昔氏 세력의 근거지였다. 따라서 실제 이 사건은 석씨
　　세력과 수로왕의 가야 세력이 충돌한 것으로 이해되었다(김두진,「新羅 脫解神話의 形成 기반」,
　　앞의 책, 1999, 297~298쪽).
33　조동일, 앞의 논문, 1982, 66쪽에 "설화는 거짓이지만 거기에 진실이 들어있다"라고 하였다.
34　『삼국유사』에는 백제 건국신화로 구성되는 溫祚나 沸流시조전승이 거의 탈락되었다. 또한 이
　　런 면은「東明王篇」에 실린 고구려 건국신화와『삼국유사』에 기록된 그것을 비교해 보아도 쉽
　　게 알 수 있다.「동명왕편」에는 ① 河伯과 柳花에 관한 전승이나 ② 松讓國을 정복하는 설화
　　가 비교적 풍부한 내용으로 묘사되었고, ③ 瑠琉王에 관한 전승이 포함되었다. 그러나『삼국유
　　사』에는 하백과 유화에 관한 전승은 가볍게 언급되었고 송양왕을 항복시키거나 유리왕에 관한
　　전승은 모두 빠져나갔다. 대신『삼국사기』에는 송양국의 정복이나 유리왕에 관한 전승이 모두
　　年代記 자료로 활용되었다. 이처럼『삼국유사』에 전하는 설화의 내용에 출입이 있음은 그것이
　　기록되는 고려시대의 사회상과 연관시켜 이해해야 할 것이다.

는(『삼국유사』권1, 桃花女 鼻荊郎조) 기록은 물론『삼국사기』등의 사서에 나오지 않지만, 이것이 역사적 진실이다.

『삼국사기』에는 진흥왕과 왕비가 출가한 사실을 기록하였지만 법흥왕은 출가한 것으로 기록하지 않았다. 그러나『삼국유사』에는 법흥왕과 진흥왕이 모두 출가하였다(권3, 原宗興法 厭髑滅身조)라고 한다. 사실『해동고승전』에는 두 왕이 출가하였으므로, 그 전기가 실려 있다. 이에 대해서는『삼국사기』보다는『삼국유사』의 전승이 더 진실을 말해준다.『삼국유사』의 설화가 보여주는 역사적 진실의 사실적인 모습에 대해서는 다음 설화에서 보다 자세하게 이해할 수 있다.

① 효소왕孝昭王 때에 죽지랑도竹旨郎徒인 득오得烏는 모량부牟梁部의 각간角干 익선益宣의 징집으로 부산성富山城의 창직倉直에 동원되어 익선의 밭에서 일하였다.

② 죽지랑竹旨郎이 면회를 가서 득오의 휴가를 청하였으나 익선이 거절하였다. 이를 본 사리使吏 간진侃珍이 곡식 30석石과 진절珍節의 말안장을 뇌물로 주니, 그때야 익선이 득오의 휴가를 허락하였다.

③ 화주花主가 이 말을 듣고 익선을 잡으려 했으나 실패하자, 그 아들을 잡아 죽였다. 왕은 모량리牟梁里 사람으로 벼슬자리에 있는 자는 모조리 쫓아내고 승의僧衣를 입고 절에 들어가지 못하게 하였다. 이때 원측법사圓測法師는 해동海東의 고승이었으나, 모량리 사람인 까닭에 승직僧職을 받지 못하였다. (권2, 孝昭王代 竹旨郎조)

원측이 모량리 사람이기 때문에 승직을 받지 못하였고 아울러 당나라에서 귀국하지 못하였던 것은 역사적 진실이다. 신라상대 말에 진흥왕의 태자인 동륜계銅輪系와 차자인 진지왕, 곧 사륜계舍輪系가 왕위를 둘러싸고 대립하였던 것은 주지의 사실이다. 이와 곁들어 사량부沙梁部와 모량부牟梁部의 대립 관계를 이끌어낼 필요가 있다. 신라중대의 전제주의를 성립시킨 무열왕계는 사륜계이면서 사량부 세력과 연결되었다.[35] 신라상대 말의 이러한 사회 상황을 고려할 때, 죽지랑 설화는 모량리 사람들이 관직이나 승직에서 거세되는 등, 당대 사회의 사실적 모습을 알려준다. 뿐만 아니라 6부의 권력자가 부인部人들을 징집하는 실태나 그에 따른 뇌물의 공여, 화주花主의 권한 등에 대한 사실적 모습을 보여준다.

『삼국유사』에는 삼국시대는 물론 고려시대의 사실이 전승되었는데, 그중에는 『삼국사기』나 『고려사』 등 정사에 없는 내용이 나온다. 특히 「가락국기」는 가야사 복원을 위한 매우 소중한 자료이다. 불교 연기설화 중 보요普耀의 해룡선종海龍禪宗이나 보양寶壤의 운문산문雲門山門 등은 『삼국유사』를 통해서만 알 수 있다. 그 외에도 세규사世逵寺의 조신調信 설화는 신라하대에 사원의 장사莊舍 경영에 관한 구체적인 모습을 알려주는 등, 『삼국유사』에 실린 설화는 당대의 사회상을 짐작하게 한다.

『삼국유사』 소재 설화는 당대의 사회상을 반영하여 형성된 것이어서, 역사적 사실의 보강을 위해 대단히 유용하다. 비형랑鼻荊郞은 진지왕의 혼과 도화녀桃花女 사이에 태어났다. 그는 진지왕의 아들이지만 가공의 인물이고, 실제의 아들은 용춘龍春인데 신라상대에 정치적으로 중요한 위치에 있었다. 진평왕대 초기에 용춘의 행적은 잘 알려져 있지 않다. 그는 진평왕 44년(622년)에 내성사신內省私臣으로 임명되어 삼궁三宮을 장악하면서 정치적인 실력자로 등장하였고,[36] 그의 아들인 무열왕이 신라중대의 전제정치를 열었다. 그런데 비형랑은 용춘을 상징적으로 나타낸 설화 속의 인물로 생각

---

35 김두진, 「新羅 眞平王代 初期의 政治改革 —三國遺事 所載 桃花女鼻荊郞조의 分析을 中心으로—」, 『震檀學報』 67, 1990, 22~25쪽.
36 김두진, 위의 논문, 1990, 35쪽.

되기 때문에, 그의 행적을 통해 진평왕대 초기에 용춘의 정치 활동을 이해할 수 있다.[37]

신라의 기인其人제도나 상수리上守吏제도에 대해서는 헌강왕 때의 처용설화(『삼국유사』 권2, 處容郞 望海寺조)나 문무왕대의 차득공車得公 설화(『삼국유사』 권2, 文虎王法敏조)를 통해 추구하는데, 그 결론이 통설로 정립된 것은 아니다. 그러나 두 설화는 모두 문무왕과 헌강왕 때의 사회상을 알려주기에는 충분하다. 오대산신앙을 성립시킨 정신대왕淨神大王과 보천寶川태자, 효명孝明왕자의 왕위 계승 설화는 신라 정치사의 잘 알려지지 않았던 중요한 모습을 보여준다. 다만 그들이 『삼국사기』 등 다른 역사서에 나오지 않기 때문에, 실제로 어느 왕 때에 활동하였는지를 분명하게 규명해야 한다.

효명을 성덕왕으로 비정하여, 정신대왕과 보천·효명 설화를 통해 성덕왕의 즉위 배경을 연구하였다.[38] 신충信忠이 단속사斷俗寺를 조성하는 연기설화나 원가怨歌는 경덕왕 때의 정치 개혁과 연관하여 분석되었다. 경덕왕의 개혁 정치가 반발을 받아 실패로 기울자 거기에 참가하였던 신충 등, 왕당파들이 지리산에 퇴거하여 단속사를 조성하고 왕에 대한 그리움을 원가로 지었다고 한다.[39] 신문왕 때에 신충과 관련하여 조성된 봉성사奉聖寺 설화도 신라중대의 일정한 역사적 사실을 알려준다. 이렇듯 『삼국유사』에 실려 있는 많은 설화는 오랫동안 전승되는 과정에서, 신이한 신앙을 첨가한 관념적 사료로 바뀌어 역사적 개별 사실과 신이한 전승을 분리하지 않은 상태로 기록한 것이다. 이 때문에 그것은 생경한 역사적 진실을 전해주면서 아울러 당대 사회의 개별 사실을 더 보강할 수 있게 한다.

---

37 김두진, 위의 논문, 1990, 25~26쪽.
38 辛鍾遠, 「新羅 五臺山事蹟과 聖德王의 卽位背景」, 『崔永禧先生華甲紀念 韓國史學論叢』, 探求堂, 1987, 124~127쪽.
39 이기백, 「景德王과 斷俗寺·怨歌」, 『신라정치사회사연구』, 일조각, 1999, 220~226쪽.

제2절 『삼국유사』의 불교사 자료와 그 성격

1. 『삼국유사』의 불교사 관계 자료

한국고대 불교사를 알려줄 자료로써 『삼국유사』와 『해동고승전海東高僧傳』을 비롯하여 신라나 고려시대 고승들의 저술이 상당수 남아있다. 그중 『해동고승전』은 불교전래 초기 기록에 한정하여 일부만 전하기 때문에 그 완전한 모습을 알 수 없다. 신라나 고려시대 승려들의 문집은 한국불교사의 어느 특정한 부분만을 알려줄 뿐이다. 반면 한국고대 불교사의 체계를 수립하는 데 『삼국유사』의 불교사 관계 자료는 대단히 유용하다. 『삼국유사』의 성격을 밝힘은 한국고대 불교사를 바르게 이해하는 데 첩경이 된다. 사실 후대의 종파적인 입장에서 한국불교사를 정리하기 쉬운데, 『삼국유사』를 통해 이를 뛰어넘는 객관적 입장에서 조명이 가능하다.

『삼국유사』에 불교사 자료로 어떤 것이 있는가를 구체적으로 지적한 다음, 그것을 중국의 승전僧傳이나 『해동고승전』의 내용과 비교 검토함으로써 그 가치를 밝히고자 한다. 『삼국유사』에만 나와 있는 불교사 자료는 물론 사료적 가치가 높다. 중국의 승전 및 『해동고승전』이나 『삼국유사』에 공통으로 나와 있는 자료의 경우, 그 차이점을 끌어냄으로써 『삼국유사』의 불교사 자료가 갖는 특성을 밝히고자 한다. 일연의 불교사상이나 교파적 입장 혹은 고려후기 불교계의 추이 속에서 『삼국유사』의 불교사 자료를 분석함으로써, 그것이 갖는 의미를 이해할 수 있을 것이다.

『삼국유사』는 왕력과 기이편을 제외한 약 절반 정도가 불교사 관계의 자료이다. 왕력과 기이편은 한국고대사 관계의 중요한 사료이지만, 그 속에도 불교사를 알려줄 자료가 적지 않다. 일연은 한국고대사를 체계화하면서 국가의 발전과 불법의 흥기를 일치시킨 불교 흥국사관을 가졌다. 이 때문에 기이편에는 불교 관계 내용이 상당수 포함되어 있다.

왕력편은 삼국 및 가락국駕洛國의 연표이다. 거기에는 『삼국사기』 등 다른 역사서의 연표와는 달리 왕과 왕비의 이름 및 인척 관계를 기록하면서, 국호나 수도를 정하거나 축성築城이나 제방堤防의 건립, 또는 연호의 사용이나 국가의 멸망 등 중요한 역사적 사실을 간략하게 표시하였다. 특별히 신라의 법흥왕과 진흥왕이 불교를 공인한 사실과 함께 왕과 왕비가 출가한 사실은 물론, 후고려後高麗의 태조太祖조에는 왕건이 창건한 법왕사法王寺 등 알려진 것만으로도 17개나 되는 많은 사찰을 기록하였다.

기이편에 수록된 불교사 자료들은 한결같이 당시의 정치 사회 현실과 연관하여 기술되었다. 먼저 문무왕 때의 사천왕사四天王寺 창건에 대한 기록은 선덕왕지기삼사善德王知幾三事조와 문호왕법민文虎王法敏조에 모두 나온다. 전자는 선덕여왕이 도리천忉利天에 태어날 것이라는 예언을 언급하였다. 후자는 문무왕 때에 당의 신라 침공 사실을 기록한 것이다. 당에 머물던 김인문金仁問이 신라 침공 사실을 알아내고는, 의상을 급히 귀국시켜 이를 대비하게 하였다. 조정은 사천왕사를 창건하고 명랑明朗을 초빙하여 문두루文豆婁 비법秘法으로 국난을 물리쳤다. 그런데 이 사실은 명랑의 전기인 명랑신인明朗神印조에는 생략되었다.[1]

사천왕사의 창건과 연관하여 문호왕법민조에는 다른 곳에 없는 불교 관계 기록이 나타나 있다. 곧 의상의 행적과 함께, 당에 갇힌 김인문을 구출하기 위한 불교 도량의 설치에 관한 내용이다. 의상은 문무왕에게 건의하여 성을 쌓는 역사를 중단시켰다. 또한 김인문을 생환하기 위한 관음觀音도량을 설치하였는데, 그가 죽은 후에는 그것을 미타彌陀도량으로 바꾸었다. 그

---

1 『三國遺事』 권5, 明朗神印조에는 "文武王聞之懼 請師開秘法禳之 (事在文虎王傳中)"이라 하였다. 곧 비법을 설치하게 되는 사건의 경위는 文虎王法敏조에 기록하였고, 여기서는 생략되었다.

외 문무왕은 석지의釋智義와 상의하여, 죽은 후 나라를 지키기 위해 호국룡이 되는 염원을 이루고자 하였다.

경덕왕충담사 표훈대덕景德王忠談師 表訓大德조와 원성대왕元聖大王조는 신라중대 말에서 하대로 이행하는 시기에 화엄종 승려의 활동 모습을 보여준다. 경덕왕 때의 표훈과 원성왕 때의 지해智海나 묘정妙正이 바로 그들이다. 천국을 왕래한 표훈의 행적은 이후 신라에 성인이 출생하지 못한다는 연기설화를 낳았지만, 혜공왕의 출생과 연관하여 신라 사회가 중대에서 하대로 변모해 가는 모습을 설명해준다. 표훈의 논소論疏는 고려시대 균여 등 고승들의 저술 속에 언급되어 있어서, 그의 사상의 편린을 이해할 수 있게 한다.[2] 지해나 묘정에 대해서는『삼국유사』외의 다른 저술에서는 찾아보기 어렵다.

무왕武王조는 미륵사彌勒寺 창건에 관한 연기설화를 실었다. 무왕과 왕비인 선화善花공주가 사자사師子寺로 가는 도중에 용화산龍華山 아래 큰 연못가에 이르렀는데, 연못 가운데에서 미륵 3존이 출현하므로 지명知命법사의 신통력에 도움을 받아 미륵사를 창건하였다.『삼국유사』는 미륵사가『삼국사기』에 나오는 왕흥사王興寺와 같은 절이라고 기록하였다.[3] 다만 흥법편의 법왕금살法王禁殺조에도 백제의 미륵사 창건에 대해 언급하였다. 법왕이 사비성泗沘城에 왕흥사를 창건하려 했으나 이루지 못하고 돌아가니, 무왕이 그 절을 완성하고는 미륵사라고 불렀다고 한다. 무왕조와 법왕금살조는 백제 불교의 구체적 모습을 알려주는 귀중한 사료임으로, 사비성에 창건되는

---

2 김두진,「義湘의 門徒」,『韓國學論叢』16, 1994;『義湘, 그의 생애와 화엄사상』, 민음사, 1995, 279~284쪽.

3 『삼국유사』권2, 武王조에는 "額日 彌勒寺 (國史云 王興寺)"라고 하여 미륵사를『삼국사기』에 나오는 왕흥사라고 하였다. 그런데『삼국사기』권27, 百濟 法王 2年 春正月조에 "創王興寺 度僧三十人"이라 하였고, 또한 같은 책, 무왕 25년 春2월조에 "王興寺成 其寺臨水 彩飾壯麗 王每乘舟入寺行香"이라 하였다. 무왕 25년에 완성된 왕흥사는 부여 근교에 있었던 듯하다. 그렇다면 백제에는 왕흥사가 두 곳에 있었고, 미륵사는 법왕 2년에 창건된 왕흥사를 가리킨 것이다.

왕흥사와 용화산 아래에 창건되는 미륵사의 관계를 분명히 하는 작업은 중요하다고 생각된다.

가락국기駕洛國記조에도 질지왕銍知王 때에 왕후사王后寺의 창건과 함께 평전平田 10결을 절에 바치는 내용이 전한다. 왕후사의 창건은 탑상편의 금관성파사석탑金官城婆娑石塔조 및 어산불영魚山佛影조와 함께 가야의 불교신앙을 밝힐 실마리를 제공해 준다. 또한 왕후사는 고려 때에 세워진 장유사長遊寺에 소속되었다. 장유사의 삼강三剛이 그 경내에 존재한 왕후사를 장사莊舍로 바꾸었다. 이것은 『삼국유사』에서 자주 찾아볼 수 있는 사원경제 관계의 자료이다. 물론 사원경제에 관한 자료는 흥법편 이후 불교 관계의 편목에도 상당히 많이 나타나 있다.[4] 기이편에 나타난 불교 관계 자료는 대부분 불교신앙의 징조로써 정치·사회 상황을 설명하려는 것이다.

흥법편 이후 편목의 내용은 주로 불교신앙 관계에 대해 기록한 것이다. 그중 고승전으로 이해할 수 있는 부분은 의해와 신주편이다. 의해편에서 다룬 승려는 다음과 같다.

원광圓光·보양寶壤·혜숙惠宿·혜공惠空·자장慈藏·원효元曉·의상義湘·사복蛇福·진표眞表·승전勝詮·심지心地·태현太賢·법해法海 등[5]

이들 중 중국 승전에 나오지 않는 승려는 보양·혜숙·혜공·사복·승전·심지·태현·법해 등이다. 신주편은 밀교密敎 승전이라 할 수 있는데, 밀본密本·혜통惠通·명랑明朗의 전기를 실었다. 이들 3인의 전기는 중국의 승전에 나와 있지 않다.

---

4 김두진, 「新羅下代 禪宗山門의 社會經濟的 基盤」, 『한국학논총』 21, 1999, 13~28쪽 참조.
5 『삼국유사』 권4, 歸竺諸師조에는 신라 승려로서 인도에까지 求法하러 간 阿離那跋摩와 함께 惠業·玄素·求本·玄恪·惠輪·玄遊 등의 이름이 전한다. 『해동고승전』 권2에는 이들 중 아리나발마·혜업·현각·혜륜·현유 등의 간략한 행적이 전한다.

의해편에 나온 승려 중 중국의 승전에 수록된 사람은 원광·자장(이상 『續高僧傳』)·원효·의상·진표(이상 『宋高僧傳』) 등이다. 이 가운데 『삼국유사』에 기록된 원광전은 『속고승전續高僧傳』과 『해동고승전』의 원광전을 거의 그대로 전재한 것이어서, 그 자료적 가치가 다소 떨어진다. 그 외에 자장·원효·의상·진표 등은 중국 승전의 내용과 다르게 기록되었다. 다만 자장의 경우 부모가 천부千部관음에게 빌어 태어났고, 출가하는 과정이나 고골관枯骨觀과 같은 엄격한 수련을 거치면서 계율을 지니거나 중국에 유학하여 문수로부터 감응을 받는 등의 행적은 『삼국유사』나 중국의 승전에 모두 나와 있다.

반면 대국통大國統에 임명된 다음에 시행한 승관제僧官制에 대한 협주와 화엄을 강의하면서 52지식수知識樹를 심는 내용이나, 만년에 석남원石南院, 곧 정암사淨岩寺를 창건하고 그곳에서 문수를 만나려 하였으나 실패했던 사실 등은, 중국 승전에 나오지 않고 『삼국유사』에만 특별히 기록되었다. 또한 중국의 승전은 자장이 지닌 엄격한 계율을 부각하였다면, 『삼국유사』는 계율을 생활화하고 보편화하였던 사실을 기술하였다.[6]

고려후기까지 전해진 승전을 참고하여 일연은 의해편을 찬술하였는데, 가능한 다른 승전에 전하는 내용을 중복해서 기록하지는 않았다.[7] 원효불기元曉不羈조나 의상전교義湘傳敎조의 내용은 소략한 편이지만, 한편으로 다른 곳에 실리지 않은 특이한 행적을 포함하고 있어서 주목된다. 우선 원효

---

6 『삼국유사』 권4, 慈藏定律조에서 "當此之際 國中之人 受戒奉佛 十室八九"라고 하였다. 그러나 자장은 처음 枯骨觀과 같은 엄격한 수련을 강요하는 戒行을 닦았다. 또한 같은 책 권4, 圓光西學조에는 "光曰 佛敎有菩薩戒 其別有十 若等爲人臣子 恐不能堪"이라 하였다. 신라 사회에는 臣子로서 감당하기 어려운 보살계나 고골관 등이 있었으나, 자장은 대승보살계 등을 내세우면서 계율을 누구나 지니기 쉽게 생활화하였다(김두진, 「慈藏의 文殊信仰과 戒律」, 『한국학논총』 12, 1990, 22쪽).

7 『삼국유사』 권4, 元曉不羈조에는 "具載唐傳與行狀 不可具載 唯鄕傳所記 有一二段異事"라 하여 唐傳이나 행장에 나와 있는 기록을 싣지 않은 반면, 향전에 전하는 특이한 사실을 기록하였다. 또한 같은 책 권4, 義湘傳敎조에는 "餘如崔侯所撰本傳"이라 하여, 최치원이 찬술한 의상전의 내용이 기록되지 않았다.

불기조에는 다른 승전에서 찾아볼 수 없는 내용이 나온다. 곧 사라율娑羅栗과 사라사娑羅寺에 관한 연기설화와 요석궁瑤石宮의 홀로된 공주와의 사이에서 설총薛聰을 낳거나, 이후 스스로 소성거사小姓居士라 부르고 전국을 돌면서 불법을 전하였으며 특히 『화엄경소華嚴經疏』를 찬술하는 사실 등을 기록하였다.

중국 승전에는 원효의 『금강삼매경론金剛三昧經論』 찬술 경위를 비교적 자세하게 기록하였는데, 원효불기조에는 그것을 간략하게 기술하면서 대안大安법사와의 연관을 언급하였다. 이 점은 『금강삼매경론』의 찬술이 대단히 중요한 것이기 때문에 원효불기조에도 중복되지만 기록할 수밖에 없었던 사정을 짐작하게 한다. 한편으로 대안법사는 소성거사로서의 원효의 행적에 영향을 끼친 인물이다. 원효는 큰 박으로 이상한 모양의 도구를 만들어, 그것으로 춤을 추고 무애가無㝵歌를 부르면서 전국 방방곡곡을 돌아다녔다. 이러한 원효의 행적은 바로 대안법사의 모습을 떠올리게 한다.[8] 원효로 말미암아 신라의 백성들이 모두 불타를 알게 되어 불교는 대중화되었다.

다른 승전에 기록되지 않았지만 의해편에 실린 신라의 승려 혜숙·혜공·사복은 원효의 무애행과 연관하여 강조한 인물이다. 사복은 연화장蓮花藏 세계를 여는 장본인인데, 바로 대안을 가리키는 듯한 인상을 준다.[9] 혜숙과 혜공의 행적도 성속聖俗을 초월한 원효의 모습을 떠올리게 한다. 그들은 단월檀越 집에서 제를 올리면서 같은 시간에 술에 취한 채 방황하는 모습을 함께 보여준다. 삼태기를 메고 크게 취한 채, 미친 듯이 노래하고 춤추면서 거리를 누비고 다녔다. 또한 이혜동진二惠同塵조의 혜공전에는 원효가 혜공과 더불어 오어사吾魚寺에서 교류하면서, 여러 경전을 찬술하거나 유식에 접하는 사실이 나타나 있다.

---

8 김두진, 「元曉의 唯心論的 圓融思想」, 『한국학논총』 22, 2000, 6~7쪽.
9 김두진, 위의 논문, 2000, 7쪽.

의상전교조 역시 다른 승전이나 문헌에 나오지 않은 내용을 기록하였다. 의상전교조에 실린 법장이 의상에게 전한 편지는 실물이 전한다고 하지만, 그 진위에 대해서는 심도 있게 추구하여야 한다.[10] 그 외 의상의 10대 제자들의 이름과 간략한 행적을 알려준다. 법장의 편지와 연관하여 승전촉루勝 詮髑髏조는 법장이 의상에게 전한 별폭別幅의 내용을 소개하였다.[11] 승전은 돌 해골 무리를 권속으로 하여 화엄사상을 강의하였다. 이는 무정설법無情 說法을 펴려는 것이다. 최치원이 찬술한 의상전의 내용이 빠져서인지, 『삼국유사』의 의상과 승전의 행적에 대한 기록은 화엄사상을 풍부하게 이끌어 내는 데에는 부족하다.

『삼국유사』에는 오히려 법상종 승려를 많이 기록하였다. 원광 계통으로 이어질 수 있는 진표眞表와 그 문하인 심지心地의 행적을 비교적 자세하게 소개하였다. 진표의 행적은 중국 승전에도 실렸는데, 그것에 비해『삼국유사』에서는 계율을 강조하면서 점찰법회占察法會를 개최하는 면을 부각하였다. 진표는 미륵으로부터『점찰경』2권과 189개의 간자를 받았다.[12] 진표 교학에서 계율과 점찰법을 강조하는 전통은 원광에서부터 끌어낼 수 있다.[13] 관동풍악발연수석기關東楓岳鉢淵藪石記조도 진표의 행적에 관한 기록이다. 다만 진표전간조와 비교하여 그것은 강원도 고성군高城郡에 발연수鉢淵藪를 창건하여, 강릉 등 동해안에서 특별히 점찰법회를 열고 계율을 강조한 사실을 제시하였다.

---

10 李丙燾,「天理圖書館 所藏의 唐法藏致新羅義湘書(墨書)에 대하여」,『黃義敦華甲紀念論叢』, 1960;『韓國古代史硏究』, 1976, 736~738쪽.

11 法藏의 書簡과 別幅의 내용은 義天의『圓宗文類』권22에도 전한다. 또한 이 서간은 최치원의 법장전 속에서도 언급되었다.

12 같은 내용에 대해『宋高僧傳』권14, 明律篇 第4의 1, 眞表傳에는 108籤을 받은 것으로 기록하였고, 그 사용 용도를 "佛前望空而擲其籤 墮地以驗罪 滅不滅之相"이라 하였다.

13 『三國遺事』권4, 圓光西學조에 "故光於所住嘉栖寺 置占察寶 以爲恒規 時有檀越尼 納田於占察寶"라고 하였다. 또는 貴山과 箒項 두 청년에게는 世俗五戒를 내렸지만, 막상 본인들은 세속의 사람들이 감당할 수 없는 보살계를 지녔다.

심지계조조는 진표의 교학이 계승되는 측면과 함께 189개의 간자가 왕건에게 전해지는 연기설화를 간략하게 실었다. 아울러 중국 승전에 전하는 108첨첨籤은 잘못된 것이고, 진표 교학의 중심은 점찰법이 아니라 법상종사상으로 파악해야 한다[14]는 것이다. 그 외 보양이목寶壤梨木조에는 운문사雲門寺가 원광 및 유식계 승려인 지식知識과 관련을 맺었다고 하였다.[15] 보양은 나말여초에 운문산문雲門山門을 열었다. 아울러 그는 풍수지리설에 의거하여 왕건이 견성犬城을 공략하게 하는 연기설화의 주인공이었다. 『삼국유사』의 의해편은 화엄사상보다 유식사상을 알려줄 내용을 많이 포함하고 있지만, 현유가해화엄賢瑜伽海華嚴조는 태현의 유식사상보다 법해法海의 화엄사상이 더 수승殊勝한 것을 보여준다.[16] 곧 신라중대 말에서 하대 초에 화엄종과 법상종의 상관관계를 알려준다.

신주편은 밀본·혜통·명랑 등에 관한 일종의 밀교 승전이다. 밀본최사密本摧邪조는 밀본이 선덕여왕과 김양도金良圖의 질병을 고친 내용을 담고 있다. 그 외 김유신과 친분이 있는 노거사老居士와 인혜사因惠師의 신통력 경쟁에 관한 연기설화를 실었다. 혜통항룡惠通降龍조에는 혜통의 간략한 전기와 함께 신문왕의 장로葬路에 방해가 된 정공鄭恭 집 앞의 버드나무를 베는 내용을 통해 왕실과 정공 및 혜통이 얽힌 연기설화와 신문왕 때의 신충봉성사信忠奉聖寺 창건 설화 등을 기록하였다. 끝으로 명랑신인明朗神印조는 명랑에 관한 간략한 전기인데, 그 외에 광학廣學과 대연大緣 두 신인종 승려를

---

14 『삼국유사』 권4, 心地繼祖조에는 "而宋傳但云百八籤子 何也 恐認彼百八煩惱之名而稱之 不揆尋經文爾"라고 하였다. 또한 같은 책 권4, 眞表傳簡조에는 "雖外乎性宗 其相教大乘殆亦優矣 …… 則與占察經擲輪得相之事 奚以異哉"라고 하였다.

15 『삼국유사』 권4, 寶壤梨木조는 용왕의 아들인 離目과 원광과의 관계를 부정하였지만, "及至玆洞 忽有老僧 自稱圓光 抱印櫃而出 投之而沒"이라 하였고, 이에 대한 협주에서 "按圓光以陳末入中國 開皇間東還 住嘉西岬"이라 하였다. 곧 원광은 조사 知識과 관련되었고, 嘉西岬에 주석하였다. 또한 일연은 지식이 보양이라고 추정하였다.

16 김두진, 「의상의 門徒」, 『한국학논총』 14, 1994; 『의상, 그의 생애와 화엄사상』, 민음사, 1995, 307~308쪽.

언급하였다. 사실『삼국유사』에는 신이한 불교신앙을 많이 기록하였는데, 그것과 구별하여 밀교승의 정전正傳으로 신주편을 따로 설정하였다. 그리하여 신이한 주술적 불교신앙의 차원을 넘어서 신인종의 정통을 세우려고 하였다.[17]

『삼국유사』의 나머지 편명인 흥법·탑상·감통·피은·효선편은 모두 불교신앙을 홍포하려는 목적에서 설정되었다. 탑상편은 탑이나 불상 등 불교 문화재에 대해 기록한 것이지만, 이를 통해 풍부한 불교신앙의 내용을 전해준다. 가섭불연좌석迦葉佛宴坐石조·요동성육왕탑遼東城育王塔조·금관성파사석탑金官城婆娑石塔조·황룡사장륙皇龍寺丈六조는 신라·고구려·가야 등의 탑이나 불상이 아육왕阿育王 등 인도불교와 연결되었다는 연기설화를 구성하였다. 특히 가섭불연좌석조와 연결하여 기술한 황룡사 장륙상의 조상이나 9층탑의 조성은 신라 불국토신앙이나 또는 이웃 나라와의 재난을 없애려는 호국신앙을 보여준다.

탑상편의 조목은 대체로 탑이나 불상을 조성하려는 연기설화를 담고 있다. 황룡사종·분황사芬皇寺 약사동상藥師銅像·봉덕사종奉德寺鐘·영묘사靈妙寺 장륙상丈六像·대승사大乘寺나 굴불사掘佛寺의 사면불상四面佛像·삼화령三花嶺 석미륵상石彌勒像·무장사鍪藏寺의 미타상彌陀像 및 미타전·영취사靈鷲寺의 석탑 등을 조성하는 내용이 그러한 것이다. 이렇게 조성된 탑이나 불상은 신이한 믿음의 대상이 되었다.

관음신앙은 삼소관음 중생사三所觀音 衆生寺조·백률사栢栗寺조·민장사敏藏寺조와 분황사천수대비 맹아득안芬皇寺千手大悲 盲兒得眼조·낙산이대성

---

17 『삼국유사』는 전체가 신이한 토착적 신앙을 기술하였다. 그런데 의상과 문도들이 탑을 돌면서 허공을 밟고 올라갔는데, 이에 대해 『삼국유사』 권4, 의상전교조에는 "湘乃顧謂曰 世人見此 必以爲怪 不可以訓世"라고 하였다. 의상을 통해서이긴 하지만 일연은 불교의 토착적인 신이신앙을 드러내어 강조하지 않았다. 그러면서 불교신앙과 토착신앙이 융섭된 밀교 승려를 신주편으로 선정하여 정리한 것은 밀교의 특이한 신앙을 들추어내기보다는, 그 보편성을 강조하려는 의도를 가졌다.

관음정취조신洛山二大聖 觀音正趣調信조에 나타나 있다. 낙산사의 관음은 『화엄경』의 입법계품入法界品에 의한 실천수행을 강조하였다.[18] 원효가 낙산사의 관음진신을 만나러 가거나 정취正趣보살을 모시는 연기설화가 그것이다. 그러면서도 낙산사의 관음신앙은 서민 대중의 소원을 들어주거나 정토로의 왕생을 도와주었다. 조신이 낙산사의 관음전에 빌어서 꿈에서나마, 김흔金昕의 딸과 사랑을 이루는 연기설화가 이를 알려준다.

그 외 중생사·백률사·민장사·분황사의 관음은 모두 『법화경』 보문품普門品에 의한 서민 대중의 소원을 들어주는 신앙을 표방하였다. 중생사의 관음신앙은 최승로崔承老의 탄생 및 금주金州 단월의 시주를 가능하게 하거나 점승占崇의 주지권을 뺏으려는 기도를 무산시키는 등, 고려시대의 영험설화로 형성되었다. 백률사의 관음은 국선國仙으로 적적狄賊에게 피랍된 부례랑夫禮郞과 도적맞은 국보 신적(神笛, 만파식적)을 구하거나 찾아주었다. 민장사의 관음은 보개寶開의 집 나간 아들 장춘長春을 돌아오게 하였으며, 분황사의 관음은 희명希明의 아들인 맹아의 눈을 뜨게 해 주었다.[19]

미륵신앙에 대해서는 기이편의 효소왕대 죽지랑孝昭王代 竹旨郞조나 경덕왕충담사 표훈대덕景德王忠談師 表訓大德조 및 탑상편의 생의사석미륵生義寺石彌勒조·낙산이대성 관음정취조신조, 감통편의 월명사도솔가月明師兜率歌조 등에 부분적으로 나타나며, 탑상편의 미륵선화미시랑 진자사彌勒仙花未尸郞 眞慈師조에 비교적 자세하게 언급되었다. 대체로 그것은 돌미륵 불상이 출현하는 연기설화를 간략하게 언급하였다. 또한 흥륜사의 주존불인 미륵은 진자의 소원을 들어주기 위해 화랑으로 출현하였다.

---

18 김두진, 「의상의 觀音信仰과 淨土」, 『震檀學報』 71·72합, 1991; 『義湘, 그의 생애와 화엄사상』, 민음사, 1995, 236~239쪽.

19 『삼국유사』 권3, 敏藏寺조에서 寶開의 아들 長春을 구한 설화는 『圓, 『法華靈驗傳』 권하, 黑風臭其船舫조에 나와 있다. 또한 『삼국유사』 권5, 憬興遇聖조에도 관음의 영험설화를 기록하였는데, 같은 내용이 『法華靈驗傳』 권하, 顯比丘尼身조에도 나온다.

탑상편의 남월산南月山조에는 미륵과 함께 미타상을 조성하는 경위를 언급하였다. 정작 미타신앙에 대해서는 무장사미타전鍪藏寺彌陀殿조에 간략하게 기술하였다. 반면 감통편에는 관음신앙과 혼유混有한 미타신앙을 많이 기술하였다. 물론 이때의 미타신앙은 대부분 정토신앙과 연결된 것이다. 욱면비염불서승郁面婢念佛西昇조·광덕엄장廣德嚴莊조는 귀진貴珍의 노비인 욱면이나 광덕·엄장이 미타정토에 왕생하는 신앙을 포용하였다. 특히 욱면비염불서승조는 경덕왕 때의 강주康州에 만일미타도량萬日彌陀道場을 개설하였으며, 피은편의 포산이성包山二聖조도 고려시대에 만일미타도량이 결성되었던 사실을 알려준다.

탑상편에는 오대산신앙을 비교적 장황하게 소개하였다. 대산오만진신臺山五萬眞身조·명주오대산 보질도태자전기溟洲五臺山 寶叱徒太子傳記조·대산월정사 오류성중臺山月精寺 五類聖衆조·오대산문수사석탑기조 등이 이를 알려준다.[20] 오대산신앙은 크게 두 내용으로 구성되었다. 자장이 중국에서 문수를 알현하고 돌아와 정암사淨岩寺를 창건하는 등 문수신앙을 펴려는 내용과 다음으로 정신淨神대왕이 왕위 쟁탈전에 휘말리자, 국인이 그의 아들인 보천寶川태자와 효명孝明왕자를 옹립하려는 내용으로 이루어졌다. 결국 효명이 즉위하면서 진여원眞如院을 창건하였고, 이후 오대의 각 봉우리에는 여래가 상주하는 신앙이 정립되었다. 다만 오대산신앙 속에는 정암사와 월정사月精寺를 창건하는 연기설화가 섞여 있는데, 본래 두 사원에 관한 연기설화는 엄격하게 구별되어 존재하였던 듯하다.[21]

석가불은 사바세계에 상주하기 때문에 실제로 대중을 구제하려는 대승불

---

20 비슷한 내용이 閔漬,「五臺山聖迹 幷新羅淨神太子 孝明太子傳記」,『朝鮮佛教通史』권하, 五臺佛宮山中明堂조, 1918, 134~135쪽에 소개되었다.

21 淨岩寺는 자장이 창건한 연기설화를 가졌다면, 월정사는 信孝거사와 직접 연결되었다. 그 후 월정사에는 梵日의 문인인 信義와 水多寺의 長老인 有緣이 거주하였다(『삼국유사』권3, 臺山月精寺 五類聖衆조). 반면 자장이 오대산에 들어와 結茅한 것을 월정사와 관련시켜 기록하였다.

교신앙의 대상으로 중시되었다. 석가불신앙은 탑상편의 황룡사장륙조 등에 부분적으로 나타났지만,[22] 전후소장사리前後所將舍利조는 신라부터 고려때까지 불사리나 대장경이 전래된 사실을 모두 열거하였다. 석가의 상주 설법처인 영취산靈鷲山도량은 피은편의 낭지승운 보현수郎智乘雲 普賢樹조·연회도명 문수점緣會逃名 文殊岾조·혜현구정惠現求靜조에 나타났는데, 그 바탕에는 관음신앙이 깔려 있다. 물론 혜현은 영취산도량을 분명히 수용하지는 않았지만, 『법화경』을 염송하는 것으로 일과를 삼았다. 법화신앙 속에는 관음에 의탁한 영험신앙이 나타났으며, 앞에서 중생사·백률사·민장사·분황사 등의 관음신앙이 이에 속한다는 사실을 살펴보았다. 피은편에서 영취산도량을 중심으로 나타난 법화신앙은 실천수행을 강조하였다.[23] 그리하여 영취산도량에는 관음 외에 보현보살이 중요한 역할을 담당하였다.

정토신앙과 연관하여 감통편을 소개하였는데, 그 외에 선도성모수희불사仙桃聖母隨喜佛事조·선율환생善律還生조·김현감호金現感虎조는 특이한 불교신앙을 포용하였다. 선도산신모가 불사에 시주하는 모습은 무불巫佛융섭을 생각하게 한다. 선율은 불경의 조성 공덕으로 말미암아 명부冥府로부터 살아 돌아왔다. 김현이 흥륜사興輪寺의 탑돌이 행사에서 만난 호랑이 낭자와 사랑에 빠지는 연기설화는 호원사虎願寺 창건에 관한 것이다. 끝으로 효선편은 출가로 인해 부모를 모시지 못함으로써 효도와 대립되는 면을 극복하면서, 수도와 효도 사이의 조화와 타협을 추구한 것이다.[24] 진정사효선쌍미

---

22 『삼국유사』 권5, 眞身受供조에도 眞身 석가가 孝昭王의 법회에 참가하는 내용이 나온다. 그 외 진평왕의 가족이 석가족의 이름을 따라서 사용한 것은 석가불신앙과 연결된다(김두진, 「新羅 眞平王代의 釋迦佛信仰」, 『한국학논총』 10, 1989, 33~34쪽).

23 『삼국유사』 권5, 피은편의 朗智乘雲 普賢樹조·緣會逃名 文殊岾조·惠現求靜조에는 智通과 연회가 普賢戒를 받거나 普賢行을 닦았다고 하였으며, 惠現은 "現靜坐求忘"이라 하여 觀行을 닦았다.

24 李基白, 「新羅佛敎에서의 孝觀念 －三國遺事 孝善篇을 중심으로－」, 『東亞硏究』 2, 1983; 『新羅 思想史硏究』, 一潮閣, 1986, 278쪽.

眞定師孝善雙美조는 진정이 의상의 문하에 출가함으로써 그 공덕으로 어머니가 극락에 가는 것을 강조하였다. 신문왕 때의 대성大城은 현세와 전세의 부모를 위해 불국사와 석불사石佛寺를 창건하였다. 그 외에도 효선편은 향득向得·손순孫順·가난한 여인 등의 효행을 기술하였다.

『삼국유사』는 전체가 불교사 관계의 자료이지만, 특히 홍법편 이후의 내용은 모두 불교신앙을 홍포하기 위한 것이다. 특히 탑상편은 『삼국유사』의 독특한 편목 체제로 설정되었으며, 관음·미륵·미타·석가·오대산 등 중요한 불교신앙을 탑이나 불상 또는 사찰의 조성에 관한 연기설화 속에 수용하였다. 의해편과 신주편은 고승들의 전기라고 할 수 있는데, 화엄종·법상종·밀교 등의 사상을 알려준다. 그 외에도 『삼국유사』에 전하는 많은 불교 관계 자료는 불교신앙과 당시 사회와의 관계를 밝혀준다.

2. 불교사 자료로서의 가치

『삼국유사』는 왕력·기이편에서 국가나 국왕을 중심으로 한 역사를 기록하였다면, 홍법편 이후의 편목에서는 대부분 불교와 관련된 기록을 남겼다. 또한 기이편은 비록 그 분량이 많다고는 하지만, 곳곳에 불교와 연관된 사실을 기술하였다. 특히 사금갑射琴匣조 이후의 조목에는 그러한 기록이 빈번하게 나타나 있다. 『삼국유사』의 내용은 한국고대 불교 사료로서의 가치가 크다. 그렇지만 불교신앙 관계 자료로서 편찬된 부분은 역시 홍법편 이후의 편목들이다.

『삼국유사』가 편찬되기 이전에 신라의 김대문金大問은 『고승전高僧傳』을 저술하였고, 고려시대에도 여러 승전이 찬술되었지만 거의가 실전되었으며, 『해동고승전海東高僧傳』은 완전한 모습으로 전하지 않는다. 이 때문에

한국고대 불교사를 정립하는 데『삼국유사』가 중요한 것은 물론이다.『삼국
유사』외에 한국고대 불교사 관계 자료로는 중국의 고승전류와 신라 및 고
려시대 승려들의 저술을 들 수 있다. 그 외 나말여초 선종 승려들의 탑비塔
碑나 불교 관계 명문銘文, 또는 최치원 등의 문집 등도 한국고대 불교사를
복원하기 위한 중요한 사료이다. 이러한 자료와 비교하여『삼국유사』에서
특별히 밝힐 수 있는 부분을 지적하는 것이 불교사 자료로서의 가치를 이끌
어내는 첩경이다.『삼국유사』에는 다른 불교 관계 자료와 비교하여 특이한
면이 있다.

첫째로『삼국유사』는 삼국 사회에 불교가 전래하여 공인되는 과정을 비
교적 소상하게 기술하였다. 주로 홍법편의 조목이 이에 해당된다. 순도조려
順道肇麗조와 난타벽제難陀闢濟조는 고구려와 백제에 불교가 공인되는 내용
을 기술한 것인데,『해동고승전』의 순도전順道傳 및 마라난타전摩羅難陀傳
과 중복되며, 오히려『해동고승전』의 기록보다 훨씬 소략하다. 신라의 초전
初傳불교 사정을 알려주는 아도기라阿道基羅조는 역시『해동고승전』에 아
도전阿道傳으로 나와 있다. 또한 신라의 불교 공인 과정에 대해서는 원종흥
법 염촉멸신原宗興法 厭髑滅身조를 통해 알 수 있는데,『해동고승전』의 법공
전法空傳에도 비슷한 내용이 나온다.

『삼국유사』의 홍법편과『해동고승전』을 통해 삼국 특히 신라의 불교 전래
와 공인 과정에서, 왕실과 귀족이 불교의 홍포를 둘러싸고 갈등과 대립 양
상을 보이는 면을 끌어낼 수 있다. 그러나 그러한 갈등과 대립 양상을 극복
하면서 불교가 어떻게 수용되느냐의 문제를 제시하는 것은 오로지『삼국유
사』에서 끌어낼 수 있다. 원종흥법 염촉멸신조와『해동고승전』의 법공전의
내용은 거의 일치하는 데 비해,『삼국유사』권3, 미륵선화미시랑 진자사조
와『해동고승전』의 법운전의 내용은 상당히 다르게 기록되었다.[25]『삼국유

---

25 『해동고승전』권1, 釋法雲傳에는 興輪寺의 창건 및 그곳의 佛像·佛舍利나 住錫한 고승을 기록

사』에는 미륵이 화랑으로 출현하는 과정을 자세하게 언급하였는데, 미륵신
앙은 불교 공인과정에서 왕실과 귀족이 서로 협조할 수 있는 면을 지녔다.

신라에는 미륵이 화랑으로 출현한다는 신앙이 있었으며, 죽지랑竹旨郞과
김유신金庾信의 경우가 이를 알려준다.[26] 화랑은 귀족의 자제 중에서 선택
되어 귀족의 꽃과 같은 존재인데, 마침 왕실은 전륜성왕轉輪聖王이나 신라
에 윤회한 인도의 석가족釋迦族으로 자처하였다. 전륜성왕의 치세에는 미
륵이 출현하여 교화하기 때문에 국왕과 화랑의 관계를 전륜성왕과 미륵의
관계로 비유하였으며, 또는 석가와 미륵의 관계로 이해하였다. 석가불과 미
륵신앙이 같이 유행한 사실도 이를 추측하게 한다.[27] 이리하여 신라 사회에
는 왕권과 귀족 세력이 불교신앙 면에서 일정한 타협과 조화를 이루었다.[28]

일연은 신라 불교가 신앙 면에서 왕실과 귀족의 타협과 조화를 이루면서
귀족불교로 발전해간 모습을 보여주었으며, 고구려와 백제 불교를 통해 불
법의 홍기가 왕조의 흥망과 관계되었다는 사실을 제시하였다. 법왕 때의 불
교가 홍기하는 것과 백제의 중흥을 같이 논하였고, 보장왕 때에 불교가 쇠
퇴하는 것을 고구려 멸망과 연결시켰다. 이 과정에서 백제의 불교사상을 이
끌어낼 수 있다.

현재 전하는 고구려와 백제 불교에 관한 사료는 매우 빈곤한데, 백제 관
계의 불교 사료가 더 영세한 편이다.[29] 홍법편의 법왕금살法王禁殺조는 비록

하였다. 그 외에는 花郞에 대해 기록하였다. 그런데 석법운전의 화랑에 관한 부분은 『삼국유
사』의 彌勒仙花未尸郞 眞慈師조의 내용과는 사뭇 달리 기록되었다. 곧 『해동고승전』에서는 화
랑을 창시하는 기사만을 간략하게 언급하였으나 『삼국유사』는 眞慈師가 동자로 출현한 彌勒
인 未尸를 화랑으로 받드는 내용을 장황하게 기술하였다.

26 이기백, 「新羅初期 佛敎와 貴族勢力」, 『진단학보』 40, 1975; 『신라사상사연구』, 일조각, 1986,
    83쪽.
27 이기백, 위의 논문, 1986, 81~85쪽.
28 이기백, 위의 논문, 1986, 83쪽.
29 『해동고승전』에서 고구려 승려로 順道·亡名·義淵·曇始·玄遊 등의 전기가 전하나 백제 승려로
    는 摩羅難陀 정도가 고작이다. 중국 승전 속에서도 백제 승려에 관한 기록은 거의 없는 편이다.

많은 내용을 담고 있지는 않지만, 기이편의 남부여 전백제南夫餘 前百濟조나 무왕武王조와 함께 백제 불교를 복원하는 기본 자료로 활용되었다. 무왕 때의 백제 불교는 미륵의 출현으로 인한 이상국가의 건설과 함께 엄격한 계율을 강조하였다.[30]

둘째로 『삼국유사』는 한국고대의 다양한 불교신앙을 제시하였다. 앞서 서술한 미륵신앙은 물론 관음·미타신앙을 비교적 자세하게 이끌어낼 수 있다. 『삼국유사』 권3, 남백월이성 노힐부득달달박박南白月二聖 努肹夫得怛怛朴朴조는 관음과 미륵·미타신앙과의 유기적 관계를 잘 설명해 주는 연기설화이다. 노힐부득과 달달박박은 각각 백월산의 양 기슭에 거처하면서 미륵과 미타로 성불하기 위해 수도하였다. 이들의 도가 무르익을 즈음에 관음이 낭자로 출현하여, 그 수양을 시험하고는 각각 미륵과 미타불로 성불할 수 있도록 도와주었다. 미타와 미륵·관음이 정토淨土 3불이므로 노힐부득과 달달박박 설화는 관음이 중생으로 하여금 성불하게 하여 미륵정토와 미타 정토로 이끌어주는 정토신앙을 포용하였다.

그러나 법상종단에서이긴 하지만 미타보다는 미륵을 더 강조하는 점 등은 신라 사회의 독특한 신앙으로 변용되었다. 특히 낭자로 변신한 관음이 아기를 낳음으로써, 마치 미타불과 미륵불이 관음에 의해 태어난다고 설명하였던 것도[31] 매우 특이한 모습이다. 『삼국유사』에는 관음신앙이 다양한 모습으로 나타나 있다. 관음은 세상의 모든 음성을 관觀하기 때문에, 서민 대중의 소원을 듣고는 그것을 이루게 해준다. 따라서 관음신앙은 서민 대중과 친밀하였다.

『唐高僧傳』에 백제 승려로 慧顯이 나온다. 이에 비해 고구려 승려로 實法師·印法師·波若·智晃 등이 기록되어 있다. 또한 『梁高僧傳』에는 백제 승려의 이름이 전하지 않는 반면, 고구려 승려로 道人(亡名)·曇始 외에 僧朗의 전기가 전한다.

30 김두진, 「百濟의 彌勒信仰과 戒律」, 『百濟研究叢書』 3, 忠南大 百濟研究所, 1993, 74~75쪽.
31 『삼국유사』 권3, 南白月二聖 努肹夫得怛怛朴朴조에 "十里松陰一徑迷 訪僧來試夜招提 三槽浴罷天將曉生下雙兒擲向西"라 하였다.

물론 고려시대의 다른 문헌에서도 서민 대중의 여러 소원을 들어주던 관음신앙의 모습을 찾아낼 수 있다.[32] 서민 대중과 밀착하여 신앙되었기 때문에 관음신앙은 토착신앙, 특히 지모신신앙과 융합된 모습을 보여주는데, 『삼국유사』에는 이런 면이 구체적으로 나타나 있다. 백월산남사의 연기설화에 등장한 관음이 아기를 낳는 모습도 지모신신앙의 흔적을 보여주지만, 낙산사의 관음은 벼를 베거나 시냇가에서 월수백月水帛을 빠는 여인으로 현신하였다. 생리에 관한 빨래를 하거나 나락을 베는 등, 풍요와 연관된 여인은 지모신의 상징으로 이해된다.[33]

『삼국유사』에는 정토신앙을 광범하게 기록하였다. 신라에 불교가 전래되어 공인되는 과정에서 흥륜사興輪寺를 창건하였고 거기에 미륵불상을 모셨으나, 뒤에 정토신앙의 유행으로 인해 아미타불상을 안치하였다.[34] 선덕여왕대 이후 신라중대에 미타신앙을 중시하는 것은 정토신앙의 유행과 연관될 수 있다. 정토신앙은 사후에 바로 서방에 태어나는 미타정토와 먼 훗날의 이 사회에서 추구되는 미륵정토로 대별되는데, 신라 사람들이 주로 선호한 것은 전자이다.[35]

정토신앙은 신라 불교가 대중화하면서 크게 유행하였다. 귀족들이 이 세상에서의 복록을 다 누리고 다시 추선追善에 의해 사후에 극락왕생을 추구

---

32 了圓, 『法華靈驗錄』에도 觀音의 靈驗에 대한 신앙이 다소 나타나 있다. 특히 『법화영험록』 권하, 16葉 左의 黑風吹其舫조는 『삼국유사』 권3, 敏藏寺조와 같은 내용을 싣고 있으나 민장사조보다는 훨씬 풍부한 내용을 담고 있다. 또한 『법화영험록』 권하, 約始終姻婭不成双조도 『삼국유사』 권5, 憬興遇聖조와 같은 내용을 싣고 있다.

33 金哲埈, 「東明王篇에 보이는 神母의 性格에 대하여」, 『柳洪烈博士華甲紀念論叢』, 探求堂, 1971, 8쪽.

34 이기백, 「新羅 淨土信仰의 起源」, 『學術院論文集』, 人文社會科學篇 19, 1980; 『신라사상사연구』, 일조각, 1986, 129쪽.

35 『삼국유사』에는 彌陀淨土를 많이 언급하였으며, 상대적으로 미륵정토는 백제 武王이나 眞表·弓裔 등에 의해 포용되었다. 그렇지만 궁예를 제외하면 그들도 직접적으로 미륵정토를 추구하기 위한 사회 개혁을 강하게 노출시키고 있는 것은 아니다.

하지만,[36] 이것이 정토신앙의 주류를 이루지는 못하였다. 신라에는 노비나 서민들이 염불에 의해 산몸으로 극락왕생하려는 신앙이 유행하였다.[37] 『삼국유사』에는 정토신앙의 바로 이런 면을 특별히 기록하였다. 노비나 고통받는 서민들이 현실 사회의 괴로움으로부터 벗어나려는 염원이 산몸으로 솟구쳐 지붕을 뚫고 서방西方으로 날아가는 것으로 나타났다.

그 외에 『삼국유사』에는 문수나 보현 또는 용신龍神 등의 많은 신앙을 기재하였다. 오대산신앙도 처음에는 문수신앙과 얽혀 나타났지만, 뒤에는 신라 사회의 독특한 모습으로 발전하였다. 본래 오대산은 문수가 거처하는 곳이지만, 오대산의 다섯 봉우리에 여래가 거처한다는 신앙은 징관澄觀의 사상에서 영향을 받아 정착되었다.[38] 다만 오대의 각 봉우리에 관음·지장地藏·미타·석가·문수를 배정하고 미륵이 빠져나간 사실은 오대산신앙을 기록할 당시의 불교계 사정과 연관시켜 이해해야 한다.[39]

다음으로 『삼국유사』에서 중요하게 이끌어낼 수 있는 것은 신라 불국토신앙이다. 신라에 불국토신앙을 체계적으로 정립한 사람은 자장이다. 그는 중국의 오대산에 들러 문수로부터 불법을 전수받으면서, "(신라) 국왕은 천축天竺 찰리종족刹利種族의 왕이어서 이미 불기佛記를 받았으므로, 특별한 인연을 가져 동이東夷의 오랑캐 종족과는 다르다"는 말을 들었다(『삼국유사』 권3, 皇龍寺九層塔조). 그래서인지 신라 왕실은 23대 법흥왕부터 28대 진덕여왕까지, 불교에서 왕의 이름을 따와 사용하는 진종설화眞種說話를 형성하였다.[40]

---

36 이기백, 「新羅 淨土信仰의 두 類型」, 『歷史學報』 99·100 합집, 1983; 『신라사상사연구』, 일조각, 1986, 151~158쪽.
37 이기백, 위의 논문, 『신라사상사연구』, 1986, 141~150쪽.
38 김두진, 「新羅下代의 五臺山信仰과 華嚴結社」, 『伽山李智冠스님華甲紀念論叢 韓國佛敎文化思想史』 권상, 1992, 675쪽.
39 김두진, 위의 논문, 1992, 679~685쪽.
40 金哲埈, 「新羅 上代社會의 Dual organization (下)」, 『역사학보』 2, 1952, 91~95쪽.

신라 왕실의 불교식 왕명은 『삼국유사』의 왕력은 물론 『삼국사기』에도 분명하게 나타나 있다. 법흥왕 이후 진흥왕과 진지왕 때까지만 해도 신라 왕실은 찰리종인 전륜성왕轉輪聖王의 이름을 사용했지만, 진평왕 때에는 석가족의 이름을 바로 사용하였다. 그들은 석종의식釋宗意識을 표방하면서 여타의 왕족 집단과 구별하였고,[41] 인도의 석가족이 윤회에 의해 신라 왕족으로 태어났다고 믿었다. 기본적으로 신라 불국토신앙은 경주 내에 전불前佛시대 칠가람七伽藍터가 있다거나 또는 아육왕시대의 불상이 신라에 전해졌다는 등, 전대에서부터 불교와 신라의 강한 인연을 알려준다.

홍법편의 아도기라조와 탑상편의 가섭불연좌석迦葉佛宴坐石조·황룡사장륙皇龍寺丈六조 등에는 이러한 사실을 비교적 자세하게 기록하였지만, 그외 탑상편의 요동성육왕탑조와 금관성파사석탑조도 고구려나 금관가야가 불국토설과 관련이 있음을 알려준다. 또한 『삼국유사』 권5의 선도성모수희불사조나 포산이성조는 재래의 토착신을 부처의 행적 내에 포용함으로써 신라 국토가 결코 불교와 낯선 땅이 아니라 본래부터 불국토였다는 신념을 불어넣어 준다.[42] 신라 불국토신앙은 결국 호국불교신앙으로 이어졌으며, 이리하여 『삼국유사』에는 호국룡신앙이 도처에 나타나 있다.

셋째로 『삼국유사』는 통불교적通佛敎的 입장에서 기록되었기 때문에 한국불교의 종파적 입장을 끌어낼 수 없는 것은 아니지만, 애써 그것을 기록하지는 않았다. 고승전이라 할 수 있는 의해편에서 종파적 입장을 알 수 있게 조목명을 기록한 것은 자장정률조와 현유가해화엄조이다. 현유가해화엄조는 일연이 의해편의 조목명을 붙이는 원칙과 조금 달리 설정되어[43] 논외로 삼아도 좋을 듯하다. 그렇게 되면 자장정률조로써 자장이 율종律宗의

---

41 김두진, 「新羅 眞平王代의 釋迦佛信仰」, 『한국학논총』 10, 1988, 32~37쪽.

42 金相鉉, 「三國遺事에 나타난 一然의 佛敎史觀」, 『韓國史硏究』 20, 1978, 33쪽.

43 이기백, 「三國遺事의 篇目構成」, 『佛敎와 諸科學, 東國大學校 開校八十周年紀念論叢』, 동국대 출판부, 1987, 987쪽.

창시자로 추론되었다. 그러나 사실 자장정률조의 내용은 그가 계율을 생활화하였기 때문에 신라 사람들 10명 중 8~9명이 계율을 지니게 되었다는 것이다. 그것은 엄격한 계율을 중시하려는 율종과는 거리가 있다. 자장은 오히려 화엄종 승려로 파악하는 것이 옳다.[44]

일연은 선종 승려로서 가지산파迦智山派의 법맥을 계승하였지만, 『삼국유사』는 선종의 입장을 배제한 것으로 이해된다. 그는 선종 승려이면서도 결코 종파적인 한계에 머물러 있지 않았다. 다만 탑상편의 낙산이대성 관음정취조신조와 백엄사석탑사리伯嚴寺石塔舍利조에는 각각 범일梵日과 양부陽孚를 언급하였다. 그러나 이들을 반드시 선종과 연관하여 서술한 것은 아니다.

물론 『삼국유사』를 통해서도 한국불교의 종파적 입장을 끌어낼 수 없는 것은 아니다. 의해편을 통해서 화엄종과 법상종 및 그 사상 경향을 추구할 수 있고, 신주편을 통해 밀교, 곧 신인종神印宗을 밝힐 수 있다. 밀교에 관한 연구에는 『삼국유사』가 기본적인 자료로 활용될 수 있겠지만, 화엄종이나 법상종, 곧 유식에 대해서는 신라나 고려시대 여러 고승들의 문집을 아울러 참고해야만 더 폭넓은 연구가 가능해질 것이다.

『삼국유사』의 통불교적 입장은 한국불교의 철학적 체계를 정립시킨 의상과 원효에 대한 서술에서 이미 나타나 있다. 다음 기록을 참고해 보자.

① 또한 『법계도서인法界圖書印』과 아울러 「약소畧疏」를 지었으니, 일승의 추요樞要를 뽑아 천년의 귀감으로 삼아 다투어 보배로써 지니고자 했다. 그 외의 저술은 없으니, 솥의 국물 맛은 한 점의 고기로써 족하다(권4, 義湘傳 敎조).

② 일찍이 분황사芬皇寺에 거주하면서 『화엄경소華嚴經疏』를 찬술纂述하였는

44 김두진, 「慈藏의 文殊信仰과 戒律」, 『한국학논총』 12, 1990, 18~22쪽.

데, 제4 십회향품十廻向品에 이르러 끝내 절필絶筆하였다. 또한 늘 송사訟事로 인해 몸을 백송百松으로 나눈 고로 모두 위계位階의 초지初地라 하였다(권4, 元曉不羈조).

의상의 「화엄일승법계도」 및 그 약소畧疏는 간략한 저술이지만, 『화엄경』 및 십지론十地論에 의해 원교圓敎의 종요宗要를 나타내려는 것이며 일승의 추요樞要라고 표현되었다. 사실 의상은 화엄사상에 대한 『화엄일승법계도기華嚴一乘法界圖記』 외에 다른 저술을 작성할 필요를 못 느꼈다. 근본적인 하나의 저술로서 화엄사상 전체를 관조할 수 있기 때문이다.

의상은 원칙적이고 근본적인 '하나一'의 이해로써 전체를 관조觀照하려는 횡진법계관橫盡法界觀을 가졌다.[45] 솥의 국물 맛은 첫 숟가락이나 한 점의 고기로써 알 수 있다는 것은 의상이 횡진법계관을 가졌음을 알려준다. 그런데 원효 역시 횡진법계관을 가져서, 몸을 백송百松으로 나누었더라도 항상 모두가 위계位階의 초지初地임을 강조하였다.[46] 그리하여 방대한 『화엄경소』를 찬술하면서 제4 십회향품에서 붓을 놓았다. 원효도 횡진법계관을 가져서인지 십회향품 이상으로 『화엄경』을 주석註釋할 필요를 느끼지 않았다.

의해편의 의상전교조와 원효불기조에서 공통으로 강조한 것은 은유적으로 표현하였지만, 의상과 원효가 횡진법계관을 가진 면이다. 그러면서 그들의 심화된 사상 경향을 거기에 기술하지는 않았다. 특히 의상전교조는 최치원이 찬술한 의상전의 내용을 수록하지 않았다.[47] 원효의 사상적인 특성은 중관中觀과 유식唯識의 화쟁和諍뿐만 아니라,[48] 거기에 관법觀法까지를 융회

---

45 김두진, 「義湘의 橫盡法界觀」, 『擇窩許善道先生停年紀念 韓國史學論叢』, 일조각, 1982; 『의상,
    그의 생애와 화엄사상』, 민음사, 1995, 191~197쪽.
46 김두진, 「均如의 法界觀」, 『역사학보』 77, 1978; 『均如華嚴思想硏究』, 일조각, 1983, 313쪽.
47 『三國遺事』 권4, 義湘傳敎조에 "餘如崔侯所撰本傳"이라 하였다.
48 南東信, 「元曉의 敎判論과 그 佛敎史的 位置」, 『韓國史論』 20, 1988, 38~40쪽.

融會하려는 것이었다. 이러한 원효의 사상 경향이 원효불기조에 충실하게 반영된 것은 아니다. 『삼국유사』는 통불교적 특성을 중시함으로써, 종파적인 입장에서의 심화된 교리를 서술하지는 않았다.

3. 불교사 자료의 성격

『삼국유사』는 역사·승전류로 편찬되었으므로,[49] 불교신앙과 역사의 전개를 밀착시켜 서술하였다. 기이편은 역사 기술이지만 그 안에 불교신앙을 서술하였고, 홍법편 이후는 불교신앙을 홍포하려는 의도로 편찬되었지만 역시 그 안에 역사적 사실의 전개를 사실적으로 기록하였다. 기이편에 나와 있는 불교 관계 내용까지 고려하면 『삼국유사』의 대부분은 불교 관계 자료로 채워져 있다.

일연은 불교 홍국사관을 가졌다. 불교신앙의 융성, 곧 홍법과 국가의 홍기를 연결하여 파악하였다. 바로 이러한 목적에서 홍법편을 기술하였다. 고구려나 백제에 불교가 전래되어 수용하는 과정은 매우 간략하게 기술하였으나, 신라 불교의 전래 설화나 공인 과정 등은 비교적 자세하게 서술하였다. 『삼국유사』의 불교 관계 자료는 주로 신라사 중심으로 수합되었는데, 이는 신라의 불교신앙이 홍성했던 사실과 연관된다.

홍법편의 아도기라조·원종홍법 염촉멸신조는 신라의 홍기를 불법의 융성과 바로 연결시키려는 의도를 지녔다. 다음 기록을 참고해 보자.

① 이에 탁발도拓拔燾는 크게 부끄럽고 두려운 마음이 생겨 드디어 역질에 걸리고, 최호崔皓와 구겸지寇謙之 두 사람도 나쁜 병에 걸렸다. 탁발도는 이

---

49 김두진, 「三國遺事의 體制와 내용」, 『한국학논총』 23, 2001, 10~15쪽.

러한 잘못이 그들 때문에 나타난 것이라고 하여 이에 그 가문의 가족을 죽여 없애고, 나라 안에 선포하여 불교를 크게 진작시켰다(『삼국유사』 권3, 아도기라조).

② 이로부터 집집마다 부처를 믿으면 반드시 대대로 영화를 얻게 되고, 사람마다 불도佛道를 행하면 불법의 이로움을 깨닫게 되었다. 진흥왕眞興王 즉위 5년 갑자(甲子, 544년)에 대흥륜사大興輪寺를 세우고, 대청大淸 초년(初年, 547년경)에 양梁나라 사신 심호沈湖가 사리舍利를 가져왔으며 천가天嘉 6년(565년)에 진陳나라 사신 유사劉思가 중 명관明觀과 함께 불경을 가져오니, 이로부터 절과 절이 별처럼 벌여 있고 탑과 탑이 기러기처럼 줄을 지었다. 법당法幢을 세우고 종을 달아 용상龍象과 같은 승도僧徒가 천하의 복전福田이 되고, 대승과 소승의 불법이 나라를 자비롭게 덮었다. 타방他方의 보살이 이 세상에 출현하고 서역의 이름난 승려가 이 땅에 임하였다. 이로 말미암아 삼한을 합하여 한 나라로 만들고 사해四海를 합하여 한 집을 이루었다(『삼국유사』 권3, 原宗興法 厭觸滅身조).

일연은 신라가 불법을 수용한 사실을 후위後魏의 태무제太武帝 탁발도가 불법을 크게 일으킨 사건과 연관시켜 기술하였다. 아울러 당시 불교를 억압하면서 도교를 일으킨 최호崔皓나 구겸지寇謙之가 재앙을 받아 멸문된 사실을 강조하였다. 이 점은 고구려의 불교를 기술하는 과정에서 분명하게 나타난다.

홍법편에서 고구려와 백제의 불교 전래과정을 아주 간략하게 기록하였다. 순도조려조와 난타벽제조가 그것이다. 이어 홍법편의 법왕금살조와 보장봉로 보덕이암조를 대조적으로 기술하였다. 백제의 법왕은 계율을 내세우면서 불법을 일으키고 그 결과 미륵사를 창건하였다. 이에 비해 고구려에는 보장왕이 도교를 받듦으로써 보덕이 완산주完山州의 고대산孤大山으로 이주하는 등 불법이 쇠퇴하였다. 이렇듯 불법의 융성과 쇠퇴를 백제의 중흥과 고구려의 패망으로 연결시켰다.

『삼국유사』는 불법이 왕성한 신라사를 중심으로 서술하였으며, 고구려에 비해 백제사에 보다 비중을 두었다.[50] 고구려의 보장왕이 도교를 받아들인 사실에 대해 일연은 다음과 같이 찬讚을 붙여 결론으로 제시하였다.

불교는 넓어 바다처럼 끝이 없는데
백 갈래의 유교儒教와 도교道教가 조종朝宗을 망치네.
가소롭도다! 고구려왕은 웅덩이를 막았지만
바다로 와룡臥龍이 옮겨감을 알지 못하네(권3, 寶藏奉老 普德移庵조).

유교와 도교를 숭상하면 국가와 조종祖宗을 망치지만, 불교를 믿으면 이로움이 있다는 것을 깨달음으로써 대대로 영화롭게 된다고 하였다.

『삼국유사』 전체에 신라 불교가 융성한 모습을 기술하였다. 절과 절이 별처럼 벌여 있고 탑과 탑이 기러기처럼 줄을 지어 있었다고 표현하였다. 자비로운 불법이 온 나라를 덮었기 때문에 신라는 삼한을 통합하여 한 나라를 만들고 한 집을 이루었다. 『삼국유사』의 이러한 불교 홍국사관은 고려의 후삼국 통일에도 그대로 적용되었다. 왕력의 후고려 태조太祖조에는 왕건 때에 창건한 수많은 사찰을 기록하였다. 연표임에도 창건된 사찰을 일일이 표시한 것은 왕건의 삼한 통일을 불교와 연관시킨 홍국사관을 강하게 표출시킨 셈이다.

『삼국유사』는 불교신앙을 역사의 전개와 밀착시켜 이해하려는 불교 홍국

---

50 『삼국유사』 기이편에서 고구려에 대해서는 고구려조에만 언급하였지만, 백제에 대해서는 卞韓百濟조·南扶餘 前百濟조·武王조에 기술하였다. 고구려의 경우 주로 건국신화를 제시하는데 그쳤다면, 백제의 경우 건국신화는 물론 백제사의 전반을 간략하게 서술하였다.

사관으로 편찬되었기 때문에, 여기에 실린 불교 관계 자료가 불교신앙은 물론 이와 연관된 사회 상황을 함께 알려준다. 그리하여 불교사회사 내지 불교 사회사상사의 접근을 용이하게 한다. 홍법편의 마지막 조목인 동경홍륜사 금당십성東京興輪寺金堂十聖조에는[51] 서벽西壁에 표훈을 모셨다. 표훈은 홍륜사 금당에 모신 10성 중 가장 연대가 늦은 인물이다. 그의 하늘나라 왕래 설화는 이후 신라 사회에 성인이 태어나지 않았다는 불교신앙과 신라하대에 전개되는 사회 혼란을 서로 표리가 되도록 묶어 설명한 것이다.[52] 불법의 쇠퇴와 사회의 혼란을 일치시켜 이해한 것은 불교 홍국사관으로 귀결된다.

기이편에서 표훈의 불교신앙을 기술하였지만, 홍법편 이후의 불교 관계 자료도 당시의 사회상과 연관하여 기록되었다. 그중에서도 감통·피은·효선편에는 특별히 불교신앙을 당시의 사회 현실과 연결하여 기록한 부분이 많다.[53] 그러한 뚜렷한 사례로 신충괘관信忠掛冠조를 들 수 있다. 경덕왕 때에 신충이나 이순李純 등이 단속사斷俗寺를 창건하였다. 이들 왕당파王黨派들은 경덕왕의 전제적 개혁 정치가 실패로 기울자, 중앙 권력에서 물러나 지리산에 은둔하고는 임금을 그리워하며 원가怨歌를 지었다고 한다.[54]

의해편이나 신주편에 나오는 승려들은 대부분 신라의 정치·사회 현실과 밀접하게 연결되어 교학 활동을 전개한 것으로 나와 있다. 뿐만 아니라 불교신앙사를 정립할 수 있는 탑상편도 신라의 사회상을 알려주는 내용을 많

---

51 東京興輪寺金堂十聖조가 正德本에는 홍법편의 마지막에 기록되었는데, 李丙燾 譯註, 『三國遺事』(東國文化社, 1956)와 李載浩 역주, 『삼국유사』 2책(한국자유교육협회, 1967)에는 塔像편에 귀속되었다. 성격상으로 보아 그것은 홍법편에 들어가는 것이 옳다(김두진, 「三國遺事의 體制와 내용」, 『한국학논총』 23, 2001, 8~9쪽).

52 『삼국유사』 권2, 景德王忠談師 表訓大德조 참조.
   이때에 태어난 혜공왕에 대해 "小帝旣女爲男 故自期晬至於登位 常爲婦女之戲 好佩錦囊 與道流爲戲 故國有大亂"이라 하였다. 道流와 더불어 놀았기 때문에 나라가 크게 어지러웠다는 것은 불교 홍국사관의 표현일 수 있다.

53 김두진, 「삼국유사의 체제와 내용」, 앞의 책, 2001, 23쪽.

54 이기백, 「景德王과 斷俗寺·怨歌」, 『신라사상사연구』, 일조각, 1986, 224~226쪽.

이 지녔다. 미륵선화미시랑 진자사조나 대산오만진신조 등은 화랑도의 개창改創 및 낭도郎徒를 거느리고 유오遊娛하는 화랑의 구체적 모습과 함께 신라 정치사의 단면을 엿보게 한다. 『삼국유사』의 불교 관계 자료는 불교신앙을 소재로 그것을 배태시킨 사회 모습을 아울러 알려준다. 이 때문에 『삼국유사』를 통해 불교사상이나 신앙만을 우선적으로 밝히려는 것은 올바른 태도가 아니다.

다음으로 『삼국유사』에서 불교사상이나 신앙 관계를 알려줄 자료가 어떤 모습으로 기술되었는가를 살피고자 한다. 이 점에 대해서는 일연의 불교사상이나 고려후기 불교계와 관련시켜 분석함으로써 그 성격을 보다 분명히 할 수 있다. 일연은 선승이면서도 화엄사상이나 유식사상 등 교학에 밝았으며, 유학에 대해서도 많은 식견을 가졌다. 고려후기 불교계는 교선융합 사상 경향을 정립하였는데, 특히 선종의 입장을 보다 강조하면서 교학사상을 폭넓게 이해하려는 입장을 지녔다.

『삼국유사』에는 선종 관계의 자료가 거의 실리지 않았는데, 구산선문에 속한 선종 관계의 기록이 나오는 사항은 다음과 같다.

① 범일梵日(권3, 洛山二大聖 觀音正趣調信조)
② 범일의 문인인 신의信義(권3, 臺山五萬眞身조)
③ 희양산문曦陽山門의 양부陽孚·긍양兢讓(권3, 伯嚴寺石塔舍利조)

『삼국유사』에 기록된 범일은 굴산문崛山門을 개창한 선승이 아닌 화엄종 승려로서, 낙산사에 정취正趣보살을 안치하였다. 그리하여 협주挾註에는 범일이 의상의 문인이라고 하였다.[55] 범일의 문인인 신의信義 역시 선승의 모

---

55 『삼국유사』 권3, 낙산이대성 관음정취조신조에 "或云 梵日爲湘之門人"이라 하였다.

습을 보여주지 않는데, 월정사의 창건에 관여하였다.[56] 이로 보면 범일이나 신의를 통해 굴산문의 선종사상을 이끌어내기는 어려울 것이다. 희양산문의 양부나 긍양이 주지한 백엄사 관계의 기록도 선종사상을 알려주지 않으며, 기일보忌日寶를 설치하는 등 사원경제에 관한 내용으로 충당되었다. 즉, 『삼국유사』를 통해 선종산문의 사상 경향을 끌어내는 것은 어렵다.

다만 『삼국유사』에는 고려후기 불교계의 분위기나 일연이 속한 가지산문迦智山門의 사상 경향이 반영되어 있다. 교학 불교 중심으로 편찬되었다고는 하지만, 『삼국유사』는 교종과 선종을 함께 강조하였다. 백고좌百高座에 선승을 초청하여 불경을 강설하는 다음 기록은 주목된다.

제55대 경애왕景哀王이 즉위한 동광同光 2년(924년) 갑진甲辰 2월 19일에 황룡사皇龍寺에서 백고좌百高座를 열고 불경을 설하였다. 겸하여 선승禪僧 300명을 대접하고 대왕이 친히 향을 피워 불공을 드렸다. 이것이 백좌통설선교百座通說禪敎의 시작이었다(『삼국유사』 권2, 景哀王조).

신라말에 백좌통설선교百座通說禪敎를 시행하였다. 일연은 교종과 선종을 아우르는 사상 경향을 가져서 백좌통설선교를 강조하였다. 고려후기에는 교선敎禪을 함께 설하는 법회를 많이 열었는데,[57] 『삼국유사』는 그 시원을 특별히 부각하였다.

탑상편의 전후소장사리조는 불사리나 불경 등의 전래에 관한 내용을 소개하였다. 일연은 선승으로서 불사리의 보관에 관한 『실록實錄』을 전해 준

---

56 김두진, 「慈藏의 文殊信仰과 戒律」, 『한국학논총』 12, 1990, 24쪽.
57 고려후기에는 藏經도량을 빈번히 열었을 뿐만 아니라, 談禪법회를 자주 개최하였다. 담선법회는 元宗 7년(1266년)에 행해지고 이후 몽골의 간섭으로 중단되었다가 忠烈王 6년(1280년)부터 다시 개최되었다.

각유覺猷와[58] 불경을 가져와서 해룡선종海龍禪宗을 개창한 보요普耀선사를 특별히 기록하였다. 이들이 모두 가지산문으로 연결되는 것은 퍽 흥미롭다. 또한 같은 조에는 예종 때에 요遼나라에서 대장경을 가져온 혜소慧昭국사가 나오는데, 그는 당시 교종불교로부터 억압을 받았던 선종불교를 일으키는 장본인이었다. 혜소의 문하인 탄연坦然은 뒷날 수선사修禪社를 결사하는 인물과 연결되었다. 비슷한 시기에 활동하는 학일學一은 운문사雲門寺에 주석하였는데, 그의 법맥은 일연의 가지산문으로 이어졌다. 각유는 학일의 문인으로 일연과 깊이 교류하였다.[59]

구산선문에 속하지는 않았으나 해룡선종은 고려중기 명종 연간에까지 존속하였다. 일연 당시에 그것은 가지산문에 흡수되었던 듯하다.[60] 일연 역시 운문사에 주석하였다. 이와 연관하여 의해편의 보양이목조는 많은 시사성을 준다. 고려초에 구산선문에 속하지 않았던 운문선종雲門禪宗이 독립된 산문으로 성립되어 있었다. 『삼국유사』에는 범일이나 긍양 등을 소개하였지만, 그들의 선사상을 언급하지는 않았다. 그 외 선종 관계의 기록은 모두 가지산문의 사상 경향과 연결이 가능하며, 교종과 선종사상의 융합 관계에서 파악될 수 있다.

『삼국유사』의 선종 관계 기록은 비록 가지산문의 사상 경향과 연결될 수 있을지라도 가지산문의 선종사상을 바로 내세우지는 않았다. 반면 일연은 구산선문을 통합하려는 사상 경향을 가졌는데, 통합의 중심은 물론 가지산

---

58 『삼국유사』 권3, 前後所將舍利조에 "得此實錄於當時內殿焚修 前祇林寺大禪師覺猷 言親所眼見 使予錄之"라고 하였다.

59 尹彦頤, 「淸道雲門寺 圓應國師碑文」(李智冠, 『校勘譯註 歷代高僧碑文』 高麗篇 3, 가산불교문화연구원, 1996), 268쪽의 陰記에 學一의 제자로 禪師 覺猷가 있다.

60 一然碑의 陰記에는 문하 제자로 海龍寺의 勁芬이 있다. 또한 일연이 찬술한 「重編曹洞五位重印序」에는 조동선종의 뜻을 오로지 터득한 우리나라 승려들을 열거했는데, 그중에 海龍이 있다. 여기의 해룡이 해룡사의 경분이었는지는 분명하지 않지만, 해룡선종의 사상적 전통을 지녔으며 일연과는 사상 면에서 통합 수 있었던 인물로 생각된다.

문에 두었겠지만 그것을 고집하지는 않았다.[61] 그는 구산선문이 나누어진 자체를 미망迷妄으로 보아 잘못된 것이라 하였다. 본래 선종의 근원은 하나이고 그 본원으로 돌이킴으로써 여러 선종을 통합하려고 하였다.[62] 고려후기에는 산문으로 나누어진 선종사상 자체를 무의미하게 생각하였기 때문에, 『삼국유사』에서 선종의 여러 개별 산문의 사상을 뚜렷하게 제시하지 않았다.

일연은 선종뿐만 아니라 교종사상까지 통합하려 했기 때문에 『삼국유사』에는 통불교적인 성격이 강하게 나타나 있다. 그러나 『삼국유사』의 불교 관계 자료를 엄밀히 분석하면, 가지산문의 사상 전통에서 바라보긴 하였어도 그것은 여러 교학불교의 성격을 이해할 수 있게 한다. 『삼국유사』에는 화엄종 관계의 서술이 비교적 적게 나타났지만, 교학불교의 중심을 화엄사상에 두었다. 구산선문 중 『삼국유사』에 언급된 굴산문의 범일이나 신의가 의상계 화엄종이나 월정사의 창건과 관계를 맺었다. 선승이지만 일연은 화엄사상에 대해 많은 관심을 가졌다.

의해편에서 화엄사상을 정립하는 데 의상전교조가 중요한 자료가 되었지만, 그 내용은 오히려 소략한 편이다. 최치원이 지은 의상전의 내용은 중복을 피하기 위해 그 안에 반영하지 않았다. 그러나 의해편에 나타나 있는 다른 승전에 비해 의상전교조에는 의상의 제자를 가장 많이 기록하였다.[63] 물론 거기에는 이들 제자들의 행적이 소상하게 나오지는 않았으나, 많은 제자

---

61 김두진, 「一然의 生涯와 麟角寺」, 『麟角寺』, 성보문화재 학술총서 6, 2001, 43~44쪽.

62 一然, 「重編曹洞五位序」, 『學林』6, 1984, 11쪽에 "苟一月之未窺 則三舟領略 有執指之迷 一源 之不復 則九流扶疏 有殊致之惑"이라 하였다. 곧 선종은 그 근원이 본래 하나였는데, 아홉 갈래 로 나뉨으로써 미혹하게 되었다. 일연의 선종통합 사상은 그의 법맥으로 이어질 수 있는 太古 의 사상에서 더욱 분명하게 나타났다. 維昌, 「行狀」, 『太古和尙語錄』권하, 『韓國佛敎全書』권 6, 1984, 698쪽 하에서는 구산선문이 본래 하나였는데, 그 문도들이 피차의 우열을 따지고 울 타리를 만듦으로써 선종의 폐단이 생겼다고 하였다.

63 義湘傳敎祖에 의상의 제자로 十大德인 悟眞·智通·표훈·眞定·眞藏·道融·良圓·相源·能仁·義 寂이 나와 있다. 그 외 의상의 제자로 『삼국유사』에 神琳과 『宋高僧傳』에 道身 등이 전한다.

의 존재는 신라중대에 의상계 화엄종이 번창하였던 것을 알려준다. 아울러 고려시대 승려들의 문집 속에서 이들의 논소가 인용된 사례를 빈번하게 찾아볼 수 있다. 이를 통해 고려시대까지 영향을 주었던 의상계 화엄종의 사상 경향을 끌어낼 수 있다.

『삼국유사』에 기록된 해룡선종은 나말여초에 선승인 보요普耀가 대장경을 전하면서 개창되었다. 일연은 해룡선종 외에 운문산문을 중시하였는데, 그것은 원광이나 조사祖師 지식知識 등의 유식사상과 관련을 가졌다. 이 점은 일연의 '심존선관心存禪觀' 사상과 연관하여 주목된다.[64] 일연은 선관을 닦는 것을 주업으로 생활하였지만, 아울러 화엄사상은 물론 유식이나 유학사상에까지 밝았다. 선관을 중심으로 화엄이나 유식 등 교학사상을 융합하려는 것이 '심존선관'이다.[65] 『삼국유사』에서는 운문산문과 연관된 유식에 대한 관심을 강하게 표출하였다. 보양이목조는 물론 의해편의 첫 조목인 원광서학조와 진표전간眞表傳簡조·관동풍악발연수석기關東楓岳鉢淵藪石記조·심지계조心地繼祖조 등이 모두 유식사상을 담고 있다.

다만 태현은 많은 저술을 남긴 유식 학승이지만, 그 경지가 화엄종의 법해法海에게 미치지 못하는 것으로 나와 있다. 신라중대 말에 법상종사상이 유행하였을지라도 화엄종을 능가하지 못했던 것을 제시하였다. 그런가 하면 의해편에서 신라 유식사상의 형성에 영향을 주었을 것으로 여겨지는 원측圓測을 다루지 않았다. 원측에 대한 다음 기록을 살펴보자.

이때에 원측법사는 신라의 고승이었으나 모량리车梁里 사람이었기 때문에 승직僧職을 받지 못하였다(『삼국유사』 권2, 孝昭王代 竹旨郎조).

64 蔡尙植, 「一然(1206~1289)의 사상적 경향」, 『한국문화연구』 창간호, 부산대 한국문화연구소, 1988, 38쪽.
65 김두진, 「一然의 佛教思想」, 『一然學研究』 1, 일연학연구소, 2001, 30~34쪽.

효소왕 때에 죽지랑의 낭도인 득오得烏를 징집한 모량리의 익선益宣 아간이 뇌물을 받은 죄로 처벌을 받았다. 이와 연좌되어 모량리 사람으로 관직에 나아간 자들이 모두 축출되었다. 이 때문에 원측법사는 승직을 못 받았고 당에서 귀국할 수도 없었던 듯하다.

신라중대에 법상종은 주존을 미륵불로 모셨지만, 부존을 미타로 모시는 교단과 지장으로 모시는 교단으로 나뉘어 있었다.[66] 그중 미륵과 미타를 모시는 교단은 원측에서 도증道證을 거쳐 태현으로 이어졌고, 미륵과 지장을 모시는 교단은 원광에서부터 진표에게로 법맥을 이어갔다. 특히 원측에서 태현으로 이어지는 유식학파는 이미 당나라에까지 이름을 떨쳤다. 이들은 중국의 자은慈恩·혜소惠沼·지주智周 등으로 이어지는 정통파와 대항할 수 있는 서명파西明派 유식사상을 형성하였다.[67]

『삼국유사』에는 원측에서 태현으로 이어지는 법상종파의 사상 경향이 간혹 그 흔적을 남겼을지라도,[68] 원칙적으로 배제되었다. 뒷날 궁예가 이 교단에 속하였던 사실에서 그렇게 된 이유를 찾을 수 있다.[69] 『삼국유사』의 유식관계 자료는 사상 면에서 심화된 이론적인 것이라기보다는, 실천적이고 계율을 중시면서 점찰법회를 내세우는 특징을 가졌다.

다음으로 『삼국유사』에는 법화 관계의 자료가 흡수되었지만, 그것을 강조한 것 같지는 않다. 『법화경』의 영취산靈鷲山도량은 석가의 상설 법회이며, 중생이 언제든지 거기에 참가함으로써 깨달음에 이르게 한다. 그것은 석가불신앙을 대변하며 대승불교의 요체라고 할 수 있다. 이렇듯 중요한 법화 관계 자료는 주로 피은편에 나와 있는데, 낭지승운 보현수朗智乘雲 普賢

---

66 文明大,「新羅 法相宗(瑜伽宗)의 成立問題와 그 美術 -甘山寺 彌勒菩薩像 및 阿彌陀佛像과 그 銘文을 중심으로-(하)」,『역사학보』63, 1974, 158~160쪽.

67 黃晟起,「圓測의 唯識學觀에 관한 연구」,『불교학보』9, 1972, 19쪽.

68 예를 들면 탑상편의 南白月二聖 努肹夫得怛怛朴朴조와 南月山조 또는 감통편의 憬興遇聖조 등은 미륵과 미타를 모시는 법상종 교단의 모습을 보여준다. 이 교단은 관음을 중시하였다.

69 김두진,「弓裔의 彌勒世界」,『韓國史市民講座』10, 일조각 1992, 28~29쪽.

樹조·연회도명 문수점緣會逃名 文殊岾조·혜현구정惠現求靜조가 그것이다.

감통편의 선율환생善律還生조는 법화 영험신앙의 전형적인 유형이라 할 수 있는 음부로부터의 환생을 소재로 삼았으면서도, 『법화경』이나 관음의 영험적인 신앙을 누락시켰다.[70] 고려시대에는 『법화영험전法華靈驗傳』이 편 찬될 정도로 『법화경』에 의한 관음 영험신앙이 성행하였는데, 『삼국유사』에는 그러한 분위기가 온전하게 반영되지 않았다. 또한 『삼국유사』에서 법화신앙을 천태天台교학과 연결시켜 언급한 것은 혜현구정조가 거의 유일하다.[71] 그러나 고려시대에 의천의 천태종 창시나 백련사 결사는 법화도량을 성행하게 하였다.

의천의 천태종 속에 당시의 선종산문이 모두 귀속되었다. 다만 운문사의 학일學一이 선종사상의 순수성을 지키면서 거기에 귀속하지 않고 반발하였다.[72] 학일의 사상 경향은 뒤에 일연에게 영향을 주었지만, 학일과는 달리 그가 천태사상을 배제한 것 같지는 않다. 오히려 일연은 『중편조동오위重編曹洞五位』를 편찬하였는데, 그것은 '정正'과 '편偏'을 중도 융합하는 면에서 천태의 삼관법三觀法과 통할 수 있다.[73] 그렇지만 일연이 『삼국유사』에서 천태나 법화 관계의 자료를 애써 강조해서 수집하지는 않았다. 『삼국유사』를 통해 한국고대 불교사의 체계를 정립하다 보면, 법화사상의 전통은 사실보다 덜 중요하게 부각될 수밖에 없다.

『삼국유사』에는 구산선문 중 굴산문 외에 희양산문을 언급하였는데, 두

---

70 『삼국유사』권5, 善律還生조에는 관음의 영험신앙이 나타나 있지 않았고, 또한 『법화경』 대신에 六百般若나 大品經을 기록하였다.

71 『삼국유사』권5, 惠現求靜조에 "夫又高麗釋波若 入中國天台山 受智者教觀 以神異間山中而滅"이라 하였다.

72 윤언이, 「淸道雲門寺 圓應國師碑」, 『朝鮮金石總覽』권상, 조선총독부, 1919, 349쪽에서 "于時叢林衲子 傾屬台宗者十六七 師衰祖道凋落 介然孤立 以身任之 大覺使人頻論 而卒不受命"이라 하였다. 곧 그는 의천의 천태종에 끝내 참가하지 않았다.

73 천태의 一心三觀法은 法相을 '假'와 '空'의 면을 갖는다고 대조시키고는, '중도'를 설정하여 이로써 그것을 융섭하였다.

산문은 효선편의 설정과 연관하여 중요하게 여겨진다. 일연은 유가서를 읽었고 유학에 밝았으며 많은 저술을 남겼다. 앞에서 불교 홍국사관을 언급하면서 유교와 도교가 국가를 쇠퇴하게 한다고 하였지만, 실제로『삼국유사』에서 문제가 되었던 것은 도교이다. 고려후기에는 수선사의 2세주인 혜심이 불유동원佛儒同源 사상을 주장하였고, 임제종臨濟宗 사상에도 그러한 경향이 나타나 있었다.[74] 일연 역시 불교사상과 유교사상의 교섭에 관심을 두었고, 고려말의 불교계에는 유불교섭 사상 경향이 퍼져나갔다.

구산선문 중 희양산문의 선종사상은 유학사상과 친근하였다. 개산조인 지증智證 도헌道憲은 유가서를 많이 읽은 것을 유독 강조하였다.『삼국유사』에서 희양산문을 언급한 것은 일연 자신의 유학사상에 대한 이해와 연관시켜 파악해도 좋을 듯하다.[75] 효선편은 신라중대 이후 출가와 효도를 조화시키려는 사회 풍조를 알려주는데, 한편으로 고려후기 불교계가 유학사상과 가진 교섭 경향을 반영하면서 설정된 것이다.

『삼국유사』에서는 불교 홍국사관을 노출하였고, 불교신앙이나 사상을 역사의 전개 과정과 연결시켜 기록하였다. 사회사상사를 정립시키는 방향에서『삼국유사』의 불교 관계 자료를 분석해야 하고, 고려후기 불교계나 일연의 사상 경향과 연결시켜 그 성격을 끌어내어야 한다. 일연은 선종이 구산선문으로 나뉜 자체를 미혹한 것으로 보았기 때문에 개별 선종산문의 사상경향을 언급하지 않았지만, 가지산문의 사상 전통과 연관시켜『삼국유사』를 편찬하였다.『삼국유사』는 화엄이나 유식 등 교학의 여러 사상 경향을 기술하였는데, 대체로 '심존선관心存禪觀'의 입장에서 이론적이라기보다는 실천적 경향을 강조하였다.

---

74 臨濟宗 楊岐派의 사상 전통 속에는 佛儒同源 사상이 들어 있었다. 양기파의 雪巖 祖欽은 佛儒同一 사상을 주장하였다(金東華,『禪宗思想史』, 太極出版社, 1975, 421쪽).

75 『삼국유사』에서는 구산문 중 굴산문과 희양산문을 언급하였다. 굴산문의 선종사상은 화엄사상을 많이 흡수하였다면, 희양산문의 선종사상은 漸禪을 내세우고 유학사상을 많이 포용하였다.

제3절 『삼국유사』의 한국고대사 사료와 그 의의

1. 『삼국유사』의 한국고대사 체계

『삼국유사』는 한국고대사뿐만 아니라 불교나 국문학·민속학 등 한국문화를 연구하는 데 가장 기본적인 중요한 문헌이다. 그러나 그 내용이 신이한 연기설화로 구성되어 있어서 막상 역사 연구의 직접적인 자료로 사용되기 위해서는 우선 그것이 갖는 사료적 성격을 이해해야 한다. 이를 위해『삼국유사』를 다른 고대사 관계 문헌과 비교 검토함으로써 그 사료적 성격에 접근하고자 한다. 그럴 경우 한국고대사 자료로서『삼국유사』의 중요성이 드러날 것이다.

『삼국유사』에는 고조선부터 고려의 후삼국 통일에 이르기까지 한국고대사의 여러 국가와 왕, 특히 신라의 왕들을 조목으로 설정하였다. 한국고대사 연구는 이미『삼국사기三國史記』에 의해 그 토대를 마련하였다. 『삼국유사』는 그것을 보강하면서, 역사의 진면목을 제시해 줄 수 있는 자료를 지녔다. 그런 면은『삼국유사』를『삼국사기』와 비교 검토함으로써 분명하게 밝힐 수 있을 것이다. 그 외 한국고대사 관계의 다른 문헌과도 비교해 봄으로써『삼국유사』의 사료적 성격을 제시하고자 한다.

한국고대사의 체계를 수립하는 데『삼국유사』와『삼국사기』는 대단히 중요하다. 그 외 중국 정사正史의 동이전東夷傳 관계 기록도 한국고대사를 이해하는 데 많은 도움을 주지만, 중국인들이 본 민족지적民族誌的인 성격을 강하게 지녀서 한국사회의 내면적인 발전 모습을 보여주지는 않는다. 또한『삼국사기』는 신라·고구려·백제 삼국의 역사를 기록하여서, 삼국시대 이전 및 삼국 이외의 가야 등 여러 소국의 역사를 정리하는 데에는 한계를 지녔다. 이 때문에 한국고대사를 종합적으로 설계하는 데『삼국유사』의 중요함은 강조해도 지나치지 않을 것이다.

『삼국유사』는 고조선古朝鮮에서부터 삼국의 정립과 통일 및 고려 건국으로 이어지는 한국고대사의 체계를 제시하였다. 그것은 민족문화의 전통을 강하게 견지하려는 의도를 지녔다.『삼국유사』 기이편紀異篇의 서문은 중국 여러 국가의 시조가 신이하게 출생한 사실을 들면서, 삼국도 시조가 모두 신이하게 태어났기 때문에 성인이 세운 국가로서의 문화적 전통을 가졌다고 강변하였다. 실제로『삼국유사』는 고조선조에서 단군신화를 서술하여 홍익인간弘益人間의 민족정기를 강조하였고, 왕력편王曆篇은 신라가 사용한 연호年號를 큰 글자로 강조해서 나타내었다.

『삼국유사』는 삼국 이전의 한국고대사 체계를 세우는 데 도움이 되는 조목을 다음과 같이 제시하였다.

고조선古朝鮮·위만조선衛滿朝鮮·마한馬韓·이부二府·칠십이국七十二國·
낙랑국樂浪國·북대방北帶方·남대방南帶方·말갈발해靺鞨渤海·이서국伊西
國·오가야五伽耶·북부여北扶餘·동부여東扶餘

이상의 조목은 반드시 정통론正統論에 입각하여 제시한 것은 아니지만, 삼국이 성립하기까지의 국가계승 관계를 보여준다. 우선 단군檀君조선에서 기자箕子·위만衛滿조선으로 이어지는 국가의 등장은 고조선 내 연맹왕실의 변화인 지배 세력의 교체로 이해할 수 있다.[1]『삼국유사』는 단군에서 기자로 계승되는 것을 정통으로 설정하여, 위만의 등장을 찬탈로 이해하였다. 고조선과 위만조선으로 나뉘는 조목의 설정이 이를 알려준다.

---

1 李基白,「古朝鮮의 國家形成」,『韓國史市民講座』2, 일조각, 1988;『韓國古代政治社會史研究』, 一潮閣, 1996, 14~19쪽.

『삼국유사』는 고조선을 정통으로 계승한 마한을 설정하였으며 이어 칠십이국조를 두었다. 실제로는 78국이지만, 칠십이국조는 토착 사회에 지금의 군군 단위 정도의 영역을 가지면서 성립된 무수한 성읍국가城邑國家의 존재를 가리킨다.[2] 말갈발해靺鞨渤海는 물론 이서국伊西國·오가야五伽耶·북부여北扶餘·동부여 등 여러 지역의 소국가는 72국으로부터 이어지는 것으로 이해된다. 반면 위만조선은 한漢나라에 의해 멸망되고, 거기에 설치된 4군四郡은 이부二府나 낙랑국樂浪國·북대방北帶方·남대방 등으로 이어졌다. 이상을 간단하게 제시하면 〈표 2〉와 같다.

〈표 2〉 『삼국유사』에서 제시한 한국상고사 체계

위만조선을 찬탈로 보아 그 내에 설정한 중국 군현 관계의 기록에 대해서는 의도적으로 강조하지 않았다. 우선 한사군을 위만조선조 내에 이름만 제시하였다. 반면 한의 군현이 토착 세력의 반발을 받아 위축된 모습인 이부를 조목으로 설정하였다. 그런가 하면 낙랑군이 아닌 '낙랑국'조의 설정도 같은 맥락에서 이해할 수 있다. 낙랑국은 토착 사회와 타협한 성읍국가와 같은 존재로 파악되며, 실제 고구려나 신라·백제와의 관계에서 낙랑국조를 기록하였다. 북대방조 역시 신라에 투항하는 기사로 채워졌다. 『삼국유사』는 민족문화의 전통을 강하게 인식한 기반 위에 한국고대사를 체계화하려

---

2 『三國遺事』 권1, 馬韓조 내에는 '四夷·九夷·九韓·濊貊'에 대한 설명이 포함되어 있는데, 그것은 사실 마한조에서 분리하여 독립시켜야 할 조목 이름이다. 다만 마한조와 그 내에 四夷·九夷·九韓·濊貊 등을 설정한 것은 삼한 내에 많은 소국의 존재와 연관하여 이해해야 한다. 실제로 『三國志』 魏書, 東夷傳에는 三韓에 존재한 78국의 이름을 기록하였다.

는 의도를 지녔다.

『삼국유사』는 마한과 72국, 곧 토착 사회의 여러 성읍국가와의 관계를 뚜렷하게 제시하지 않았다. 마한·변한卞韓·진한辰韓과 삼국과의 관계도 확실하게 설정하지 않았다. 변한은 백제로 이어졌고, 진한은 신라로 연결되었던 것은 분명한데, 마한과 삼국과의 관계 설정은 애매하게 나타나 있다.[3] 『삼국유사』에서 제시된 신라·고구려·백제의 삼국과 삼한과의 관계를 대략 〈표 3〉과 같이 정리할 수 있다.

〈표 3〉『삼국유사』의 한국상고대 국가계승 체계[4]

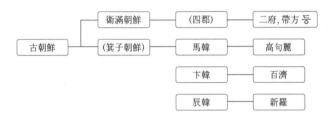

최치원崔致遠의 견해에 따라 삼한에서 삼국으로 이어지는 국가계승 체계에 대해 일연은 고구려를 마한, 백제를 변한, 신라를 진한의 후계국으로 정리하였다. 그러나 마한은 고조선과 위만조선의 바로 다음 조목으로 나타나 있다. 일연은 고조선의 정통을 잇는 보다 큰 연맹체로서 마한을 설정하였다.

『삼국사기』에서와는 달리 『삼국유사』는 삼국이 실질적으로는 고구려·백

---

3 『삼국유사』 권1, 마한조에는 "王準率宮人左右 越海而南至韓地 開國號馬韓 甄萱上太祖書云 昔馬韓先起 赫世勃興 於是百濟開國於金馬山"이라 하였다. 마한조의 기록은 견훤이 왕건에게 준 편지에서 인용한 점이나 백제가 금마산에서 개국했다는 사실을 지적함으로써, 마한을 백제와 연결시키는 듯한 인상을 준다. 그러나 같은 책 권1, 卞韓百濟조에 "致遠云 卞韓百濟也"라고 하였고, 또 같은 책 권1, 마한조에서 "崔致遠云 馬韓麗也 辰韓羅也"라고 하였다. 최치원의 주장을 들어 마한을 고구려라고 분명하게 언급하였을 뿐만 아니라 앞의 마한조에서는 마한과 백제를 분명하게 연결시키지 않았던 점으로 보아 『삼국유사』는 마한을 고구려로 보는 듯하다.

4 이기백, 「三國遺事 紀異篇의 考察」, 『新羅文化』 創刊號, 1984, 21쪽과 〈표 2〉를 참고하여 작성하였다.

제·신라의 순서로 개국하였다고 한다. 기이편의 조목으로 북부여조·동부여조·고구려조를 묶어 가장 먼저 설정하였고, 그 다음에 변한백제조를 두었으며 그 뒤에 진한조·신라시조 혁거세왕조를 배정하였다. 물론『삼국유사』의 기이편은 신라사 중심으로 편찬되었지만, 나머지 고구려사와 백제사에 대해서는 개시開始의 순서만으로 그 중요도를 생각할 수는 없다. 왜냐하면 고구려사보다는 백제사에 대해 보다 자세하게 기술하였기 때문이다.

기이편 중 고구려조가 고구려사에 대한 유일한 기록이며, 그 내용은 주몽朱蒙의 건국신화로 채워졌다. 이에 비해 백제사를 알려줄 기록으로 변한백제조 외에도 남부여 전백제南扶餘 前百濟조·무왕武王조 등이 있고, 그 내용 또한 온조왕의 건국신화를 포함해서 간략한 백제사 전반을 기술한 것이다. 기이편의 무왕조는 백제 불교를 중흥시키면서 미륵사를 창건한 사실을 기록한 것인데, 백제사를 기술하면서 불교신앙을 진작시키려는 의도를 담고 있다. 또한 홍법편의 순도조려順道肇麗조·난타벽제難陁闢濟조는 고구려와 백제에 불교가 전래되어 국가불교로 공인되는 과정을 간략하게 알려준다.

고구려 불교에 대해서는 홍법편의 보장봉로 보덕이암寶藏奉老 普德移庵조에 기록하였다. 그런데 계율을 잘 지켜 미륵사를 창건하는 백제의 법왕과 관련된 법왕금살法王禁殺조와는 대조적으로 고구려 보장왕 때에 연개소문淵蓋蘇文이 도교를 받듦으로써 오히려 불교가 쇠퇴했던 사실을 지적하였다.[5] 기이편의 고구려조 외에 보장봉로 보덕이암조에는 연개소문의 권력 전단에 관한 역사를 특별히 기술하였다.『삼국유사』에서 고구려사가 가볍게 취급된 이유는 불교를 탄압하면서 도교를 진흥시킨 사실과 연관하여 이해할 수 있다. 보덕은 고구려에서 완산주完山州의 고대산孤大山으로 옮겨 거

---

5 『삼국유사』권3, 寶藏奉老 普德移庵조에서 "讚曰 釋氏汪洋海不窮 百川儒老盡朝宗 麗王可笑封沮洳 不省滄溟徒臥龍"이라 하였다. 일연은 불교와는 달리 유교와 도교가 국가를 쇠퇴하게 한다고 보아 고구려의 寶藏王이 도교를 받든 사실을 잘못된 것으로 기록하였다.

주하였다.[6]

『삼국유사』에서 삼국 이전 우리나라 고대의 국가계승 체계를 세웠는데, 70여 개나 되는 수많은 국가는 삼한을 거쳐 대체로 고구려·백제·신라의 삼국으로 통합되었다. 그러나 삼국이 성립된 초기에 존재한 독립된 성읍국가나 연맹왕국, 곧 가야의 실체를 애써 부각하였다. 기이편의 이서국조·오가야조는 물론 가락국기조는 가야사를 복원하는 데 필요한 귀중한 자료이다. 일연이 가야사를 중시한 것은 왕력편에 보다 분명하게 나타나 있다.[7] 『삼국유사』의 왕력편은 금관金官가야가 망하기까지를 5단으로 나누어 편성되었다. 중국의 왕조와 각 왕들의 연호年號를 표시하여 절대 연대를 나타낸 첫째 단 외의 나머지 4단은 위로부터, 신라·고려高麗·백제·가락국駕洛國의 각 왕들을 기록한 연표이다.

『삼국유사』의 왕력은 삼국과 대등한 관계로 가락국을 설정하였고, 흡사 사국 체제를 연상시킨다. 그러나 일연은 가락국사가 아무리 중요하더라도 어디까지나 그것을 삼국의 역사 속에서 이해하였다.[8] 사실 금관가야인 가락

---

6 『삼국유사』 권3, 高麗靈塔寺조에는 "赴講涅槃經四十餘卷 罷席 至城西大寶山 巖穴下禪觀"이라 하였다. 普德이 大寶山의 바위굴에서 禪觀을 닦았던 것은 고구려 불교가 핍박을 받고 있는 사실과 연결하여 이해해야 한다. 왜냐하면 선종이 유행하지 않은 분위기에서 보덕이 은거하여 생활한 듯한 인상을 주기 때문이다. 또한 이러한 고구려 불교계의 사정은 그가 完山州의 孤大山으로 옮겨갔다는 연기설화를 만들었을 것이다. 그런데 이와 연관하여 溫祚와 沸流 형제가 朱蒙의 아들로서 고구려로부터 南下하는 백제 건국신화는 흥미롭다. 물론 그것은 백제 왕실이 부여계라는 명백한 사실을 반영하여 만들어졌지만, 도교를 받듦으로써 고구려의 불교가 남쪽으로 옮겨가는 과정과도 연결될 수 있을 듯하다.

7 駕洛國記조나 王曆편 외에도 『삼국유사』 권3, 金官城婆娑石塔조는 인도의 阿踰陁國으로부터 婆娑石塔이 전래되었으며, 또한 王后寺를 창건하는 등 가락국의 興法에 관한 기사를 실었다. 흥법이 왕조의 부흥과 연관시켜 이해하려는 역사관을 가졌기 때문에, 일연은 충분히 가락국사를 중시하였다.

8 『삼국유사』 왕력편의 초기 부분은 新羅·高麗·百濟에 가락국을 붙여서 4국 체제로 편성된 듯한 인상을 준다. 그런데 일연은 그것을 '三國遺事 王曆第一'이라 하여 三國史 속에 설정한 것임을 분명히 하였다. 이와 연관하여 요즘 가야사를 전공한 연구자들이 가야사를 포함시킴으로써, 삼국시대가 아닌 四國시대로 불러야 한다고 주장하는데, 이것은 명백하게 잘못된 생각이다. 3국은 일연이나 金富軾 등 고려시대의 역사가들이 설정한 역사적 용어이며, 그것은 분명 신라·

국은 가야의 모든 소국들을 대표할 수 있을 정도의 강력한 연맹왕국으로 성립되지 못하였을 뿐만 아니라, 멸망할 당시에도 연맹권 내의 주도권을 잡기 위해 대가야와 경쟁하고 있었다. 겨우 연맹왕국 단계에 이른 가락국과 그 단계를 넘어서서 중앙집권적 귀족국가 체제를 이룩한 삼국을 동등하게 설정할 수는 없다. 『삼국유사』가 가락국을 이서국·오가야 등과 같이 삼국의 역사 속에서 파악하는 이유를 이런 점에서 찾을 수 있다.

기이편의 대부분은 신라의 왕들에 관한 기록으로 채워졌다. 『삼국유사』는 사실상 신라 중심의 역사 기술이며, 이 점은 『삼국사기』도 마찬가지이다. 그러므로 신라 사회의 구체적인 모습에 대한 이해는 사료가 별로 전하지 않는 고구려사나 백제사를 밝히는 데 도움을 준다. 『삼국유사』와 『삼국사기』 모두 신라사를 중요시하였지만 그것의 시대 구분을 달리 설정하였다. 두 사서에서 제시된 신라사의 시대 구분을 제시하면 〈표 4〉와 같다.

〈표 4〉 신라사의 시대 구분

	1) 朴赫居世王 22) 智證王	23) 法興王 28) 眞德女王	29) 武烈王 36) 惠恭王	37) 宣德王 56) 敬順王	비고
삼국사기	上代		中代	下代	권12, 경순왕 9년, 12월조
삼국유사	上古	中古	下古		王曆

『삼국사기』가 제시한 신라사의 시대 구분은 중앙집권적 귀족국가 체제의 정비와 삼국통일에 따른 강력한 전제왕권의 성립 및 그것이 무너지면서 지방호족이 대두한 사실을 중시하여 나눈 것이다.

『삼국사기』와는 달리 『삼국유사』가 제시한 신라사의 시대 구분은 보다 더 흥미를 끈다. 우선 신라중고대인 23대 법흥왕에서 28대 진덕여왕대에는 불

___

고구려·백제를 가리킨다. 역사적 용어로써 3국에 가야를 포함한 '4국'이 쓰인 예를 찾을 수 없다. 그런 의미에서 일연은 가락국사가 아무리 중요하더라도, 그것을 포함한 역사를 '3국' 속에 흡수하여 이해하였던 것은 시사성을 준다.

교를 공인하여 국가불교가 성립되었으며, 왕들의 이름을 모두 불교에서 따온 불교왕명시대가 전개되었다.[9] 이에 비해 신라상고대의 왕들은 신라의 고유한 토착어로 된 이름을 사용하였는가 하면, 신라하고대 왕들의 이름은 시호諡號였다. 지증마립간대에 이르기까지 신라상고대에는 신라에 복속되지 않은 여러 성읍국가가 존재하였다. 앞에서 언급한 이서국은 14대 유리이사금 때까지 건재하여 신라의 금성金城을 공격해 왔다(『삼국유사』 권1, 未鄒王 竹葉軍조).

신라상고대는 신라 연맹왕국의 권역을 확대해 가는 시기였다. 피은避隱편의 물계자勿稽子조는 이러한 사정을 사실적으로 알려준다. 10대 나해이사금 때의 신라는 보라국保羅國·고자국古自國·사물국史勿國 등 이웃 8국과 싸워 그들의 항복을 받았으며, 이 싸움에서 물계자가 크게 공을 세웠다. 상고대에 신라는 이웃 성읍국가를 복속하면서 연맹왕국으로 성장하였다.[10] 왕력에는 신라상고대의 왕위 이름이 바뀌어 갔는데, 17대 내물왕에서 22대 지증왕까지를 마립간麻立干으로 부르면서 그 이전의 이사금尼師今과 구별하였다.[11] 화백和白회의와 같은 귀족회의가 구성되었으며, 이를 주재하는 강력한 연맹왕권이 성립하면서 연맹왕을 마립간으로 불렀다.[12]

김씨 왕실이 세습되는 내물마립간대 이후에 신라가 연맹왕국 체제를 정립해 갔다. 신라상고대는 내물마립간대를 기점으로 그 이전과는 국가 체제면에서 달라진 셈이다. 『삼국사기』와는 달리 『삼국유사』는 법흥왕의 등장

---

9 金哲俊,「新羅上代 社會의 Dual organization(下)」,『歷史學報』3, 1952, 91~95쪽.

10 『삼국유사』 권1, 王曆 第六祇磨尼叱今조에 "是王代滅音質國 今安康 及押梁國 今梁山"이라 하였다. 왕력편에 나와 있는 정복 기사는 중요하게 생각된다. 지마이사금 때 이전까지만 해도 신라는 경주 일대에 그치는 영역을 통치하였으며, 이후 성읍국가를 정복하면서 연맹왕국으로 성장하였다.

11 『삼국유사』와는 달리 『삼국사기』에는 麻立干 시대를 19대 눌지마립간대에서 23대 지증마립간대까지로 설정하였다. 곧 『삼국유사』의 내물·실성 두 마립간은 『삼국사기』에서 尼師今으로 기록되었다.

12 李丙燾,「古代南堂考 -原始集會所와 南堂-」,『韓國古代史研究』, 博英社, 1976, 637~671쪽.

244

을 크게 시대가 변하는 것으로 구분하였다. 법흥왕대의 불교 공인과 율령 반포로 인한 국가 체제의 정비, 그 뒤를 이은 진흥왕의 정복 사업 등이 그러한 변화를 실감나게 한다. 또한 『삼국유사』뿐만 아니라 『삼국사기』도 29대 무열왕 때부터는 다시 시대가 변하는 것으로 설정하였다. 그러한 가장 큰 변화의 요인으로 삼국통일과 함께, 성골聖骨을 대신하여 진골眞骨이 왕위에 오른 사실을 들 수 있다.

『삼국사기』는 시조 혁거세왕부터 28대 진덕여왕까지의 왕들이 성골 출신이라 하였으나 『삼국유사』는 23대 법흥왕부터 28대 진덕여왕까지의 왕들이 성골 출신이라 하였다.[13] 양자 중 골품제의 실상을 알려주는 것은 물론 『삼국유사』의 기록이다. 신라 왕실의 핵심 구성원은 사로국斯盧國 시절까지 거슬러 올라갈 수 있지만, 골품체제는 연맹왕국이 정립된 이후 율령을 반포하면서 복속된 성읍국가의 지배자를 편제編制하는 과정에서 갖추어졌다. 그렇다면 성골 관념의 존재는 신라중고대 이상으로 올라가지 않는 것이 분명하다.

신라는 처음 사로국으로 시작하였으며 박혁거세왕 때에 성읍국가 내지 연맹왕국으로 출발하였다. 17대 내물마립간 때에 연맹왕국 체제를 정립하였으며 23대 법흥왕 때에 율령을 반포하여 중앙집권적 귀족국가 체제를 정비하였고, 그것이 바탕이 되어 진흥왕 때에는 강대한 정복국가 체제를 갖추었다. 『삼국유사』가 제시한 신라의 이러한 국가 체제는 고구려나 백제의 경우에도 그대로 적용될 수 있으며,[14] 광복光復 이후 한국고대사를 체계화한

---

13 『삼국유사』 권1, 王曆, 第二十八眞德女王조에 "已上中古聖骨 已下下古眞骨"이라 하였다.

14 聯盟王國 체제가 정비되어 가는 奈勿麻立干代는 고구려의 太祖王이나 백제의 古爾王代에 비정될 수 있다. 율령을 반포하면서 불교를 공인하는 법흥왕대는 고구려의 소수림왕대와 백제의 침류왕대에 해당될 수 있다. 체제 정비를 바탕으로 발전하는 진흥왕대는 고구려의 長壽王代에 해당되지만, 백제의 경우 침류왕대 이전인 近肖古王代에 배당될 수 있다. 이런 면에서 신라와 고구려에 비해 백제의 발전 과정을 달리 파악할 수 있다. 백제는 중국으로부터 문화를 받아들이는 속도가 빨라서 이미 근초고왕대에 전승기를 누렸고, 침류왕대의 국가체제 정비는 그것을 유지하는 측면에서 이루어졌을 듯하다. 다만 백제는 고이왕대에 체제를 정비하는 기록이 나와 있고, 침류왕대에는 불교가 공인되는 기록만이 전한다. 그러나 고이왕대의 체제 정비는 연맹

이병도李丙燾 사학을 구조하는 기틀이 되었다.[15] 『삼국유사』를 바탕으로 이
병도가 제시한 한국고대의 국가체제 정비는 부분적인 수정을 가하였을지
라도,[16] 성읍국가에서 연맹왕국을 거쳐 중앙집권적 귀족국가 체제로 발전하
는 큰 틀을 제시하였다. 오늘에 이르기까지 이러한 큰 틀 위에서 한국고대
사를 연구하고 있다.

『삼국사기』의 신라중대와 하대는 『삼국유사』에서 신라하고新羅下古로 묶
었다. 그것은 통일신라시대이다. 『삼국유사』는 원성대왕元聖大王조를 비중
있게 기술하였고, 특히 김주원金周元과 김경신金敬信의 왕위 쟁탈전을 연상
시키는 꿈 이야기를 장황하게 소개하였다. 그리하여 『삼국유사』도 비록 『삼
국사기』에서처럼 시대를 구분하지 않았지만, 원성왕대 이후 신라 사회가 지
방호족의 대두로 크게 변한 사실을 시사해 준다. 아울러 신라하고대는 후삼
국으로 이어졌는데, 『삼국유사』는 후고구려와 후백제를 이전의 고구려와 백
제를 계승한 것으로 파악하였다. 실제로 왕력편 후삼국시대에는 신라 외에
'후고려後高麗'와 '후백제後百濟' 단을 설정하였는데, 그 각각은 고구려와[17] 백
제를 계승한다는 의미를 가졌다. 또한 기이편에서 남부여 전백제南扶餘 前
百濟조와 후백제견훤後百濟甄萱조를 설정하여 백제와 후백제의 관계를 전후
백제로 파악하였다.

왕국 체제를 정착시키는 데 필요한 것으로, 불교 공인 이후 중앙집권적 귀족국가를 성립시키는
체제 정비와는 일단 구별하여야 한다.

15 이병도, 『韓國古代史研究』(박영사, 1976)에서 三國史上의 諸問題를 다룬 第6篇 高句麗史上의
諸問題와 第7篇 百濟史上의 第問題, 第8篇 新羅史上의 諸問題는 『삼국유사』가 제시한 국가 체
제의 발전 과정이라는 큰 틀을 상기시켜 준다.

16 한국 고대의 국가 체제는 城邑國家·聯盟王國·중앙집권적 귀족국가로 발전되었다. 『삼국유사』
나 이병도가 제시한 국가체제 정비 과정에 기초한 것이다. 물론 성읍국가나 尊長國家·古代國
家 등 용어가 통일되어 있지 않거나, 또는 연맹왕국 성립 이전에 小聯盟國을 설정하기도 한다.
그러나 그것은 세부적인 문제에 지나지 않으며, 앞에서 제시한 국가 체제의 발전 과정에서 크
게 벗어나는 것은 아니다.

17 王曆에는 고구려 단을 '高麗'로, 궁예의 후고구려를 '後高麗'로 표현하였다.

『삼국유사』가 후삼국을 삼국시대와 연계하여 파악하는 것은 왕건의 등장과 삼한통합의 명분을 합리화하면서 강조하려는 의미를 가졌다. 기이편에서 궁예弓裔조를 따로 설정하지 않았다. 이 점은 후백제견훤조가 설정된 것과 대조되며, 궁예의 통치를 긍정적으로 평가하지 않으려는 의도를 가졌다. 그러나 막상 왕력에는 궁예조를 설정하였는데, 그가 퇴출되는 모습이 전혀 나타나 있지 않다. 오히려 왕건은 궁예의 태봉(후고려)을 계승한 인상을 준다. 왕력 태조太祖조의 다음 기록은 시사성을 준다.

무인(戊寅, 918년) 6월에 궁예가 죽자 태조가 철원경鐵原京에서 즉위하였다. 기묘(己卯, 919년)에 송악군松岳郡으로 수도를 옮겼다(『삼국유사』 권1, 왕력).

왕건은 궁예가 죽은 후 순조롭게 고려를 승계한 것으로 기록하였다. 이를 통해 일연은 왕건의 후삼국 통일 명분을 강하게 표출하였다. 우선 신라의 귀부를 강조하였다. 기이편의 김부대왕金傅大王조를 이러한 목적에서 서술하였다. 그리하여 경애왕 때에 견훤의 침공을 받자, 왕건이 신라를 구하려고 출병한 사실과 경순왕이 고려에 귀부하는 과정을 자세하게 서술하였다. 왕력에는 국가가 멸망한 사실을 반드시 명기하여 '국제國除'라고 표현하였다. 그러나 신라의 멸망 사실을 기록하였지만,[18] 거기에 '국제'를 덧붙이지 않았다. 그것은 고려가 이념적으로 신라를 계승하였다는 의식을 표출한 셈이다.

왕력 태조조는 당시에 창건된 사원의 이름을 나열하는 데 대부분을 할애하고 있다.[19] 왕건은 후삼국을 통일하는 데 불교의 도움을 많이 받았고, 후백제를 평정한 후에는 그 지방 사람들의 교화를 위해 개태사開泰寺를 창건

---

18 『삼국유사』 권1, 왕력, 第五十六敬順王조에 "自五鳳甲子至乙未 合九百九十二年"이라 하였다.
19 왕력 太祖조에는 왕건 때에 창건한 사찰로 法王寺·慈雲寺·王輪寺·內帝釋院·舍那寺·普濟寺·新興寺·文殊寺·圓通寺·地藏寺·大興寺·日月寺·外帝釋院·神衆院·興國寺·□妙寺·龜山寺 등을 기록하였다. 또한 庚寅(990년) 이후에 창건된 사찰도 있었지만, 그 이름이 전하지 않는다.

하여 친히 그 원문願文을 지었다.[20] 남쪽 지역 여러 군현과 발해국 사람들이 귀순해 왔기 때문에, 이들 연고지에 사는 백성들의 교화와 민심을 수습하기 위해 개태사를 세웠다.[21] 왕건 때에는 대체로 이와 같은 목적에서 불교에 의해 새로 출범한 국가 체제를 안정시키기 위해 사찰을 창건하였다. 이렇듯 왕력 태조조에 나열된 수많은 사찰은 일관되게 불법과 국가의 흥기를 같이 보려는 『삼국유사』의 역사의식을 사실적으로 알려준다.

신라의 귀순과는 달리 왕건은 후백제를 평정함으로써 후삼국의 통일을 달성하였다. 왕력 견훤조는 935년에 견훤의 아들 신검神劍이 아버지를 찬탈하여 스스로 왕이 된 사실을 특별히 기술하였다. 왕건이 후백제를 평정한 것은 바로 이런 점에서 그 정당성을 가졌다. 후백제견훤조 역시 역자逆子를 치는 명분을 분명히 기술하였다. 왕력 후백제 단에는 견훤조만 실려 있고, 신검조는 빠져 있다. 『삼국유사』는 후백제 신검의 통치를 인정하지 않았다. 견훤이 고려에 항부함으로써 후삼국 통일의 명분은 달성되었다. 왕건의 후백제 평정은 찬탈에 대한 응징이었다.

『삼국유사』에는 고조선 이래 우리나라 상고대의 국가계승 체계와 삼국의 성립 및 그 뒤를 이은 후삼국을 통일함으로써, 고려의 정통성을 내세우려는 역사의식이 깔려 있다. 물론 신라 중심으로 삼국의 역사를 체계화하였다. 따라서 신라사의 이해는 고구려나 백제사를 이해하는 데 도움을 줄 수 있다. 기이편의 대부분은 신라왕들에 대한 기록으로 채워졌지만, 신라왕들 중 몇 명은 누락되어 있다.[22] 그들은 신라사의 전개 과정에서 큰 역할을 담당하

---

20 『新增東國輿地勝覽』권18, 連山縣 佛宇조에 願文의 일부가 소개되었다.

21 김두진, 「王建의 僧侶結合과 그 意圖」, 『韓國學論叢』 4, 1982, 151쪽.

22 紀異篇에서 신라상고대의 昔氏 왕들이 대부분 기록되지 않았다. 석씨들이 고려시대에 실질적으로 얼마나 활동한 세력이었는가를 고찰하면, 이런 문제에 대한 해답을 얻을 수 있을 것이다. 다만 무설조는 景哀王·憲德王·文聖王代에 대한 기술이며, 處容郎 望海寺조는 憲德王代에 관한 기록이다. 또한 法興王은 기이편에는 빠졌지만 興法편의 原宗興法 厭髑滅身조에 자세하게 언급되었다. 그 외 신라중고대의 眞智王이나 眞平王에 대해서도 각각 桃花女 鼻荊郎조와 天賜

지 못하였거나, 그렇지 않은 경우 고려후기 사회에서 반드시 기억할 필요가 없었기 때문일 것이다. 그들이 누락된 이유에 대해서는 더 천착하여 연구해야 한다.

2. 『삼국사기』의 서술 태도와의 차이

『삼국유사』는 『삼국사기』와 비교하여 그 서술 태도에 상당한 차이를 가졌다. 이러한 차이는 『삼국사기』가 기전체紀傳體의 정사正史로서 공식적인 정부 기관에서 편찬되었다면, 『삼국유사』는 사찬私撰 사서로서 일연一然 개인의 관심사를 중심으로 찬술되었기 때문에 나타났다. 『삼국사기』가 합리적인 유교사관儒敎史觀으로 서술되었다면, 『삼국유사』는 신이를 내세우는 불교사관에 의해 기술되었다. 『삼국유사』는 거의 불교에 관한 내용으로 채워졌기 때문에 일종의 불교문화사佛敎文化史라 할 수 있다. 이에 비해 『삼국사기』에는 불교에 관한 내용이 거의 삭제되었다.[23]

첫째로 『삼국유사』는 『삼국사기』와 내용 면에서 출입이 있을 뿐만 아니라 같은 내용의 기술 방법에도 차이가 있다. 두 사서에는 그러한 차이가 다음

玉帶조에 기술되었다. 그렇게 되면 기이편에서 신라왕 중 누락된 경우는 宣德王·僖康王·閔哀王·憲安王·定康王·神德王 정도이다. 이들 왕이 신라사의 전개 과정에서 어떤 역할을 담당했는지에 대해 밝히면, 기이편에서 그들에 관한 조목이 설정되지 못한 이유를 보다 분명하게 이해할 수 있을 것이다.

23 『삼국사기』에는 佛僧의 이름이나 佛事에 관한 내용이 간간이 적혀 있긴 하지만, 그것을 거의 무시해도 좋을 듯하다. 『삼국유사』에서 풍부하게 기록된 불교 관계의 기록이 『삼국사기』에는 대부분 누락되었지만, 그렇지 않은 경우 儒敎的인 가치 기준으로 윤색되었다. 『삼국유사』 권3, 臺山月精寺 五類聖衆조의 信孝 說話와 『삼국사기』 권48, 向德전과 聖覺전은 사실상 같은 내용을 다루고 있다. 곧 신효 설화는 향덕과 성각 설화를 합친 것이라 할 수 있다. 두 경우 모두 허벅지 살을 베어 부모를 공양하는 내용을 담고 있다. 그런데 신효 설화는 月精寺 창건과 얽힌 불교신앙을 내세운 것이라면, 향덕과 성각 설화는 다소 불교와 관련되었더라도 유교적인 孝사상을 내세운 것이다.

과 같이 나타나 있다.

① 왕은 영원永元 2년(500년) 경진庚辰에 즉위하였다. 왕의 음장陰長이 일척
오촌一尺五寸이어서 배우자를 구하기 어려우므로, 삼도三道에 사신을 파견
하여 배우자를 구하였다. 사신이 모량부牟梁部의 동로수冬老樹 아래 이르
렀는데, 두 마리 개가 큰 북만 한 똥 덩어리를 물고는 양 끝에서 다투는 것을
보았다. 동리 사람에게 물으니 한 소녀가 고하기를 "모량부 상공相公의 딸이
이곳에서 빨래를 하다가 몰래 수풀 속에 들어가 눈 것이라"고 하였다. 그 집
을 찾아가 보았더니 (그녀의) 신장이 칠척오촌七尺五寸이었다. 이 사실을 갖
추어 주언奏言하였다. 왕이 수레를 보내어 궁중으로 맞이하고 황후로 봉封
하였으며, 군신群臣이 모두 축하하였다(『삼국유사』 권1, 智哲老王조).
② 왕비는 박씨朴氏 연제부인延帝夫人으로 등흔登欣 이찬伊湌의 딸이다. 왕
의 몸은 홍대鴻大하고 담력膽力이 다른 사람보다 뛰어났다(『삼국사기』 권4,
智證麻立干 즉위년조).

『삼국유사』는 지증왕의 음경陰莖이 길어서 배우자를 구하기 어려웠던 사
실을 언급하면서, 모량부牟梁部 상공相公의 딸을 왕비로 맞아들이는 과정을
장황하게 서술하였다. 같은 사실에 대해 『삼국사기』에는 왕의 몸이 홍대鴻
大하고 담력이 뛰어났다는 정도로 간략하게 언급하였으며, 왕비는 박씨 연
제부인延帝夫人이며 등흔登欣 이찬의 딸이라고 소개하는 데 그쳤다.

아마 음경이 크다는 내용은 합리적이고 유교적인 도덕 기준에서 볼 때
『삼국사기』에 기재되기에는 부적합한 것이었다. 정사이기 때문에 점잖은
문체로 기록할 수밖에 없어서 『삼국사기』에는 실릴 수 없는 내용이 『삼국유
사』에는 생경한 모습 그대로 기재되어 있는 경우가 많다.[24] 지철로왕智哲老

---

24 『삼국유사』 권1, 眞興王조 및 같은 책 권3, 原宗興法 厭髑滅身조에는 진흥왕과 法興王이 出家

王朝의 내용은 도덕적 기준에서 볼 때『삼국사기』에서 기록될 수 없는 것이었지만, 사실 그 속에 민간전승의 토착적인 신앙이 풍부하게 담겨 있다.

신이하기 때문에『삼국사기』에는 빠진 내용이 많다.『삼국유사』권1, 천사옥대天賜玉帶조에는 진평왕이 내제석궁內帝釋宮에 행차한 기록이 나온다. 마침 돌계단을 밟으니 세 개의 돌이 모두 부러졌으므로, 왕이 좌우를 돌아보고 말하기를 이 돌을 옮기지 말고 후대의 사람에게 보이게 하라고 하였다. 그리하여 그것은 성중城中에 있는 다섯 부동석不動石 중의 하나가 되었다. 같은 내용에 대해『삼국사기』권4, 진평왕 즉위년조에는 진평왕이 나면서 기상奇相을 가졌고, 신체가 장대하다고 기록하였다.

경주의 성내에 존재한 부동석에 관한 연기설화가『삼국사기』에서 단순히 진평왕의 몸이 크다고만 기록됨으로써, 나머지 사실이나 거기에 딸린 토착적인 신앙은 송두리째 빠져나갔다. 그 외『삼국유사』의 내용도 대부분 기이편의 연장이어서 신이한 연기설화로 구성되었고, 이런 내용은『삼국사기』에는 대체로 기록되지 않았다. 이처럼『삼국사기』에서 빠져나갔지만,『삼국유사』에 전하는 신이한 연기설화는 고대 우리 민족의 문화전통과 연결되는 것이어서 대단히 중요한 자료이다.

둘째로『삼국사기』에는 전하지 않는 내용이『삼국유사』에 기록된 것이 많다. 그러한 자료는 유독 불교 관계의 기록만이 아니라 한국고대사 일반을 복원하는 데 중요하다. 그런 자료로 우선 주목되는 것은 다음 기록이다.

하였으며 法興王妃도 출가한 사실을 기록하였다. 물론 이러한 내용은 이미『海東高僧傳』에도 기재되어 있지만, 正史인『삼국사기』권4, 眞興王 37년조에는 "至末年祝髮被僧衣 自號法雲 以終其身 王妃亦効之爲尼 住永興寺"라 하였다. 진흥왕은 僧衣를 입고 나라를 다스렸던 듯하다. 다만『삼국사기』에는 법흥왕의 출가에 대한 내용이 기록되지 않았다. 국왕의 출가 사실은 후세에 권장할 수 있는 것이 아니어서,『삼국사기』에는 삭제하였거나 내용을 다르게 기록하였을 법하다. 그렇지만 역사적 진실을 알려주는 것은『삼국유사』의 기록이다. 왕의 출가는 王卽佛인 北朝 불교에서 王卽菩薩인 南朝 불교의 사상 경향으로 바뀌는 모습과 함께, 신라가 남조와 교류한 사실을 알려준다(山崎宏,『支那中世佛敎の展開』, 東京淸水書店, 1942, 133쪽).

① 왕이 전왕前王의 태자太子인 눌지訥祗가 덕망德望이 있음을 꺼려서, 고구려 병사에게 거짓으로 눌지를 청하여 모시고 가게 했다. 고구려 사람들이 눌지가 현명賢明하게 행동함을 보고는 창을 거꾸로 하여 왕을 죽였으며, 이에 눌지를 세워 왕으로 삼고 돌아갔다(『삼국유사』 권1, 第十八實聖王조).

② 제25대 사륜왕舍輪王은 진지대왕眞智大王이라 시호諡號했는데, 성은 김씨이고 왕비는 기오공起烏公의 딸인 지도부인知刀夫人이다. 대건大建 8년(576년) 병신丙申에 즉위하여 4년간 나라를 다스렸는데, 정치가 어지럽고 황요荒媱하여 국인國人에 의해 폐위廢位되었다(『삼국유사』 권1, 桃花女 鼻荊郎조).

실성왕이 고구려 군사들에 의해 살해된 사실이나 진지왕이 폐위된 기록은 『삼국사기』에는 전혀 나타나 있지 않다. 그렇지만 『삼국유사』에 기록된 사실이 역사의 진실을 알려준다.

고구려 군사들에 의해 실성왕이 살해되고 눌지왕이 옹립된 기록은 왜倭를 무찌르기 위해 동남 해안까지 광개토왕廣開土王의 군대가 출병한 사실은 물론,[25] 김씨 왕실이 왕위를 세습한 이후 전 왕족인 석씨 세력과 권력다툼을 벌였던 사정을[26] 쉽게 이해할 수 있게 한다. 또한 진지왕의 폐위 사실은 진

---

25 「廣開土大王陵碑」, 『朝鮮金石總覽』 권상, 조선총독부, 1919, 4쪽에 "九年己亥 百濟殘違誓 與倭和通 王巡下平穰 而新羅遣使 白王云 倭人滿其國境 潰破城池 以奴客爲民 歸王請命 太王恩後稱其忠△ △遣使遷告 以△△ 十年庚子 敎遣步騎五萬 住救新羅 從男居城 至新羅城 倭滿其中 官兵方至 倭賊退"라 하였다. 또한 慶州의 古墳에서 출토된 壺杆銘 속에 '廣開土地好太王'의 銘文이 보인다. 신라 사회에서 사용되는 그릇에 廣開土王名을 넣을 정도로 고구려의 영향이 확산되어 있었다.

26 신라 金氏 왕실의 왕위 세습은 김씨 왕실이 고구려 軍事力과 야합하여 前 왕족인 昔氏 세력을 제압하면서 이루어졌다. 내물마립간 이후 실성마립간과 눌지마립간은 모두 김씨이지만, 그 어머니가 각각 석씨와 김씨이다. 따라서 실성마립간과 눌지마립간의 대립은 어머니 세력을 背景으로 한 석씨 부족과 김씨 부족의 대립이라는 양상을 띠었고, 그 과정에서 실성마립간이 살해되는 것은 석씨 세력의 敗退로 이해된다. 그렇기 때문에 『삼국사기』에서는 실성마립간이 죽는 것을 석씨들의 상징적인 聖山인 吐含山이 무너진 것으로 표현하였다.

홍왕 이후 태자인 동륜계銅輪系와 차자인 사륜계舍輪系 왕실 사이의 대립과
갈등을 충분히 상정하게 한다.[27]

『삼국유사』의 내용은 믿기 어려운 신이한 설화로 기록된 것이 많다. 신
이한 내용은 정사체의 문장으로 나타내기에는 부적당하기 때문에 『삼국사
기』에는 기록될 수 없었다. 비록 설화 형태로 남겨진 기록이라 하더라도 그
것은 일정한 역사적 사실을 반영하고 있는 경우가 허다하다. 『삼국유사』 권
5, 혜통항룡惠通降龍조의 정공鄭恭 설화나 『삼국유사』 권2, 경덕왕충담사 표
훈대덕景德王忠談師 表訓大德조의 경덕왕이 표훈에게 청하여 후사後嗣를 얻
으려는 연기설화 등이 대표적인 것이다.

설화 형태로 전하기는 하지만 정공은 『삼국유사』 외에 『삼국사기』나 다른
문헌에는 나오지 않는 인물이다. 효소왕에 의해 정공이 처형되었지만, 그와
연결되었던 혜통惠通을 거세할 수 없었다. 이런 사실은 신라중대에 전제왕
권이 강화되면서 정통 진골귀족 세력을 도태시켜 갔으나, 결국 그들의 세력
기반 자체를 완전히 해체시킬 수 없었던 전제주의의 한계성을 암시해 준다.
표훈이 천제天帝에게 부탁하여 얻은 혜공왕의 등장은 역시 신라 사회가 중
대에서 혼란한 하대로 변화되어 감을 은유적으로 나타내준다.

그 외에도 『삼국유사』의 연기설화는 현실적인 인물을 소재로 하여 은유
적으로 형성된 것도 있다. 『삼국유사』 권1, 도화녀 비형랑桃花女 鼻荊郞조에
서 이런 면을 찾아볼 수 있다. 진지왕의 혼백과 사량부沙梁部의 서녀庶女인
도화녀와의 사이에서 태어난 비형랑은 어쩌면 진지왕의 아들인 용춘龍春을
상징적으로 나타낸 설화 속의 인물로, 진평왕대 초기에 사륜계의 정치적 입

---

27 眞興王의 太子 銅輪이 일찍 죽자 그 동생인 眞智王이 섰다. 진지왕이 죽자 그 아들 龍春이 있는
데에도, 王位는 동륜의 아들인 眞平王에게로 넘어갔다. 진평왕 사후 善德·眞德王의 두 女王을
거쳐, 왕위는 다시 용춘의 아들인 武烈王에게 넘어갔다. 이런 왕위 계승은 銅輪系와 진지왕인
舍輪系 왕실 사이에 대립과 경쟁이 있었던 것을 시사하는데, 진지왕의 폐위 사실은 이런 추측
을 보다 확실하게 해 준다.

장을 대변해준다.[28] 이렇듯『삼국유사』에는 수많은 연기설화가 나오는데, 그 내용은 일정한 역사적 사실이나 인물들의 행적을 넌지시 암시해준다. 『삼국유사』의 내용이 비록 신이한 설화로 전해진 기록이라 하더라도 그 속에서 역사적 진실을 찾으려는 노력을 꾸준히 지속해 가야 한다.[29]

셋째로『삼국유사』는 삼국 이외의 역사적 사실을 기록하고 있어서 주목된다.『삼국사기』가 신라·고구려·백제의 삼국 역사만을 기록한 것과 대조되는 면이다. 삼국 이외의 역사로 중요한 것은 역시 삼국 이전 시대의 역사적 사실인데,『삼국유사』는 이에 대해 피상적이나마 기술하였다. 기이편의 고조선古朝鮮조에서 진한辰韓조에 이르는 기록이 그것이다.『삼국사기』의 큰 허물 중 하나는 단대사斷代史로 서술되었기 때문에 삼국 이전의 역사를 기록하지 않았다는 것이다.[30] 이에 비해『삼국유사』는 고조선으로부터 이어지는 민족의 통사通史로 편찬되었다.

통사로서의『삼국유사』는 민족문화의 전통과 그 계승에 대한 자부심을 깔고 서술되었다.『삼국유사』에 실린 삼국 이전의 역사는 중국 문헌의 기록에서 도움을 받아 서술된 부분이 많다. 그렇지만 현존하는 중국 문헌의 기록과는 상당한 차이가 있다. 우선 고조선조의 대부분을 차지하는 고기古記의 내용은『삼국유사』이전의 어느 문헌에도 나오지 않는다. 고기의 내용은 물론 단군신화에 관한 것이다. 고기를 포함한 고조선조는『삼국유사』기이

---

28 김두진,「新羅 眞平王代 初期의 政治改革 —三國遺事 所載 桃花女 鼻荊郎條의 分析을 中心으로—」,『震檀學報』69, 1990, 26쪽.

29 가령『삼국유사』권1, 延烏郎細烏女조는 朴氏 왕실에서 昔氏 왕실로 교체되는 사실과 연관하여 중요한 의미를 내포하고 있다.『삼국유사』속에 이러한 연기설화는 일일이 제시하기 곤란할 정도로 많이 수록되어 있다. 다만『삼국유사』권2, 眞聖女大王 居陁知조는『高麗史』권1, 高麗世系 속의 作帝建 說話와 매우 흡사하다. 두 설화를 비교 검토할 필요가 있다.

30 이러한 허물은 반드시『삼국사기』의 찬자에게로 돌려야만 하는 것은 아니다. 왜냐하면『삼국사기』이전에 正史가 편찬되었을 가능성이 있으며, 그럴 경우『삼국사기』를 正史體의 通史로 편찬할 필요는 없는 것이다.『삼국사기』가 통사로 편찬되지 않았다는 허물을 뒤집어 쓸 수는 없다.

편의 첫 조목으로 설정되었고, 이어서 일연은 삼국이 성립하기까지 우리나라의 고대사를 정리하였다.[31]

『삼국유사』는 삼국 이후, 곧 고려시대의 역사적 사실을 단편적으로 기술하였다. 그러한 기록은 『고려사高麗史』에서 찾을 수도 있지만, 대부분 『삼국유사』에만 나와 있는 것이어서 사료적 가치가 높다. 『고려사』에 비록 그 이름이 나온다 하더라도, 『삼국유사』에 기록된 내용 자체는 『고려사』에 대부분 전하지 않는 것들이다. 『삼국유사』 권3, 삼소관음 중생사三所觀音 衆生寺조에는 최승로崔承老의 탄생 설화가 나온다. 물론 『고려사』에는 최승로전이 부전附傳되어 그의 행적을 자세하게 알 수 있지만, 거기에 관음신앙과 얽힌 연기설화가 기록되지는 않았다.

『삼국유사』 권3, 전후소장사리前後所將舍利조에는 고려시대의 불사리나 대장경 등 불교 문화재를 소개하면서 각유覺猷나 구덕丘德·혜조慧照 등 고승들을 언급하였다. 기림사祇林寺의 각유에 대해서는 권3, 낙산이대성 관음 정취조신洛山二大聖 觀音正趣調信조에도 기록하였다. 특히 전후소장사리조는 신라말에 보요普耀선사가 오월吳越에서 대장경을 구해 왔으며, 그가 개창開創한 해룡왕사海龍王寺를 중심으로 한 선종이 유행한 사실을 알려준다. 해룡선종은 선종구산문 중에 들어있지 않다. 『삼국유사』를 통해 해룡선종海龍禪宗의 존재를 알 수 있거니와, 『삼국유사』 권4, 보양이목寶壤梨木조를 통해서도 역시 선종구산문에 소속되지 않았던 운문산문雲門山門의 모습을 찾을 수 있다.

『삼국유사』에 실린 고려시대의 기사는 대부분 불사에 관한 내용으로 채워져 있지만,[32] 개중에는 고려시대 지방 사회의 모습을 알려주어서 주목된

---

31 이 점은 一然이 三國의 始祖神話를 소개하면서 그 뒤를 이어 삼국의 역사, 특히 新羅史를 정리하고 있는 것과 비슷하다. 『삼국사기』를 참고하면서 삼국의 역사를 정리하였지만, 이와는 다른 삼국 이전의 역사를 마치 三國史를 서술하는 것과 같은 비중으로 복원하려 한 것이 분명하다.
32 특히 그러한 자료는 사원경제에 관계된 것이 많다. 『삼국유사』 권3, 三所觀音 衆生寺조에는 成

다. 그러한 기록들은 사원 관계의 공문에서 인용한 것이 대부분이다.[33] 보양이목조에는 운문사의 내력에 대해 「청도군계이심사순영대내말수문등 주첩공문淸道郡界里審使順英大乃末水文等 柱貼公文」과 「운문산선원장생표탑공문雲門山禪院長生標塔公文」 및 「청도군중고적비보기淸道郡中古籍裨補記」·「고인소식급언전기古人消息及諺傳記」 등의 내용을 인용하여 설명하였다. 이러한 공문을 통해 고려초의 중앙 정부가 지방 통치를 강화해 가는 방향을 이해할 수 있다.[34] 『삼국유사』는 고려시대의 공문 등 여러 기록을 인용하고 있어서, 이러한 공문들의 분석을 통해 고려시대 지방 사회의 모습을 조명하는 연구를 시도해야 한다.

『삼국유사』를 통해 가야사를 복원할 수 있다. 그런 점에서 『삼국유사』 권2, 가락국기조는 대단히 중요한 사료이다. 『삼국사기』는 물론 『삼국유사』에도 신라·고구려·백제의 삼국 외에 그 주변의 많은 성읍국가들이 나온다. 삼국이 정복국가 체제를 갖추면서 그 내에 흡수되거나 정복한 국가들을 간략하게 기록하였다. 『삼국사기』에는 가야국의 정복에 대해서 간단하게 언급하였다. 요행히 고려 문종 때에 금관지주사金官知州事가 찬술한 「가락국기」가 『삼국유사』에 실림으로써, 금관가야사金官加耶史를 보다 자세하게 알 수 있다.[35]

宗 연간에 金州의 檀越이 衆生寺에 시주하는 내용과 함께, 고려후기에는 중생사의 住持權을 뺏으려는 내용이 소개되었다. 그 외 結社나 創寺에 관한 기록이 상당히 전한다. 곧 『삼국유사』 권5, 包山二聖조의 萬日彌陀道場의 結成이나 같은 책 권3, 魚山佛影조의 萬魚寺 創建 등을 기록하였다.

33 그렇지 않은 경우도 상당수 있다. 『삼국유사』 권2, 駕洛國記조에는 忠至 角干을 위시하여 羅末麗初의 豪族뿐만 아니라 성종이나 문종 때의 田結이나 役丁 또는 祭祀 문제 등을 기록하였다.

34 김두진, 「高麗 光宗代 專制王權과 豪族」, 『韓國學報』 15, 一志社, 1981; 『均如華嚴思想硏究』, 일조각, 1983, 69~73쪽.

35 이기백, 「三國遺事의 篇目構成」, 『佛敎와 諸科學, 東國大學校 開校八十周年紀念論叢』, 동국대출판부, 1987, 987쪽에서는 駕洛國記가 一然 이후 추가되어 『삼국유사』에 실린 것이라 하였다. 그렇다고 하더라도 加耶史를 연구함에 있어 「가락국기」의 사료적 가치는 대단히 중요하다.

여말선초麗末鮮初까지도 「가락국기」의 이본이 전하였다.[36] 또한 고령의 대가야를 중심으로 편술한 가야사가 전승되었을 것이다. 그 외 청도淸道의 이서국 등에 대한 역사 기록도 전하였던 듯하다. 「가락국기」의 존재는 『삼국사기』에 나오는 삼국 주변의 여러 소국들이 고려시대까지만 해도 역사 기록을 전승하였을 것으로 추측하게 한다.

『삼국유사』는 『삼국사기』와 비교하여 산만한 문체로 투박하면서도 생경한 고대인들의 신앙을 적나라하게 알려준다. 그러한 신앙은 서민 대중 속에서 꾸밈없이 전승된 것이다. 그러다 보니 『삼국유사』 속에 귀족들의 삶이나 종교 신앙이 나오지 않는 것은 아니지만, 서민들의 생활을 이해할 수 있는 자료가 비교적 많이 들어 있다. 오늘날 역사 속에 민중의 삶에 대한 관심이 점점 높아지고 있어서 『삼국유사』의 자료적 가치는 더욱 높아지리라 생각한다.

3. 한국고대사 사료로서의 의의

한국고대사의 체계는 기본적으로 『삼국사기』와 『삼국유사』에 의해 구조되었다. 그 외 중국 측 기록이나 비문 또는 문집 자료가 있기는 하지만, 이 두 자료의 중요성을 능가할 수 없다. 한국고대사의 큰 줄기는 역시 『삼국사기』에 의하여 세워졌다고 생각한다. 그러나 역사의 뒤켠에서 실제로 한국 고대 사회의 생동하는 모습을 밝히는 데에는 오히려 『삼국유사』가 더 중요한 자료를 제공한다. 이 절에서는 그러한 『삼국유사』의 한국고대사 관계 사

---

36 『金官古事及許性齊文集』 속에 駕洛國記가 전하는데, 그것은 『삼국유사』에 전하는 「가락국기」와는 다른 내용을 포함하고 있다. 곧 『삼국유사』의 「가락국기」와 비교하여 그것은 許王后의 事跡을 보다 더 알차게 실었던 듯하다. 그 속에는 金海 許氏가 首露王과 許王后 사이의 둘째 아들에서 비롯되었다고 서술되어 있다.

료가 갖는 의의를 제시하고자 한다.

첫째로 『삼국유사』는 신이사관神異史觀을 가졌다.[37] 『삼국유사』의 약 절반 분량을 차지하는 것이 기이紀異편이다. 비록 나머지 편명은 여러 개로 나뉘어 있지만, 그 내용도 대부분 신이한 내용으로 채워졌다. 『삼국유사』는 전체가 신이한 사실의 기록이며, 비합리주의를 정면으로 표방하고 나선 역사서라 할 수 있다.[38] 기이는 신이神異를 기록한다는 뜻인데, 이에 대해서는 다음 내용을 참고하여 이해해 보자.

> 무릇 옛날의 성인聖人은 바야흐로 예악禮樂으로써 나라를 일으키고 인의仁義로써 가르침을 베풀었다. 즉 괴력怪力과 난신亂神을 말하지 않았다. 그러나 제왕帝王이 장차 일어남에 부명符命에 응하여 도록圖籙을 받음으로써 반드시 다른 사람과 다름이 있었다. 그런 후에 능히 큰 변화를 타서 대기大器를 잡고 대업大業을 이루었다. …… 그런즉 삼국의 시조가 모두 신이神異함에서 나온 것이 어찌 괴상怪常하다 하겠는가?(『삼국유사』 권1, 敍)

괴력怪力과 난신亂神을 말하지 않음은 공자의 가르침이며 유교의 합리주의 사관을 담은 것이다. 『삼국유사』는 우선 이러한 유교의 합리주의 사관을 비판하였다. 그렇기 때문에 제왕이 일어남에 있어서 부명符命에 응하거나 도록圖籙을 받는 등, 신이한 행적을 수반한다는 사실을 중국의 경우에서 예를 들어 설명하였다. 그런 연후에 『삼국유사』는 삼국의 시조가 모두 신이한 행적을 통해 등장한 사실을 제시하였다. 신이사관은 전통문화를 주체적 입

---

37 『삼국유사』는 神異사관 외에 불교사관을 가졌다. 불교사관은 정확하게 말한다면 불교 흥국사관이다. 그런데 『삼국유사』에는 불교사관만이 있고 신이사관은 없다는 주장은 잘못이다. 왜냐하면 신이사관과 불교사관은 대립되는 것이 아니기 때문이다.

38 이기백, 「삼국유사의 史學史的 意義」, 『創作과 批評』, 1976, 가을호; 『韓國史學의 方向』, 일조각, 1978, 43쪽.

장에서 강조하려는 것으로, 『삼국유사』에서 신이에 대한 기록은 한국고대사를 자주적 입장에서 이해하려는 노력의 표현이었다.[39]

『삼국유사』의 신이사관은 무인집정武人執政 이후 전통문화를 새롭게 인식하면서 민족사의 주체성을 강하게 내세우려는 문화 풍토와 연관하여 갖추어진 것이다. 신이사관의 강조는 몽골과의 항쟁 의식과도 근접해 있었다.[40] 『삼국유사』의 신이사관을 이해하기 위해 비슷한 시기에 찬술된 다음 기록을 참고해 보자.

계축년癸丑年 사월四月에 『구삼국사舊三國史』를 얻어 동명왕본기東明王本紀를 보니 그 신이神異한 행적이 세대를 뛰어넘어 설設해져 있었다. 그러나 역시 처음에는 그것을 믿지 않아서 귀환鬼幻스럽게 생각하였으나 세 번 반복해서 탐미耽味하여 그 본원本源에 이르니 환幻이 아니라 성聖스러운 것이며, 귀鬼가 아니라 신神에 관한 것이다. …… 시詩를 지어 이를 기록함은 무릇 천하로 하여금 우리나라가 본래 성인聖人이 도읍都邑한 사실을 알게 하려는 것이다.[41]

이규보李奎報도 「동명왕편東明王篇」을 지으면서 선사先師인 공자는 괴력과 난신을 말하지 않았음을 전제로 하여[42] 그 서문을 지었다. 그 내용은 『삼국유사』에서와 마찬가지로 합리적인 유교사관을 비판하면서, 민족문화의 전통을 강하게 내세우려는 신이사관과 맥을 같이하였다. 이러한 신이사관

---

39 이기백, 「삼국유사의 사학사적 의의」, 『한국사학의 방향』, 일조각, 1978, 45쪽.
40 李佑成, 「高麗中期의 民族敍事詩 —東明王篇과 帝王韻紀의 研究—」, 『成均館大學校論文集』 7, 1962; 『韓國의 歷史認識』 上, 創作과 批評社, 1976, 155~161쪽.
41 李奎報, 「東明王篇幷序」, 『東國李相國集』 권3에 "癸丑四月 得舊三國史 見東明王本紀 其神異之迹 踰世之所說者 然亦初不能信之 意以爲鬼幻 及三復耽味 漸涉其源 非幻也乃聖也 非鬼也乃神也 …… 是用作詩 以記之 欲使夫天下 知我國本聖人之都耳"라고 하였다.
42 이규보, 「동명왕편병서」, 위의 책, 권3에서 "先師仲尼 不語怪力亂神"이라 하였다.

은 몽골과의 항쟁을 주도한 무신집권 이후에 나타난 것이지만,[43] 고려초에
도 넓게 퍼져 있었다. 이규보가 본 『구삼국사』가 바로 그러한 신이사관에
의해 서술되었다.

그러나 고려초기에도 합리적인 유교사관이 꾸준히 주장되었는데, 바로
최승로崔承老가 합리적인 유교사관을 가졌다. 고려중기에는 김부식金富軾
등이 『삼국사기』를 편찬하면서 오히려 그러한 사관이 풍미하였다. 『삼국유
사』의 신이사관은 고려초기 『구삼국사』에서 보여준 신이사관이 고려중기
에 합리적인 유교사관의 비판을 거치면서, 보다 세련된 모습으로 재정립된
것이다.[44] 따라서 「동명왕편」에서의 신이사관은 '환幻'이 아니라 '성聖'으로
서, 또는 '귀鬼'가 아니라 '신神'에 관해 이해하려고 하였다. 이는 곧 신이신
앙을 이해하려는 기준을 제시한 셈인데, 『삼국유사』의 신이사관과 궤도를
같이한 것이다.

다만 『삼국유사』의 신이사관은 민족문화의 전통을 강조하면서 한국고대
사를 자주적인 입장에서 체계화하였는데, 이런 점으로 미루어 『삼국유사』를
근대사학과 궤도를 같이하는 것으로 평가하기도 한다.[45] 『삼국유사』의 신이
사관은 우선 도덕적인 정치관政治觀의 극복을 전제로 한 것이다. 이리하여
신화와 민속뿐만 아니라 불교와 연관된 풍부한 연기설화를 제시하였다.

정치사 중심에서 폭넓은 문화사적 측면을 강조한 근대사학은 배외적인
경향을 띤 중국 중심의 사관에 대한 비판에서 출발하였다. 이 때문에 근대

---

43 고려후기의 白文寶는 上疏文에서 "吾東方 自檀向至今 已三千六百年"이라 하여 檀君으로부터
   3600년, 곧 大周元이 되어 크게 文興하면서 新紀元을 이룩할 것을 예고하였다. 『삼국유사』나
   「東明王篇」이 저술되는 문화 풍토는 이처럼 민족문화의 전통을 크게 내세웠을 듯하다.
44 『삼국유사』의 神異史觀은 고려중기 史學界가 이루어놓은 合理主義에 대한 접근이라기보다는
   복고적인 성격을 가져 고려초기의 神異에 대해 재인식한 것이다. 다만 『삼국유사』의 신이사관
   과 고려초기의 신이사관과의 차이를 제시하기는 어렵다. 아마 후자가 삼국시대 이래 邑落이나
   部族별로 그들의 시조에 관한 신이한 행적을 방대하게 모은 것이라면, 전자는 그중 국가나 왕
   실의 전통과 연결되면서, 후대에 교훈을 줄 수 있는 것으로 한정하여 서술하였던 듯하다.
45 이기백, 「삼국유사의 사학사적 의의」, 앞의 책, 1978, 48쪽.

사학에서 『삼국유사』는 높이 평가받았다. 『삼국유사』의 신이한 내용 자체는 오늘날 그대로 받아들일 수 있는 것은 아니지만,[46] 그러한 자료를 분석함으로써 민족문화의 전통을 문화사적 측면에서 폭넓게 추구하였고, 민족사의 자주적인 체계를 정립할 수 있었다.

둘째로 『삼국유사』는 전거典據를 밝히고 있어서, 그 사료적 가치가 높다. 『삼국유사』의 내용은 대부분 인용문으로 구성되어 있다. 고조선조의 경우, 전체가 『위서魏書』와 고기古記 및 「당배구전唐裵矩傳」에서 인용한 기록으로 채워졌다. 그중 『위서』나 고기의 기록은 현재 다른 문헌에 전하지 않지만 「당배구전」의 기록은 『당서唐書』의 열전 속에 전한다. 이렇듯 『삼국유사』는 전체가 전거를 제시하고는, 대부분 그것의 인용문으로 편찬되었다. 그러한 『삼국유사』는 원사료原史料의 모습을 보다 더 정확하게 보여준다.

일연은 『삼국유사』에 인용된 원사료에 대한 자신의 의견을 협주挾註로 기입하여, 인용문과는 구별하여 서술하였다.[47] 그러므로 이 양자兩者가 혼동될 염려는 거의 없다. 협주를 통해 일연은 인용문의 내용을 부연하여 설명하였지만, 경우에 따라서는 그것의 진위 여부를 확인시켜 주었다. 상기한 고조선조에도 일연은 자기의 의견을 상당수 협주로 붙였는데, 대표적인 것을 들면 다음과 같다.

① 아사달阿斯達: 경經에 무엽산無葉山이라 했는데 혹은 백악白岳이다. 백주白州 땅에 있는데, 혹은 개성開城의 동쪽에 있다고 하며 지금의 백악궁白岳宮이 이곳이다.

---

46 『삼국유사』에서는 대부분 불교적인 神異에 대해 기술하였다. 紀異篇을 비롯한 신이에 대한 서술은 불교신앙의 옹호를 위한 것이며, 따라서 합리주의가 배격되었다. 합리주의에 대한 배격이 近代史學에서 받아들여질 수 있는 것은 아니다.

47 史論이나 史讚을 빼면 인용 史料와 저자의 의견을 구분하여 서술하였는데, 이것은 『삼국사기』나 『해동고승전』의 서술 태도와 구별된다.

② 당고즉위오십년唐高卽位五十年 경인庚寅: 당고 즉위 원년은 무진戊辰이니
곧 오십년五十年은 정사丁巳이며 경인庚寅이 아니다. 그 사실 여부가 의심
된다.

일연은 고조선조에 나오는 아사달阿斯達을 위시하여 태백산정太白山頂이
나 평양성平壤城·고죽국孤竹國 등에 대해 간략하게 그 위치를 밝혔다. 단군
왕검檀君王儉의 개국開國 연대에 대해서는 의심이 간다는 협주를 붙였다.
또한 한漢의 군현에 대해서도 중국 문헌에 이동異同이 있음을 주기註記하였
다. 일연은 원사료를 무비판적으로 인용하기보다는 협주를 통해 자기 의견
을 제시함으로써, 그것이 알려주는 진실에 대해 접근하였다. 이러한 일연의
찬술 태도가 『삼국유사』의 자료적 가치를 높여준다. 이에 대해서는 다음 기
록을 통해 조금 더 부연하기로 하자.

정신대왕淨神大王 태자보천太子寶川 효명이곤제孝明二昆弟: 국사國史를
살펴보면 신라에 정신대왕淨神大王과 보천寶川·효명孝明 세 부자父子가 있
었다는 명문은 없다. 그러나 이 기록의 하문下文에는 신룡神龍 원년에 터를 닦
고 절을 세웠다고 하였으니, 신룡 원년은 곧 성덕왕聖德王 즉위 4년(705년) 을
사乙巳이다. 왕의 이름은 흥광興光이요 본명은 융기隆基이니 신문왕神文王의
둘째 아들이다. 성덕왕의 형 효조孝照는 이름이 이공理恭이며 혹 홍洪이라고
도 썼는데, 또한 신문왕의 아들이다. 신문왕의 이름은 정명政明이요 자字는 일
조日照이니, 정신淨神은 아마 정명政明, 곧 신문神文의 와전訛傳인 듯하다. 이
기록에는 효명이 즉위한 것만 말하고 신룡 연간에 터를 닦고 절을 세웠다고 한
것에 대해서는 자세히 말하지 않았는데, 신룡 연간에 절을 세운 이는 바로 성
덕왕이다(『삼국유사』 권3, 臺山五萬眞身조).

일연은 『삼국사기』 등 다른 문헌에 나오지 않은 정신대왕淨神大王과 보천寶川태자 및 효명孝明왕자에 대해 각각 신문왕과 그 아들인 효조孝照 및 성덕왕임을 실증적으로 밝혔다. 그리하여 성덕왕이 진여원眞如院을 개창開創하였다는 결론을 제시하였다. 일연의 이러한 논거論據는 진여원의 개창이 성덕왕의 즉위 배경이 되었다는 연구를 가능하게 하였다.[48] 이처럼 일연은 협주로써 자신의 의견을 덧붙임으로써 보다 정확한 역사적 사실을 제시하였다. 협주로 처리된 내용은 다른 이설이 있는 등, 논란의 여지를 가진 경우가 많다.[49]

일연은 협주만 덧붙이지 않고, 본문 속에서 자신의 의견을 제시하기도 하였다. 다음 내용에서 이를 확인해 보자.

① 이때의 계림鷄林은 문물文物과 예교禮敎를 갖추고 있지 않아 국호國號가 정해져 있지 않았는데, 어느 겨를에 아도阿道가 와서 불사佛事를 받들고자 청하였겠는가?(『삼국유사』 권3, 阿道基羅조)

② 후인後人이 『신라이전新羅異傳』을 개작改作하면서 작탑鵲塔이나 이목璃目의 사실을 「원광전圓光傳」 중에 함부로 기록하였으며, 견성犬城의 사실을 「비허전毗虛傳」에 넣었으니 잘못된 것이다. 또 『해동승전海東僧傳』을 지으면서 이에 따라 글을 윤색하여 보양전寶壤傳을 두지 않았으니, 후인後人에게 의심을 갖도록 그르치게 하였다. 이 얼마나 무망誣妄한 일인가?(『삼국유사』 권4, 寶壤梨木조)

---

48 辛鍾遠,「新羅 五臺山事蹟과 聖德王의 卽位背景」,『崔永禧先生華甲紀念 韓國史學論叢』, 探求堂, 1987, 124~127쪽.
49 『삼국유사』의 挾註에는 본문의 내용과 다른 설명을 제시하는 경우가 많다. 『삼국유사』 권1, 射琴匣조는 毗處麻立干 때의 사실을 적고 있지만, 협주에는 그것이 神德王 때의 일이라 적고 있다. 그러면서 '此說非也'라고 덧붙이고 있다. 협주로써 異說을 소개할 경우 끝 부분에 '未詳'이라 하거나 '不取之'라고 덧붙이기도 하지만, 본문과 분명히 다른 설명이 있음을 명시한 셈이다.

미추이사금 때에 아도가 불법을 전하였다거나 운문사雲門寺의 보양寶壤이 이목璃目을 살리는 사실이 원광圓光의 행적으로 잘못 기록된 것 등에 대해서는, 협주가 아니라 본문에서 바로잡았다. 그 외에 일연은 본문 속에 별기別記를 첨가하였다.[50] 일연은 자신의 생각이 비교적 확실하다고 믿었을 경우, 협주보다는 본문 속에서 그 내용을 설명하였다. 『삼국유사』는 확실한 전거를 가진 인용문으로 채워졌다. 의심이 가는 내용에 대해 일연은 실증적으로 협주를 붙이거나 본문 속에서 이견을 제시함으로써 『삼국유사』의 자료적 가치를 높였다.

셋째로 『삼국유사』는 사회사상사 내지 불교문화사 자료를 제공해 준다. 『삼국유사』에 인용된 향전鄕傳이나 고기류古記類 또는 사기寺記 등의 내용은 전승되어 온 삼국시대의 사실을 고려시대에 기록으로 남긴 것이다. 고려 후기에 편찬한 『삼국유사』의 내용은 정착되기까지 여러 번의 전승 과정을 겪었으며, 개중에는 구전된 것도 있었다. 삼국시대의 역사적 사실은 전승되면서 신이한 관념적인 또는 불교신앙적인 내용을 첨가해 갔다. 반면 삼국시대의 구체적 개별 사실은 고려시대 사람들에게 필요한 것이 아니어서 삭제되거나, 남겨진 경우라 하더라도 신비한 신앙 관계의 자료로 변질되었다.

삼국시대의 역사적 사실이 여러 번의 전승 과정을 거쳐 고려시대에 기록되었다는 면에서 『삼국유사』는 물론 『삼국사기』에도 신이한 관념적 자료가 실리게 되었다. 『삼국사기』는 정사체正史體의 정중한 문구로 이루어졌기 때문에, 오히려 『삼국유사』가 훨씬 더 토속적인 신앙 자료를 많이 간직하였다. 『삼국유사』가 문화사적 자료를 풍부하게 가졌던 것은 이미 알려진 바이다.[51] 탑상편을 통해 불교미술사 연구를 바람직하게 정립할 수 있다. 『삼국

---

50 『삼국유사』 권5, 信忠掛冠조에서 信忠이 斷俗寺를 창건하였다고 기록하고는, 뒤에 다시 '別記云'이라 하여 李純이 단속사를 창건한 것으로 기록하였다. 단속사의 창건은 신충과 이순이 모두 관여하였고, 따라서 別記의 기록도 역시 믿을 수 있기 때문에 본문 속에 서술하였던 듯하다.
51 이기백, 「삼국유사의 사학사적 의의」, 앞의 책, 1978, 48쪽.

사기』에는 단 한편도 수록되어 있지 않은 향가가 『삼국유사』에는 14편이나
실려 있는데, 이것은 국문학사國文學史를 연구하는 데 소중한 자료이다. 그
외에도 단군신화를 비롯한 신화와 민속의 세계가 그 속에 구현되어 있다.

『삼국유사』의 효선편은 효도와 이와는 상반된 출가했을 때의 수도를 어
떻게 조화시키는가를 다루었다. 출가는 대귀족가문大貴族家門에게는 크게
문제될 것이 없지만, 홀어머니를 모신 외아들의 경우 심각한 사회문제로 다
가왔다. 효선편은 가정과 불교신앙 문제를 다루었지만 실제로 당시 사회의
심각한 고민을 해결하려는 것이다. 또한 피은편은 불교신앙과 사회와의 문
제를 다룬 것이다. 이렇듯 『삼국유사』를 구성하는 편명 자체를 불교신앙과
당시 사회와의 연관 문제로 설정하였다. 설령 그렇지 않아 보이는 의해편이
라 하더라도 그 내용은 당대의 정치·사회 상황을 비교적 자세하게 언급하
였다.[52]

마지막으로 『삼국유사』가 갖는 자료적 한계성을 언급하고자 한다. 이는
『삼국유사』에 인용된 자료의 정확성에 관한 문제이다. 『삼국유사』에는 많
은 자료가 인용되어 있다. 오늘날 인용된 원전이 거의 전하지 않기 때문에
『삼국유사』의 자료적 가치는 대단히 높아졌다. 그런데 개중에 몇몇 인용 자
료는 그 전거가 된 원본이 간혹 현재까지 전하는 경우가 있다. 곧 『삼국유
사』 권3, 남월산南月山조의 「미륵존상화광후기彌勒尊像火光後記」와 「미타불
화광후기彌陀佛火光後記」는 각각 『조선금석총람朝鮮金石總覽』 권상, 「감산사
미륵보살조상기甘山寺彌勒菩薩造像記」와 「감산사아미타여래조상기甘山寺阿
彌陀如來造像記」를 인용한 것이다.

---

52 義解篇에 실린 高僧들의 傳記 속에는 활동할 당시 그들과 연관된 왕실이나 정치 상황 등을 기
록하였다. 또한 神異를 기록하기 위한 『삼국유사』의 연기설화 속에는 종종 傳記類에 적을 수
없는 역사적 眞實을 기술하였다. 예를 들면 『삼국유사』 권2, 孝昭王代 竹旨郞조에는 "時圓測法
師 是海東高德 以牟梁里人故 不授僧職"이라 하였다. 신라중대에 모량부가 정치적 박해를 받고
있었으며, 그것은 역사적 진실이다.

「미륵존상화광후기」와 「미타불화광후기」를 「감산사미륵보살조상기」 및 「감산사아미타여래조상기」와 비교 검토하면, 『삼국유사』의 기록이 정확하지 않다는 것을 알 수 있다.[53] 그중 「미륵존상화광후기」와 「감산사미륵보살조상기」를 비교하여 분명히 차이가 나는 다음 내용을 참고해 보자.

① 「미륵존상화광후기彌勒尊像火光後記」: 중아식전망성重阿喰全忘誠·망비관초리부인亡妃觀肖里夫人·제간성소사第愨誠小舍·서족급막일길식庶族及漢一吉喰·일당살식총민대사一幢薩喰聰敏大舍·매수힐매등妹首肹買等·동해유우변산야東海攸友邊散也

② 「감산사미륵보살조상기甘山寺彌勒菩薩造像記」: 중아찬김지성重阿湌金志誠·망비관초리亡妣觀肖里·제양성소사弟良誠小舍·서형급한일길찬庶兄及漢一吉湌·일동살찬一憧薩湌·총경대사聰敬大舍·매수힐매리妹首肹買里·동해흔지변산지東海欣支邊散之

우선 두 기록의 정식 명칭은 「감산사미륵보살조상기甘山寺彌勒菩薩造像記」임이 분명하다. 두 기록 중 중아식重阿喰 전망성全忘誠과 중아찬重阿湌 김지성金志誠은 정확한 것 같지 않다. 「미타불화광후기」나 「감산사아미타여래조상기」에는 모두 김지전金志全으로 나와 있다. 『삼국유사』에 나온 전망성은 분명히 틀린 기록이다. 다만 김지성은 김지전의 오식誤識이거나 아니면 다른 표현이다.[54]

다음으로 '亡妃'가 틀렸고 '亡妣'가 옳기 때문에 역시 『삼국유사』의 기록

---

53 南月山조의 내용은 甘山寺의 두 造像記를 줄여서 필요한 부분만을 기술한 것이다. 또한 甘山寺의 두 조상기 銘文은 『朝鮮金石總覽』 권상(1919)에 실려 있다.

54 金志全과 金忘誠은 같은 사람임이 분명하다. 왜냐하면 金志誠의 前妻가 古老里였고, 後妻가 阿好里인데, 金志全의 亡妻가 古路里였고 妻가 阿好里이기 때문이다. 古老里와 古路里는 같은 사람이다.

이 정확하지 않다. 그 외 '제간성第懇誠'과 '제량성弟良誠' 중, 우선 '第'가 잘 못 기록되었다. '懇'과 '良'은 어느 것이 옳은지 알 길이 없으나 '良'이 간자簡 字로 기록된 듯한 인상을 준다. 따라서 「감산사미륵보살조상기」에 비해『삼 국유사』의 기록에는 분명한 오자가 적어도 3곳에 있다. 그렇다면 그 밖에 두 기록의 차이는 어느 것이 맞는지를 분명히 할 수 없지만, 아마『삼국유 사』의 기록이 정확하지 않은 것으로 판단된다.[55]

물론『삼국유사』에 인용된 기록은 현재 전하는 원전의 기록과 거의 일치 하는 경우도 없지 않으나,[56] 그것을 축약하거나 또는 옮겨 적는 과정에서 다소 부정확하게 기록되기도 하였다. 실제로 국어학자들은 당시의 발음을 한자로 나타내는 차자借字 표기의 사례를 연구하면서, 차자 표기는『삼국 유사』보다『삼국사기』에 더 자세하면서 정확하게 나타나 있다고 하였다.[57] 『삼국유사』는 대부분 인용문으로 구성되어 있어서 원자료의 모습을 알려주 기 때문에 더욱 가치가 높다. 그러나 이 부분은 애초에『삼국유사』가 사료 집으로 편찬된 것이 아니기 때문에 일연 자신도 전혀 예기치 못하였던 것이 다.[58] 만일 원자료들이 망실되지 않고 남아 있다면, 사실『삼국유사』의 사료 적 가치는 거론되지도 않았을 것이다.

일연은『삼국유사』를 저술하기 위해 평생 동안 자료를 광범하게 수집하

---

55 '妹首肹買等'보다 '妹首肹買里'가 옳은 듯하다. 왜냐하면 金志全의 다른 누이의 이름이 里로 끝 나기 때문이다. 이 점도 역시『삼국유사』의 기록이 정확하지 않음을 알려준다. "東海攸友邊散 也"와 "東海欣支邊散之"의 경우 '之'가 아니고 '也'일 수는 있으나『삼국유사』의「彌勒尊像火光 後記」보다는「甘山寺彌勒菩薩造像記」의 기록이 더 정확하다. 따라서 '攸友邊'이 아니라 '欣支 邊'이 옳을 듯하며, 그 외 庶族이 아니라 庶兄이 정확할 것으로 생각한다.
56 『삼국유사』권4, 義湘傳教조에 나오는 法藏이 義湘에 전한 편지는 그 原本(簡墨)이 日本 天理 大學 圖書館에 전하는데, 두 기록은 표현의 차이가 다소 있기는 하나 대체로 일치한다. 이 簡墨 이 전하게 되는 경위에 대해서는 천착해서 밝힘으로써, 그 진위가 분명해질 것이다.
57 安秉禧,「國語史 資料로서의 三國遺事 ―鄕歌의 解讀과 관련하여―」,『三國遺事의 綜合的 檢 討』, 韓國精神文化研究院, 1987, 535~538쪽.
58 이기백,「삼국유사의 사학사적 의의」, 앞의 책, 1978, 49쪽.

였다. 그 속에는 고문서古文書를 비롯하여 사지寺誌나 향전鄕傳 등이 포함되었다. 또한 그는 직접 유적을 답사하여 관찰한 것을 기록하였다. 『삼국유사』 권3, 가섭불연좌석迦葉佛宴坐石조에는 "일찍이 한 번 가서 보았는데"라고 하였다. 일연은 상당한 자료를 직접 모으고, 그것을 관찰하여 『삼국유사』를 찬술하였다. 그런데 충렬왕 4년(1278년) 인흥사仁興社에서 간행한 「역대연표歷代年表」는 가지산문도迦智山門徒를 동원하여 편찬한 것이다. 마찬가지로 일연은 몽골의 침입으로 민족문화가 파괴되는 것을 보고 난 후, 역시 가지산문도를 동원하여 『삼국유사』를 편찬하였을 것으로 추측하기도 한다.[59] 다만 그렇다고 하더라도 일연이 평생 동안 모았거나 직접 관찰한 자료를 토대로 한 것은 분명하다.

---

59 蔡尙植, 「至元 15年(1278) 仁興社刊 歷代年表와 三國遺事」, 『高麗史의 諸問題』, 三英社, 1986, 702쪽에서 『삼국유사』의 전편은 적어도 1278년 이후 一然의 나이 73~76세 때 雲門寺에서 본격적으로 찬술되었다고 하였다.

제4장
『삼국유사』의 사학사적 성격

제1절 『삼국유사』의 인용문과 그 성격

1. 『삼국유사』의 인용문

(1) 고기류

　『삼국유사』는 전체가 인용문으로 구성된 듯한 인상을 주기 때문에, 그 인용 문헌은 당연히 주목받을 수밖에 없다. 일찍이 최남선은 「삼국유사해제」에서 인용 서목書目을 제시하였으며, 아울러 『삼국유사』에 나오는 고기古記나 승전僧傳·향가를 특별히 주목하였다. 그러나 인용서나 인용문의 내용과 성격을 검토하지는 않았다. 다만 『삼국유사』에 인용된 고기류古記類에 대해서는 그 성격을 분석하였다.[1] 이 절에서 인용문의 내용과 성격을 밝히려는 작업은 『삼국유사』 자체를 이해하기 위한 지름길이 될 것이다.

　『삼국유사』에 인용된 문헌은 대부분 한국고대사 관계의 자료이다. 『삼

1　李康來, 「삼국유사 인용 고기의 성격」, 『三國史記典據論』, 민족사, 1996.

국유사』는 물론『삼국사기』에 보이는 인용 서목을 모두 뽑아서 일차적으로 두 사서의 인용서를 비교 검토할 필요가 있다. 아울러『삼국유사』인용문의 내용까지 고려하여, 그것이 어떤 목적으로 활용되었는지를 밝히고자 한다. 고기류와 같은 민간전승이나 국내의 사서·불교 관계 문헌·고문서·비문 등에서 인용한 내용을 분석하면『삼국유사』의 사료적 성격에 접근하게 될 것이다.

『삼국유사』각 조목의 내용은 대부분 인용문을 포함하였으며[2] 그 세주細註는 일관되게 인용문으로 구성되어 있다. 인용문을 포함하고 있지 않은 경우는 소수에 불과하다.『삼국유사』의 편목 중 인용문을 가장 적게 포함하고 있는 것은 기이紀異편이다. 불교 관계를 서술한 홍법興法 이후의 편목들은 비교적 많은 인용문으로 이루어졌지만, 그 내에서도 서로 미세한 차이를 가졌다. 홍법·탑상塔像·의해義解편 등에는 인용문이 많은 반면, 감통感通·피은避隱·효선孝善편 등에는 상대적으로 인용문이 적었다.

기이편에서 인용문이 없는 조목과 있는 조목을 나누어 제시하면 다음과 같다.

① 인용문이 없는 조목: 북대방北帶方·남대방南帶方·동부여東扶餘(삼십오금입택三十五金入宅·우사절유택又四節遊宅)·신라시조 혁거세왕新羅始祖 赫居世王·제삼노례왕第三弩禮王·김알지 탈해왕대金閼智 脫解王代·미추왕 죽엽군未鄒王 竹葉軍·내물왕 김제상奈勿王 金堤上·제십팔실성왕第十八實聖王·사금갑射琴匣·지철로왕智哲老王·진흥왕·도화녀 비형랑桃花女 鼻荊郎·천사옥대天賜玉帶·선덕왕 지기삼사善德王 知幾三事·진덕왕·장춘랑과

---

2 예를 들어『삼국유사』권1, 古朝鮮조는 魏書·고기·唐裵矩傳의 인용으로 구성되었다. 이어 魏滿朝鮮조는 前漢書 朝鮮傳의 인용으로 서술되었다. 이처럼『삼국유사』조목의 내용이 인용문으로 구성된 경우는 이후 馬韓(四夷·九夷·九韓·濊貊조)·七十二國·樂浪國조 등으로 많은 사례를 찾을 수 있다.

랑長春郎罷郎·효소왕대 죽지랑孝昭王代 竹旨朗·성덕왕·수로부인水路夫
人·효성왕·경덕왕충담사 표훈대덕景德王忠談師 表訓大德·혜공왕·조설무
雪·흥덕왕 앵무興德王 鸚鵡·신무대왕 염장궁파神武大王 閻長弓巴·사십팔
경문대왕四十八景文大王·진성여대왕 거타지眞聖女大王 居陁知·경명왕·경
애왕조

② 인용문이 있는 조목: 고조선·위만조선·마한·낙랑국·말갈발해靺鞨渤海(흑
수 옥저黑水 沃沮)·이서국伊西國·오가야五伽耶·북부여·고구려·변한백제
卞韓百濟·진한·제이남해왕第二南解王·태종춘추공太宗春秋公·문호왕법민
文虎王法敏·처용랑 망해사處容郎 望海寺·남부여 전백제南扶餘 前百濟·후
백제견훤·가락국기駕洛國記조

③ 각주에 인용문이 있는 조목: 이부二府·제사탈해왕第四脫解王·연오랑세오
녀延烏郎細烏女·김유신·만파식적萬波息笛·원성대왕元聖大王·효공왕·김
부대왕金傅大王·무왕武王조

각주에만 인용문이 있는 조목은 사실상 인용문이 없는 경우로 보아야 한
다. 기이편의 구성은 크게 두 부분, 곧 국가에 대한 기록과 신라사의 경우
왕들에 대한 기록으로 대별된다.[3] 기이편에서 신라사에 관한 조목의 서술은
거의 인용문을 포함하고 있지 않다. 신라사에 포함되지 않으면서 인용문이
없는 조목은 북대방北帶方·남대방·동부여東扶餘·이부二府·무왕武王조이
다. 이 가운데 이부·북대방·남대방·동부여조는 아주 간략한 기록이다. 다
만 무왕조는 선화善花공주와 연관된, 크게 보아 신라 왕실에 관한 기록이며
신라 사회에 전승된 것이다.

---

3 물론 예외로 武王조와 후백제견훤조가 있지만, 무시해도 좋을 듯하다. 또한 후백제견훤조는
국가에 관한 서술에 포함된다. 신라의 경우 왕의 이름이 아닌 조목, 곧 射琴匣·桃花女 鼻荊郎·
天賜玉帶 등의 조목도 거의 모두 왕들에 관한 이야기로 구성되었다.

신라사에서 제이남해왕·태종춘추공·문호왕법민·처용랑 망해사조는 다소 인용문을 포함하고 있다. 그렇지만 인용문의 대부분은 본문과 다른 내용을 보충하거나 본문 중의 사실을 간략하게 설명하는 것이다. 이러한 예외 사항은 대세를 파악하는 데에는 크게 문제되지 않는다. 따라서 기이편 중 신라사에 관한 조목은 다른 책의 여기저기에서 뽑아 구성한 것이 아니라, 그 자체가 고려시대에까지 전승되어 기록으로 남은 것이다.

『삼국유사』는 물론 『삼국사기』에는 고기가 자주 인용되었는데, 그것이 구체적으로 어떤 저술이었는지는 불분명하다. 또한 향고기鄕古記·고려고기·백제고기·신라고기 등도 고기류에 속한 저술로 많이 인용되었다. 그 외 신라고전新羅古傳·신라별기新羅別記·삼한집三韓集 등과 함께 많은 향전鄕傳이 나온다. 향전과 비슷한 성격의 저술로 별기·별전·향중고전(鄕中古傳, 郁面婢念佛西昇조)·고향전(古鄕傳, 大城孝二世父母 神文代조)·고로상전(古老相傳, 南白月二聖 努肹夫得怛怛朴朴조)·고로전(古老傳, 遼東城育王塔조)·고전古傳·속전(俗傳, 天龍寺조) 등이 다소 보인다. 또는 속운(俗云, 보장봉로 보덕이암조)이나 언운諺云으로 인용된 내용도 고기나 향전의 인용과 크게 다르지 않을 듯하다.

『삼국유사』에는 고기나 향전류에서 인용한 내용을 많이 실었는데, 이들 저술 사이의 관계를 정확하게 구별해서 정립하기는 어렵다. 『삼국유사』에서 고기로만 인용된 내용은 대략 다음과 같다.

① 단군신화(권1, 古朝鮮조)

② 부루夫婁 탄생신화(권1, 북부여조)

③ 김유신金庾信 등이 평양에 주둔한 소정방蘇定方의 군대에 식량을 전하고, 그의 편지를 원효元曉가 풀이하여 군사를 돌이켰다(권1, 태종춘추공조).

④ 견훤甄萱의 탄생설화(권2, 후백제견훤조)

⑤ 자장慈藏이 가져온 불사리佛舍利의 보관(권3, 前後所將舍利조)

⑥ 오나찰녀五羅刹女 설화(권3, 어산불영조)

이상 본문에서 인용한 고기의 내용은 고려 때의 기사인 불사리에 관한 것을 제외하면, 간략하지만 완성된 설화의 모습을 보여준다. 이외에 『삼국유사』의 주기註記에도 고기를 인용하였는데, 대체로 다음과 같은 사실을 기록하였다.

① 아두阿頭가 모록毛祿의 집에 이르렀다(권3, 아도기라조).

② 무왕의 미륵사 창건에 대한 다른 설화를 소개하였다(권3, 法王禁殺조).

③ 백월산남사白月山南寺의 창건과 노힐부득 및 달달박박이 성도한 시기에 대한 이설을 소개하였다(권3, 南白月二聖 努肹夫得怛怛朴朴조).

④ 정신淨神대왕·태자 보천寶川·왕자 효명孝明이 오대산에 들어간 시기를 언급하였다(권3, 대산오만진신조).

『삼국유사』의 본문에서 인용한 고기는 고조선·부여·가야의 신화나 설화, 김유신金庾信과 견훤甄萱 및 고려시대 진신사리眞身舍利의 보관 문제 등을 언급하였다. 그 내용은 주로 한국상고대의 신화나 설화에 관한 것이다. 김유신과 견훤에 관한 내용은 통일신라시대나 후삼국시대를 배경으로 전개된 설화이다. 자장이 가지고 온 불사리에 관해 알려주는 고기가 정확하게 언제 기록되었는지를 알 수 없다. 그러나 그 내용이 사리 100알을 세 곳에 나누어 넣었으나 이제는 겨우 4알만 남았다고 하였기 때문에, 적어도 고종 22년(1235년) 이후에 기록되었던 것이 분명하다.[4]

---

4 上將軍 金利生과 侍郎 庾碩이 통도사에 보관 중인 불사리의 함을 열어보고, 사리가 4알만 남아 있음을 확인하였다. 이때가 1235년(고종 22년)이다(『삼국유사』 권3, 전후소장사리조).

『삼국유사』에 인용된 고기 중에 고종 22년 이후에 기록한 것이 있다는 사실은 매우 중요하다. 우선 그것은 『삼국유사』가 편찬되는 시기보다 조금 앞서 기록하였기 때문에, 고기가 오래된 문헌 기록이라는 의미는 없어지게 된다. 또한 고기는 특정한 하나의 저술일 수도 없다. 그럴 경우 고종 22년 이전에 편찬되는 『삼국사기』에는 고기의 인용이 존재해서는 안 되기 때문이다. 그렇다면 고기는 여러 형태의 문헌 기록으로 전해졌고, 단순히 오래되었다기보다는 특수한 모습을 가졌을 것으로 추측된다. 가장 늦은 시기의 기록이라 할 수 있는 불사리에 관한 고기의 내용은 참고가 된다.

사리 100알을 세 곳에 나누어 두었더니, 이제는 겨우 4알만 남았다. 그것은 숨겨지기도 하고 나타나기도 하여 보는 사람에 따라 다르게 보이는 것이니, 그 수의 많고 적음은 괴상한 것이 아니다(『삼국유사』 권3, 전후소장사리조).

고기의 내용은 대체로 신이한 설화로 기록되었다. 위의 내용은 물론이거니와 단군신화나 부루夫婁의 탄생 신화 및 견훤의 탄생 설화, 수로왕 당시의 독룡毒龍과 나찰녀 설화가 모두 그러하다. 평양에 주둔한 소정방의 군대에게 군량을 전한 후 퇴각하는 김유신의 행적도 신이한 설화로 전한다. 소정방이 종이에 난새와 송아지를 그려서 보내니, 김유신은 그 뜻을 원효대사에게 물어 속히 군사를 돌이켰다(『삼국유사』 권1, 태종춘추공조). 『삼국유사』의 주기에 인용된 고기의 내용은 주로 불교와 관련된 것이다. 그것은 사찰의 창건 연기설화이거나 성도기成道記이다. 주기로 인용한 고기의 내용은 일부분만 기록하였기 때문에 그 정확한 성격을 파악하기는 힘들지만, 대체로 신이한 연기설화로 나타났다.

다만 고기는 수록한 신이한 내용을 비교적 합리적으로 이해하려는 경향을 가졌다. 그 안에 너무 허황하여 믿을 수 없는 것은 빠져나갔다. 이 때문에 자장이 전해 주어 현재 보관 중인 진신사리가 100알이었지만 4알로 보이는 것이 하등 이상할 것은 없다고 하였다. 고기가 비록 신이한 신화나 설화를 기록하였을지라도, 다음 대의 역사서로 편찬할 때에 결코 괴이한 것이 아니라 합리적으로 파악될 수 있는 성격을 가졌다. 이 점은 고기의 내용이 갖는 성격과 『삼국유사』가 갖는 성격이 서로 접근하게끔 만들었다. 『삼국유사』의 조목명 중에는 고기의 내용을 그대로 가져온 것이 많다. 다음 기록은 이런 면을 추측하게 한다.

> 고기에서 기록된 바와 조금 다르다. 무왕은 가난한 어머니와 연못의 용이 교통交通하여 출생했으며, 어릴 때의 이름은 서동薯童이다. 즉위한 뒤에 시호를 무왕이라 했고, 이 절(미륵사)은 처음 왕비와 함께 창건한 것이다(『삼국유사』 권3, 법왕금살조).

법왕금살조의 본문은 법왕 때에 터를 닦은 미륵사가 그 아들 무왕武王 때에 창건되었다고 기록하였다. 이와 다른 내용인 고기의 기록은 『삼국유사』 권2 무왕조의 내용과 일치한다. 또한 무왕조의 내용을 알려주는 고기는 별본別本으로 전한다.[5] 무왕조는 그 내용 전체를 고기에서 인용한 것이다. 이 때문에 거기에는 인용문이 없다. 본문에 인용한 내용을 갖지 않거나 단순히 주기에만 인용문이 있는 『삼국유사』의 조목은 대체로 고기의 내용을 그대로 싣고 있다.

남백월이성 노힐부득달달박박조는 「백월산양성성도기白月山兩聖成道記」에서 인용한 것이다. 그중 주기에서 인용한 고기는 노힐부득과 달달박박의 성도 및 백월산남사白月山南寺의 창건에 관한 연기설화이다. 그것은 「백

---

5 『삼국유사』 권2, 武王조에서 무왕을 "古本作武康 非也 百濟無武康"이라 하였다. 이로 보면 무왕조와 같은 내용을 전하는 別本(古本)이 고려후기까지 전해졌을 듯하다.

월산양성성도기」의 내용과 다를 바 없다. 곧 「백월산양성성도기」와 비슷한 내용의 별기가 고기로 전해졌다. 아울러 『삼국유사』 권3, 대산오만진신조는 산중의 고전古傳에서 인용한 것이다. 그중 주기는 고기를 이용하여 정신淨神대왕의 두 아들 보천寶川태자와 효명孝明왕자가 오대산에 입산하는 시기에 대한 이설을 지적하였고, 효명이 즉위하는 시기에 대한 이설을 기記의 내용으로 소개하였다. 여기의 기는 정신대왕·태자 보천·왕자 효명에 관한 전기인 듯하다. 따라서 대산오만진신조의 내용을 담은 산중의 고전 외에 비슷한 내용의 고기와 전기가 전하였던 것이 분명하다. 다만 그러한 고기가 정신대왕이나 보천·효명의 전기와 일치하는지는 알 수 없다.

다음으로 고기류에 속한 문헌으로 고려고기·백제고기·신라고기·향고기鄕古記가 보인다. 고려고기는 수 양제 때의 우상右相 양명羊皿이 고구려의 연개소문淵蓋蘇文으로 태어나 그 나라를 패망에 이르게 한다는 내용을 가졌다(권3, 보장봉로 보덕이암조). 백제고기는 의자왕과 궁녀가 타사암墮死岩에서 투신하였다는 내용을 담았다(권1, 태종춘추공조). 신라고기는 주기에서 인용하였기 때문에 그 정확한 내용을 알 수 없지만, 발해의 건국 사실에 대한 기록이다(권1, 靺鞨渤海조). 또한 향고기는 당나라의 고구려 공격에 김유신이 참가한 내용을 전한다(권1, 文虎王法敏조).

고려고기는 신이한 설화를 포함하였으며, 향고기는 당사唐史의 기록과 다른 면을 전하였다. 당의 고구려 공격 때에 김유신이 참가한 내용은 이외의 어느 기록에도 전하지 않는다. 향고기는 중국 측 기록이 아닌 우리나라의 문헌 기록이라는 의미를 지녔다. 백제고기나 신라고기도 당사의 기록과 다른 면을 보여준다. 타사암에서 의자왕이 죽었다든가 고구려 장군 대조영이 발해를 건국하였다는 기록은 당사에 전하지 않는다. 그것은 두 고기가 향고기와 같은 성격을 가졌다고 추측하게 한다. 고려고기나 신라고기·백제고기·향고기 등은 고기와 같이 신이한 설화를 기록하였을지라도, 궁극적으로 중국 측 기록과는 다른 우리나라의 문헌 기록이라는 의미를 지닌다.

『삼국유사』에는 우리나라에 전하는 기록으로 고전(신라)·별기別記·향전·속전俗傳·언전諺傳 등의 인용문이 나온다. 신라고전은 신라고기와 비슷한 성격을 가졌다. 거기에는 고구려와 백제를 평정한 후 신라를 침공하려는 당나라 군사를 유인하여 죽이고 땅에 묻는 김유신의 행적(권1, 태종춘추공조)과 함께 중국 제실帝室의 총희寵姬와 얽힌 중생사衆生寺 창건 연기설화가 기록되었다(권3, 삼소관음 중생사조). 그것은 신이한 연기설화로 형성되었지만, 중국 문헌이 아닌 우리나라 문헌에만 나오는 내용을 실었다.[6] 그 외 별기(신라)나 별전別傳은 당시의 역사적 사건을 간략하게 사실적으로 기록하였다.[7] 향전이나 속전·언운 등의 내용은 주로 민간에 전하는 사실을 기록한 것이다. 『삼국유사』에는 이러한 민간전승 자료를 많이 인용하였다.

(2) 국내 문헌 및 중국 사서·지리지

『삼국유사』에는 국내외의 사서나 문헌을 많이 인용하였다. 우선 국내 사서로 『삼국사기三國史記』·삼국사·삼국본사三國本史·사본기史本記·고려본기高麗本記·백제본기·신라본기 또는 『국사國史』 등을 인용하였다. 『국사』를 제외한 나머지의 사서는 『삼국사기』를 가리키거나, 아니면 그 이전의 『구삼국사기』를 가리킨다고 한다. 그러나 그 사이의 미세한 차이를 이해할

---

6 단순히 고전으로 인용한 것은 阿育王이 건립한 탑 속에 보관한 진신사리의 영이로움(권3, 요동성육왕탑조)과 함께 伯嚴寺의 건립과 陽孚화상의 주석(권3, 백엄사석탑사리조)에 관한 내용이다. 이것 역시 육왕탑의 신이한 연기설화나 백엄사에 대해 사실적으로 언급하였다. 이 점은 고전의 내용이 신라고전의 그것과 비슷하다는 결론을 낳게 한다.

7 별기에서는 태종과 扶餘隆과의 맹서문(권1, 태종춘추공조)·瞻星臺 축성(권1, 선덕왕 지기삼사조)·경덕왕대에 李俊의 斷俗寺 창건(권5, 信忠掛冠조)을 기록하였다. 대체로 객관적인 역사적 사실을 언급하였다. 다만 『삼국유사』 권3, 황룡사장륙조의 주기에는 별전과 별기의 인용이 나오는데, 그것은 본문과는 다른 사실을 단순히 지적하였다. 또한 『삼국유사』 권3, 백률사조의 주기에도 별전의 인용이 나오는데, 거기에는 본문의 내용을 보다 더 자세하게 언급한 사실을 지적하였다.

필요가 있다. 『삼국유사』에서 이들 인용 사서가 다루고 있는 내용은 다음과
같다.

① 삼국사기: 백제의 시조와 사비 천도(권2, 남부여 전백제조)
② 삼국사: 예국濊國과 맥국貊國(권1, 마한조)
　　　　　 발해말갈·신라가 백제 땅을 나눔(권1, 말갈발해조).
　　　　　 신라왕의 칭호(권1, 제이남해왕조)
　　　　　 가야의 신라 귀순(권2, 가락국기조)
③ 삼국사본전: 후백제 견훤(권2, 후백제견훤조)
④ 삼국사열전: 귀산貴山(권4, 원광서학조)
⑤ 고려본기: 고구려의 불교 전래(권3, 순도조려조)
⑥ 백제본기: 백제의 불교 전래(권3, 난타벽제조)
⑦ 신라본기: 신라의 불교 전래(권3, 아도기라조)와 공인(권3, 원종흥법 염촉멸
　 신조)

　이상에서 언급한 사실들은 『삼국사기』에 대체로 나오지만, 『삼국사기』
의 내용과 약간의 차이를 가졌다. 그중 불교 관계를 언급한 고려본기·백제
본기·신라본기의 내용은 『삼국사기』의 그것과 대체로 일치한다. 그러나 위
의 사서에 인용된 것은 『삼국사기』의 그것과 비교하여 미세한 차이가 있다.
『삼국유사』가 인용한 백제본기 속에는 침류왕 때에 마라난타摩羅難陀가 백
제에 불교를 전하고 한산주漢山州에 절을 세웠으며 또한 아신왕 때에 불법
을 숭상할 것을 하교한 사실을 아울러 기록하였다(권3, 難陀闢濟조). 그러나
『삼국사기』 백제본기에는 아신왕 때에 불법을 숭상하게끔 하교한 사실이
기록되지 않았다. 『삼국유사』에 인용된 고려본기에는 소수림왕 때에 순도
順道와 아도阿道가 불법을 전하였으며(권3, 순도조려조), 보덕普德이 완산주

의 고대산孤大山으로 옮겼다(권3, 보장봉로 보덕이암조)고 기록하였다. 그중 보덕 관계의 기록은 『삼국사기』에 나오지 않는다.

『삼국유사』에 인용된 신라본기의 기사는 『삼국사기』에 거의 그대로 나오지만, 신라에 불교가 공인되는 연대는 두 기록 사이에 차이가 있다.[8] 눌지왕 때의 묵호자墨胡子 기사는 『삼국사기』 신라본기 제4에 대체로 나오며, 같은 사실을 인용한 『삼국유사』에서 제시한 '신라본기 제4'는 『삼국사기』를 가리킬 가능성이 크다. 다만 침류왕 때의 불법 공인이나 아신왕 때의 숭불 기사는 백제본기 제15에서 인용되었다. 그러나 그것은 『삼국사기』 백제본기에 그대로 나와 있지 않다. 『삼국유사』에 인용된 백제본기는 『삼국사기』의 백제본기와 분명히 다른 책이다. 따라서 백제본기·고려본기·신라본기에서 인용한 기록은 『삼국사기』의 기록과 다소 일치하는 면을 가졌을지라도, 바로 『삼국사기』의 백제본기·고구려본기·신라본기를 가리킨 것은 아니다.

『삼국유사』에서 『삼국사기』를 인용한 내용도 나온다. 백제 성왕 26년에 수도를 사비泗沘로 옮기고 국호를 남부여南扶餘라고 불렀다(권2, 남부여 전백제조). 이 기록은 『삼국사기』 권26 백제 성왕 16년조에 그대로 나와 있다. 다만 그 연대가 성왕 26년이 아닌 성왕 16년으로 되어 있고, 주기에는 '일명 一名 소부리所夫里이다'라고만 하였다. 그러나 『삼국유사』에서 삼국사기를 인용한 주기에서는 "그 지명은 소부리이다. 사비泗沘는 지금의 고성진古省津이다. 소부리는 부여의 다른 이름이다"(권2, 남부여 전백제조)라고 기록하였다. 이 점은 『삼국유사』에서 인용한 '삼국사기'가 김부식의 『삼국사기』와 다른 책임을 시사해 준다. 그 외 『삼국유사』에서 사본기史本記로 인용된 내용은 대략 다음과 같다.

---

8 신라에 불교를 공인한 연대에 대해 『삼국유사』 권3, 原宗興法 厭髑滅身조는 법흥왕 14년이라 하였으나, 『삼국사기』 권4는 법흥왕 15년이라 하였다.

백제 시조 온조왕의 아버지는 추모왕雛牟王 혹은 주몽朱蒙이다. 주몽이 북
부여에서 졸본卒本부여에 이르러, 부여왕의 3녀 중 제2녀를 아내로 맞아 낳은
비류와 온조 형제가 남하하여 국가를 건설하였다(권2, 남부여 전백제조).

이 부분은 『삼국사기』 권23 백제시조 온조왕조에 비슷하게 나온다. 그러
나 그것은 『삼국사기』의 기록과 미세한 차이가 있다.[9] 우선 『삼국사기』와는
달리 여기서는 성왕이 사비로 천도하는 사실을 기록하였다. 이 점은 '사본
기'로 인용한 위의 내용이 『삼국사기』의 백제본기와 다른 저술일 것으로 생
각하게 한다. 또한 백제 시조에 대한 기록은 단순히 '본기本紀'로 인용되었
다(권1, 변한 백제조).

온조가 일어난 시기는 혁거세나 동명東明이 일어난 지 40여 년 후의 일로
제시한 이 기록은 사실 『삼국사기』에 그대로 나온 내용은 아니다. 이렇게
되면 『삼국유사』에서 인용한 삼국사기는 물론 사본기나 본기 또는 고려본
기·백제본기·신라본기의 내용이 김부식의 『삼국사기』에 실린 내용과 비슷
하지만, 반드시 그것을 가리킨다고 생각되지는 않는다. 『삼국사기』는 현재
전하는 한국고대사 관련서 중 가장 오래된 우리나라 사서이지만, 그 이전에
도 『구삼국사기』를 비롯한 많은 사서가 존재하였다. 『삼국사기』는 이들 사

---

9 『삼국유사』에서 인용한 史本記와 『삼국사기』 권23, 백제시조 온조왕조의 온조·비류 시조전승
에는 다소 차이가 있다. 곧 온조의 아버지에 대해 전자는 雛牟王, 후자는 鄒牟라고 하였다. 졸
본부여왕에 대해서도 전자는 '州의 王', 후자는 '扶餘王'이라 하였다. 또한 후자는 온조의 어머
니에 대해 越郡女라고 주기하였을 뿐만 아니라 북부여에 있을 당시에 주몽이 낳은 아들이 와서
태자가 된 사실을 明記하였다. 비류가 거주한 지역에 대해 전자는 彌雛忽, 후자는 弥鄒忽이라
하였다. 백제 왕실의 성씨에 대해 전자는 解氏, 후자는 扶餘氏라고 하였다. 그 외에도 '漢'을 '前
漢'으로 하는 등, 글자에 출입이 있다. 그렇지만 온조 시조전승의 전체적인 줄거리는 거의 일치
한다. 이런 면은 『삼국유사』의 사본기가 『삼국사기』 백제본기를 가리키는 것으로 보아도 좋을
듯하다. 두 기록 사이의 미세한 차이는 『삼국사기』의 내용이 『삼국유사』에서 인용될 때에 달라
지는 모습으로 볼 수 있다. 한편 그러한 미세한 차이로 사본기가 『삼국사기』 이전의 사서일 것
으로 파악하기도 한다. 이러한 추측에 도움을 주는 것은 사본기에는 『삼국사기』에서와는 달리
성왕 때에 사비로 천도하는 사실을 기록하였기 때문이다.

서를 참고하여 저술되었기 때문에, 그 이전의 사서와 내용 면에서 일치하는 부분이 많다.

『삼국유사』에 인용된 사서 중 삼국사기나 사본기 또는 고려본기·백제본기·신라본기는 우선 그 명칭에서 김부식金富軾의 『삼국사기』를 떠올리게 한다. 그러나 중요한 것은 그중에 『삼국사기』에 나오지 않거나 또는 그것의 내용과 차이가 나는 점이다. 『삼국유사』에 인용된 이들 사서의 내용은 김부식의 『삼국사기』에 대체로 흡수되었지만, 이미 그 이전의 사서에 실렸던 것이다. 『삼국유사』에는 삼국사나 국사를 인용하였다. 우선 삼국사로 인용된 내용 중에 고구려의 후예가 발해를 건국하는 사실(권1, 말갈발해조)과 발해·말갈·신라가 백제 땅을 나누어 가진 사실 등은 『삼국사기』에 기록되지 않은 것들이다.

그 외에 견훤전·명주溟州와 삭주朔州가 옛날의 예국濊國과 맥국貊國이라는 사실(권1, 마한조)·거서간이나 차차웅 등 신라의 왕호(권1, 제이남해왕조)·귀산전(권4, 원광서학조)·자장의 입당 연대(권3, 대산오만진신조의 주기)·고구려와 백제의 불교 전래(권3, 아도기라조)·무왕이 법왕의 아들이라는 사실(권2, 무왕조 주기)·구형왕의 신라 내항(권2, 가락국기조) 등은 삼국사에서 인용되었다. 이러한 내용은 『삼국사기』에 대체로 나온다. 그중에서도 삼국본사三國本史로 인용된 고구려와 백제의 불교 공인이나 자장의 귀국 연대 등은 『삼국사기』에 그대로 전한다. 삼국본사는 『삼국사기』를 가리킬 가능성이 높다.

귀산을 다룬 삼국사열전三國史列傳도 『삼국사기』의 귀산전을 가리킨 것으로 생각한다. 다만 견훤 관계의 기록인 삼국사본전의 내용은 『삼국사기』의 견훤전에서 인용한 것으로 주장되지만, 그것과 다른 점이 더 확연하게 나타나 있다. 『삼국사기』의 견훤전에는 부모가 밭갈이 간 동안, 수풀 속에 둔 아기 견훤에게 호랑이가 젖을 먹인다는 신이설화가 실렸다.[10] 삼국사본

---

10 『삼국사기』 권50, 견훤전에 "初萱生孺褓時 父耕于野 母餉之 以兒置于林下 虎來乳之 鄕黨聞者

전은 물론 이러한 설화를 싣지 않았거니와 『삼국사기』의 견훤전과 비교하여 다소 구체적인 사실을 기록하였다. 삼국사본전의 견훤 관계 기록은 『삼국사기』의 견훤전과 다른 것으로 추측된다. 삼국사본전의 내용은 이전 사서에서 언급된 것이었고, 그 대부분의 중요한 내용은 『삼국사기』에 흡수되었다.

명주溟州가 옛날의 예국穢國이었다는 사실은 『삼국사기』 권1 남해차차웅 16년조와 같은 책 권35 명주조에 나오고, 삭주가 옛날의 맥국貊國이었다는 사실은 『삼국사기』 권35 삭주조에 나온다. 그러나 이에 대한 『삼국유사』와 『삼국사기』의 기록은 다소 차이를 보인다. 우선 『삼국유사』에는 濊國이 아닌 穢國으로 나와 있고, 평양성平壤城이 맥국이라는 설을 기록하였다. 『삼국사기』가 가탐賈眈의 『고금군국지古今郡國志』를 그대로 인용하였다면, 『삼국유사』가 그 외 향전 관계의 기록을 유념한 데에서 이러한 차이가 나타났다.

『삼국유사』는 효성왕 때에 활동한 신충信忠의 원가怨歌를 싣고는, 다시 별기를 인용하여 단속사斷俗寺의 창건이 경덕왕 때의 이준(李俊, 또는 李純)에 의해 이루어졌던 사실을 들었다. 그리고는 이준 관계의 기록이 전삼국사에 기록된 것과 다르다는 것을 언급하였다. 전삼국사의 기록이 바로 효성왕 때의 신충을 언급한 『삼국유사』 권5, 신충괘관조의 주된 내용이다. 신충이 단속사를 창건하는 내용은 삼국사에서 인용한 것이 분명하다.[11] 여기의 삼

異焉"이라 하였다. 이 부분은 『삼국유사』에도 나오지만 三國史本伝에 포함된 내용은 아니다. 그 외에도 『삼국사기』 견훤전과 『삼국유사』에 인용된 삼국사본전의 내용 사이에 다소 차이가 있다. 곧 전자에는 견훤의 아버지가 阿慈介로 나와 있으나 후자에는 阿慈个로 되어 있다. 전자에는 견훤의 출생 연월이 빠졌으나 후자에는 그것이 실려 있다. 또한 전자에는 견훤이 후에 집안을 일으켜 장군이 되었다고 기록한 반면, 후자에는 "光啓中據沙弗城 自稱將軍 有四子 皆知名於世 萱號傑出 多智略"이라 하였다.

11 『삼국유사』 권5, 信忠掛冠조에는 "與前三國史所載不同"이라 하였다. 곧 별기에서 인용한 李純의 단속사 창건이 신충의 그것과 다름을 제시하였다. 따라서 신충의 원가와 단속사의 창건 사실은 前三國史에 실린 것이다. 여기서의 전삼국사는 '앞에서 들은 삼국사'로 해석하는 것이 옳다.

국사는『삼국사기』와는 분명히 다른 사서이다.

『삼국사기』에는 신충이 경덕왕 때에 상대등을 제수받았다고 하였으나 (권9, 경덕왕 16년조), 승려가 된 사실이 전하지 않는다. 오히려 삼국사가 아닌 별기에서 인용한 이순의 단속사 창건 사실은『삼국사기』권9 경덕왕 22년조에 분명히 실려 있다. 이처럼『삼국유사』에서 인용한 삼국사의 내용은 『삼국사기』에 나오지 않지만, 별기의 내용은『삼국사기』에 그대로 전한다. 삼국사열전에서 인용한 귀산과 세속오계에 관한『삼국유사』의 기록은『삼국사기』권45 귀산전의 내용과 거의 일치한다. 그러나 완전히 동일하지는 않다.

신라 왕위 호칭에 대한 설명이나 고구려와 백제의 불교 전래 사실, 주기에 기록된 자장의 입당 연대 등은『삼국사기』에 기록되었지만, 이미 그 이전의 사서에 충분히 언급된 것들이다. 그렇다면 삼국사는 삼국사열전의 예에서와 같이『삼국사기』를 가리킬 가능성이 있지만, 반드시 그런 것은 아니다. 개중에는『삼국사기』와 분명히 다른 사서가 포함되었고, 그 대부분은 이전 사서에서 언급하였던 내용을『삼국사기』에서 재인용한 것이다. 『삼국유사』에는 삼국사 외에 국사의 내용을 인용하였는데, 주로 다음과 같다.

① 낙랑인의 신라 투항(권1, 樂浪國조)
② 고구려 건국신화(권1, 고구려조)
③ 진흥왕 때의 황룡사 창건(권3, 가섭불연좌석조)과 양梁의 사신 심호沈湖나 자장이 전한 사리(권3, 전후소장사리조)
④ 진평왕 때에 진흥왕비의 죽음(권3, 원종흥법 염촉멸신조)
⑤ 선덕왕 때에 황룡사구층탑의 건립(권3, 황룡사구층탑조)

이 사실들은『삼국사기』에 대체로 나온다. 그중 황룡사皇龍寺 창건과 9층탑의 조성이나 진흥왕비인 비구니의 죽음 등은 『삼국사기』에 거의 그대로 기록되었다. 그러나 양나라 사신 심호沈湖나 자장이 전한 사리 관계의 기록은 『삼국사기』에 나오지 않는다. 또한 낙랑인들의 신라 투항 사실이나 고구려 건국신화는 『삼국사기』에 기록되었지만, 그것과 차이가 있다.[12] 이로 미루어 국사가 꼭 『삼국사기』를 가리킨 것 같지는 않다. 『삼국유사』의 주기註記에도 국사를 인용하였는데, 대체로 다음과 같다.

① 신라사에 정신淨神·보천寶川·효명孝明 세 부자가 나오지 않는다(권3, 대산 오만진신조).

② 사천왕사四天王寺 창건 연대가 679년(문무왕 19년)이다(권2, 문호왕법민 조).

③ 백제의 왕흥사王興寺 창건(권2, 무왕조)

④ 법흥왕 14년에 흥륜사興輪寺를 조성함(권3, 원종흥법 염촉멸신조)

⑤ 보덕普德 관계의 기록(권3, 보장봉로 보덕이암조)

⑥ 진지왕 때(또는 600년, 진평왕 22년)에 비로소 화랑을 받들다(권3, 미륵선 화미시랑 진자사조).

⑦ 국사에 승관제僧官制의 언급이 없다(권4, 자장정률조).

이상에서 주기로 기록된 역사 사실은 『삼국사기』의 내용 속에 다소 포함되어 있다. 사천왕사나 백제 왕흥사의 창건이 그것이다. 그러나 정신·보

---

12 『삼국유사』 권1, 낙랑국조에는 "낙랑인이 來投하였다"고 하였으나, 『삼국사기』 권1, 赫居世居西干 30년조에는 "낙랑인이 來侵하였다"고 기록하였다. 또한 『삼국사기』에는 고구려 大武神王 15년에 崔理의 낙랑이 고구려에 항복하는 사실을 기록하였지만, 낙랑인들이 신라에 투항하는 사실을 누락하였다. 이 점은 『삼국유사』의 기록과 다르다. 다만 고구려 건국신화에 대해서는 『삼국사기』의 기록이 『삼국유사』의 그것보다 내용이 풍부하다. 곧 『삼국유사』의 고구려 건국신화는 『삼국사기』의 그것을 축소한 느낌을 준다. 그러나 빠져나간 내용을 제외한 두 기록 사이에도 미세한 차이를 발견할 수 있다.

천·효명의 세 부자에 대해서는 『삼국사기』에 전혀 기록되지 않았다. 국사가 『삼국사기』를 가리키지는 않을 것이라는 추측이 가능하다.

『삼국사기』에는 보덕에 관한 기술이 없다. 그가 전주의 고대산孤大山으로 옮기는 연기설화는 『삼국유사』에 나오는데, 국사에서 인용한 것이다. 홍륜사 창건 연대가 『삼국유사』의 본문에는 진흥왕 5년(544년)이라 하였으나, 국사나 향전에는 법흥왕 14년(527년)이라 하였다. 『삼국사기』에 따르면 진흥왕 5년에 홍륜사가 완성되었다. 그렇다면 국사는 『삼국사기』가 아닌 것이 분명하다. 오히려 일연은 인용서를 생략한 본문을 『삼국사기』의 내용으로 기록하였다.

진지왕 때에 화랑을 처음으로 받들었던 내용도 『삼국사기』의 기록과 일치하지 않거니와 국사에는 언급되지 않았다는 승관제 중의 정법전政法典은 『삼국사기』(권40, 職官조)에 나온다. 이 점 역시 국사가 『삼국사기』를 가리킨 것이 아니며, 그 이전의 사서일 것으로 생각하게 한다. 『삼국유사』에는 『삼국사기』의 내용이 많이 흡수되었다. 인용이 아닌 본문이 『삼국사기』에 나오는 내용인 경우가 허다하다. 그 외 국사나 삼국사·삼국본사 등에서 인용된 내용도 대체로 『삼국사기』에 언급되었다. 그러나 이들 사서는 반드시 『삼국사기』를 가리키지는 않으며, 비록 『삼국사기』에 기록된 내용이라 하더라도 『구삼국사기』 등 그 이전의 사서에 언급되었던 것이 분명하다.

『삼국유사』에는 고려시대의 사서는 물론 그 이전의 문헌 기록이 많이 포함되었다. 그러한 것으로 단군기壇君記나 동명기東明記, 고전기古典記에서부터 안홍安弘의 동도성립기東都成立記, 금관국본기金官國本記, 최치원의 문집(帝王年代歷 포함), 김대문의 문집, 신라수이전, 어법집語法集(권2, 처용랑망해사조), 필성전筆成傳(권5, 김현감호조), 김관의金寬毅의 왕대종록王代宗錄, 고득상시사高得相詩史, 오세문吳世文의 역대가歷代歌, 김희령金希寧의 대일역법大一曆法 등이 있다. 그 외에도 개황력開皇曆(권2, 가락국기조), 본조사략

本朝史略(권1, 오가야조) 등은 가야의 역사를 알려준다.

『삼국유사』는 국내 사서나 문헌 기록을 많이 인용하였지만, 그 내용은 대체로 신라사에 치중되었다. 단군기나 동명기가 고구려나 말갈 관계를 알려주지만, 그 외의 문헌 기록은 일부 가야사를 언급하였으나 대부분 신라사에 관한 것이다. 백제나 고구려사를 알려줄 문헌 기록은 부족하다. 그런데 『삼국유사』에도 중국 사서를 다소 인용하였다. 고조선의 개국을 알려주는 『위서魏書』를 비롯해서 위지魏志·전한서·후한서·구당서·신당서·통전通典·책부원귀冊府元龜·일본제기日本帝記 등의 기록이 나온다.

또한 『삼국유사』는 동파東坡의 지장도指掌圖·가탐賈耽의 군국지郡國志·지리지·백제지리지(권2, 남부여 전백제조)·서한西漢과 삼국三國지리지(권3, 요동성육왕탑조)·하남임주도적河南林州圖籍(권2, 남부여 전백제조)·한남관기팽조적제漢南管記彭祖逖題(권3, 전후소장사리조)·찬고도纂古圖(권3, 가섭불연좌석조) 등의 기록을 인용하였다. 중국 사서나 지리지 등에서 인용된 내용에는 신라사에 관한 것도 있으나, 대부분 고구려나 백제사에 관한 것이 많다. 『삼국유사』에는 중국 사서나 지리서 등에서 인용한 내용이 46개 정도 나온다. 그중 신라 관계 기록은 당서에서 각각 김춘추와 김유신(권1, 태종춘추공조)을 언급한 2개에 불과하다.

나머지 인용문은 삼국 이전의 역사나 발해·고구려·백제사에 관한 기록이다. 이 점은 고려시대까지 신라사 관계 기록은 풍부하게 전하였으나, 상대적으로 고구려나 백제사 관계 기록은 영세하였음을 짐작하게 한다. 이런 상황은 고려시대에 역사를 편찬하는 과정에서 그대로 반영되었고, 『삼국사기』에도 고구려나 백제사에 대해서는 흔히 중국 사서를 참고하여 기술하였다.[13] 신라사에 관한 『삼국유사』의 기록은 대체로 국내 자료를 이용하여 서

─────────────

13 『삼국사기』의 고구려본기나 백제본기에도 신라본기에 비해 중국 사서를 참고하여 서술한 내용이 비교적 많이 나온다. 다만 『삼국사기』의 志에는 신라의 제사·樂·色服·車騎·직관 등을 정

술하였다. 다만 『삼국사기』에서는 영고등슈孤登이 저술한 신라국기新羅國記를 인용하거나(권9, 경덕왕 14년조) 『당서』나 『자치통감』 등 일부 중국 역대 사서를 참고하여 신라사를 기록하기도 하였다.

2. 『삼국사기』의 인용문과의 차이

(1) 민간전승·고문서·비문의 활용

『삼국유사』 기이편 이후의 편목은 거의가 신라 불교문화사 관계 자료로 구성되었다. 기이편은 한국고대사를 체계화하려는 의도로 편찬되었는데, 그 대부분은 신라의 왕들에 대한 기록이다.[14] 신라사에 관한 기록은 고기나 국내 문헌에서 전승된 것이다. 신라사 이외의 기록은 대부분 중국 사서나 지리지 등에서 뽑아 정리한 것인데, 이런 면은 『삼국사기』에도 대체로 비슷하게 나타나 있다. 또한 『삼국유사』는 물론 『삼국사기』도 고기를 다소 인용하였다. 두 사서에서 인용한 고기는 같은 성격의 기록으로 이해된다.[15] 고기

연하게 서술하였다. 그러나 고구려나 백제의 제사나 악·색복·차기·직관 등의 기록은 거의 모두 중국의 역대 사서에서 뽑아 모았거나 고기에서 언급한 것이다. 이 점은 신라의 제도나 역사에 관해 정리한 국내 자료가 잘 정비되어 있었던 반면, 고구려나 백제의 그것은 영세하였음을 알려준다.

14 李基白, 「三國遺事 紀異篇의 考察」, 『新羅文化』 創刊號, 1984, 23~24쪽.

15 李康來, 「三國史記典據論」, 민족사, 1996, 205쪽.
『삼국유사』와 『삼국사기』에 인용된 古記類의 명칭에는 약간의 출입이 있다. 고기·신라고기·고려고기·백제고기는 두 사서에 공통으로 나타나지만, 『삼국사기』에는 삼한고기·해동고기가 더 나와 있다. 그중 삼한고기는 『삼국유사』 권3, 天龍寺조에 나오는 三韓集일 것으로 생각한다. 그렇다면 삼한집은 逆水와 客水를 논한 일종의 秘記였을 것이기 때문에, 삼한고기 역시 같은 성격을 가졌다고 짐작된다. 그 외에 온조 관계의 기록이 담긴 고전기는 두 사서에 모두 인용되어 있다. 『삼국사기』에는 新羅古史(권28, 卷末)·신라지(권37) 등이 보이고, 『삼국유사』에는 新羅別記(권1, 태종춘추공조)·新羅古傳(권1, 태종춘추공조 및 권3, 삼소관음 중생사조) 등이 나타나 있다. 이들 문헌이 각각 다른 것인지를 정확하게 밝힐 수는 없지만, 그 성격이 비슷했을 것이다.

는 중국 사서와는 다른 우리나라의 전승을 기록한 것인데, 그 안에는 향전 등 민간전승이 포함되었다.

고기에 대한 인용만으로 한정한다면 『삼국유사』는 『삼국사기』와 크게 구별되지 않는다. 고기는 민간전승이지만, 개중의 어떤 것은 『삼국유사』에 구체적인 이름의 저술로 기록되었다. 『삼국유사』에 인용된 단군기나 동명기는 물론이거니와 신지비사神誌秘詞(권3, 보장봉로 보덕이암조) 등 많은 국내 전승의 문헌이 곧 그것이다. 이리하여 『삼국유사』가 『삼국사기』와는 다른 성격을 갖게 되었다. 『삼국유사』에는 고기류의 기록 외에도 향전鄕傳이나 언전諺傳 등의 민간전승을 많이 인용하였다. 우선 향전으로 인용된 내용은 대체로 다음과 같다.

① 향로鄕老들이 이차돈의 기일에 흥륜사에서 사회社會를 설치하였다(권3, 원종흥법 염촉멸신조).
② 원효元曉와 요석궁瑤石宮의 공주가 혼인하는 설화(권4, 원효불기조)
③ 욱면비郁面婢의 행적(권5, 郁面婢念佛西昇조)
④ 욱면의 활동은 경덕왕 때의 일로 향전이 귀진전貴珍傳과 다름을 언급하였다(권5, 욱면비염불서승조).
⑤ 대성大城이 두 세대의 부모에게 효도하였다(권5, 大城孝二世父母 神文代조).

『삼국유사』에는 빈번하게 향전을 언급하였다. 원효와 요석궁 공주의 혼인으로 설총이 탄생하는 연기설화는 물론이거니와[16] 욱면비郁面婢의 행적·대성大城의 효성에 관한 기록 등은 향전에서 그대로 인용한 것이다. 욱면비

---

16 『삼국유사』 권4, 원효불기조에서 "唯鄕傳所記 有一二段異事"라고 하였다. 곧 『삼국유사』에 실린 원효전은 향전에 기록된 한두 가지의 신이한 설화로 구성되었다.

에 대한 전승은 향전과 귀진전에 나뉘어 기록되었고, 대성의 효성에 관한
설화도 향전과 불국사에 전하는 기록에 각각 실렸다. 물론 그러한 두 전승
의 내용이 서로 달랐는데, 『삼국유사』에는 모두 향전의 기록을 이용하여 욱
면비의 극락왕생과 김대성의 효성을 언급하였다.[17] 다만 이차돈異次頓의 기
일에 행하는 홍륜사의 사회社會를 설치한 시기가 언제인지 분명하지 않다.
아무리 시대가 빨라도 신라말이었을 법하며, 혹은 고려시대일 수도 있다.

신라말에 설치되었다 하더라도, 이차돈의 기일을 지키려는 홍륜사의 사
회는 고려시대에까지 계속 행해졌을 것이다. 향전은 중국이 아닌 해동에서
전승된 것이라는 의미를 지녔다. 다음 기록은 그러한 모습을 보여 준다.

① 橃은 음이 반般인데, 향鄕에서 이르기를 우목雨木을 말한다. 機은 음이 첩
牒인데, 향에서 이르기를 가을목加乙木을 말한다(『삼국유사』 권5, 包山二聖
조).

② 향에서 이르기를 소슬산所瑟山이라 하는데, 그것은 범음梵音이며 포산包山
이라 한다(『삼국유사』 권5, 포산이성조).

향전에서 포산을 소슬산所瑟山이라 하고 반橃을 우목, 첩機을 가을목이라
하였다. 그렇게 불렀던 것은 신라 이래로 오래되었지만, 일연이 『삼국유사』
를 찬술할 때까지 계속되었다. 신라에서부터 구전되어 고려후기에 기록되
기까지 향전은 민간에 널리 퍼졌던 신이한 설화 형태로 전하는 것들이다.

향전을 인용한 『삼국유사』에는 고려시대의 사실이 다소 수록되었다. 향전

---

17 『삼국유사』 권5, 郁面婢念佛西昇조는 욱면이 산몸으로 정토에 왕생하는 설화를 언급하고는 '己
上鄕傳'이라고 註記하였다. 그리고는 이어서 '按僧傳'이라 하여 귀진에 대해 기록하였다. 곧 향
전이 욱면비의 정토 왕생설화를 싣고 있었다면, 그것과 다른 내용의 귀진전이 전승되었다. 또
한 『삼국유사』 권5, 대성효이세부모 신문대조는 김대성이 효성왕과 함께 石佛寺와 불국사를
창건하는 연기설화를 언급하고 '古鄕傳所載如上'이라 하였다. 아울러 이와 다른 기록인 '寺中
有記云'의 내용을 소개하였다.

외에 언전의 내용도 역시 민간전승을 담았는데, 그 대부분이 고려시대에 널리 알려져 있던 것이다.『삼국유사』에 인용된 언전의 내용은 다음과 같다.

① 백률사의 관음불이 법당에 들어갈 때에 밟았던 발자국이 지금까지 남아 있다(권3, 栢栗寺조).
② 자장慈藏이 가져온 불사리를 보관하는 과정(권2, 전후소장사리조)
③ 봉성奉聖·석굴石堀·운문雲門의 세 절이 서로 왕래하였다(권4, 보양이목조).
④ 어머니가 사라수娑羅樹 아래에서 원효를 낳는 설화(권4, 원효불기조)

그중 원효가 태어나는 사라수에 관한 설화는 어느 때에 만들어졌는지 분명하지 않지만, 일연이 활동하던 시기에도 전승되어 퍼져 있었다. 당시에 사라수 열매를 사라율娑羅栗이라고 부른 데서 알 수 있다.[18] 그 외 백률사栢律寺의 법당 앞에 있는 관음불의 발자국이나 자장의 사리에 관한 신이설화는 모두 고려후기까지 광범하게 전승되었다.

선덕여왕 12년(643년)에 자장이 가지고 온 불사리를 황룡사와 태화사太和寺의 탑 및 통도사의 계단에 안치하였다. 언전에는 고종 22년(1235년)에 김리생金利生과 유석庾碩이 왕의 명을 받아, 통도사 계단에 설치한 사리함을 열어보고는 사리를 다시 보관하는 사실을 기록하였다. 또한 황룡사의 탑이 불탈 때에 생긴 얼룩이 일연 당시에까지도 선명하게 남아 있었다고 하였다.[19] 이렇듯『삼국유사』는 민간전승을 중시하여 기록으로 남겼다.

『삼국유사』의 본문 외에 주기에도 향전의 인용이 보인다. 그 속에는 본문의 내용과 다르거나 더 자세한 사실을 언급하였다. 본문에는 법흥왕이 불법

---

18 『삼국유사』 권4, 원효불기조에 "其樹之實 亦異於常 至今稱娑羅栗"이라 하였다.
19 『삼국유사』 권4, 前後所將舍利조에 "其皇龍寺塔災之日 石鑊之東面 始有大斑 至今猶然"이라 하였다.

을 홍포하려는 데 대해 단순히 신하들이 반대하는 것으로 기록하였다. 그러나 향전은 신하들의 이름이 공목工目과 알공謁恭 등이라 하여 구체적으로 그 내용을 보충하였다.[20] 절을 짓게 한 법흥왕의 명령을 신하들이 일부러 지체시켰다는 내용에 대해서도, 향전에는 이차돈이 거짓으로 왕명을 전하여 절을 짓게 하였다고 기록하였다.[21]

향전에서 인용한 내용은 대체로 본문을 보충하는 성격을 가졌다. 설혹 본문과 내용이 다르더라도 그 뜻을 어긋나게 하지는 않았다. 이렇듯『삼국유사』에는 향전의 내용을 중시하여 수록하였다. 일연은 향전의 내용만을 옳은 것으로 수용하지는 않았다. 백월산白月山의 두 성인인 달달박박은 판방板房에 거주하였고, 노힐부득은 뇌방磊房에 거주하였다. 그러나 향전에는 달달박박이 뇌방에, 노힐부득이 판방에 거주했다고 하였는데, 일연은 오히려 향전의 기록이 잘못된 것이라고 주장하였다(권3, 남백월이성 노힐부득달달박박조). 일연은『삼국유사』를 저술하면서, 향전의 기록을 중시하면서도 비판적으로 수용하였다.

『삼국유사』는 고기류나 향전의 기록을 채용함으로써 중국 사서의 우리나라 관계 기록을 수정하였다. 이 점은『삼국사기』의 경우에도 마찬가지로 나타났다.『당사唐史』는 당나라 군사 13만 명이 백제를 침공하였다고 기록하였는데, 향기鄕記는 122,711명과 선박 1,900척이 쳐들어왔다고 하였다(권1, 태종춘추공조).『삼국유사』는『당사』가 상세하지 않음을 지적한 셈이다. 향전을 인용함으로써『삼국유사』가 당시까지의 생동감 넘치는 민간전승을 흡

---

20 『삼국유사』 권3, 원종흥법 염촉멸신조.
　　또한 같은 원종흥법 염촉멸신조에는 진흥왕 5년에 大興輪寺가 이루어졌다고 하였는데, 이에 대해 주기한 향전에는 흥륜사가 이루지게 된 내역을 보다 더 자세하게 언급하였다.
21 『삼국유사』 권3, 원종흥법 염촉멸신조.
　　이 외에도 원종흥법 염촉멸신조에는 "舍人作誓 獄吏斬之 白乳湧出一丈"이라 하였는데, 이에 대해 주기한 향전에는 "舍人誓曰 …… 天垂瑞祥 遍示人庶 於是其頭飛出 落於金剛山頂 云云"이라 하였다.

수하였음을 알 수 있다. 『삼국유사』는 고려후기까지 전해진 고문서나 비문을 참고하여 서술되었다. 조금 장황하지만 인용된 고문서와 그 간략한 내용은 대체로 다음과 같다.

① 운문사고전제사납전기雲門寺古傳諸寺納田記: 청도군이 옛날의 이서국이었다(권1, 伊西國조).

② 양전장적量田帳籍 속의 소부리군전정주첩所夫里郡田丁柱貼 또는 자복사수장資福寺繡帳, 임주도적林州圖籍: 소부리가 부여의 별칭이었다(권2, 南扶餘 前百濟조).

③ 이비(제)가기李碑(碑)家記: 견훤의 가계(권2, 後百濟甄萱조)

④ 김해부양전사중대부조문선신성장金海府量田使中大夫趙文善申省狀 및 묘조선지廟朝宣旨: 수로왕묘에 속한 전결田結이 많아, 그 반은 능묘陵廟에 쓰고 나머지 반은 부역하는 장정에게 나눠주었기 때문에 양전사가 귀신으로부터 벌을 받아 죽었다(권2, 駕洛國記조).

⑤ 자문일기紫門日記 또는 이백전사기李白全私記 및 진양부주晉陽府奏: 자장이 가져온 불아佛牙를 보관하는 기록(권3, 前後所將舍利조)

⑥ 한남관기팽조적유시漢南管記彭祖逖留詩 및 발문跋文: 보요普耀선사가 해룡선종海龍禪宗을 개창하였다(권3, 전후소장사리조).

⑦ 강주계임도대감주첩康州界任道大監柱貼: 백엄선사伯嚴禪寺와 절의 승려에 대한 내용(권3, 伯嚴寺石塔舍利조)

⑧ 청도군계이심사순영대내말수문등주첩공문清道郡界里審使順英大乃末水文等柱貼公文, 운문산선원장생표탑공문雲門山禪院長生標塔公文, 군중고적비보기郡中古籍裨補記 및 고인소식급언전기古人消息及諺傳記: 운문사雲門寺의 장생과 그 유래(권4, 寶壤梨木조)

일연은 당시까지 광범하게 산재해 있던 고문서를 활용하여 불교사원 관계, 곧 그곳의 장생이나 전답 등을 밝히고자 하였다. 그런 과정에서 이서국伊西國이나 백제의 소부리所夫里, 또는 견훤甄萱의 가계나 가족에 대해 언급하였다. 특히 이비가기李碑家記는 견훤의 가계를 신라 진흥왕으로 연결시켰다. 고문서를 통해서『삼국유사』는 한국고대사회의 중요한 역사적 개별 사실을 밝히는 한편으로, 그것이 고려시대에 부회되는 모습을 부각하였다. 김해부 양전사量田使 조문선趙文善이 올린 공문서는 가야국의 수로왕능묘에 속한 토지와 그것이 고려시대에 실제로 운영되는 모습을 보여준다. 그러면서 전결의 수량을 구체적으로 제시하지 않았으나, 묘전廟田 이외의 용도로 사용한 양전사가 귀신의 저주를 받아 죽게 되는 신이설화를 언급하였다. 또한 자문일기紫門日記나 이백전사기李白全私記·진양부주晉陽府奏 등은 자장이 가지고 온 불아佛牙를 고려시대에 보관한 사실을 구체적으로 기록하였다.

『삼국사기』는 견훤이 왕건에게 준 서신과 그의 답서를 실었다. 이 두 서신은『삼국유사』권2, 견훤조에도 거의 그대로 인용되어 있다. 두 서신 외에『삼국사기』에는 백제 개로왕이 북위에 보낸 국서나 유인궤劉仁軌와의 맹문盟文 등의 고문서가 소개되는 데 그쳤다. 이에 비해『삼국유사』에는 월등하게 많은 양의 고문서를 인용하였는데, 대체로 그 내용은 불교에 관한 것이다. 일연은 주로 국내의 고문서를 인용하였지만, 한남관기팽조적유시漢南管記彭祖逖留詩와 발문跋文은 국내 고문서인 것 같지 않다. 국내의 것이 아닌 고문서를 인용한 까닭은 국내 자료에 전하지 않은 해룡선종海龍禪宗을 소개하려 했기 때문이다. 그는 나말여초의 보요普耀선사와 해룡선종을 특별히 주목하였다.[22] 강주계 임도대감任道大監이나 청도군계 이심사里審使 등이 올린 공문은 고려초에 중앙정부가 지방을 파악하기 위해서 작성한 것

---

22 김두진, 「삼국유사의 佛教史자료와 그 성격」, 『淸溪史學』 16·17 합집, 2002, 781쪽.

이지만,[23] 실제로 일연은 그 속에서 백엄사伯嚴寺나 운문사雲門寺의 사정에 대해 관심을 가졌다.

『삼국유사』에서 고문서 외에 당시까지 알려진 비문을 인용하였다. 김용행金用行이 찬술한 아도비阿道碑와 현본玄本이 찬술한 삼랑사비三郞寺碑(권5, 경흥우성조) 및 유덕사비(권3, 有德寺조)·승전비(권4, 勝詮髑髏조) 등을 구체적으로 인용하였는데, 모두 불교 관계의 기록이다. 이 점은 『삼국사기』에 인용된 비문과 약간의 차이를 보인다. 『삼국사기』에도 아도비와 삼랑사비[24]가 인용되었다. 그 외에도 『삼국사기』에는 설인선薛因宣이 찬술한 김유신비와 정완비貞菀碑 등을 인용하였고, 비문은 아니지만 김장청金長淸이 찬술한 『김유신행록金庾信行錄』 10권과 두목杜牧이 찬술한 장보고전을 언급하였다. 『삼국사기』와는 달리 『삼국유사』에 인용한 비문은 거의 모두가 불교 관계 기록이다. 일연은 당시까지 광범하게 전하는 고문서나 비문 등을 많이 참조하였지만, 그의 관심은 불교에 더 비중을 두었다.

(2) 불교 관계 저술의 수록

일연은 여러 사원에 전하는 민간전승을 가능한 많이 수록하여 『삼국유사』를 저술하였다. 공문서나 관원의 사기私記를 통해서도 그는 불교 관계의 내용을 찾아냈다. 그 외에도 『삼국사기』와는 달리, 『삼국유사』는 불교 경전이나 승려들의 저술을 다수 인용하였다. 반면 『삼국사기』는 상서·맹자·서경·주역·초서楚書·노자·공자·춘추좌씨전春秋左氏傳·장자 등의 유학이나 도교의 경전을 빈번하게 인용하였지만, 『삼국유사』는 회남자주淮南子注와

---

23 김두진, 「高麗 光宗代 專制王權과 豪族」, 『韓國學報』 15, 一志社, 1981; 『均如華嚴思想研究』, 일조각, 1983, 69~73쪽.

24 『삼국사기』 권28의 卷末에 인용된 三郞寺碑는 朴居勿이 찬술하였고, 姚克一이 글씨를 쓴 것이다. 박거물이 찬술한 비가 『삼국유사』에서 현본이 찬술한 삼랑사비와 다른 것인지는 불분명하다.

논어 정의正意(권1, 마한조)편을 인용하는 데 그쳤다. 『삼국유사』에서 유교 경전은 거의 언급되지 않았다.

일연은 사원에 전하는 불교 관계의 많은 고문서를 참고하여 『삼국유사』를 저술하였다. 그중 일부는 『삼국유사』의 조목을 구성하는 중요한 내용이 되었다. 백월산양성성도기는 『삼국유사』 권3 남백월이성 노힐부득달달박박조를 기술하는 근간이 되었다. 「금당주미륵존상화광후기金堂主彌勒尊像火光後記」와 「미타불화광후기彌陀佛火光後記」는 지금까지 전하는데, 그 두 금석문의 내용은 『삼국유사』 권3 남월산조를 장식하였다. 그 외에도 『삼국유사』의 조목명 자체가 고문서로 전해진 것도 상당수가 된다. 오대산문수사석탑기(권3, 五臺山文殊寺石塔記)·관동풍악발연수석기(권3, 關東楓岳鉢淵藪石記) 등은 그대로 조목명으로 설정되어, 그 내용이 『삼국유사』에 고스란히 게재되었다. 법장이 의상에게 준 법장치서어해동화엄법사法藏致書於海東華嚴法師와 그 별폭別幅도 각각 의상전교조와 승전촉루조에 인용되었다.

이상에서 인용한 불교 관계의 고문서는 『삼국유사』의 조목으로 설정되거나 그 중요한 내용을 기술하는 자료로 활용되었기 때문에 주목된다. 그러한 자료를 통해 미륵·미타·관음·문수신앙은 물론이거니와 오대산신앙이나 화엄사상을 이해할 수 있다. 『삼국유사』 홍법편 이후의 편목은 모두 불교신앙사를 알려주는데, 그 내용은 대부분 사원에 전하는 고문서를 활용하여 서술된 것이다. 그러한 고문서와 그것이 알려주는 내용을 간략하게 제시하면 다음과 같다.

① 일넘찬 촉향분예불결사문一念撰 髑香墳禮佛結社文: 이차돈異次頓의 순교 사실(권3, 原宗興法 厭髑滅身조)

② 첩문牒文: 아육왕阿育王이 보낸 철과 황금으로 황룡사장륙존상을 조성하는 연기설화(권3, 皇龍寺丈六조)

③ 황룡사탑찰주기皇龍寺塔刹柱記: 황룡사구층탑의 규모(권3, 皇龍寺九層塔조)

④ 동량보림장주棟梁寶林狀奏: 만어산萬魚山에 관한 기이한 전승(권3, 魚山佛影조)

⑤ 천룡사신서天龍寺信書 및 원문願文: 최제안崔齊顏이 천룡사에 만일萬日석가도량을 설치한 사연과 그 전결田結의 운영에 관한 내용(권3, 天龍寺조)

⑥ 후래산중소행보익방가지사後來山中所行輔益邦家之事: 오대산 결사(권3, 臺山五萬眞身조)

⑦ 돌백사주첩주각堗白寺柱貼注脚: 밀교승인 광학廣學과 대연大緣 형제와 이들 부모의 기일보日寶 운영 문제(권5, 明朗神印조)

불교 관계 고문서일지라도 그 안에는 사원에 관한 구체적인 사실이 기록되었으며, 아울러 그것과 연관된 신이한 연기설화가 포함되었다. 촉향분예불결사문髑香墳禮佛結社文·첩문牒文·동량보림장주棟梁寶林狀奏 등은 신이한 연기설화로 구성되었지만, 고려시대에 이차돈을 기리는 결사나 황룡사의 장륙상 또는 만어사萬魚寺의 사정에 대해 구체적으로 기록하였다. 그 외에 황룡사탑찰주기皇龍寺塔刹柱記·천룡사신서天龍寺信書 등은 고려시대의 사원 모습을 보여준다.

천룡사신서나 후래산중소행보익방가지사後來山中所行輔益邦家之事 등은 고려시대에 행해진 결사에 대한 사실적인 기록이다. 전자는 최제안崔齊顏이 천룡사에서 만일석가도량을 설치하면서 사원을 경영하는 모습을 알려주거니와 후자는 오대산의 각 봉우리를 중심으로 형성된 신앙결사를 알려준다.[25] 돌백사주첩주각堗白寺柱貼注脚은 왕건을 수행한 밀교 승려인 광학

25 김두진, 「新羅下代의 五臺山信仰과 華嚴結社」, 『伽山李智冠스님華甲紀念論叢 韓國佛敎文化思想史』 권상, 1992, 688~689쪽.

廣學·대연大緣 형제에게 내린 전답과 그로 인해, 돌백사에서 그들 부모의 기일보忌日寶를 운영하는 실태를 기술한 것이다.

사원에 전하는 고문서에는 주로 고려시대 사원 경영에 관한 구체적 사실이 기록되었다. 일연은 그것을 통해 고려시대 사원의 결사 모습을 끌어내었다. 아울러 그는 그 속에 담긴 신이한 연기설화를 주목하였다. 사원에 전하는 고기나 고전古傳은 바로 그러한 연기설화를 전하고 있다. 이를 이해하기 위해 『삼국유사』에 인용된 다음 사례를 참고해 보자.

① 산중고전山中古傳: 자장이 문수로부터 사구게四句偈를 받았으며, 명주의 오대산은 진신이 거주하는 곳이다(권3, 대산오만진신조).

② 사중고기寺中古記: 자장이 오대산에 이르러 진신을 보려 하였다(권3, 대산월정사 오류성중조).

③ 사중고기: 재상宰相 충원공忠元公이 영취사靈鷲寺를 창건하는 연기설화(권3, 영취사조)

그 외에 국사 및 사중고기를 인용하여 황룡사구층탑이 조성된 이후에 벼락을 맞아 무너지고 다시 중수되는, 곧 선덕여왕 14년에서부터 고려 고종 16년에 이르기까지 무려 6번에 걸쳐 거듭 소실되고 새로 조성되는 시기를 기록하였다. 황룡사에 전하는 고기는 사찰의 중창 시기를 기록하였지만, 실제로는 황룡사구층탑이 조성되는 신이한 연기설화를 포함한 것이었다.

황룡사의 고기를 제외하면 사원에 전하는 고기나 고전은 모두 신이한 연기설화로 구성되었다. 위에서 자장과 연관된 사중고기寺中古記나 산중고전山中古傳은 월정사에 전하는 것으로 생각된다. 두 기록은 같은 내용을 담았을 듯하며, 어쩌면 본래 하나의 기록일 가능성이 있다. 곧 자장이 문수로부터 사구게四句偈를 받아 해석하는 신이한 인연과 함께, 문수진신이 거주하는 오대산신앙에 대해 언급하였다. 영취사靈鷲寺에 전하는 고기도 신문왕 때에 충원공忠元公이 매가 사냥한 꿩을 위해 굴정현屈井縣에 영취사를 세우는 연기설화이다.

영취사의 창건에 대해 기록한 고기는 영취사기이다. 그 속에는 영취사가 가섭불迦葉佛 때의 절터였다는 연기설화가 포함되어 있다.[26] 전불시대의 절터였다는 연기설화의 다음에 영취사의 창건 설화가 이어졌을 것이다. 이로 보아 영취사에 전하는 고기는 영취사기였음이 분명하다. 『삼국유사』에는 사적기寺蹟記를 많이 인용하였다. 다음을 참고해 보자.

① 황룡사기: 금당의 조성과 주지의 이름을 기록하였다(권3, 황룡사장륙조).
② 금광사기金光寺記: 명랑이 용궁으로부터 비법秘法을 전하였다(권5, 명랑신인조).
③ 영잠瑩岑, 발연석기鉢淵石記: 진표가 미륵으로부터 간자簡子를 전수 받는 과정과 발연사의 창건 설화가 나온다(권4, 관동풍악발연수석기조).

이 사적기들은 각각 황룡사·금광사金光寺·발연사鉢淵寺를 창건하는 연기설화를 수록하였다. 세 사적기는 모두 신이한 내용으로 기록되었다. 사찰 창건에 관한 연기설화 외에도 명랑이 용궁으로부터 비법을 받아오는 과정에 대한 기록도 신이한 설화로 구성되었다. 그러나 일연은 황룡사기에 새로운 구체적 사실을 첨가하였다. 곧 황룡사의 초대 주지가 환희사歡喜師였으며, 이어 자장·혜훈惠訓·상률사廂律師로 이어짐을 지적하였다. 그런가 하면 『삼국유사』의 본문에는 황룡사의 장륙상이 진평왕 35년(613년) 3월에 주성되었다고 하였으나, 주기에서 황룡사기를 인용하여 10월 17일에 주성되었

---

26 『삼국유사』 권5, 朗智乘雲 普賢樹조에 "靈鷲寺記云 朗智嘗云 此庵趾 乃迦葉佛時寺基也 堀地得 燈缸二隔"이라 하였다.

다고 하였다(권2, 황룡사장륙조).

「발연석기(鉢淵石記, 혹은 鉢淵藪石記)」의 내용은 진표眞表의 사적(권4, 진표전간조)과 중복되는 것이 많다. 일연은 「발연석기」를 통해 영심永深의 행적을 기술하면서 진표의 사적과 다른 면을 부각하였다.[27] 곧 신이한 불교신앙을 내세웠다. 신이신앙의 강조는 고기류나 향전의 기록에 더 분명하게 나타난다. 사적기는 사찰 창건에 관한 연기설화를 싣고 있어서, 신이신앙을 강조하는 성격을 가졌다.[28] 아울러 거기에는 사원의 규모나 경영의 구체적인 모습을 기록하였다. 향전에는 김대성이 전세와 현세의 부모를 위해 석불사石佛寺와 불국사佛國寺를 창건하고는, 표훈表訓과 신림神琳을 모셔 거주시켰다고 하였다. 그러나 같은 사실에 대해 불국사기에는 효도에 관한 신이신앙을 크게 내세우기보다는, 불국사가 김대성의 발원에 의해 창건되었지만 그가 죽은 후 국가에 의해 낙성되었고, 유가瑜伽대덕인 항마降魔가 거기에 주지하였다고 하였다(권5, 대성효이세부모 신문대조).

『삼국유사』에는 많은 승전僧傳을 인용하였다. 그 내용은 사적기에서 인용한 그것과 대체로 비슷하여 신이한 연기설화와 아울러 불교 교리를 제시한 것이다. 승전과 그 인용한 내용에 관해 다음을 참고하기로 하자.

① 최치원崔致遠, 의상전: 의상의 활동 연대를 기록하였다(권3, 전후소장사리조). 의상전교조에 실리지 않은 내용이다.

② 범일전: 범일梵日과 정취正趣보살과의 신이한 인연을 언급하였다(권3, 洛山二大聖 觀音正趣調信조).

---

27 『삼국유사』 권4, 關東楓岳鉢淵藪石記조에 "此錄所載 眞表事跡 與鉢淵石記 互有不同 故刪取瑩岑所記而載之"라고 하였다.

28 『삼국유사』의 주기에 사적기를 인용한 내용은 대체로 사찰 창건에 관한 연기설화로 구성된 것이다. 感恩寺記에는 문무왕이 용이 되어 감은사 금당 밑의 굴을 통해 출입하는 연기설화를 기록하였다(권2, 萬波息笛조). 또한 東泉寺記에도 궁궐의 우물을 통해 동해의 용이 출입하는 연기설화가 수록되었다(권2, 元聖大王조).

③ 자장전: 자장과 문수보살의 신이한 인연 및 그가 갈반지葛蟠地에 정암사淨
岩寺를 창건하는 연기설화가 나온다(권3, 대산오만진신조).

④ 보양전: 보양寶壤의 행장이 고전古傳과 다름을 제시하였다(권4, 寶壤梨
木조).

⑤ 원효전: 원효를 경사인京師人이라 하였다(권4, 원효불기조). 또한 원효의
삽관법鍤觀法을 언급하였다(권5, 廣德嚴莊조).

⑥ 귀진전貴珍傳: 향전에 전하는 욱면郁面의 정토 왕생설화가 달라졌음을 제
시하였다(권5, 郁面婢念佛西昇조).

⑦ 삼화상전三和尙傳: 신문왕 때 신충信忠이 봉성사奉聖寺를 창건한 연기설화
는 경덕왕 때의 신충과 연관되지 않는다(권5, 信忠掛冠조).

⑧ 포산包山 구성유사九聖遺事: 관기觀機·도성道成 등 9성인의 이름을 명시
하였다(권5, 包山二聖조).

이처럼 범일전이나 자장전에서 각각 범일梵日과 정취正趣보살 또는 자장
과 문수보살의 신이한 인연을 연기설화로 제시하였다.

승전 속에는 불교신앙을 홍포하기 위한 신이한 설화가 포함되었을 것이
지만, 『삼국유사』는 정작 그 부분을 장황하게 인용하지 않았다. 『삼국유사』
의 본문을 보충하거나 다른 내용을 아울러 제시하는 데 승전을 인용하였다.
범일전과 자장전은 그들이 각각 정취보살이나 문수보살과 만나는 신이한
인연을 내세웠다. 다른 승전이나 고승의 행장에도 신이한 연기설화를 수록
하였을 것임은 충분히 상정된다. 그러나 『삼국유사』에 인용한 승전 중 범일
과 자장의 경우를 제외한 의상전이나 보양전·원효전·귀진전·삼화상전 등
에서 인용한 내용은 신이한 설화가 아니라 본문의 내용을 보충하거나 다른
면을 제시하려는 것이었다.

보양전이나 최치원이 찬술한 의상전은 『삼국유사』 본문의 내용과 달랐던

것이 분명하다. 일연은 이 두 전기를 쉽게 구해 볼 수 있었으므로 중복하여 서술하는 것은 번잡하다고 여기고, 그 주된 내용을 『삼국유사』에 완전하게 싣지 않았다.[29] 그러나 일연은 의상전을 인용하여 『삼국유사』 의상전교조의 본문에서 생략된 의상의 활동 연대를 구체적으로 제시하였다.

그 외 원효·귀진·삼화상전은 『삼국유사』의 본문과 다른 내용을 함께 제시하였다. 원효가 압량군押梁郡이 아닌 서울(京師) 사람이라든가 욱면과 귀진이 경덕왕 때가 아닌 애장왕 때에 활동하였다고 함이 그것이다. 특히 경덕왕 때 단속사斷俗寺의 창건과 관계가 없는 신충信忠이 신문왕 때에 봉성사奉聖寺를 창건하는 연기설화는 주기에 기록한 것이지만 주목된다. 포산 9성유사九聖遺事는 9성인의 이름만을 제시하였으나, 『삼국유사』 본문에 나오는 관기觀機와 도성道成 외에 7성인의 존재를 알려준다.

『삼국사기』가 유교경전을 인용하였던 것에 비해 『삼국유사』는 불교경전은 물론 중국의 고승전이나 고승들의 문집을 인용하였다. 불경으로는 아함경阿含經·관불삼매경觀佛三昧經·사리불문경舍利佛聞經·점찰경占察經·보현장경普賢章經·지론智論 등을 인용하였다. 불교경전의 인용을 통해 『삼국유사』는 우리나라가 전대의 불국토였음을 제시하였다. 불국토신앙은 고승의 문집을 통해서도 강조되었다.

옥룡집玉龍集이나 여러 고승의 전기에는 경주 월성의 동쪽에 가섭불연좌석迦葉佛宴坐石이 있으며, 그곳은 전불시대의 절터였다고 한다. 일연은 이에 대해 아함경에서 인용한 "과거불인 가섭이 현겁賢劫의 부처로 나타났다"고 한 것을 들어 설명하였다(권3, 가섭불연좌석조). 또한 관불삼매경을 인용하여 가라국呵囉國을 야건가라국耶乾訶羅國과 연관시켰으며, 이어 법현法現의 『서역기西域記』를 들어서 만어사를 북인도 박산博山의 석실石室에 비치

---

29 『삼국유사』 권4, 義湘傳敎조에 "餘如崔侯所撰本傳"이라 하였다. 곧 일연은 최치원이 찬술한 의상전에 없는 내용으로 의상전교조를 기술하였다.

는 부처의 영상과 연관하여 설명하였다(권3, 어산불영조).

불국토설 외에도『삼국유사』는 불경의 인용을 통해 수행을 강조하였다. 『보현장경』에서 인용한 내용은 미륵보살이 '말 탄 승려는 성불할 수 없다'라 고 언급한 것이다(권5, 경흥우성조). 또한『지론』을 통해 일연은 좋은 옷을 입 는 등, 외형적인 화려함에 치우친 승려 생활을 비판하였다(권5, 진신수공조). 『삼국유사』의 진표전간조나 심지계조조는『사리불문경』이나『점찰경』의 내용을 인용하였다.『점찰경』이 성종性宗 계통에서는 벗어났으나 상종相宗 계통의 정경正經으로서 손색이 없으며, 특별히 189개의 선악과보상 중 제8 과 제9를 강조함은 계율을 중시한 것이다.『점찰경』은 죄업을 씻기 위해 참 법懺法을 내세웠고,『사리불문경』은 부처가 장자의 아들 빈약다라邠若多羅 에게 지은 죄를 씻기 위해 수행하도록 권하고 있다(권4, 진표전간조).

『삼국유사』에는 불경 외에도 중국의 여러 고승전이나 승려들의 문집을 참고하였다. 양梁·당고승전唐高僧傳 등의 여러 승전僧傳과 법원주림法苑珠 林·삼보감통록三寶感通錄·심원장心源章·대각국사실록, 또는 개원석교록開 元釋敎錄·정원석교록貞元釋敎錄 등을 인용하였다. 개중에『속고승전』의 원 광전은『삼국유사』의 원광서학조에 그대로 전재되었다. 그러나 그 내용은 『고본수이전』에 전하는 원광전과 너무 다르기 때문에 일연은 두 개의 원광 전을 그대로 실었다.

『속고승전』의 원광전은 국내의 자료와 다른 내용을 가졌기 때문에,『삼국 유사』에 그대로 전재되었다.『삼국유사』에 인용된 고승전의 내용은 대체로 국내 자료에 전하지 않는 내용을 보충하는 것이다. 고승전 자료를 통해 아 도阿道나 담시曇始의 평생(권3, 아도기라조)이나 보덕普德의 활동(권3, 고려영 탑사조)을 알 수 있거니와,『삼보감통록』은 요동성에 있는 육왕탑(권3, 遼東 省育王塔조)에 대해 알려준다.

『대각국사실록』이나 가귀可歸가 찬한『심원장心源章』은 승전이 돌해골 무리에게 설법한 내력을 보다 자세하게 언급하였다(권4, 승전촉루조). 고승전의 내용을 인용하여 『삼국유사』의 본문을 보다 부연하여 설명하였다. 법흥왕의 출가 외에, 법흥왕비와 진흥왕 및 진흥왕비의 출가를 언급하였는가 하면(권3, 원종흥법 염촉멸신조), 욱면과 팔진八珍의 기이한 인연을 연기설화로 제시하였다(권5, 욱면비염불서승조). 그 외 연회緣會의 경우 『삼국유사』의 본문과 다른 내용을 승전에서 찾아 제시하였다(권5, 연회도명 문수점조).

자장이 귀국한 연대가 선덕여왕 10년(641년)이 아닌 선덕여왕 12년이라는 주장이나(권3, 대산오만진신조) 중국으로부터 대장경을 싣고 돌아와서 주석한 절이 분황사 외에 왕분사王芬寺라는 사실(권4, 자장정률조)을 주기로 제시하였다. 승려들의 문집이나 중국 고승전의 내용을 불교 관계 외의 사실을 알려주는 자료로도 활용하였다. 원효가 하상주下湘州 사람이었다(권4, 원효불기조)고 함은 불교 관계의 기록으로 볼 수도 있다. 그러나 고구려 건국신화의 한 부분인 영품리왕寧稟離王의 시비侍婢가 주몽을 낳은 시조전승은 승전인 『법원주림法苑珠林』의 내용을 인용한 것이다(권1, 고구려조).

『삼국사기』에 유교 관계의 저술이 많이 인용되었다면, 『삼국유사』는 불교 관계의 저술을 상당수 인용하였다. 『삼국사기』에 유교 경전이 주로 인용되었던 데 비해 『삼국유사』에서 불교 경전 자체는 오히려 적게 인용된 셈이다. 『삼국유사』는 중국의 승전을 인용하였지만 그 양은 많지 않다. 반면 우리나라 승려의 전기나 행장을 비교적 폭넓게 인용하였다. 『삼국유사』에서 불교 관계의 기록으로 가장 빈번하게 인용한 것은 사원에 전하는 사적기나 고문서였다. 그것들은 삼국시대나 통일신라시대에 기록되었다기보다는 대체로 고려시대에 작성되었다. 일연은 당시에까지 전하는 불교 관계의 고문서나 사적기 또는 승려들의 행장을 통해 생동하는 불교계의 모습을 전해 주고자 하였다.

3. 인용서를 통해 본 『삼국유사』의 성격

　인용 문헌을 비교해 볼 때 『삼국유사』는 『삼국사기』와 많은 차이가 있다. 『삼국사기』가 유교 경전을 상당히 인용한 반면, 『삼국유사』는 불교 관계의 저술을 많이 인용하였다는 기본적인 차이에 대해서는 더 언급하지 않고자 한다. 그 외에 가장 뚜렷한 차이는 국내 문헌에 대한 태도이다. 『삼국유사』가 국내의 사서나 문헌을 주로 인용하였다면 『삼국사기』는 중국의 사서나 문헌을 대체로 인용하였다. 『삼국유사』에도 위서魏書나 위지·신당서·구당서·전한서·후한서·통전通典·북사·책부원귀 등이 인용되었지만, 당서가 6번 정도 인용된 것을 제외하면 거의 모두가 1~2번 정도 인용되었다. 이에 비해 『삼국사기』는 많은 중국 사서를 빈번하게 인용하였다.[30]

　『삼국유사』에는 삼국시대에 관한 국내의 사서가 삼국사기·삼국사·삼국사열전·삼국사본전·삼국본사·사본기史本記·국사·고려본기·신라본기·백제본기·본기 등의 다양한 이름으로 인용되었다. 이들 사서에서 인용한 내용은 『삼국사기』에도 다수 나오지만 『삼국사기』 이전의 역사서에 이미 기록된 것이다. 일연은 『삼국사기』를 포함해서 당시에까지 전승된 우리나라의 사서를 광범하게 이용하여 『삼국유사』를 찬술하였다. 특히 국사나 삼국사에 대한 이용 빈도수가 많은 것은 주목된다.

　『삼국유사』는 국내 사서를 통해 한국고대사를 체계화하였다. 바로 이 점은 『삼국사기』가 신라사를 서술하면서 당나라 영고등슈孤瓊이 서술한 『신라국기』를 다소나마 참고한 것과 대조된다. 『삼국유사』가 한국고대사를 체

---

30 『삼국사기』에 인용된 중국 사서는 춘추·상서·사기·한서·신당서·구당서·자치통감·양서·수서·전한서·후한서·남북국사·北史·위서·책부원귀·晉書·통전 등이다. 그중 신당서·구당서·후한서·수서·북사·통전·자치통감 등을 매우 빈번하게 인용하였다. 참고로 『삼국사기』에는 구당서 14회·자치통감 7회·신당서 8회·한서 6회·북사 6회·통전 5회가 인용되었다. 이 점은 『삼국유사』에서 당서가 6회로 가장 많이 인용된 것과 비교된다.

계화하면서 단군기壇君記·동명기東明記·가락기찬駕洛記贊·금관본기金官本記 및 백제 온조 관계의 기록인 고전기古典記 등을 이용하였다. 이리하여 『삼국유사』는 통사通史로 서술되었기 때문에, 고조선과 단군신화를 기술하면서 민족문화의 전통을 모색하였다.

『삼국유사』는 한국상고사를 복원하기 위해 삼국시대에 관한 국내 사서를 충실히 참고하였다. 그 외에도 본조사략本朝史略·최치원의 제왕연대력帝王年代曆·김대문金大問의 저술·김관의金寬毅의 왕대종록王代宗錄·고득상영사시高得相詠史詩·오세문吳世文의 역대가歷代歌 등을 참고하였고, 논호림論虎林·어법집語法集·고본수이전古本殊異傳 등의 국내 문헌을 이용하였다.

김대문의 저술은 『계림잡전』이나 『화랑세기』를 가리키는 것이며, 이들 저술이나 『제왕연대력』은 『삼국사기』에서도 인용되었다.[31] 다만 한국상고사를 복원하는 국내의 문헌이 풍부하게 전하지는 않는다. 이 때문에 『삼국유사』에서는 당대의 사회를 서술하면서 동파東坡의 지장도指掌圖·가탐賈耽의 군국지郡國志·서한과 삼국지리지西漢與三國地理志·찬고도纂古圖 등을 활용하였다. 중국의 지리지를 이용하여 한국상고사를 서술하려는 것은 『삼국사기』에도 마찬가지로 나타났지만,[32] 『삼국유사』는 국내의 비기인 신지비사나 백제지리지 등 국내 지리 관계의 문헌을 다소 참고하였다.

『삼국유사』는 물론 『삼국사기』도 고기를 인용하였다. 그러나 두 사서가 고기를 인용한 비중에는 현격한 차이가 있다. 우선 『삼국유사』는 『삼국사기』에 비해 훨씬 많은 내용의 고기를 인용하였다. 고기 외에도 향전이나 고본古本·별기·고전·언운諺云·속운俗云·풍요風謠·고로전古老傳 등에서 보강

---

31 『삼국사기』는 琴操·風俗通과 같은 국내 문헌이나 신라의 여러 禮典 등을 참고하였을 뿐만 아니라, 『삼국유사』와는 달리 열전을 기록하면서 김유신 등 여러 인물들의 행장이나 문집 등을 인용하였다.

32 『삼국유사』에 나타나지 않은 지리 관계의 중국 문헌으로 『삼국사기』에는 括地志와 가탐의 四夷述 등이 나온다. 그중 사이술이 군국지와 같거나 비슷한 내용을 가진 저술일 것으로 생각한다. 다만 『삼국유사』는 『삼국사기』에 비해 더 많은 지리지를 이용하였고, 인용한 빈도도 많다.

한 많은 사실을 서술하였다. 고기에서 인용한 내용은 대체로 신이한 사실을 기록한 것이지만, 『삼국유사』의 본문과 다른 이설을 병기할 때에 특별히 사용되었다.

『삼국유사』는 같은 사실에 대해 달리 설명된 것을 가능한 한 모두 기록하였다. 대산오만진신조·명주오대산 보질도태자전기조·대산월정사 오류성중조의 경우 조목 자체가 이설을 아울러 나타내기 위한 목적으로 설정되었다.[33] 오대산신앙과 월정사月精寺에 대해 기록하였지만, 세 조목의 내용에는 약간의 차이가 있다. 대산오만진신조는 정신淨神대왕 및 보천寶川과 효명孝明에 관한 사실을 언급하였지만, 오대산의 신앙결사를 보다 자세하게 알려준다. 이에 비해 명주오대산 보질도태자전기조에는 오대산 신앙결사를 간략하게 기술하였을 뿐만 아니라 자장과의 관계를 언급하지 않았고, 오히려 정신대왕과 보질도 태자 및 효명 왕자에 대해 비중 있게 서술하였다.

대산월정사 오류성중조에는 정신대왕과 보천·효명에 대해 언급하지 않은 채, 오대산에서 자장의 행적을 월정사와 연결시키면서 오류성중을 신효信孝의 행적과 연관하여 서술하였다. 일연은 산중에 전하는 고기를 인용하여 신효를 월정사와 관련시켜 서술하였을 뿐만 아니라, 산중의 고전을 이용하여 자장이 중국 오대산의 문수로부터 사구게四句偈를 받는 이설을 첨가하였다. 또한 원광서학조는 『고본수이전』을 인용하여 『속고승전』에 나오는 내용과 다른 원광의 행적을 함께 제시하였다.

『삼국유사』의 본문을 서술하면서, 부분적으로 병기한 다른 사실에 대해서는 고기나 향전의 기록으로 보충하였다. 일연은 견훤의 가계에 대해 여러 설을 제시하였다. 곧 견훤이 상주의 농민 출신인 아자개阿慈个의 아들이라

---

33 『삼국유사』 권4의 진표전간조와 관동풍악발연수석기조도 이설을 병기한 것으로 파악된다. 金山寺에서 점찰법회를 개최하는 내용이 진표전간조의 중심을 이루었다면, 관동풍악발연수석기조는 이후 진표의 수도 행각을 수록하였다. 또한 심지계조조도 같이 파악될 수 있는데, 진표 이후 점찰법회의 계승과 간자가 왕건에게 바쳐지는 연기설화를 첨부하였다.

고 하면서도 이비가기를 인용하여 진흥왕의 후손이라 하였고, 고기를 인용하여서는 광주光州 북촌의 여자와 지렁이 사이에서 태어났다고 서술하였다(권2, 후백제견훤조).

그 외에도 원효는 사라수娑羅樹가 있는 계곡에서 태어났다고 하였다(권4, 원효불기조). 또한 불국사와 석불사에 표훈表訓과 신림神琳이 주석하였는데, 이와는 달리 유가승인 항마降魔가 주지하였다는 이설을 제시하였다(권5, 대성효이세부모 신문대조). 이설의 경우 그 내용의 옳고 그름을 분간하기 어렵기 때문에 『삼국유사』는 엇갈리는 두 사실을 모두 기록으로 남겼다.[34] 일연은 후인으로 하여금 그것을 분별하도록 하였다.[35]

일연은 사실에 대한 설명이 잘못되었다고 판단하였을 경우에는, 그것의 오류를 분명히 지적하였다. 용왕의 아들인 이목璃目으로 하여금 비를 내리게 한 사실은 보양寶壤과 연관된 설화이지만, 신라이전新羅異傳에는 원광圓光과 연결하여 서술되었다. 이에 대해 일연은 신라이전의 기록이 잘못되었으며, 그것을 답습한 『해동고승전』의 오류를 지적하였다.[36] 또한 그러한 오류는 김척명金陟明이 거리에 전하는 이야기를 잘못 수집하여 원광전을 지었기 때문에 나타났다고 하였다.[37]

『삼국유사』에는 신충信忠에 대한 서로 다른 기록이 전한다. 경덕왕 때에 단속사를 창건하는 내용의 신충괘관조와 신문왕 때의 장인臧人인 신충을

---

34 『삼국유사』권4, 원광서학조에 "據如上唐鄕二傳之文 但姓氏之朴薛 出家之東西 如二人焉 不敢詳定 故兩存之"라고 하였다.

35 『삼국유사』권4, 진표전간조에 "琮輩可謂攓金不見人 讀者詳焉"이라 하였다. 彦琮 등이 점찰법이나 점찰경을 의심한 데 대해 독자로 하여금 판단하게 하였다.

36 『삼국유사』권4, 보양이목조에 "作海東僧傳者 從而潤文 使寶壤無傳 而疑誤後人 誣妄幾何"라고 하였다. 또한 覺訓, 『海東高僧傳』권2, 원광전에는 이목 관계의 연기설화를 실었다. 곧 원광이 서해의 龍女로 하여금 비를 내리게 하자, 천사가 용녀를 벌하려고 내려왔다. 원광이 용녀가 梨木으로 변하였다고 가리키자, 천사는 그 나무에 벼락을 치고 올라갔다.

37 『삼국유사』권4, 원광서학조에 "而鄕人金陟明 謬以街巷之說 潤文作光師傳 濫記雲門開山祖 寶壤師之事迹 合爲一傳 後撰海東僧傳者 承誤而錄之"라고 하였다.

위해 봉성사奉聖寺를 창건하는 연기설화(권5, 혜통항룡조)가 그것이다. 당시에는 두 시기의 신충이 서로 혼동되었는데, 일연은 그것을 분명히 구별하여 각각 달리 기록하였다. 일연은 향전이나 고기의 내용을 그대로 받아들였다기보다는, 그 속에서 진실을 찾아 기록하려는 태도를 가졌다.

고기나 향전은 믿기 어려운 신이한 설화로 전승된 것이지만, 민족문화의 전통을 이해하는 데 도움을 준다. 단군고기가 바로 그러한 대표적인 것이다. 그러나 신이한 내용이 유교의 합리주의 사관이 정립된 고려중기 이후에 그대로 수용될 수는 없었다. 『삼국유사』는 고기나 향전의 기록을 통하여 역사가 전개된 당위성을 찾고자 하였다. 단군이나 삼국의 시조가 신이하게 태어났다는 것은 마치 중국의 성인들이 그렇게 태어났다고 하듯이, 우리나라도 성인이 세운 국가임을 확신시켜 주려는 의도를 지녔다. 『삼국유사』가 내세우는 신이사관은 바로 이러한 정신에 기초하여 성립되었다.

고기나 향전에 실린 신이한 내용은 유교의 합리주의 사관이 확립되는 고려중기 이후에 편찬된 『삼국유사』에 그대로 기록되지는 않았다. 백엄사伯嚴寺가 건립되는 신이한 연기설화가 분명히 존재하였고 그 내용은 고전에 실렸을 것이다. 그러나 『삼국유사』는 신라 때 북택청北宅廳 터에 건립된 백엄사가 중간에 황폐하였고 양부陽孚가 개조한 사실을 기록하였으나(권3, 백엄사석탑사리조), 그 외의 신이한 연기설화를 언급하지 않았다. 『삼국유사』는 고전의 내용 중, 고려중기 이후에 합리적으로 보이는 사실을 기록으로 남겼다.[38] 다만 고기나 향전에 실린 신이한 내용이 모두 빠져나간 것은 아니다. 위대한 성인의 탄생이나 국가의 건국에 관한 신이한 신화나 설화는 차

---

38 이런 면은 包山의 九聖遺事(권5, 포산이성조)에도 나타나 있다. 산중에 전하는 구성유사의 본래 모습은 9聖人에 대한 신이한 행적을 연기설화로 작성한 것이다. 그러나 정작 『삼국유사』에는 9성인의 이름만을 제시하였고, 그중 橄師와 㯖師에 대해서 "橄音般 鄕云雨木 㯖音牒 鄕云加乙木"이라 하였다. 말하자면 일연은 반사나 첩사에 대해 고려 사람이 알고 싶어 하는 현실적인 사항을 향전의 기록으로 보충하여 설명하였다.

치하더라도, 『삼국유사』는 오히려 신이하게 설명하는 내용을 광범하게 실었다. 다음 내용을 참고해 보자.

① 경덕왕 때에 아간 귀진貴珍의 노비인 욱면郁面이 맡긴 일을 끝내고는 주인을 따라 미타사의 뜰에서 염불하기를 게을리하지 않았다. 어느 날 공중에서 욱면은 법당에 들어가 염불하라는 소리가 있었다. 법당에 들어간 지 얼마 안 되어 욱면은 몸을 솟구쳐 대들보를 뚫고 서쪽으로 날아갔다(권5, 욱면비염 불서승조).

② 수나라 양제煬帝가 고구려 원정에 실패하여 한탄하고 있었다. 이때 우상右 相인 양명羊皿이 진언하기를 "신臣이 죽어 고구려의 대신이 되어 반드시 나라(고구려)를 멸함으로써 제왕(양제)의 원수를 갚겠습니다"라고 하였다. 양명은 다시 고구려에 태어났는데, 이름은 개금盖金이고 지위는 소문蘇文에 이르렀다(권3, 보장봉로 보덕이암조).

『삼국유사』에는 불교신앙의 포교를 위해서 신이한 내용을 기록하였다. 욱면이 산몸으로 정토에 이르는 모습은 향전에 기록된 것이지만, 『삼국유사』의 많은 조목이 신이한 내용으로 서술된 경우가 많다.[39] 이 부분에 대해서는 이미 언급한 바임으로 더 부연하지 않겠다. 다만 수나라 양제의 우상인 양명羊皿이 고구려의 연개소문으로 태어나는 연기설화는 황당하고 믿기

---

39 『삼국유사』의 조목은 대체로 신이한 연기설화로 구성되어 있는 경우가 많지만, 그중에서도 특히 탑상편의 여러 조목은 거의 대부분이 신이한 내용으로 서술되었다. 그 외에도 『삼국유사』 권3, 어산불영조는 고기를 인용하여 萬魚寺가 呵囉國의 수로왕과 연관하여 신이하게 창건되는 연기설화와 함께, 그곳의 鍾이나 石磬을 동해의 물고기와 자라가 변하여 만들어진 것으로 설명하였다. 이러한 신이설화는 불교신앙의 홍포를 위해 필요한 것이다. 『삼국유사』 권3, 삼소 관음 중생사조는 신라고전을 인용하여 중생사의 대비상이 조성되는 인연을 중국 천자의 寵姬와 그를 그린 畵工과 연결하여 설명하였다. 그러면서 화공은 "吾聞新羅國 敬信佛法 與子乘桴 于海 適彼同修佛事 廣益仁邦 不亦益乎 遂相與到新羅國 因成此事寺大悲像 國人瞻仰"이라 하였다. 곧 불교의 신이한 연기설화가 불교신앙의 포교를 위한 것임을 바로 보여준다.

어려운 것이지만, 고구려가 연개소문의 전횡으로 멸망하였음을 알려주기에는 충분하다. 역사적 사실의 당위성을 합리적으로 설명한 셈이다.

『삼국유사』에는 역사 전개의 큰 흐름을 신이한 연기설화로 제시하는 경우가 많다.[40] 불국사에 거주한 표훈이 천제에게 이르러, 경덕왕에게 점지해 준 여아를 남자로 바꿈으로써 혼란을 자초한 연기설화는 혜공왕 때의 사회 혼란과 함께, 신라 사회가 중대에서 하대로 이행하는 모습을 은유적으로 알려준다. 또한 효소왕 때에 신문왕의 장지 문제로 거세되는 정공鄭恭과 혜통惠通과의 관계는 신라중대 왕실의 전제정치로 인한 진골귀족 세력의 처단과 그 한계성을 충분히 보여준다.[41]

고려시대 동경東京에 있었던 천룡사天龍寺에 대해서는 삼한집 또는 속전俗傳이나 중국의 도사인 낙붕귀樂鵬龜의 말을 인용하여 대체로 다음과 같이 설명하였다.

계림鷄林에는 객수客水와 역수逆水가 있는데, 두 물줄기는 천룡사로부터 시원始源한다. 천재天災를 진압하지 못하면 천룡사가 파멸하는 재앙에 이르고, 이 절이 파괴되면 나라가 망할 날이 멀지 않다(『삼국유사』 권3, 천룡사조).

삼한집이나 속전 또는 낙붕귀의 말은 고기나 향전의 내용과 다를 바가 없기 때문에, 본래 천룡사에 대한 더 많은 신이한 연기설화가 존재하였던 것이 분명하다. 다만 『삼국유사』에는 그러한 신이한 설화가 빠져나간 뒤의 간략한 모습을 위와 같이 기록하였다. 그리하여 신라가 망하고 고려가 일어나는 것을 당연하게 설명해 준다. 왜냐하면 신라말에 천룡사가 파괴되어 오래

---

40 김두진, 「삼국유사 所載 설화의 사료적 가치」, 『碑文學硏究』 13, 2001, 207쪽.
41 김두진, 위의 논문, 2001, 208~210쪽.

되었는데, 고려 때에 중창되었기 때문이다.[42]

한편 고기나 향전의 내용은 고려시대의 사실을 설명하기도 하였다. 그러한 자료를 이용하여 『삼국유사』는 고려시대의 역사적 사실을 기록으로 남겼다.[43] 바로 천룡사조는 최제안崔齊顔이 만일석가도량을 결사한 사정을 알려준다. 앞에 언급한 중생사衆生寺조도 역시 고려 성종 이후의 사원 경영을 이해하는 데 중요하다. 『삼국유사』에는 언운諺云이나 고전古傳의 내용을 인용하여 황룡사구층탑이 고려 광종 때에 불타거나 훼손된 사실(권3, 전후소장사리조)이나 문종 때에 백엄사 주지인 수립秀立이 절에서 지킬 상규常規 10조를 만든 사실을 기술하였다.

『삼국유사』는 고려 때의 사실을 기술하기 위해 많은 고문서나 비문 기록을 광범하게 참고하였다. 이 점 역시 『삼국사기』와 비교하여 『삼국유사』의 특징이라고 생각한다. 『삼국유사』는 불교 관계의 고문서나 사적기 또는 절에 전하는 고기 등을 많이 인용하였는데, 이외에 양전장적量田帳籍이나 지방에 파견된 관리가 올린 주첩柱貼공문·수장繡張·첩문牒文·고적비보기古籍神補記·언전기諺轉記·현판懸板·왕복 서신뿐만 아니라 여러 비문을 참고하였다.[44] 일연은 그중 어떤 것은 직접 보고 확인하면서 『삼국유사』를 저술하였다.[45] 고문서나 비문 등을 참고하여 대부분의 내용을 기록한 『삼국유

---

42 『삼국유사』 권3, 천룡사조에는 "羅季殘破久矣"라고 하면서, 최승로의 후손인 崔齊顔이 천룡사를 중창하였다고 하였다.
43 김두진, 「삼국유사의 사료적 성격」, 『역주 삼국유사』 권5, 以會文化社, 2003, 65쪽.
44 『삼국유사』에 인용된 비문으로 金用行의 我道本碑와 有德寺碑·勝詮碑 및 玄本이 찬술한 삼랑사비 등이 있다. 그중 아도비나 삼랑사비는 『삼국사기』에서도 인용되었다. 다만 『삼국사기』에는 열전을 서술하기 위해 薛因宣이 찬술한 김유신비나 그 외에 杜牧이 찬술한 장보고전, 金長淸이 지은 『김유신행록』 등을 참고하였다.
45 『삼국유사』 권3, 오대산문수사석탑기조에서 "予驚嘆無已 然怪其置塔 稍東而不中 於是仰見一懸板云"이라 하였다. 또한 『삼국유사』 권4, 관동풍악발연수석기조에서 "予(子)恐聖骨堙滅 丁巳九月 特詣松下 拾骨盛筒"이라 하였다. 이렇게 볼 때 일연 또는 그의 문하가 직접 현판이나 탑기 등을 확인하였던 것을 짐작하게 한다.

사』는 한국고대사나 불교사를 바라보는 고려시대 사람들의 관심을 크게 반영하고 있다.

『삼국유사』에는 많은 인용서가 보인다. 그 내용 또한 원모습을 거의 그대로 간직한 인용문으로 구성되어 있다. 『삼국유사』는 불교신앙을 홍포하려는 목적에서 편찬되었으므로 사적기나 승전 또는 사원에 전하는 고문서 등을 참고하여 작성되었다. 『삼국사기』와 비교하여 『삼국유사』는 중국보다 국내의 문헌이나 사서를 더 중요하게 참고하였으며, 고기나 향전 또는 고문서나 비문 등을 많이 인용하였다. 그러한 자료를 통해 『삼국유사』는 민간에 전하는 신이한 연기설화의 내용을 민족문화의 전통과 연결하거나 민족사의 새로운 전개에 능동적으로 작용하도록 도움을 주었다.

제2절 『삼국유사』의 찬술과 간행

1. 일연의 『삼국유사』 찬술

　한국고대사나 한국문화를 연구하는 데『삼국유사』는 대단히 중요하다. 지금까지『삼국유사』의 내용 자체는 교감을 거쳐, 사용하기에 편리하도록 방대한 역주 작업이 이루어졌다. 중요하면서도 관심의 대상이 되었기 때문에서인지『삼국유사』의 찬자撰者나 찬술 시기는 물론, 언제 간행되었는지에 대해서는 많은 이견이 있다. 이 절은 일차적으로 그러한 이견을 정리할 목적에서 작성될 것이다.

　『삼국유사』의 가장 완전한 현존 판본인 중종임신본(中宗壬申本, 正德本)에는 실제로 오자는 물론 결자缺字와 탈자脫字가 포함되어 있고, 전도되거나 잘못 기재된 내용이 많다. 그것을 정확하게 교감하여 역사적 사실의 진면목을 제시하려는 작업은 쉽지 않다.『삼국유사』가 찬술·간행되는 사정을 밝힘으로써, 그 내용이 담고 있는 역사적 진실에 보다 접근하고자 한다.『삼국유사』에 담긴 역사적 사실을 정확하게 이끌어낼 때에 한국고대사나 민족문화에 대한 연구는 더 진전될 것이다.『삼국유사』 판본의 원문 교감과 역주 작업은 앞으로의 민족문화 창달을 위해 계속 진전되어야 한다.

　일연이 『삼국유사』를 찬술한 것은 분명하다. 그가 답사하면서 평생 동안 직접 모은 자료를 토대로 만년에『삼국유사』를 편찬한 것으로 이해된다. 지금 남아 있는『삼국유사』는 연표인 왕력王曆을 위시하여 기이紀異·흥법興法 등 모두 9편목을 5권으로 나누어 편찬되었다. 그러나 저자의 서문이나 처음 간행할 당시의 간기刊記가 전하지 않아,『삼국유사』의 저자는 물론 정확한 찬술 시기에 대해서 여러 다른 의견이 존재한다. 아울러 체제뿐만 아니라 내용의 오류나 오자가 매우 많기 때문에, 과연 일연이 꼼꼼하게 챙겨서 저술한 것인지에 대해서도 의심하게 되었다.

『삼국유사』가 무극無極에 의해 편찬되었다거나¹ 일연의 작품이 아닐 가능성이 조심스럽게 제시되었다. 일연의 생시에 권5까지의 집필은 끝났으나, 전체의 편목은 미완성이어서 간행되지 않았다고도 한다.² 『삼국유사』의 찬자에 대한 의문이 커지는 이유는 권5의 첫머리에만 실린 다음 기록 때문이다.

국존國尊 조계종가지산하曹溪宗迦智山下 인각사주지麟角寺住持 원경충조
대선사圓徑沖照大禪師 일연찬一然撰

아울러 무극이 보충한 기록이 실려 있다. 그리하여 『삼국유사』가 일연이 아니라 무극에 의해 찬술되었다는 오해를 낳았다.

『삼국유사』에 무극의 보충한 내용이 포함되었다고 해서, 바로 그 저자가 무극일 수는 없다. 『삼국유사』를 찬술한 자가 무극이라는 주장은 실제로 논리적 근거가 박약하다. 「군위인각사 보각국존정조탑비軍威麟角寺 普覺國尊靜照塔碑」(이하 일연비)에는 일연이 어록語錄·게송잡저偈頌雜著·중편조동오위重編曹洞五位·조파도祖派圖·대장수지록大藏須知錄·제승법수諸乘法數·조정사완祖庭事苑·선문염송사완禪門拈頌事苑 등 100여 권을 저술하였다고 한다. 여기에 포함되지 않았기 때문에『삼국유사』가 일연의 저술이 아니라고 주장한다. 그러나 그 속에 『삼국유사』가 반드시 포함되어야 할 이유는 없다.³ 이

---

1 崔南善,「三國遺事 解題」,『增補 三國遺事』, 民衆書館, 1946, 48쪽.
  최남선은『東史綱目』探據書目이나『文獻備考』藝文考 등에서『삼국유사』를 무극이 찬술하였다거나 또는 무극과 일연이 혼동되었던 것을 지적하였다. 그 뒤 金相鉉,「삼국유사의 간행과 유통」,『한국사연구』38, 1982, 2~3쪽에도 그런 면을 지적하였다.
2 河廷龍,『삼국유사의 편찬과 간행에 대한 연구』, 고려대학교 박사학위논문, 2002, 183쪽.
3 김두진,「일연의 생애와 저술」,『전남사학』19, 2002, 196쪽. 일연탑비에 전하는 저술은 선종

에 비해 비록 『삼국유사』 권5에서이긴 하지만, 일연을 분명히 찬자로 기록하였다. 『삼국유사』의 찬자를 분명히 하기 위해 다음 기록을 참고해 보자.

① 연좌석宴坐石은 (황룡사의) 불전 후면에 있다. 내가 전에 한 번 찾아보았는데, 돌의 높이는 5~6자 정도이고 둘레는 겨우 3주肘이며, 우뚝 섰는데 위는 평평하였다(『삼국유사』 권3, 가섭불연좌석조).

② 이 실록實錄은 당시 내전에서 향을 사르고 기도하던 전 기림사祇林寺의 대선사인 각유覺猷에게서 얻은 것이다. (그가) 친히 본 것이라고 하면서 나에게 기록하게 하였다(『삼국유사』 권3, 전후소장사리조).

③ 경오(庚午, 1270)년에 (강화에서) 환도할 때의 난리는 임진(壬辰, 1232)년에 (강화로) 천도할 때보다도 낭패하기가 더 심하였다. 십원전十員殿의 감주監主인 선사 심감心鑑이 위험을 무릅쓰고 (부처의 어금니가 든 함을) 가지고 나왔으므로, (그것이) 적난賊亂에서 화를 면하게 되었다. (이 사실이) 대궐에 알려져 그 공을 크게 포상하여 이름난 절에 옮겨 거주하게 하였으니, 지금의 빙산사氷山寺이다. 이것 역시 그에게서 직접 들었다(『삼국유사』 권3, 전후소장사리조).

④ (가락국기는) 문종 때인 태강(太康, 1075~1084년) 연간에 금관지주사金官知州事인 문인文人이 지은 것이다. 지금 줄여서 싣는다(『삼국유사』 권2, 가락국기조).

이 기록은 『삼국유사』의 찬자가 직접 보았거나 들은 내용이다. 『삼국유

계통(語錄·偈頌雜著·重編曹洞五位·祖派圖·祖庭事苑·禪門拈頌事苑)과 교종 계통(大藏須知錄·諸乘法數)으로 나뉜다. 특히 『선문염송사완』은 혜심의 『선문염송집』에서 영향을 받아 편술되고, 『조파도』는 가지산문의 입장에서 저술된 선승들의 계보를 정리한 것이다. 이렇게 되면 탑비에 전하는 일연의 저술 속에는 『삼국유사』가 포함될 수 없었을 것이다(黃浿江, 「삼국유사해제」, 『一然 作品集』, 螢雪出版社, 1977, 173쪽; 權相老, 「해제」, 『역주 삼국유사』, 동서문화사, 1977, 10쪽).

사』는 일연이 생존한 고려후기까지의 우리나라 역사나 불교신앙에 관한 자료를 모은 사료집이라 할 수 있다. 그 대부분의 내용은 고기를 비롯한 고문서나 사원에 전승하는 기록뿐만 아니라 역사서·지리지·중국 사서를 포함해서 비문이나 행장 등에서 뽑은 것이다. 『삼국유사』에 인용된 많은 문헌이나 기록은 일연 자신이 실제로 답사하여 얻은 것이기도 하다. 찬자가 일연이라는 것은 『삼국유사』 권5의 첫 부분에 나와 있지만, 이는 『삼국유사』의 전질이 그에 의해 찬술되었음을 쉽게 짐작하게 한다.

가섭불연좌석조를 찬술한 인물과 그것을 직접 답사한 인물은 분명 같은 사람이다. 만약 『삼국유사』 권3의 찬자가 일연이 아니라면, 가섭불연좌석조에서 '내가' 직접 보았다는 표현을 사용할 수 없다. 반대로 가섭불연좌석조에서 '내가' 전에 보았다는 표현이 진실한 것이면서 일연 자신을 가리키지 않는다면, 『삼국유사』 권3의 찬자가 달리 기록되어야 하는 것이 마땅하다. 『삼국유사』 권3의 찬자가 따로 기록되지 않았음은 그것이 일연에 의해 기록된 사실을 알려준다.

각유覺猷가 전한 『실록實錄』을 보고 기록으로 남긴 인물이나 금관지주사가 편찬한 「가락국기」를 줄여서 기록한 인물은 일연이어야 한다. 그렇지 않은 경우 『삼국유사』 권3은 물론 기이편의 찬자를 일연이 아닌 다른 사람으로 기록하여야 한다. 『삼국유사』가 일연 한 사람에 의해 편찬되지 않고 왕력을 비롯하여 각 편목의 편찬자가 따로 있었던 것은[4] 아니다. 적어도 『삼국유사』는 일연 당시에 9편목 5권의 체제를 갖추었고, 그렇기 때문에 5권의 처음 외에 찬자 일연을 덧붙일 필요가 없었다.[5]

『삼국유사』는 일연에 의해 찬술되었지만, 편찬되는 시기나 방법에 대해

---

4 하정룡, 앞의 논문, 2002, 82쪽.

5 최남선, 「삼국유사 해제」, 『증보 삼국유사』, 서문문화사, 1996, 4쪽에는 "처음에 『삼국유사』의 권마다 찬자의 이름을 적었을 것이지만, 이후 중간할 때에 탈락되고 5권의 그것만이 남았을 것이다"라고 하였다.

서는 이견이 많다. 일연은 진전사陳田寺를 떠나기 전인 23세 무렵부터 50여
년에 걸친 장기간 동안 자료를 수집하였고, 그 결실로『삼국유사』를 찬술하
였다고 한다.[6] 반면『삼국유사』는 정제된 체제로 쓰인 책이 아니기 때문에,
그 속에는 일연을 중심으로 몇 사람의 역사적 취미를 담았다고 한다.[7] 곧
『삼국유사』는 일연의 단독 저술이 아니라는 것이다. 그리하여『삼국유사』
는 일연이 충렬왕 4년(1278년) 이후 그의 나이 73~76세에, 운문사雲門寺에
서 가지산문도迦智山門徒를 대거 동원하여 편찬한 것이라고도 한다.[8]

『삼국유사』에는 찬자 일연의 직함을 국존으로서 원경충조대선사圓徑沖
照大禪師라고 표기하였고,[9] 보각普覺이라는 시호를 사용하지 않았다. 직함
에 시호가 빠진 것은 일연 사후의 기록이 아니라는 사실을 알려준다. 이로
보면 그가 국사에 봉해지는 충렬왕 9년(1283년)에서 입적하기까지인 충렬
왕 15년(1289년) 사이에,『삼국유사』의 찬술을 마무리하였을 것이다. 『삼국
유사』에는 일연이 직접 본 사실을 다소 기록하였다. 일연은 기림사祇林寺의
각유가 전해준『실록』이나 십원전十員殿 감주監主인 심감心鑑이 들려준 사
실을 기록하였다. 그 내용은 모두 자장이 전한 부처의 어금니를 봉안한 사
실을 기록한 것이다.

부처의 어금니를 봉안하는 내용은 고종 19년(1232년)에 강화로 수도를 옮
기는 과정을 기록한『자문일기紫門日記』등에도 다소 전한 듯하다. 수도를
옮기는 와중에 부처의 어금니를 잃어버렸고, 그 후 고종 23년(1236년)에 다

---

6 鄭求福,「삼국유사의 史學史的 고찰」,『三國遺事의 綜合的 檢討』, 韓國精神文化硏究院, 1987,
  9쪽.
7 권상로,「해제」, 앞의 책, 1977, 9쪽.
8 蔡尙植,「至元 15년(1278) 仁興社刊 歷代年表와 삼국유사」,『고려사의 제문제』, 삼영사, 1986,
  702쪽.
9 『삼국유사』권5의 첫머리에 일연의 법호를 圓鏡沖照로 표기하였다. 그러나 閔漬가 찬술한「군
  위인각사 보각국존정조탑비」에는 일연이 1283년에 국존에 봉해졌고, 법호는 圓徑沖照로 표기
  되었다. 또한『고려사』권29, 충렬왕 9년 3월 庚午조에는 "僧 見明을 國尊으로 정하였다"라고
  하였다.

시 찾는 과정을 기록한 것이 각유가 전한 『실록』이다.[10] 일연은 『실록』의 내
용을 전후소장사리조에 옮겨 적었다. 또한 일연은 원종 11년(1270년) 개경
으로 환도할 당시에 심감이 부처의 어금니를 봉안한 사실을, 그로부터 직접
듣고 기록으로 남겼다.

일연이 고종 24년(1237년)에서 멀지 않은 시기에 『실록』의 내용을 기록하
여 간직하고 있었던 것은 중요하게 생각된다. 그는 고종 6년(1219년)에 진
전사의 대웅大雄장로에게 출가하였고, 고종 14년(1227년)에 승과에 합격하
였다. 그 후 고종 24년에 삼중대사三重大師의 승계를 받았고 보당암寶幢庵
이나 묘문암妙門庵에 거주하였다. 포산包山 지역에 거주하면서 『삼국유사』
를 편찬할 자료를 수집하였다.[11] 그는 이렇게 수집하여 기록한 자료를 모아
『삼국유사』를 편찬하였다. 일연은 일찍이 황룡사에 있는 가섭불연좌석을
찾아보고 그 내용을 기록으로 남겼다. 다만 언제 찾아보았는지는 잘 알 수
없으나, 그가 가섭불연좌석조를 찬술한 시기에 대해서는 다음 기록을 통해
짐작할 수 있다.

석가세존으로부터 내려와 지금의 지원至元 18년 신사세(辛巳歲, 1281년)까
지는 벌써 2,230년이나 되었으니. 구류손불拘留孫佛로부터 가섭불시대를 지나
지금에 이르기까지는 몇 만 년이 된 것이다(『삼국유사』 권3, 가섭불연좌석조).

충렬왕 7년(1281년)에 일연은 일본 원정군을 격려하기 위해 경주의 행재
소行在所에 와 있던 왕을 만나 뵈었으며, 불일결사문佛日結社文을 작성하였

---

10 『삼국유사』 권3, 전후소장사리조에는 "又以金承老所奏云 壬辰至今丙申五年間 御佛堂及景靈
  殿上守等 囚禁間當 依違未決"이라 하였다. 그러나 『실록』에는 김승로의 진언 이후의 사실이
  담겨 있다.
11 『삼국유사』 권5, 포산이성조에 "予嘗寓包山 有記二師之遺美 今幷錄之"라고 하였다. 곧 일연은
  포산에 있을 당시에 수집한 자료로써, 뒤에 '포산이성'조를 저술하였다.

다. 이때에 『삼국유사』의 저술이 완료되었다고 한다.[12] 그러나 충렬왕 7년은 가섭불연좌석조가 완전하게 작성된 때이다. 다음 기록이 이런 면을 알려준다.

여러 경을 보면 가섭불 때로부터 지금에 이르기까지가 이 (연좌)석의 나이가 된다(『삼국유사』 권3, 가섭불연좌석조).

여기서 말하는 '가섭불 때로부터 지금(1281년)에 이르기까지'로 연좌석의 나이를 계산하였다. 그것은 충렬왕 7년(1281년)에 일연이 가섭불연좌석조를 완성하였음을 가리킨다. 일연은 이전에 직접 보아 기록한 자료를 근거로 하여, 충렬왕 7년에 가섭불연좌석조를 완성하였다. 이렇게 작성한 가섭불연좌석조는 뒤에 『삼국유사』의 편목 속에 편입되었다.

『삼국유사』의 여러 편목이 완전하게 갖추어지는 시기는 충렬왕 7년 이후인 것은 분명하지만, 일연은 포산包山에 있을 당시부터 『삼국유사』를 찬술할 자료를 수집하였다. 금관지주사金官知州事가 편찬한 「가락국기駕洛國記」는 문종 말년경에 완성되었다. 일연은 그것을 얻어 보고는 줄여서 가락국기조로 기술하였다. 일연이 가락국기조를 작성한 시기가 언제인지는 불분명하다. 그것이 '지금'이라고 표기되었기 때문에 『삼국유사』가 완성되는 시기와 그렇게 떨어져 있었다고 생각되지는 않는다.

일연은 일찍 금관지주사가 찬술한 「가락국기」를 수집하였고, 그것을 줄여서 가락국기조를 작성한 때는 『삼국유사』의 다른 편목이 설정되는 시기와 가까웠을 것이다. 다음 기록을 참고해 보자.

이상은 보림寶林의 설명이지만, 지금 가까이 와서 참례하고 보니, 역시 공경

---

12 최남선, 「삼국유사 해제」, 앞의 책, 1996, 50쪽.

하고 믿을 만한 것이 두 가지가 있다(『삼국유사』 권3, 魚山佛影조).

일연은 가야에 관한 여러 기록을 모았다. 「가락국기」 외에도 만어사萬魚寺의 사적에 관한 고기나 동량보림장棟梁寶林狀 등의 자료가 그것이다. 또한 금관성파사석탑金官城婆娑石塔조의 내용은 본래 「가락국기」에 포함되었으나 분리하여 실은 것이다. 만어사는 일연이 태어나기 20여 년 전인 명종 11년(1181년)에 창건되었다. 그러므로 앞의 고기나 동량보림장 등은 모두 그 이후에 기록된 것이 분명하며, 일연 생존 당시에 작성된 자료였을 듯하다.

일연은 수집한 자료를 단순히 줄이거나 그대로 편집한 것이 아니라, 관심을 가졌거나 의문이 나는 부분에 대해서는 재차 확인하였다. 고기나 보림寶林의 설명만으로 부족하였던 일연은 직접 찾아가 만어사의 신이한 영험을 경험하였다. 포산에 거주하면서 그는 『삼국유사』의 편목을 작성할 많은 자료를 수집하였다. 아울러 「가락국기」를 포함해서 가야사에 관한 자료를 이때에 채록하였을 것이다.

일연은 만어사를 답사하여 의문점을 해결한 다음에 그것을 편목으로 설정하였고, 그렇게 하여 작성한 내용을 모아 『삼국유사』를 찬술하였다. 일연이 『삼국유사』를 찬술하기 위해 자료를 모으는 작업은 고종 27년(1240년)을 전후한 시기로부터 운문사에 주지하는 충렬왕 3년(1277년)에 이르는 시기에 주로 이루어졌다. 자장이 전한 부처의 어금니를 봉안하는 자료는 이때에 수집된 것이다.[13]

그 외에 일연은 낙산洛山의 두 대성인 관음·정취正趣보살을 몽골과의 병란 속에서 안전하게 보관한 사실을 기록하였다(『삼국유사』 권3, 낙산이대성

---

13 강화도로 옮긴 자장의 眞身사리에 대해서는 至元 갑자년(1264년)에 원나라 사신과 고려의 신하들이 다투어 參禮한 사실을 중심으로 기록하였다(『삼국유사』 권3, 전후소장사리조). 적어도 일연은 1264년 이후에, 자장이 가지고 온 진신사리의 보관에 대한 기록을 수집하였다.

관음정취조신조). 기림사 주지인 각유가 두 보살상을 명주에서 내부內府로 옮겨 모시도록 주청하였다. 일연은 각유로부터 두 보살상을 모시는 일에 대해 직접 들었다. 곧 그는 고종 45년 이후에 사노寺奴인 걸승乞升이 낙산사 洛山寺의 두 보살상을 안전하게 모셨다는 사실을 듣고, 이를 기록으로 남겼다. 이보다 후에 일연은 그것과 의상義湘·범일梵日 또는 조신調信에 관한 기사를 함께 엮어 낙산이대성 관음정취조신조를 완성하였다.

가섭불연좌석조를 충렬왕 7년에 작성하였던 것은 중요하게 생각된다. 비슷한 시기에 일연은 그동안 수집한 자료로써 『삼국유사』의 조목을 저술하였다. 충렬왕 5년(1279년)에 그는 『삼국유사』의 편목을 작성하는 저술 활동의 연장선상에서 「인천보감후식人天寶鑑後識」을 지었다. 충렬왕 3년 이래 이때까지 그는 운문사에 주지하였다. 『삼국유사』 편목의 저술은 운문사에 주지하던 충렬왕 3년에서 충렬왕 7년 사이에 주로 이루어졌고, 개중의 어떤 것은 그 전후에 저술되었을 것이다.

『실록』을 전한 기림사 주지 각유는 운문사雲門寺에 거주한 학일學一의 문하로서[14] 일연과는 깊이 교류한 인물이다. 학일은 중국 5가의 선풍을 모두 천명하였지만, 특히 운문종의 입장에서 조동종曹洞宗을 중시하였다. 학일의 사상적 특징은 바로 일연에게로 전해졌다.[15] 일연도 『중편조동오위』를 편찬하여 조동종을 중시하면서 선종사상을 통합하려고 하였다.

일연은 대장경을 전한 선종 승려인 보요普耀와 그의 해룡선종海龍禪宗을 특별히 강조하여 기록하였다. 해룡선종은 고려후기 가지산문에 흡수되었다.[16] 일연의 문하 제자로 해룡海龍 경분勁芬이 있고, 「중편조동오위서」에는 조동종의 뜻을 터득한 우리나라 승려 중의 한 사람으로 해룡海龍이 나온다.

---

14 尹彦頤, 「淸道雲門寺 圓應國師碑 陰記」(李智冠, 『校勘譯註 歷代高僧碑文』 高麗篇 3, 가산불교 문화연구원, 1996, 268쪽).
15 김두진, 「일연의 心存禪觀사상과 그 불교사적 위치」, 『韓國學論叢』 25, 2003, 36~37쪽.
16 김두진, 「삼국유사의 佛敎史자료와 그 성격」, 『淸溪史學』 16·17 합집, 2002, 781쪽.

또한 일연은 『삼국유사』 권4 보양이목조에서 운문사의 보양寶壤선사를 유식과 연관한 인물로 묘사하였다. 운문사는 독립 산문으로 성립된 운문선종과 함께 가지산문의 사상적 전통을 이었다. 이리하여 『삼국유사』의 불교 관계 편목들은 화엄은 물론 유식사상이나, 구산선문을 통합하려던 운문사나 가지산문迦智山門의 사상적 전통과도[17] 연관하여 저술되었다.

운문사를 떠나는 충렬왕 8년(1282년) 이후에도 일연은 『삼국유사』의 일부 편목을 저술하였다. 『삼국유사』가 지금의 체제로 마무리되는 것은 국존으로 추대되는 충렬왕 9년(1283년) 이후여야 한다. 편찬자 일연이 인각사麟角寺의 주지로 명기되었기 때문에 인각사가 하산소下山所로 결정되는 충렬왕 10년 이후에 『삼국유사』의 찬술이 완성되었다고 보는 것이 타당하다.[18] 그는 충렬왕 9년 봄에 국존으로 추대되었고, 4월에 대내로 들어왔다. 충렬왕 10년에 어머니가 별세하면서 인각사에 주지하였고, 입적할 때까지 약 5년간 머물렀다. 80세를 넘긴 고령이지만 국존으로 구산문도회九山門都會를 개최하였다. 그리하여 고금에 비길 데가 없을 정도로 산문은 성황을 이루었다.

일연은 교선융합은 물론 선종산문의 사상을 통합하고자 하였기 때문에, 국존國尊으로서 구산문도회의 개최에 많은 정성을 쏟았다. 『삼국유사』가 마무리될 당시의 분위기는 바로 이러하였다. 일연은 평생 동안 자료를 모았고, 그것을 운문사에 주지하는 기간을 전후하여 편목으로 정리하였다. 그러나 막상 『삼국유사』가 체제를 정비하면서 완성될 때에는, 일연이 차분하게 저술 활동에 전념할 수 없었을 것이다. 『삼국유사』의 찬술을 완성하는 데에는 일연이 당시 번성했던 문도들의 도움을 받았던 듯하다. 『삼국유사』의 체

17 김두진, 앞의 논문, 2003, 22~31쪽.

18 이와 연관하여 김상현, 「三國遺事의 書誌的 고찰」(『역주 삼국유사』 권5, 以會文化社, 2003, 22쪽)에서 '국존 圓鏡沖照'와 '인각사주지'가 동시에 포함될 수 있는 시기는 1285년부터 입적하는 1289년까지라고 하였다. 그러나 찬술 시기에 대해서는 청년 시절부터 자료를 수집한 일연이 1270년대 후반부터 84세로 입적하기까지의 만년에 『삼국유사』를 집필하였을 것이라고 다소 유연하게 추론하였다.

제나 편목이 혼동되었거나 그 내용에 오자나 탈자가 속출하고 있는 모습은 이러한 추론을 가능하게 한다.

『삼국유사』의 편목 중 오자나 탈자가 가장 많은 부분은 왕력편이다. 이 보다는 적지만 기이편에도 다수의 오자나 탈자가 보이며, 상대적으로 흥법 편 이후에는 그것이 가장 적게 나온다. 일연이 흥법편 이후의 내용을 직접 서술한 부분이 많았다는 것을 알려준다. 반대로 왕력편은 상대적으로 문도 들의 도움을 가장 많이 받아 이루어졌고, 기이편도 그들의 도움을 다소 받 아 서술되었다. 충렬왕 4년(1278년)에 인흥사仁興社에서 간행된 「역대연표 歷代年表」는 가지산문도들에 의해 작성되었는데,『삼국유사』의 왕력편을 찬 술하는 바탕이 되었다.[19]

기이편 역시 최종적으로 일연이 서술한 것이지만, 개중에는 문도들의 힘 을 빌려서 작성된 부분이 다소 포함되어 있다. 그것을 가려내는 작업은『삼 국유사』의 성격을 규명하는 데 매우 중요하지만, 쉽게 해결될 것으로 기대 하지 않는다. 기이편은 거의가 왕조나 왕들에 관한 기록이지만, 신이한 면 을 부각하려는 의도로 작성되었다. 이 때문에 국가의 기원이나 제왕의 능력 에 관한 신화나 신이 설화에 대해서는 일연이 직접 문헌을 수집하여 기록하 였다. 반면『삼국사기』나『구삼국사』에 공통으로 나와 있는 내용에 대해서, 일연은 대체로 문도의 도움을 받아 자료를 수집하거나 정리하였을 것이다. 기이편 중『삼국사기』의 내용과 겹치는 부분은 문호왕법민조·김부대왕조· 후백제견훤조 등이다. 그 속에는 기이편의 다른 조목에 비해 비교적 오자나 탈자가 많이 나온다.

일연이 가장 정성스럽게 찬술한 부분은 흥법편 이후의 내용으로 직접 찾 아보았거나 몸소 구한 자료로써 저술하였다. 문도들이 건네 준 자료를 참고 하여 작성한 부분은 극히 일부이다. 그 예로 남월산南月山조와 원광서학조

---

19 채상식,「지원 15년(1278) 仁興社刊 歷代年表와 삼국유사」, 앞의 책, 1986, 692~699쪽.

에서 인용한 『속고승전』의 원광전 등을 들 수 있다. 두 조목의 내용으로 인용한 원문이 지금 전하는데, 그것과 대조해 보면 『삼국유사』의 기록에는 오자나 오류가 많다.[20] 다음 기록을 참고해 보자.

'고인성지古人成之' 이하는 그 글의 뜻을 알 수 없지만 다만 옛날 글 그대로 적어둔다(『삼국유사』 권3, 남월산조).

이 내용은 일연이 감산사의 미륵존상화광후기를 직접 보고 기록하였다고 생각하게 한다. 곧 '고인성지古人成之'의 다음 문장인 '동해유우변산야東海攸友邊散也'의 뜻을 알 수 없어서 그대로 적었다는 것이다. 현재 전하는 「감산사미륵보살조상기甘山寺彌勒菩薩造像記」에는 '유우攸友'가 아니라 '흔지欣支'로 나와 있다. 그렇다면 그가 잘못 인용하였거나 아니면 원자료를 보지 않았다는 결론에 이르게 한다. 일연의 학문이나 저술 태도로 보아 후자가 더 진실에 가까울 듯하다. 일연은 문도가 전해준 미륵존상화광후기로써 남월산조를 작성하였다.

홍법편 이후의 저술에 사용된 자료 중 극히 일부는 그가 직접 찾아 확인하지 못한 것이 포함된 셈이다. 그렇더라도 『삼국유사』는 일연이 평생 동안 사료를 수집하여 편찬한 책이다. 운문사에 주지하던 70대에 그는 수집된 자료로 『삼국유사』의 개별 편목을 작성하였다. 그것을 모아 미흡한 부분을 보충하고 체제를 갖추면서, 『삼국유사』의 찬술이 완성된 시기는 국존으로서 인각사에 주지하던 때이다. 다만 『삼국유사』 권5의 끝에 '삼국유사三國遺事 권제오卷第五'가 빠져 있다. 그것은 판각의 오류인지 아니면 『삼국유사』의 체제가 일연 당시에 완성되지 못하였음을 알려주는지 잘 알 수 없다.

---

20 김두진, 「삼국유사의 사료적 성격」, 『역주 삼국유사』 권5, 이회문화사, 2003, 76쪽.

2. 『삼국유사』의 간행

『삼국유사』가 일연의 만년에 완성되었을지라도, 언제 간행되었는지에 대해서는 잘 알 수 없다. 추측하기로는 그의 생존 당시라고 하는가 하면, 제자인 무극無極에 의해 그의 사후에 간행되었다거나 혹은 조선초기에 간행되었다고도 한다. 일찍이 최남선崔南善은 일연이 직접 간행하였다는 설을 제기하였다. 당시 고려 사회는 많은 서적을 판각할 수 있는 역량을 가졌고, 불교의 홍통弘通을 위한『삼국유사』는 국존의 만년에 이룬 역작이어서 산문이 진작부터 그 간행을 추진하였다. 또한『삼국유사』의 현존 판본도 글자 모양과 각법刻法이 고풍스러워 고려 판식에 부합된다고 한다.[21] 이 설은 이후 많은 영향을 주어,[22] 일연이 인각사의 주지로 있던 시기에『삼국유사』를 처음으로 간행하였다는[23] 결론에 도달하였다.

『삼국유사』가 일연 사후 무극에 의해 간행되었다는 설은 일본인 학자에 의해 주장되었다.[24] 무극은 일연이 편찬한『삼국유사』를 보충하여 완성한 후, 충렬왕 21년(1295년)에서 충숙왕 9년(1322년) 사이에 처음으로 간행하였다고 한다.[25] 이와는 달리 서지학에 조예가 깊은 연구자들은『삼국유사』가 조선초기에 간행되었다고 한다. 일연이 찬술하였고 무극이 보충하여 완

---

21 최남선,「삼국유사 해제」, 앞의 책, 1996, 52~55쪽.
22 권상로,「해제」, 앞의 책, 1977, 10쪽.
    황패강,「삼국유사 해제」, 앞의 책, 1977, 173쪽.
23 김상현, 앞의 논문, 1982, 5~6쪽.
24 高橋亨,「三國遺事の註及檀君傳說の發展」,『조선학보』7, 1955, 66~67쪽.
    三品彰英,『三國遺事考證』권상, 東京, 塙書房, 1975, 13쪽.
25 柳擇一,「삼국유사의 문헌 변화 양상과 변인」,『삼국유사의 연구』, 영남대 출판부, 1984,
    269~270쪽.
    뒤에 김상현도 처음의 학설을 수정하여 무극이 補記한 원고본이 처음 간행되었으며, 그 시기
    는 蒙山이 無極說을 지어 보낸 후 그의 명성이 원나라에까지 알려진 1308년(충선왕 즉위)에서
    1310년 사이라고 하였다(「삼국유사의 서지학적 고찰」,『삼국유사의 종합적 검토』, 한국정신문
    화연구원, 1986, 42쪽).

성한 『삼국유사』가 전사傳寫하여 유포되다가 조선초에 간행되었다는 것이다.[26] 그렇게 생각하는 이유는 고판본에 고려본의 흔적이 보이지 않기 때문이다.[27] 이렇듯 서지학 전문 연구자들 사이에도 『삼국유사』의 고판본이 고려 또는 조선초기의 형식을 갖는다고 하여, 견해차가 뚜렷하게 나타났다.

무극이 보충한 내용은 『삼국유사』의 찬술이나 간행에 대해 더 많은 혼란을 일으키게 한다. 다음 내용을 참고해 보자.

① 21년 갑신甲申(1284년)에 국청사國淸寺의 금탑을 보수하고 국왕은 장목莊穆왕후와 함께 묘각사妙覺寺에 행차하여 대중을 모아 경찬慶讚법회를 마쳤다. 부처의 어금니와 낙산사의 수정水精염주 및 여의주를 군신과 대중들이 모두 받들어 예배한 후에 함께 금탑 속에 넣었다. 나 또한 이 법회에 참여하여 이른바 부처의 어금니를 친히 보았는데, 길이는 3촌 정도였고 사리는 없었다. 무극無極이 기록한다(『삼국유사』 권3, 전후소장사리조).

② (무덤에는) 지금도 두 그루의 나무가 있다. 무릇 공경하는 사람이 소나무 아래에서 뼈를 찾으니, 혹은 얻기도 하고 혹은 얻지 못하기도 하였다. 나는 (율사의) 성스러운 뼈가 없어질까 염려하여 정사년 9월에 특별히 소나무 아래로 가서 뼈를 안장하였다. 云云. 이 기록에 실린 진표의 사적은 발연석기의 그것과 서로 같지 않으므로 영잠瑩岑이 기록한 것만을 간추려서 이에 싣는다. 후에 현명한 이는 마땅히 이를 참고하라. 무극無極이 기록한다(『삼국유사』 권4, 關東楓岳鉢淵藪石記조).

무극無極은 일연의 제자인 보감寶鑑국사 혼구混丘이며, 구명은 청분淸玢

26 千惠鳳, 「삼국유사 板刻의 시기와 장소」, 『삼국유사의 찬술과 판각』, 인각사 일연학연구소, 2002, 62쪽.
27 하정룡, 앞의 논문, 2002, 187쪽.

이다. 그가 첨가한 내용은 전후소장사리조나 관동풍악발연수석기조의 후반부에 나온다. 그것으로 말미암아 무극이 『삼국유사』를 보충하여 간행하였다고 한다. 그러나 보충한 내용 속에서 무극이 『삼국유사』를 간행하였다는 것을 실제로 찾아낼 수는 없다. 이와 관련하여 다음 내용을 참고해 보자.

① 나는 (이 말에) 놀라고 감탄해 마지않았으나, 그 탑의 위치가 조금 동쪽에 있고 중앙에 있지 않음을 괴이하게 여겨, 이에 현판 하나를 쳐다보니 거기에 다음과 같이 쓰여 있다.

② 비구 처현處玄이 일찍이 이 절에 있으면서 문득 탑을 뜰 가운데로 옮겼더니 (그 후) 20여 년 동안 아무런 영험이 없었다. (후에) 일관日官이 터를 구하여 이곳에 와서 탄식하여 말하기를 "이 뜰 가운데는 탑을 안치할 곳이 아닌데 어찌 동쪽으로 옮기지 않습니까?"라고 하였다. 이에 여러 스님이 깨닫고 다시 옛날 자리로 옮겼으니, 지금 서 있는 곳이 바로 그곳이다. 나는 괴이한 것을 좋아하지 않으나 부처님의 위력과 신통함을 보건대, 급히 자취를 나타내어 만물을 이롭게 함이 이와 같은데, 불자가 되어 어찌 잠자코 말하지 않겠는가? 때는 정풍正豊 원년 병자(1156년) 10월 일에 백운자白雲子가 기록한다(『삼국유사』 권3, 오대산문수사석탑기조).

오대산문수사석탑기조의 끝에는 '백운자白雲子가 기록한다'라고 하여, 백운자가 첨부한 듯한 인상을 준다. 그는 일연의 문도에 포함될 수 있는 공민왕 때의 선승인 백운白雲화상 경한景閑으로 추정되었다. 오대산문수사석탑기조는 의종 때에 작성된 탑기塔記를 일연 사후 경한이 첨부한 것이며, 『삼국유사』에는 뒤에 일연의 문도에 의해 첨부된 내용이 포함되었다고 한다. 그러나 이는 잘못이다. 오대산문수사석탑기조는 일연에 의해 분명하게 작성되었다. 일연은 직접 오대산 문수사에 들러서 듣고 본 두 가지 사실을 오대산문수사석탑기조로 기록하였다.

　일연은 여러 고로古老에게 들은 사실과 현판 하나를 보고 그 내용을 기록하였다. 고로에게 들은 내용은 문수사 석탑의 네 귀퉁이가 떨어져 나간 연원에 관한 것이다. 현판은 석탑이 중앙이 아니라, 거기에서 조금 동쪽에 위치한 이유를 풍수지리로써 설명하였다. 이 현판을 기록한 인물이 의종 때의 백운자이다. 의종 10년(1156년)에 백운자는 오대산 문수사에 들러 석탑의 위치가 동쪽에 치우친 모습을 확인하고, 그 이유를 현판에 기록하였다. 일연은 백운자가 기록한 현판의 내용을 『삼국유사』에 거의 그대로 옮겨 놓은 셈이다.

　'백운자가 기록한다'는 내용은 위에서 들은 '무극이 기록한다'는 두 경우에도 비슷하게 적용될 수 있다. 전후소장사리조에 첨가된 부분은 대체로 '안설按說' 이하의 내용일 것이며, 의상이 가지고 온 부처의 어금니와 낙산사의 수정보주에 관한 기술이다. 무극은 충렬왕 10년(1284년)에 그것을 기록으로 남겼다. 어머니의 상을 당한 일연은 국청사의 금탑을 보수한 법회에 직접 나갈 수 없었던 듯하며, 대신 제자인 무극이 참가하여 보고들은 바를 '무극기無極記'로 보충하였다. 따라서 전후소장사리조는 '무극기'를 첨가한 충렬왕 10년에 완성되었다고 보는 것이 옳다.[28]

　관동풍악발연수석기조에서 무극이 추가한 내용이 정확하게 어디까지인지를 잘 알 수 없지만, 그 전체를 무극이 작성하였다고 생각하는 것은 옳지 않다. 「발연석기鉢淵石記」는 영잠瑩岑이 작성한 것인데, 정확한 이름은 「발연수석기鉢淵藪石記」라고 생각한다. 신종 2년(1199년)에 그 내용을 비석으

28　허흥식,「삼국유사를 저술한 시기와 사관」, 『인하사학』 10, 2003, 268쪽에는 混丘와 蒙山과의 교류가 1290년에 시작되었다고 하였다. 따라서 『삼국유사』는 일연 사후인 1290년 이후에 간행되었다고 하였다. 다만 몽산이 혼구에게 無極說을 지어 전한 때가 언제인지는 분명하지 않다. 일연이 입적하는 1289년에 혼구는 38세였고, 몽산은 60세에 가까웠다. 나이로 보아 일연의 생존 당시에 두 사람이 교류하였을 듯하다. 그렇지 않다고 해도 이 글의 논지가 잘못된 것은 아니다. 혼구가 보충한 내용이 뒤에 '무극기'로 고쳐져 기록될 수 있기 때문이다.

로 세웠다. 일연은 그것을 참고하여 『삼국유사』의 관동풍악발연수석기조를 기록하였다. 영잠이 「발연석기」를 기록한 시기는 정사丁巳년에 진표의 무덤에 있던 소나무 아래에서 그의 유골을 얻은 때부터 그의 비석을 세워 뼈를 안장하는 신종 2년까지이다. 그렇다면 정사년은 신종 즉위년(1197년)이다. 관동풍악발연수석기조 중 진표眞表가 길상사吉祥寺를 창건하여 발연사에서 생을 마치기까지를 기록한 대부분의 내용은 영잠이 찬술한 것이다.

　관동풍악발연수석기조에서 무극이 체험한 내용은 "이 기록에 실린 진표의 사적은 「발연석기」의 그것과 같지 않으므로 영잠이 기록한 것만을 간추려서 이에 싣는다. 후에 현명한 이는 마땅히 이를 참고하라"라는 부분이다. 그가 첨가한 내용은 극히 적은 것이다. '이 기록', 곧 관동풍악발연수석기조를 읽어본 무극은 그 속의 진표 행적과 영잠이 지은 「발연석기」의 그것이 서로 달랐기 때문에, 오히려 영잠의 「발연석기」에 충실하도록 고쳤다. 무극이 읽기 전에 작성된 '관동풍악발연수석기'는 일연이 찬술하지 않았을 것이다. 곧 일연의 문인이 '관동풍악발연수석기'의 초안을 작성하였고, 무극의 교감을 거쳐 최종적으로 일연이 『삼국유사』의 조목으로 편찬하였다.[29]

　대부분 일연이 『삼국유사』의 조목을 직접 찬술하였지만, 개중 일부 조목의 초고를 문도들이 정리하였다. 그것은 무극 등 이름난 제자의 손을 거쳐 최종적으로 일연에 의해 『삼국유사』 속에 편집되었다. 이렇듯 『삼국유사』는 일부의 내용이 문도들의 힘을 빌려 작성되었을지라도, 일연이 거의 지금

29　전후소장사리조도 비슷한 과정을 거치면서 작성되었다. 무극은 '이 기록' 중 의상전에 대해 다소의 내용을 첨가하였다. 일연은 그것을 최종적으로 전후소장사리조로 찬술하였다. 그렇지 않고 일연 사후에 덧붙인 것이라면, 무극은 스승의 저술을 함부로 삭제한 셈이 된다. 그가 그러한 작업을 단행하였을 것 같지 않다. 또한 생전이라 하더라도 그는 스승의 글에 그 내용을 변개하지는 않았을 것이다. 그렇다면 무극이 교감하기 전의 '관동풍악발연수석기'에는 영잠의 「발연석기」와는 다른 내용이 첨가되었고, 그것은 일연에 의해 작성되지 않았다. 무극은 바로 이런 부분을 삭제하여 관동풍악발연수석기조를 재구성하였고, 그것을 『삼국유사』 속에 최종적으로 수록하였다.

의 체제로 찬술하였다. 다만 그것을 언제 간행하였는지에 대해서는 분명하게 알기 힘들다. 왜냐하면『삼국유사』를 처음 간행할 당시의 기록이 전하지 않을 뿐만 아니라 무극이 보충한 기록으로써 그 간행 시기를 추측할 수 없기 때문이다. 현재『삼국유사』의 간행 시기를 추측할 수 있게 하는 것은 중종임신본에 실린 이계복李繼福의 발문이다. 그 내용은 대략 다음과 같다.

> 우리 동방 삼국의 본사本史 및 유사遺事 두 책은 다른 곳에서 간행된 바 없고, 오직 본부本府에서만 간행되었으나, 오랜 세월에 글자가 닳아 없어져서 한 줄에 겨우 4, 5자를 해독할 수 있다. …… 이런 까닭에 다시 간행하고자 완본完本을 널리 구한 지 여러 해가 되었으나 얻지 못하였다. 그것은 일찍이 (이 책이) 세상에 드물게 유포되어 사람들이 쉽게 얻어 볼 수 없음을 알게 하였다. 만약 지금 다시 간행하지 못하면 앞으로 실전失傳되어 동방의 옛일을 후학이 끝내 알지 못할 것이니 한탄할 일이다. 다행이 유학자 성주목사星州牧使 권주權輳는 내가 (이 책을) 구한다는 말을 듣고, 완본을 구하여 나에게 보내 주었다. 나는 기쁘게 받아 감사監司 상국相國 안당安瑭과 도사都事 박전朴佺에게 보고하였더니 모두 (다시 간행하는 것을) 좋다고 하였다. 이에 여러 고을에 나누어 간행하게 하여, 본부에서 돌려받아 간직하도록 하였다(『삼국유사』권5, 跋文).

이 내용은『삼국유사』뿐만 아니라『삼국사기』에도 공통으로 적용되는 것이다.[30] 비록『삼국사기』에는 없고『삼국유사』에만 붙어있을지라도, 이 발문은 삼국의 본사, 곧『삼국사기』와『삼국유사』를 아울러 언급하였다.『삼

---

[30] 물론 중종임신본『삼국사기』에는 이계복의 발문이 실리지 않고, 대신 태조 3년에 간행한 金居斗의 발문이 실렸다. 이 점은 이계복의 발문의 내용과는 달리『삼국사기』는 김거두가 간행한 판본 이전에도 印本이 있었고, 또한 그것은 반드시 경주부에서만 간행된 것으로 생각하지는 않는다(정구복,「삼국사기 해제」,『역주 삼국사기』권1, 한국정신문화연구원, 1996, 546~551쪽). 다만 이계복의 발문으로『삼국유사』의 간행 사정을 이해할 수 있다.

국사기』와 『삼국유사』는 중종 7년(1512년)에 경주부에서 간행되었으며, 그 이전에도 경주부에서만 간행되었다. 이전에 간행된 판본은 오래되어 그 글자를 알아보기 힘들 정도로 닳아 없어졌고, 그 완본을 구할 수 없어 실전될 위기에 처하였다. 지금 전하는 중종임신본 『삼국사기』나 『삼국유사』는 성주목사 권주權輳가 구한 완질본을 받아서 감사 안당安瑭과 도사 박전朴佺의 도움으로 간행되었다. 이때 여러 고을에 나뉘어 판각되었고, 다시 모은 두 책의 판본이 경주부에 간직되어 전해졌다.

조선 태조 3년(1394년)에 『삼국사기』가 김거두金居斗에 의해 다시 간행된 사실은 『삼국유사』의 간행과 연관하여 시사성을 준다. 당시에 경주에 있던 『삼국사기』의 인본은 오래되어 없어지고 사본이 전하였다. 안렴사按廉使 심효생沈孝生이 그 한 질을 구하고는, 경주부사 진의귀陳義貴와 함께 태조 2년(1393년) 8월부터 『삼국사기』를 판각하기 시작하였다. 도중에 김거두가 계림부사로 부임하여 전임 두 분의 뜻을 받들고, 다음 해 4월에 이르러 9개월 만에 완간하였다.[31] 이로 보아 『삼국유사』 또한 태조 3년(1394년) 4월을 전후한 시기에 계림부에서[32] 처음으로 간행되었다고 추측한다.[33]

다만 이계복의 발문은 『삼국유사』가 조선시대에 경주부에서 두 번 간행되었던 것을 분명히 알려준다. 그렇다고 하여 고려시대에 그것이 간행되지 않았다고는 말할 수 없다.[34] 나옹懶翁의 제자로 이어지는 굴산문도崛山門徒

31 『삼국사기』末尾의 金居斗 跋文.
32 위의 김거두 발문에도 계림부로 나와 있다. 신라 고도 경주는 고려시대에 줄곧 대도호부로 설치되어 東京으로 불렸다. 무신란 발발 이후 이의민이 최충헌에 의해 살해된 뒤에, 신라부흥운동을 평정하면서 경주는 강등되었다. 충렬왕 때에는 다시 留守官을 두고 雞林府로 불렸다. 조선초기에도 여전히 계림부로 불리다가 태종 때에 경주부로 이름을 바꾸었다. 그러므로 태조 때에 경주는 실제로 계림부로 불렸기 때문에, 『삼국유사』가 간행된 시기는 태종 이후일 수도 있다. 그렇지 않다면 김계복의 발문은 계림부와 경주부를 엄격하게 구별하지 않고 사용하였을 것이다.
33 천혜봉, 앞의 논문, 2002, 47쪽.
34 이계복의 발문에는 『삼국사기』나 『삼국유사』를 모두 경주부에서만 간행한 것으로 기록하였다.

들이 조선초기의 불교계를 주도하였기 때문에, 가지산문도迦智山門徒들이 관여하여 만든 『삼국유사』가 초간初刊될 수 없는 분위기였다는[35] 주장은 시사적이다.

고려본의 존재를 상정하면, 『삼국유사』는 일연이 국존으로서 인각사에 주지한 충렬왕 11년(1285년)에서 입적하는 충렬왕 15년(1289년) 사이에 간행되었다고 생각하는 것이 순리이다. 무극이 보충한 기록은 일연 당시에 편집된 것이어서, 『삼국유사』가 일연의 사후에 간행되었다는 결정적인 논거가 될 수 없다. 특히 예종 때로부터 충렬왕 때에 이르는 약 2세기 동안에 고려조의 문예가 크게 부흥하여 많은 서적을 간행하였다. 이러한 사정은 인각사에서 가지산문도들이 간행을 목적으로, 일연의 『삼국유사』 찬술에 적극 동참하였을 것으로 추측된다.[36]

고려시대에 처음 간행된 『삼국유사』가 전하지도 않지만, 기록상으로 그 존재를 확인하기도 어렵다. 지금까지 전하는 『삼국유사』의 완전한 판본으로 가장 오래된 것은 중종임신본이다. 그중 국내에 전하는 것은 서울대 규장각奎章閣 소장본과 고려대 만송晚松문고 소장본이다. 그 외 일본에 전하는 것은 덴리대天理大 소장본과 호사문고蓬左文庫 소장본 및 칸다케神田家 소장본이다. 호사문고 소장본 및 칸다케 소장본은 임진란 때에 약탈해 가서 도쿠가와 이에야스德川家康와 우쿠타 히데이에浮田秀家 집안에 보관된

그 이유는 조선시대에 간행된 사실에 한정하여 서술하였기 때문일 것이다.

35 허흥식, 앞의 논문, 2003, 276쪽.

36 최남선, 「삼국유사 해제」, 앞의 책, 1996, 50~55쪽.
참고로 최남선은 이 시기에 간행된 책으로 金緣 등의 『海東秘錄』·『時政策要』, 洪灌 등의 『編年通載續編』, 김부식 등의 『삼국사기』, 崔惟淸의 『李翰林集註』·『柳文事實』, 崔允儀 등의 『詳定古今禮』, 勅撰 『風謠詩選』, 金寬毅의 『高麗編年通錄』, 吳世文의 『歷代歌』, 李仁老의 『銀臺集』·『雙明齋集』·『파한집』, 林春의 『河西集』, 각훈의 『해동고승전』, 이규보의 『동국이상국집』, 최자의 『보한집』, 金克己의 『金員外集』, 이승휴의 『帝王韻記』, 鄭可臣의 『千秋金鏡錄』, 민지의 『世代編年節要』·『本朝編年綱目』 등을 들었다. 이 외에 불교계에서도 고려대장경을 비롯하여 많은 저술을 간행하였다.

것이다.[37]

완질이 아닌 『삼국유사』의 잔본殘本은 현재 여러 본이 전한다. 그중에는 중종임신본이 있는가 하면 조선초에 간행된 초간본도 있다. 우선 전자에는 최남선이 소장했으나 지금 고려대 도서관에 보관 중인 광문회본光文會本과 와타나베 아키라渡邊彰가 일본으로 가져간 유점사본楡岾寺本이 있다. 두 책 모두 3권에서 5권에 이르는 결락본缺落本이다. 후자에는 학산鶴山 이인영李仁榮과 석남石南 송석하宋錫夏 소장본이 있는데, 현재 그것의 필사본이 고려대 도서관에 전한다. 그 외에 초판본으로 조종업趙鍾業과 이산泥山 소장본이 새로 발견되었다.[38]

중종임신본 『삼국유사』는 초판본의 완질을 구하여, 그것을 여러 고을에 나누어 판각하여 모은 것이다. 이때 원각原刻 판본 중 마멸이 심한 부분을 번각판飜刻版으로 교체하였다. 책을 판각하는 데에는 초각판과 번각판의 두 방법이 있다. 전자는 판각하고자 하는 크기로 얇은 종이에 정서하고, 이것을 판목 위에 뒤집어 붙여서 그대로 새기는 것이다.[39] 『삼국유사』는 물론 『삼국사기』의 고려시대 인본印本이 존재하였을 것이지만, 현재 조선초기 『삼국유사』의 완전한 인본도 구할 수 없다. 다만 그 필사본이 유포되어 있었다. 이런 사정으로 조선초기에 간행된 『삼국유사』가 초각판이었을 것으로 생각된다.

중종임신본 속에는 원각판과 함께 마모된 부분을 교체하여 간행한 번각판이 섞여 있다. 번각판의 경우 어느 고을에서 새긴 것이냐에 따라 그 서체가 미세하게 달라졌다. 『삼국유사』 간행본에 대한 심층적인 접근은 중종임

---

37 일본에 전하는 『삼국유사』의 판본에 대한 자세한 내용은 최남선, 「삼국유사 해제」, 앞의 책, 1996, 57~58쪽 및 천혜봉, 앞의 논문, 2002, 47~48쪽에 실려 있다. 그 외 많은 논문에서 그것을 언급하였지만, 대체로 최남선이 소개한 범위를 크게 벗어나지 않는다.

38 하정룡, 「삼국유사의 諸板本과 교감의 과제」, 『삼국유사교감연구』, 신서원, 1997, 18~21쪽.
   천혜봉, 앞의 논문, 2002, 41~43쪽.

39 천혜봉, 앞의 논문, 2002, 43~44쪽.

신본 자체의 판형을 면밀하게 비교 대조하여, 그중 원각판과 번각판을 가리는 작업부터 이루어져야 한다. 번각판의 인본은 글자체가 원각판의 그것과 비슷하나, 원형보다 굵었다 가늘었다 하여 고르지 않다. 또한 글자 획을 잘못 새겨 끊기거나 없어지는 것이 나타나기도 한다. 새기는 자의 미숙으로 말미암아 글자체가 일그러질 수도 있다.[40]

중종임신본『삼국유사』의 각판刻板을 서체와 각법刻法에 따라 분류하려는 시도는 중요하다.[41] 원각판과 번각판을 가리는 작업 역시 우선적으로 시도되어야 한다.『삼국유사』의 총 219장 중에 번각판이 175장이라면 원각판을 그대로 사용한 것이 43장에 이른다.[42] 나머지 번각판의 서체나 각법에 대해서는 앞으로 면밀하게 검토해야 할 것이다. 이러한 작업이 마무리되어야 조선초기의 고판본에 대해 비교 연구할 수 있다. 현재 전하는 모든 판본의 판식이 동일한 것은 이러한 서지학적 기초 연구를 더욱 절감하게 한다.

---

40 천혜봉, 앞의 논문, 2002, 49~50쪽.
41 田中俊明,「三國史記の板刻と流通」,『東洋史研究』권39 제1호, 1981, 68쪽에서 다음과 같이 분류하였다.
　　① 왕력 및 권1의 제3·4장 ② 권1의 제1·2장 및 제5~12장 ③ 권1의 제13~37장(이 부분은 전체적으로 동일한 서체이지만, 제13~28장과 제29~37장은 서로 각법이 다르다.) ④ 권2의 제1~36장 ⑤ 권2의 제37~40장 ⑥ 권3의 제1~14장 ⑦ 권3의 제15~56장 ⑧ 권4의 제1~23장과 제25~31장은 서체가 동일하나 刻法이 다름 ⑨ 권5의 제1~30장 ⑩ 下跋 1장
42 천혜봉, 앞의 논문, 2002, 50쪽에서 원각판의 내용을 다음과 같이 제시하였다.
　　① 권1, 기이편에서 제3·4·13·14·22·26·28·35장 ② 권2에서 제3~18장과 제28~33장 및 제41장·제44장 ③ 권3에서 제19·23·28·36장 ④ 권4에서 제3·5·19·24장 ⑤ 권5에서 제7·10·13장.

3. 『삼국유사』의 교감과 역주본의 간행

(1) 목판본의 교감

1) 서울대 규장각 소장본과 고려대 만송문고 소장본

　중종임신본 『삼국유사』에는 결자나 탈자, 오자가 많이 있을 뿐만 아니라 체제나 협주 형식이 잘못되었거나 문장이 서로 바뀐 경우가 허다하다. 또한 소장자에 의해 첨삭이나 가필이 행해졌다. 중종 7년에 판각한 『삼국유사』의 여러 간본을 대조하여 잘못된 부분을 바로잡는 작업은 꾸준히 행해졌다. 아울러 조선초기의 고판본과 대조하는 작업도 많이 진척되었다. 판본뿐만 아니라 근대의 활자본까지 대조하여 교감하려는 작업은[43] 『삼국유사』의 연구를 보다 진전시킬 것이다.

　중종임신본 중 비교적 일찍 발간된 것은 서울대 규장각 소장본이다. 이 본은 6·25 전쟁 이후에 황의돈黃義敦이 소장하였는데, 통문관의 이겸로李鎌魯를 거쳐 서울대 규장각이 소장하였다. 1975년에 민족문화추진회는 이 본을 반으로 축소 영인하여 『교감校勘 삼국유사三國遺事』(한국고전총서 1)로 출간하였다. 이때 두주頭註 형식으로 여러 판본을 대교하거나 인용한 원전의 내용을 찾아 교감하였다.[44] 교감을 두주로 붙였기 때문에 영인된 서울대

43　石南本·順庵手澤本·東大교정본·조선사학회본·六堂新訂本·李丙燾譯註本·李載浩역주본·민족문화추진회 교감본·晩松문고본 등을 비교하여 교감하는 작업은 1985년에서 1994년까지 효성여자대학교의 한국전통문화연구소에서 이루어졌다. 그 작업의 결과를 같은 연구소에서 간행된 『한국전통문화연구』 창간호(1985)·2집(1986)·3집(1983)·8집(1993)·9집(1994)의 5번에 걸쳐 실었다. 이 교감 작업은 이후 『삼국유사』의 교감 작업에 길잡이가 되었다. 하정룡·李根直, 『삼국유사교감연구』(신서원, 1997)도 목판본 외에 육당신정본·이병도역주본·리상호역주본·三國遺事考證本 및 활자본을 대교하여 교감하였다. 이러한 작업이 밑거름이 되어 강인구 등, 『역주 삼국유사』 1~5권(이회문화사, 2002~2003)이 이루어졌다.

44　민족문화추진회본의 頭註는 『삼국사기』나 『고려사』·『동문선』·『제왕운기』·『신증동국여지승람』·『세종실록지리지』 등 국내 문헌뿐만 아니라 『사기』를 위시한 중국 사서나 금석문 등에 전하는 원문과 『삼국유사』의 내용을 대교한 것이다. 특별히 기이편, 그중에서도 金傅大王조·후백제견훤조 등에 대해서는 현재 전하는 국내의 문헌과 대조하여 자세하게 교감하였다. 그 외

규장각 소장본은 현재 비교적 쉽게 접할 수 있는 판본이다.

서울대 규장각 소장본에도 후인의 가필이 행해졌다. 그중에는 마모된 글자를 가필한 것도 있지만, 어떤 경우에는 내용을 첨가한 것도 있다. 민족문화추진회본으로 영인되면서 첨가된 내용은 왕력편 중 몇 군데만 남기고 기이편 이후의 본문에서 모두 삭제되었다.[45] 서울대 규장각 소장본과는 달리 가필이나 내용의 첨가가 거의 없는 것으로 고려대 만송문고 소장본이 전한다. 이 본은 만송 김완섭金完燮이 고려대 도서관에 기증한 것으로 1980년 10월에 학계에 처음으로 알려졌다. 또한 1권 32장 뒷면에 가정嘉靖 13년(1534년)이라고 적혀 있어, 소장 연대를 알려준다. 만송문고 소장본은 다소 결락이 있지만, 거의 완질에 가깝고 간행 상태가 좋은 중종임신본이다.

서울대 규장각 소장본에 비해 고려대 만송문고 소장본의 간행 상태가 깨끗한 편이지만, 내용에 따라서는 전자가 더 선명한 부분이 있기 때문에, 보존 상태를 일률적으로 판단하기는 어렵다. 두 본의 간행 상태를 비교하기 위해 서울대 규장각 소장본에 나와 있는 다음 기록을 참고하기로 하자.

① 왕력 1장, 중국 연대 중에 '△鳳 甲子'라 하였고, 신라 연대 중 혁거세조에 '至脫解王時 始△△林之號'라고 하였다.

② 왕력 15장 (끝 부분에) '光明(章和) 殤安順(沖質) …… 李唐高大(宗) …… 穆(敬)文虎宣(懿)僖'라고 하였다.

③ 권1, 신무대왕 염장궁파조에 '神武大王 潛邸時 (謂)俠士弓巴日'이라 하였다.

④ 권3, 난타벽제조에 '引得(旁)人借△△'이라 하였다.

에도 『海東金石苑』에 전하는 금석문이나 甘山寺彌勒菩薩造像記·감산사아미타여래조상기 및 『圓宗文類』에 전하는 법장의 편지 등의 원문을 찾아 대교하였다.

45 서울대 규장각 소장본의 권1 김유신조에 "事善德眞德太宗文武王" 등 내용이 첨가된 부분이 여러 곳에 있으나, 민족문화추진회본에는 그것이 모두 삭제되었다. 그런 것으로 기이편 이후 본문 중에 권1의 진덕왕조와 권2의 혜공왕조·경덕왕충담사 표훈대덕조·원성왕조·무설조·흥덕왕 앵무조·경명왕조·김부대왕조 등을 들 수 있다.

⑤ 권3, 영취사조에 '新羅眞骨第(三)十一主 神文王'이라 하였다.

⑥ 권4, 심지계조조에 '岳神率(二)仙子'라고 하였다.

⑦ 권5, 밀본최사조에 '具說(件)事良圖 因此篤信釋氏'라고 하였다.

이 왕력편 끝 부분에서 '장화章和'나 '충질冲質'·목'경'穆'敬'·선'의'宣'懿' 등
은 모두 고려대 만송문고 소장본에는 나와 있지 않다. 서울대 규장각 소장
본에 나와 있는 글자가 고려대 만송문고 소장본에는 결자로 된 것은 일반적
으로 전자가 먼저 간행되었음을 짐작하게 한다. 왜냐하면 뒤에 간행되면서
마멸된 글자가 결락될 수 있기 때문이다. 그러나 이 경우로 간행의 선후를
분명하게 가릴 수는 없다. '장화' 등의 글자는 본래 공백으로 남겨진 것이었
는데, 규장각 소장본에서 가필한 인상을 주기 때문이다. 신무왕이 궁파弓巴
에게 말하였다는 '謂'자도 만송문고 소장본에는 마멸된 것으로 나와 있어서,
전자가 가필된 것이다. 처음 간행할 당시의 중종임신본에는 '위' 자가 마멸
되었던 것이 분명하다.

왕력 1장의 경우 규장각 소장본에서 판독할 수 없는 부분이 만송문고 소
장본에는 분명하게 나와 있다.[46] 왕력 1장으로 보면 규장각 소장본에 비해
만송문고 소장본이 더 뚜렷하게 가필되었다. 그 외 난타벽제조·심지계조
조·밀본최사조의 '旁'人·'二'仙子·'神'事 등은 각각 '傍'人·'一'仙子·'件'事로
나와 있다. 두 본의 이 부분을 자세히 대조하면, 만송문고 소장본이 간행되
면서 가필되었을 것으로 생각한다. '旁'과 '傍' 자 또는 '一'과 '二' 자를 대조
하면, 만송문고 소장본의 '傍'과 '二' 자가 가필된 것이 분명하다. 만송문고

---

46 서울대 규장각 소장본에 비해 고려대 만송문고 소장본에 분명히 나타나 있는 부분은 상당수 발
견된다. 본문에 인용한 난타벽제조의 '旁人借△△'도 만송문고 소장본에는 '旁人借(眼看)'으로
분명하게 나와 있다. 이 외에도 권1, 고조선조의 협주에 있는 '今海(州)'·권3, 순도조려조의 '邃
水 一(名)鴨綠'·원종흥법 염촉멸신조의 협주에 있는 '乞(解)大王'·금관성파사석탑조의 '塔方四
面(五)層'·권5, 연회도명 문수점조의 협주에 있는 '咸通四年(卒)' 등이 서울대 규장각 소장본에
는 판독되지 않는다.

소장본에 온전하게 나타난 글자가 규장각 소장본에 결획缺劃된 사례는 후자의 간행이 늦었음을 짐작하게 한다.[47]

규장각 소장본의 영취사조에 '第(三)十一主 神文王'의 '三' 자는 만송문고 소장본에 '二' 자로 되어 있다. 21대 신문왕이란 기록은 잘못된 것이다. 그런데 이 부분에 대해 학산 필사본은 '三十一主'라고 분명하게 기록하면서, 두주에서 '三'이 정덕본에 '二' 자로 되어있음을 명기하였다. 학산본을 필사한 사람은 고판본에 분명히 '(三)十一主'로 된 것을 확인하여 기록하였고, 이 부분이 정덕본에는 '三'이 아니라 '二' 자로 기록된 것을 재확인하였다.[48] 그렇다면 『삼국유사』의 고판본에는 '三' 자로 기록되었으나, 정덕본에는 판본에 따라 '三' 또는 '二' 자로 기록되었다고 생각한다.

영취사조의 '三'과 '二' 자에 대해서는 어느 본도 첨삭이나 결획되었다고 판단할 수 없을 정도로 정교하다. 학산본을 필사한 사람이 본 정덕본은 '二' 자로 되어 있었다. 학산본은 '三' 자로 나와 있는 고판본보다 후에 간행된 것이 분명하다. 이렇게 되면 서울대 규장각 소장본이 고려대 만송문고 소장본보다 먼저 간행된 것이 된다. 전자에 비해 후자에 보다 첨삭된 부분이 많은 점도 이러한 추측을 보다 확신시켜 준다.

2) 순암수택본

순암수택본順庵手澤本은 1916년 이마니시 류今西龍가 수집하여 현재 덴리대天理大 도서관에 소장되어 있다. 성호星湖 이익李瀷이 안정복安鼎福에게

---

47 서울대 규장각 소장본의 권1, 又四節遊宅조의 '憲康王(代)'·권3, 흥륜사벽화보현조의 '第五(十)四景明王'에서 '代'와 '十' 자는 만송문고 소장본에 각각 '伐'과 '千' 자로 나와 있다.

48 비슷한 경우가 권3, 황룡사구층탑조에도 나온다. 서울대 규장각 소장본에는 '第(三)十三聖德王'이라고 되어있다. 그러나 만송문고 소장본에는 '三'이 '二' 자로 기록되었다. 그런데 학산 필사본에는 분명히 '(三)十三聖德王'이라 하고는, '三' 자가 정덕본에는 '二' 자로 기록되었음을 두주로 제시하였다. 곧 황룡사구층탑조의 성덕왕에 대해서도 판본에 '三' 자와 '二' 자로 판각된 것이 분명히 있었고, 그중 '三' 자로 된 것이 더 오래된 고판본임을 알려준다.

준 편지에는 '순암이 삼국유사를 소장했다'라고 하였으므로, 안정복의 소장본이 순암수택본이다. 책 표지 상단에 '선상공가장서先相公家藏書', 하단에 '남부의근추기男富儀謹追記'라는 장서 도장이 찍혀 있다. 그러므로 김부의(金富儀, 1525~1582년)의 아버지 김연(金緣, 1487~1544년)이 이본을 소장하였다가, 안정복의 수중으로 들어가 수필手筆이 가해진 것이다.[49] 이본은 중종 38년(1543년), 곧 정덕 임신년에서 32년을 경과하지 않은 때에 간행되었다.[50]

순암수택본은 낙장이 없는 5권의 완질본이지만, 심하게 가필加筆되었거나 윤필潤筆되어 있다. 특히 왕력에는 상당한 내용을 첨가하였다.[51] 순암수택본에서 가필한 부분은 원본을 손상시킨다는 비난을 받으면서도, 그 결자나 오자를 추정하는 데 상당한 도움을 준다. 우선 순암수택본에는 서울대 규장각 소장본이나 고려대 만송문고 소장본에서 결락되었거나 오자 또는 결획된 부분을 첨가하거나 바로잡고 있다. 이에 대해서는 일일이 제시할 수 없지만, 그중 중요한 몇 가지 사례를 참고해 보자.

① 고구려 왕력 동명왕조에 '理十(九) 姓高名朱夢'이라 하였다.
② 신라 왕력 지마이질금조에 '及押梁國 今(梁)山'이라 하였다.
③ 고구려 왕력 신대왕조에 '名(伯固)'라고 하였다.
④ 고구려 왕력 고국천왕조에 '或云夷(伊)謨'라고 하였다.
⑤ 신라 왕력 신호왕神虎王조에 '名佑(徵)'이라 하였다.
⑥ 권2, 남부여 전백제조에 '郡中有三山 曰(日)山'이라 하였다.

---

49 천혜봉, 「삼국유사 판각의 시기와 장소」, 앞의 책, 2002, 47쪽.
50 今西龍, 「正德刊本三國遺事に就きて」, 『典籍之研究』 5·6, 1926; 『高麗及李朝史研究』, 國書刊行會, 1974, 114쪽.
51 왕력편의 阿達羅尼叱今조에는 "父逸聖王無嗣 伐休立 理三十一年 無嗣"라고 덧붙였다. 그 외 순암수택본의 왕력편에서 다소의 내용을 첨가한 부분은 대체로 다음과 같다.
伐休이질금·奈解이질금·助賁이질금·毗處麻立干·智訂마립간·효공왕·애장왕·홍덕왕·문성왕·성덕왕·원성왕·산상왕·초고왕·중천왕 등.

동명왕의 이름 주몽朱夢의 '朱' 자는 다른 두 본에 '年' 자로 나와 있고, 그가 다스렸던 십구十九년의 '九' 자는 역시 다른 두 본에는 '八' 자로 나와 있다. 그 외에 '梁'·'伯固'·'伊'·'徵'·'日' 등은 다른 두 본에는 결자였으나 보충한 것이다. 『삼국사기』 등 국내 문헌을 통해 위에서 첨가된 내용은 사실로 인정될 수 있다. 다만 부여군 내에 있었던 3산 중의 하나가 '日'山임은 다른 문헌에서 쉽게 찾을 수 없다. 그렇지만 압량국押梁國이나 백고伯固·이이모夷伊謨·우징佑徵 등이 정확한 근거 위에 첨가된 것이므로 일산日山의 존재 역시 보다 확실한 것으로 생각한다.

순암수택본에는 서울대 규장각 소장본이나 고려대 만송문고 소장본에 분명하게 같은 글자로 나와 있는 것을 첨가하거나 다른 글자로 고치기도 하였다. 그런 부분은 중종임신본의 내용을 이해하는 데 도움을 주지만, 무리한 경우도 없지 않다.[52] 또는 협주나 두주를 붙여서 교감하였는데, 이것은 원문을 손상하지 않기 때문에 바람직하다.[53] 실제로 순암수택본에서 문제가 된 것은 가필되거나 고쳐진 글자가 규장각 소장본과 만송문고 소장본에 각각 다르게 판각된 경우이다. 두 본에 달리 판각된 글자가 상당수 발견되는데, 만송문고 소장본의 대부분의 글자가 순암수택본의 그것과 동일하다. 이 점은 판각이나 서체 상으로 보아 순암수택본이 만송문고 소장본과 비슷하다는 인상을 준다.[54]

---

52 예를 들면 다음과 같다.
　① 신라 왕력편 理解이질금조에서 '一作(詀)解王'의 '詀' 자를 '沾' 자로 고침 ② 권1, 북부여조에서 '立都于卒本(州)'의 '州' 자를 '川' 자로 고침 ③ 권1, 북부여조에 '高句麗之始'의 협주 '見下'를 '祖' 자로 바꾸어 '高句麗之始祖'로 고침 ④ 권5, 원광서학조에서 '及聞釋宗 (反)同腐芥'의 '反' 자를 '更' 자로 고침 ⑤ 권5, 善律還生조에서 '則黃(川)亦思'의 '川' 자를 '泉' 자로 고침 ⑥ 권5, 信忠掛官조에 '由是(寵)現於兩朝'의 '寵' 자를 '龍' 자로 고침 등.

53 순암수택본의 권2, 김부대왕조에는 '正承'을 '政丞'으로 두주하는 등 많은 두주ㅏ 나와 있다. 그 외에 권2, 김부대왕조에는 '順哉接隣'을 '始修睦鄰'으로, '(侵)致禍亂'의 '侵' 자를 '浸' 자로, 권3, 아도기라조에서는 '(宜)下中國'의 '宜' 자를 '宣'로 협서하는 등의 사례가 많이 보인다.

54 『삼국유사』 권3, 황룡사구층탑조에서 서울대 규장각 소장본이 '(三)十三主 성덕왕'이라고 하였

340

규장각 소장본에만 다르고 만송문고 소장본이나 순암수택본에서 같이 나타난 글자 중에는 원래의 판각된 모습 그대로인 것도 있지만, 가필된 경우도 없지 않다. 판각된 원래의 모습을 보이는 것은 규장각 소장본에 마멸되어 잘 알 수 없는 글자에 해당된다. 몇 가지 사례를 들면 다음과 같다.

① 중국 왕력에서 '(五)鳳 甲子'의 五 자
② 권2, 후백제견훤조에서 '伏望大王借以神(兵)'의 兵 자
③ 권3, 순도조려조에서 '遼水一(名)押錄'의 名 자 등[55]

특히 가필된 글자가 만송문고 소장본이나 순암수택본에 같이 나타나는 것은 중요하다. 다음 사례가 주목된다.

① 권3, 난타벽제조에 '(傍)人借眼'이라 하였다.
② 권5, 대성효이세부모 신문대조에 '宿山下(村)'과 '汗流被(蓐)'이라 하였다.

규장각 소장본에는 위의 '傍' 자가 '旁'으로, '村' 자는 '材'로, '蓐' 자는 '菅'으로 나와 있다. 물론 '借眼'은 규장각 소장본에 미상으로 판독하기 힘든 글자이다. 순암수택본에서 가필된 '傍·村·蓐' 자는 만송문고 소장본에 나와 있는 글자의 서체와 완전히 일치한다. 그렇다면 두 본 중 하나가 다른 하나

다면, 고려대 만송문고 소장본은 '(二)十三主 성덕왕'이라고 하였다. 또한 권3, 영취사조에서 서울대 규장각 소장본이 '(三)十一主 神文王'이라 하였으나, 고려대 만송문고 소장본은 '(二)十一主 神文王'이라고 하였다. 그런데 이 부분에 대해 순암수택본의 글자는 만송문고 소장본의 그 것과 같다.

55 그러한 사례는 비교적 많이 나타난다. 몇 개의 사례를 들면 다음과 같다.
① 권2, 가락국기조에서 '吹希王 …… 望三(十)一年'의 '十' 자 ② 권3, 원종흥법 염촉멸신조의 협주에 있는 '曾祖乞(解)天王'의 '解' 자 ③ 권5, 貧女養母조에서 '近日之香(秔) 膈(肝)若刺'의 '秔'과 '肝' 자 ④ 권3, 아도기라조에서 '(因)此大敎'나 '住而(講)連'의 '因'이나 '講' 자 또는 '釋道安爲(柒)道人'의 '柒' 자 등.

를 모방하였음은 분명하다. 그중 어느 것이 먼저 간행되었는지는 매우 중요하다. 순암수택본에 나와 있는 다음 사례는 이런 물음에 다소 해답을 준다.

① 권2, 후백제견훤조에 '行(全)州刺史'라고 하였다.
② 권2, 신무대왕 염장궁파조에 '長引至京師復命(日)'이라고 하였다.

'全' 자는 만송문고 소장본에 전혀 가필한 흔적을 보이지 않지만, 유독 순암수택본에는 가필된 모습을 보인다. 같은 글자가 규장각 소장본에는 '金' 자에 가필된 모습으로 나와 있다. 이 점은 규장각 소장본에 '全' 자가 아닌 '金' 자로 판각되었으며, 뒤에 누군가에 의해 '全' 자로 보이도록 가필한 것으로 생각된다. 다만 순암수택본에는 '全' 자로 판각된 것에 다시 가필한 흔적을 남기고 있다. 따라서 순암수택본은 만송문고 소장본보다 간행 시기가 올라갈 수 없다.[56]

신무대왕 염장궁파조에 나오는 '日' 자는 규장각 소장본에도 비슷하게 나와 있지만 가필한 것이고, 본 모습은 만송문고 소장본에 나와 있는 '日' 자였을 것이다. 그렇다면 순암수택본은 만송문고 소장본보다 늦게 간행되었다. 아울러 규장각 소장본이 비교적 일찍 간행되었지만, 그 속의 어떤 글자는 뒤의 소장자에 의해 가필되었을 가능성을 배제할 수 없다.[57] 특히 권2 후백

---

56 중종임신본 중 서울대 규장각 소장본이 고려대 만송문고 소장본이나 순암수택본보다 빨리 간행되었을 것이다. 이 점에 대해서는 본문에서도 언급하겠지만, 서울대 규장각 소장본에 나와 있는 다음 사례를 통해서도 짐작할 수 있다. 권2, 가락국기조에는 '以元嘉二(千)九年 壬辰'이라 하였다. 여기의 '千' 자는 물론 '十' 자의 이형이겠지만, 만송문고 소장본이나 순암수택본에는 모두 결획된 '十' 자로 나와 있다. 곧 서울대 규장각 소장본이 다른 두 본보다 먼저 간행되었을 것으로 생각하게 한다.

57 서울대 규장각 소장본에도 가필된 부분을 지적할 수 있다. 권2, 후백제견훤조에 '破淸川縣之時(直心)'의 '直心'은 순암수택본이나 만송문고 소장본에는 마멸되었다. 권2, 신무대왕 염장궁파조에서 '(謂)俠士弓巴日'의 '謂' 자는 세 본에 모두 마멸되어 있는데, 서울대 규장각 소장본과 순암수택본에는 俠書되어 있다. 다만 협서된 '謂' 자의 서체가 두 본에 달리 나와 있어서, 이로써

제견훤조에서 '견사입후당칭(번)遣使入後唐稱(藩)'의 '藩' 자는 세 본에 모두 가필되었는데, 그 서체가 각각 다르게 나타나 있다.[58] 이 점은 '藩' 자가 뒤에 세 본의 소장자에 의해 각각 첨가되었거나, 아니면 세 본의 간행 시기가 각각 다를 수 있음을 시사한다. 현재 이런 면을 정확하게 해석하기는 어렵다. 중종임신본 중 서울대 규장각 소장본이 가장 먼저 간행되었고, 그 뒤에 고려대 만송문고 소장본과 순암수택본이 이어 간행되었다.

3) 고판본의 필사본

석남石南 송석하宋錫夏 소장본과 학산鶴山 이인영李仁榮 소장본은 고판본古板本으로 이해되는데, 그 필사본이 고려대학교 도서관에 소장되어 있다. 1983년에 고려대 도서관이 만송문고 소장본을 영인하여 출간하면서, 그 부록으로 두 필사본을 수록하였다. 그중 석남 필사본은 왕력과 권1을, 학산 필사본은 권3·4·5를 필사한 것이고, 그 나머지의 권2를 포함해서 결락된 부분은 순암수택본을 영인하여 보충하였다. 위의 두 소장 판본은 동일본으로 이해된다.[59]

석남 송석하 소장본은 1940년 가을에 화산서림華山書林의 이성의李星儀가 영남에서 입수하였는데, 뒤에 송석하가 구입한 것이다.[60] 이후 간송澗松 전형필全鎣弼에게 전해졌고 6·25 전쟁 때 불타버렸다고 생각됨으로,[61] 이 본을 참고하기가 불가능한 실정이다. 학산 이인영 소장본은 본래 권덕규權

서울대 규장각 소장본과 순암수택본의 간행 시기의 선후를 추측하기는 힘들다.

58 이와 비슷한 경우로 순암수택본의 권2, 남부여 전백제조의 '扶餘之別(種)'으로 된 부분을 들 수 있다. 곧 가필된 '種' 자를 만송문고 소장본에는 미상으로 판독하기 어렵고, 규장각 소장본에는 '程' 자로 기록하였다.

59 석남 송석하 소장본과 학산 이인영 소장본을 필사하고는 그 첫 표지에 "而二本恐是同一板也"라고 하였다.

60 李仁榮, 『淸芬室書目』, 보련각, 1968, 3쪽.

61 李謙魯, 『通文館 책방비화』, 民學會, 1988, 30~33쪽.

惠奎가 간직하였는데, 1939년에 가람嘉藍 이병기李秉岐가 고판본이라고 감정하면서 학계에 알려졌다. 이인영이 이 본을 입수하여, 1944년 3월에 그의『청분실서목淸芬室書目』에 올렸다. 광복 직후 송은松隱 이병직李秉直이 소장한 이 본은 1950년 6·25 전쟁 후 이홍직李弘稙의『삼국유사』색인 작업에 이용되었다. 현재는 이병직의 양자인 곽영대郭英大가 소장하고 있으며 1965년에 보물 419호로 지정되어, 역시 이 본을 참고하기가 불가능한 상태이다.

석남 송석하 소장본은 그 소재를 알 수 없거니와 학산 이인영 소장본도 공개되지 않아 그 원본을 참고할 수 없는 실정이다. 그렇지만 두 본의 필사본은 원본을 이해하는 데 도움을 준다. 특히 두 필사본에는 고판본의 원형을 정성껏 보존하려는 노력이 뚜렷하게 나타나 있다. 석남 필사본이나 학산 필사본은 원본인 고판본을 그대로 필사하면서, 그것이 중종임신본과 다른 부분에 대해서는 하나하나 두주를 붙였다. 다음 사례를 참고해 보자.

① 석남 필사본 권1, 낙랑국조의 '百濟溫(詐)'에서 "詐正德本作祚"로 두주하였다.
② 학산 필사본 권3, 황룡사장륙조의 '(一相)律師'에서 "一相正德本作廂"으로 두주하였다.

이 필사본에 온'사'溫'詐'나 '일상一相'율사는 서울대 규장각 소장본이나 고려대 만송문고 소장본에는 모두 온'조'溫'祚'와 '상廂'율사로 나와 있다. 원본인 두 고판본에는 각각 '사詐'와 '상廂'으로 중종임신본과는 달리 판각하였음이 분명하다.[62] 두주 표시가 없으면서도 석남 필사본과 학산 필사본에는 규

---

62 이러한 사례를 수없이 찾을 수 있다. 다만 그것은 석남 필사본이나 학산 필사본에 두주로 표시되어 있고, 쉽게 찾아지기 때문에 그 용례를 생략한다. 또한 두 필사본의 두주는 해당 글자가

장각 소장본이나 만송문고 소장본과 다른 글자가 많이 나타나 있다.[63] 두 필사본과 중종임신본의 글자가 다른 것은 고판본과 그것과의 간행 관계를 이해하는 데 도움을 준다.

오자로 보이는 것은 중종임신본이나 고판 필사본에 모두 나온다. 개중의 어떤 글자는 어느 것이 옳은지를 판단하기 어렵다.[64] 대체로 석남 필사본이나 학산 필사본보다 규장각 소장본이나 만송문고 소장본 속에 나오는 글자에 오자가 많을 뿐만 아니라 결획된 부분이 많이 나온다. 이 점은 고판본이 중종임신본보다 먼저 간행되었을 것으로 판단된다. 특히 학산 필사본의 원판본이 중종임신본과 다른 판본인 것은 권3의 제8장이 중종임신본의 판형과 다름에서 쉽게 알 수 있다.[65]

고판 필사본과 규장각 소장본이나 만송문고 소장본의 글자가 모두 달리 나타난 것도 있다. 이에 대해서는 다음 내용을 참고해 보자.

① 학산 필사본 권3, 황룡사장륙조에 "金一千兩 恐(誤)"라거나 "菩薩皆融(沒)"이라 하였다.

② 학산 필사본 권3, 고려영탑사조에 "前高麗龍岡(縣)人"이거나 "師固辭不(免)"이라 하였다.

고판본과 중종임신본에 각각 달리 판각되었던 것임을 충분히 알려준다.

63 예를 들면 석남 필사본 권1, 위만조선조에서 '稍(設)屬眞番'이나 '臨屯皆來(服)屬'의 '設'이나 '服'자는 규장각 소장본이나 만송문고 소장본에는 '役'이나 '眼' 자로 나와 있다. 또한 학산 필사본 권3, 보장봉로 보덕이암조에서 '羊(皿)'의 '皿' 자는 규장각이나 만송문고 소장본에는 '血' 자로 나와 있다. 이러한 사례도 두 필사본에 비교적 많이 나타나 있다.

64 석남 필사본 권1, 고구려조에 '(知)之'의 '知' 자는 규장각 소장본이나 만송문고 소장본에는 모두 '私' 자로 나와 있다. 그 외에도 석남 필사본 권1, 왕력 지마이질금조에 '音(十只)國'의 '十只'는 규장각 소장본이나 만송문고 소장본에는 모두 '質' 자로 나와 있다.

65 중종임신본 권3의 제8장 전반의 마지막 行이 '可謂劉 …… 立寺'로 끝나고 후반의 첫 행이 '寺成'으로 시작한다. 그러나 학산 필사본의 경우 전반의 마지막 행이 '謂劉 …… 立(寺寺)'로 끝나고 후반의 첫 행이 '成' 자로 시작한다.

③ 학산 필사본 권3, 삼소관음 중생사조에 "師(旦)往無遠離"라고 하였다.[66]

황룡사장륙조의 '沒' 자나 고려영탑사조의 '免' 자와 '縣' 자는 규장각 소장본이나 만송문고 소장본 또는 학산 필사본에 각각 조금씩 차이가 나게 판각되거나 기록되었다. 그 외 학산 필사본 황룡사장륙조에 '誤' 자는 '오자각부정誤字刻不精'이라고 두주를 붙였다. 따라서 학산 필사본의 '誤' 자는 미상으로 판독하기 어려운 것이다. 그러나 그것은 규장각 소장본에 미상이지만 판독이 가능하고, 만송문고 소장본에 뚜렷하게 판각되어 있다.

학산 필사본 권3 삼소관음 중생사조에 '旦' 자는 중종임신본에 '且' 자로 판각되었지만, 글자체는 규장각 소장본과 만송문고 소장본에 조금씩 달리 판각되어 있다. 이 점은 고판본과 규장각 소장본 및 만송문고 소장본의 간행 시기가 달랐음을 알려준다. 그러나 세 본의 글자가 다르게 나타나는 경우는 극히 적은 편이다. 규장각 소장본과 만송문고 소장본의 글자가 달리 판각된 것은 자주 발견된다. 두 본에서 달리 판각된 글자 중 규장각 소장본과 고판본의 글자가 일치하는 경우도 있지만, 만송문고 소장본과 고판본의 글자가 같은 경우도 있다. 그중 전자는 모두 판각된 글자로 보이지만, 후자의 경우 만송문고 소장본의 글자에 가필한 흔적을 찾을 수 있다.[67]

---

66 석남 필사본과 서울대 규장각 소장본이나 고려대 만송문고 소장본의 글자가 각기 다르게 나타난 경우는 더욱 적다. 그러한 사례로 석남 필사본 권2, 태종춘추공조에서 '時百濟(末)王'의 '末' 자가 규장각 소장본에는 '木' 자로, 만송문고 소장본에는 '禾' 자로 나와 있다.

67 고판본과 서울대 규장각 소장본의 글자가 같은 경우로 권1, 고구려조에 '幽(閉)於室中'의 '閉' 자를 대표적인 것으로 들 수 있다. '閉' 자는 만송문고 소장본에 '閑' 자로 나와 있다. 물론 '閉' 자나 '閑' 자는 모두 판각한 것이다. 또한 고판본과 만송문고 소장본의 글자가 같은 경우로 권1, 신라시조 혁거세왕조 협주에서 '又賓子 又(氷)之'의 '氷' 자가 규장각 소장본에는 '水' 자로 나와 있다. 그러나 만송문고 소장본에 나와 있는 '氷' 자는 가필한 것이 분명하다. 다만 학산 필사본과 만송문고 소장본 권3, 보장봉로 보덕이암조에는 같은 글자인 '寵宰說(王)'의 '王' 자는 규장각 소장본에 '主' 자로 나와 있다. 이 경우 만송문고 소장본의 '王' 자가 가필되었거나 또는 결획된 것인지 분명하지 않다.

고판 필사본에 나오는 몇몇 글자에는 규장각 소장본이나 만송문고 소장본의 글자와 같고 두 본의 서체까지도 동일한데, '정덕본正德本에 다른 글자로 쓰였다'는 두주를 붙였다. 그러한 것으로 다음 사례가 참고가 된다.

① 권3, 전후소장사리조에 '以(大)檢看'의 '大' 자에 대해 '正德本作火'로 두주하였다.
② 권4, 귀축제사조에 '初希(正)敎'의 '正' 자에 대해 '王' 자라고 두주하였다.
③ 권5, 밀본최사조에 '多小巾箱襲(硾)砆'의 '硾' 자에 대해 '碇' 자라고 두주하였다.[68]

현전하는 중종임신본인 서울대 규장각 소장본이나 고려대 만송문고 소장본 외에도, 그것과 판본이 다른 정덕본(임신본)이 따로 전해졌음이 분명하다. 현재 그 존재를 정확히 알기는 힘들다. 다만 밀본최사조에 '硾'로 표시한 것은 중요하다. 고판본 및 규장각 소장본이나 만송문고 소장본에는 '硾' 자를 피휘避諱하여 결획한 데 반하여, 고판 필사본에 인용한 정덕본에는 온전한 글자로 판각하였다. 따라서 고판 필사본에서 인용한 또 다른 판본인 정덕본은 고판본이나 규장각 소장본 및 만송문고 소장본보다 늦은 시기에 간행된 것이 분명하다.

『삼국유사』의 초간이 정확하게 언제 이루어졌는지는 잘 알 수 없다. 적어도 조선초기에는 간행되어 있었고, 현재 완전한 모습으로 전하는 것은 1512년에 간행한 중종임신본이다. 고려시대 간행본의 존재를 명확하게 확

---

68 서울대 규장각 소장본이나 고려대 만송문고 소장본 및 고판 필사본에 동일하게 나타난 글자에 대해, 굳이 '정덕본에는 다른 글자이다'라고 두주한 사례를 들면 대체로 다음과 같다.
① 권4, 의상전교조에서 '金山寶盖之(幻)有也'의 '幻' 자를 '幼' 자로 두주함 ② 권4, 이혜동진조에서 '神(印)祖師'의 '印' 자를 '郎' 자로 두주함 ③ 권5, 명랑신인조에서 '二人骨亦來安(干)玆'의 '干' 자를 '亍' 자로 두주함 ④ 권5, 경흥우성조에서 '巉巖(戌)削'의 '戌' 자를 '成' 자로 두주함 등.

인하기는 어렵다. 다만 초간 이후 다시 간행할 때에도 이전의 판본을 그대로 쓰거나 번간하였다. 판각 상태의 미세한 차이를 검토하는 작업이 『삼국유사』의 간행 시기를 이해하는 데 도움을 준다. 번간할 때의 오류로 인하여 판본에 따라 글자의 출입出入이 있다. 여러 판본의 글자를 대교하여 그것이 바뀌게 된 선후를 가리는 연구가 심도 있게 이루어져야 한다.

(2) 근대 역주본의 간행

사전연역회史典衍譯會가 1946년에 처음으로 우리말로 번역한 『삼국유사』(고려문화사)를 간행하였고, 그 뒤에 고전연역회古典衍譯會의 이종렬李鍾烈이 『완역 삼국유사』(學友社, 1954)를 출간하였다. 이 두 본은 한문으로 기술된 것을 처음으로 번역하였다는 면에서 의미를 지니며, 원문을 싣지 않고 역주譯註를 달지 않았다. 『삼국유사』에 대한 학문적 가치가 충분히 인정되는 최초의 역주본은 이병도李丙燾에 의해 이루어졌다. 그것이 1956년에 간행된 『원문병역주原文幷譯註 삼국유사三國遺事』(東國文化社)이다. 이 책은 그 후에도 여러 번 수정판이 나왔지만,[69] 그 학문적 성과는 이미 초판 간행 때에 거의 집대성되었다.

우선 이병도는 순암수택본과 최남선본인 『증보 삼국유사』나 조선사학회본을 참고로 교감하여 『삼국유사』의 원문을 제시하였다. 근대 활자본으로서 비교적 편리하게 이용하는 것은 최남선본인데, 이병도역주본의 원문도 정교하게 교감하여 제시한 것이다. 특히 최남선본이나 중종임신본의 여러 판본과는 달리 이병도역주본의 원문에만 독특하게 나와 있는 사례를 들면 다음과 같다.

---

69 1972년에 『삼국유사』(大洋書籍)로, 1977년에 『修正版 原文幷譯註 三國遺事』(慶曺出版社)로 출간되었고 그 뒤에도 明文堂(2000)에서 간행되었다.

① 신라 왕력 파사이질금조에 '母辭要(許婁)王之女'의 '許婁'를 보충하였다.

② 고구려 왕력 문자명왕조에 '名明理好 又(羅)雲'의 '羅'는 서울대 소장본에 '个', 순암수택본에 '罙' 자로 나와 있다.

③ 권1, 변한백제조에 '泗(沘)城'의 '沘' 자는 다른 본에 모두 '沘' 자로 나와 있다.

④ 권1, 미추왕 죽엽군조에 '(上)臣 金敬信'의 '上' 자는 다른 본에 모두 '工' 자로 나와 있다.

⑤ 권2, 문호왕법민조에 '則乃眞(平)王代始築'의 '平' 자는 다른 본에 모두 '德' 자로 나와 있다.

⑥ 권2, 경덕왕충담사 표훈대덕조에 '(終)爲宣德與金(敬信)所弒'의 '終'과 '敬信'은 다른 본에 모두 '修'와 '良相'으로 나와 있다.

⑦ 권5, 향득사지할고공친 경덕왕대조에 '(熊)川州有向德舍知者'의 '熊' 자는 다른 본에 모두 '能' 자로 나와 있다.

이병도역주본의 원문은 정덕본에 잘못 기재된 역사적 사실을 대체로 바로잡은 것이다. 신라에 남산성南山城이 처음으로 축조된 때는 진평왕 13년(591년)이기 때문에(『삼국사기』 권4, 진평왕 13년조), 이병도는 중종임신본이나 최남선본 등에 그것이 모두 진덕왕 때로 되어 있는 기록을 진평왕 때로 고쳤다. 고구려 문자명왕의 이름을 '나'운'羅雲이라 하거나 향덕이 '웅'천주'熊'川州의 사람이라는 사실도 모두 『삼국사기』의 기록에 의해 고친 것이다.[70] 이병도역주본의 원문 교감에는 『삼국사기』는 물론 『고려사』 등 역사서를 포함해서 현재 전하는 금석문이나 법장法藏이 의상義湘에게 전한 편지 등을 참고 자료로 활용하였다.[71]

---

70 『삼국사기』 권19, 文咨明王 즉위조에 '諱羅雲'이라 하였고, 같은 책 권48, 向德傳에는 "熊川州 板積鄕人也"라고 하였다.

71 중종임신본이나 최남선본 권1, 왕력편 태조조의 끝에는 '安' 자 이하가 결락되었는데, 이병도역주본에는 '安(和禪院)'이라고 보충되어 있다. 왕력조나 후백제견훤조 등은 『삼국사기』나 『고려

중종임신본 등에 미상이거나 결락된 부분이 이병도역주본에 분명하게 기록된 것이 많다. 중종임신본에는 파사왕의 어머니가 '사요辭要'왕의 딸이라고 하였지만, 다른 사서에서 사요왕의 존재를 확인할 수 없다. 『삼국사기』에는 일지日知갈문왕의 딸로 기록하였다(권1, 유리이사금 즉위조). 사요왕이 일지갈문왕인지는 잘 알 수 없다. 이병도는 파사왕의 어머니 이름이 '사요辭要'이고, 허루왕의 딸이라고 하였다. 이는 『삼국사기』에 근거하여 교감한 것이다.[72] 백제의 도성에 대해서는 중종임신본이나 최남선본에 모두 사'자'성泗'泚'城이라 하였는데, 이병도역주본은 사'비'성泗'泚'城이라고 하였다.

중종임신본이나 최남선본에 비록 불명확하게 나타났을지라도 '사요왕'이나 '사자성'의 존재를 일부 남기는 것도 다음 연구를 위해 바람직한 일이다. 한국고대사나 문헌에 정통한 이병도가 중종임신본의 미상한 부분을 비록 명쾌하게 교감하여 오류를 바로잡았지만, 한편으로는 두주나 협주를 붙이면서 원본의 흔적을 남겨야 한다. 혜공왕은 잦은 반란의 소용돌이 속에서 결국은 뒤에 선덕왕이 되는 김양상金良相이나 김경신金敬信에 의해 살해되었다. 이에 대해 중종임신본에는 그가 선덕왕과 더불어 김양상에 의해 살해되었다고 하였다. 적어도 중복되는 뒤의 김'양상'은 김'경신'으로 바꾸는 것이 합리적이다.

이병도역주본의 원문은 역사적 사실에 근거하여 중종임신본의 미상한 기록을 교감하였을 뿐만 아니라 뜻이 통하지 않는 문맥을 바로잡거나 고쳤다. 경덕왕충담사 표훈대덕조에서 제시한 '終' 자는 중종임신본이나 최남선본에 모두 '修' 자로 나와 있는데, 문맥이 통하는 것은 '終' 자이다. 이렇듯 이병도역주본에는 전후 문맥으로 보아 뜻이 통하게끔 수정한 글자를 많이 수

사』 등에 의해 교감된 부분이 많다. 또한 이병도역주본의 권3, 남월산조나 권4, 의상전교조 등은 현재 전하는 금석문이나 법장이 의상에게 전한 편지 등에 의해 교감하였다.

72 『삼국사기』 권1, 유리이사금 즉위조에는 日知갈문왕의 딸이라고 하면서 혹은 "妃姓朴 許婁葛文王之女"라고 협주를 붙였다.

록하였다.[73] 그 외에 중종임신본이나 최남선본 권2 원성대왕조에는 '현성대
왕玄聖大王'이 중복하여 나타나지만, 이병도역주본에는 그 하나를 생략하였
다. 또한 중종임신본 등에 본문으로 기록되었지만, 분명히 주석으로 보이는
내용은 협주로 처리하였다.

이병도는『삼국유사』원문의 교감 내용을 그대로 번역이나 역주 작업에
활용하였다. 새로 발견된「황룡사탑찰주기皇龍寺塔刹柱記」에 의하면 황룡
사구층탑은 선덕왕 14년(645년)에 건축되기 시작하였다.[74]『삼국유사』권3
남월산조에서 미륵존상을 조성하는 인물을「감산사미륵보살조상기甘山寺
彌勒菩薩造像記」에 의해 김지성金志誠으로 고증하였다. 그러나 두주에서와
는 달리 본문에서 이병도는 중종임신본에 기재된 '전망성全忘誠'을 그대로
사용하면서, 괄호로 김지성을 병기하였다. 이병도역주본의 주석은 문헌에
근거하여 철저하게 실증적으로 붙인 것이다. 다음 항목에 대해 주석을 붙인
사례가 이를 알려준다.

① 권1, 마한조에 준왕準王이 좌우의 궁인宮人을 데리고 바다를 건너 한韓 땅
   에 이르러 나라를 세우고 마한이라 하였다.

② 권1, 변한백제조에 백제의 전성시대에는 152,000호戶가 있었다.

③ 권1, 신라시조 혁거세왕조에는 지금 풍속에 중흥부中興部를 어미, 장복부
   長福部를 아비, 임천부臨川部를 아들, 가덕부加德部를 딸이라고 하는데, 그
   이유는 자세하지 않다.

---

73 이병도역주본의 권1, 왕력편 혁거세조에 '(妃)娥伊英'의 '妃' 자는 다른 본에는 모두 '休' 자로 나
   와 있다. 그 외에도 권2, 원성대왕조에 '帝(日) 失珠之日 與沙彌得珠同日'의 '日' 자를 다른 본에
   모두 '內' 자로 기록하였다. 또한 권2, 진성여대왕 거타지조에 '三阿(干)'의 '干' 자는 다른 본에
   모두 '十' 자로 나와 있다. 이러한 사례를 많이 찾을 수 있는데, 대체로 이병도역주본의 원문이
   전후 문맥으로 보아 타당하다.
74 『삼국사기』권5, 선덕왕 14년조에는 "三月 創造皇龍寺塔"이라 하였으므로, 이때에 황룡사구층
   탑을 완성한 것으로 생각된다.

④ 권1, 연오랑세오녀조의 연오랑延烏郎.

⑤ 권3, 황룡사구층탑조에 원향圓香선사에게서 탑을 세우는 이유를 들었다.

이병도는 준왕準王의 마한 건립에 대해『삼국지』위서 동이전의 기록을
끌어서 해석하였다. 이때의 한은 마한 전체가 아니라 그 동북부의 유이민
사회를 의미한다. 거기에서 준왕을 한왕韓王으로 칭하였기 때문에 한韓의
명칭은 여기에서 비롯되었다.[75] 이병도는 마한과 한씨韓氏부족에 대해 자세
하게 부연 설명하였다. 그는 연오랑·세오녀 설화를『일본서기日本書紀』에
나오는 천일창天日槍 설화로써 부연 설명하였다. 신라 왕자 천일창 설화는
물론 가락국 왕자 아라사阿羅斯 설화 등은 연오랑·세오녀 설화와 비슷한 성
격을 가졌다.[76] 아울러 황룡사구층탑조의 협주에 나오는 원향圓香선사에 대
해서는「황룡사탑찰주기」를 통해 보다 자세하게 보강하여 기술하였다.[77]

이병도역주본은 잘못된 사실을 바로잡거나 이해되지 않은 부분에 대해
합리적으로 설명하였다. 백제는 전성시대에 15만 호戶를 거느렸다는 기록
에 대해, 그는『신당서』의 기록을 인용하여 76만 호가 있었다고 하였다.[78]
이병도가『삼국사기』나『고려사』등 국내 사서를 통해『삼국유사』에 잘못
기재된 사실을 바로잡은 것은 비일비재하다.[79] 신라 6부 중 중흥부中興部를

---

75 이병도,『原文幷譯註 三國遺事』, 東國文化社, 1956, 184쪽, 주1.

76 김두진,「가야건국설화의 성립과 그 변화」,『韓國古代의 建國神話와 祭儀』, 일조각, 1999, 232
    쪽.

77 이병도, 앞의 책, 1956, 204쪽, 주2에서 庚戌년(혜공왕 6년, 770년)에 김유신의 자손이 죄 없이
    죽음을 당하였다는 사실에 대해 당시 대아찬 金融이 반란을 일으켜 죽임을 당하는 사실과 연관
    하여 주석하였다. 이렇듯 이병도역주본에는 역사적 사실을 부연해서 설명하는 주석이 산재해
    있다.

78 이병도, 앞의 책, 1956, 193쪽, 주1.

79 권1, 진흥왕조에 왕이 즉위한 때의 나이가 15세였다는 기록에 대해,『삼국사기』의 기록을 인용
    하여, 7세였다고 고증하였다. 또한 권2, 무왕조에서 신라 진평왕은 毗處王이라고 고증한 것도
    그러한 예에 속한다. 이러한 사례는 일일이 들 수 없을 정도로 많다.

어머니, 장복부長福部를 아버지, 임천부臨川部를 아들, 가덕부加德部를 딸 등
으로 부른 이유에 대해 이병도는 우리 민속 중 '두레'의 모습을 통해 합리적
으로 설명하였다.[80]

이병도역주본은 매우 실증적인 방법으로 주석을 붙였다. 그러한 주석 속
에는 중국 고사나 한자성어를 풀이한 것은 물론이거니와 고려시대 왕의 피
휘나 지명·관직·제도 및 불교 용어를 해석한 것을 포함하고 있다. 그리하
여 한국고대사의 구체적 역사 사실이나[81] 전후 사정을 고려한 역사 흐름의
대세를[82] 제시하였다. 이병도역주본은 당시까지의 한국고대사 연구 성과를
집대성한 기반 위에 저술되었기 때문에, 이후 『삼국유사』의 역주 작업에 지
대한 영향을 주었을 뿐만 아니라 한국고대사나 민족문화의 연구에 초석이
되었다.

이병도역주본이 바탕이 되어 이재호李載浩·이동환李東歡·이민수李民樹·
권상로權相老 등의 역주본이 출간되었다. 이들 역주본은 이병도역주본의
수준을 크게 벗어나지 않는다. 그중에서도 비교적 역주가 자세한 것은 이재
호역주본이다. 이 책은 1967년에 세계고전전집(光文출판사)으로 간행되었
다가, 다시 1975년에 명지대학교 출판부에서 3권으로 출간되었다. 이재호
역주본은 이병도역주본에 비해 중국의 고사성어를 해설한 것을 많이 수록
하였지만, 지명이나 관직명 또는 역사적 사실에 대해서는 소략하게 취급하
였다. 1959년에 북한의 리상호가 『삼국유사』(과학원출판사)를 번역하였다.

---

80 이병도, 『譯註 三國遺事』, 한국학술정보, 2012, 204쪽, 주106에서 후대 촌락 간의 두레 사이에
  '스승두레'·'제자두레'·'형두레'·'아우두레' 등이 있었던 모습과 연관하여, 6부 중 아버지나 어
  머니 등으로 불리는 부의 존재를 설명하였다.
81 권1, 고조선조에서 燕의 장수 秦開의 침입을 언급하고, 위만조선조에서 진번의 在南說을 수용
  하여 辰國의 위치를 설정하였다. 아울러 '神王(長)'의 '長'을 이름으로 파악하거나, 二府조에서
  이부설을 비판한 것 등은 역사적 사실을 구체적으로 밝힌 것이다.
82 권3, 원종흥법 염촉멸신조에서 이차돈이 처형되는 전후 사정이나 보장봉로 보덕이암조에서 평
  양성에 滿月城를 건축하는 모습을 도참으로 이해하려는 것 등은 대체로 역사 흐름의 대세에서
  해석한 사례에 해당된다.

이 책은 비교적 평이한 문체로 기술되었고, 부록으로 중종임신본과 최남선본을 대조한 교감표를 제시하였다.

『삼국유사』역주본의 수준을 높인 것은 공동 연구 작업이다. 1958년 일본에서 결성된 삼국유사연구회三國遺事硏究會가 곧 그것이다. 미시나 아키히데三品彰英가 중심이 된 이 연구회에는 무라카미 요시오村上四男·이노우에 히데오井上秀雄·카사이 와진笠井倭人·아오야마 히데오靑山秀夫·키노시타 레이진木下礼仁 등이 참여하였다. 이들은 신화나 불교 관계, 지명·관제의 고증, 고고학의 기년紀年이나 한국어 관계 또는 『일본서기』와의 관련 등을 분담하여, 『삼국유사』를 일본어로 번역하고 주석을 붙였다. 1959년에는 신병으로 아오야마 히데오가 빠지고 에하타 타케시江畑武가 참가하였다. 1971년에 미시나 아키히데가 죽었지만 이 연구회는 계속 활동하였다. 미시나 아키히데의 유찬遺撰으로 1975년에 『삼국유사고증三國遺事考證』상권(塙書房)을 출간하였고, 1979년에는 『삼국유사고증』중권(塙書房)을 간행하였다. 이후 무라카미 요시오가 중심이 되어 『삼국유사고증』하권의 1·2·3책冊을 각각 1993~1995년에 간행하였다. 이때에는 다나카 도시아키田中俊明·정조묘鄭早苗·나카무라 다모츠中村完 등 젊은 연구자들이 참여하였다.

일본에서 간행된 『삼국유사고증』5책은 『삼국유사』에 대한 방대한 주석본이며, 삼국유사연구회 소속 연구자들의 무려 37여 년에 이르는 오랜 노력의 결실이다. 이들은 실제로 한국을 답사하여 그 문화를 체험하면서 작업을 완성하였다. 이 책에는 민속학에 의한 토착신앙 또는 『일본서기』나 중국 문헌과 관련된 역사적 사실 등을 비교적 자세하게 언급하였다. 그들은 인명이나 제도 또는 지명보다는 『삼국유사』원문의 문장 자체를 주석의 대상으로 삼았다. 그러한 작업은 단순한 개별 사실보다는 한국문화, 특히 민속이나 토착신앙을 부각하는 데 필요한 것이었다.[83]

---

83 三品彰英, 앞의 책, 1975, 440쪽의 주121 b와 주121은 각각 '一云 龍現死而割複得之'와 '昏似

『삼국유사고증』에는 일본인 학자의 한국고대사 연구 성과가 반영되었다. 그들은 이 책의 역주 작업을 통해 한국고대사 연구에 보다 심층적으로 접근 하였다. 권1 신라시조 혁거세왕조를 주석하면서 「신라의 6부」나 「6촌고략 六村考略」을 덧붙이거나[84] 또는 그들의 연구 업적을 인용하였다. 미시나 아키히데의 「신라의 골품제骨品制에 대해서」, 무라카미 요시오의 「금관국金官國의 세계世系와 솔지공率支公」, 이노우에 히데오의 「고대조선古代朝鮮의 문화경역文化境域」, 카사이 와진의 「삼국유사三國遺事 백제왕력百濟王曆과 일본서기日本書紀」, 키노시타 레이진의 「일본서기日本書紀에 보이는 백제사료 百濟史料의 사료적 가치에 대하여」 등의 연구는 모두 이 책의 연구 작업을 통해 이루어진 성과이다.[85]

『삼국유사고증』에 일본인 학자들의 연구 성과가 반영되면서, 그들의 한국사관이 곳곳에 노출되었다. 권1 이부二府조에서 이부나 평나平那·평주平州를 강조해서 주석하거나 남대방조에서는 대방군을 남원뿐만 아니라 나주에까지 배정하면서, 한국문화 속에 사대적인 모화사상을 강조하였다.[86] 아울러 권1 내물왕 김제상조를 지나치게 『일본서기』의 기사 위주로 주석하면서, 5세기 초를 전후한 한반도의 정세에 일본 세력이 강하게 침투하였다는 시각에서 백제와 일본의 결연을 이해하였다.[87] 반면 이 책은 한국 사회의 내면적 발전이라는 면에서 한국고대사의 체계나 역사 전개의 대세를 비중 있게 주목하지는 않았다. 역사적 개별 사실 사이에 오류를 지적하였지만, 그 합리적인 연관성에 대한 이해가 부족하였다.

국내에서는 한국정신문화연구원(현 한국학중앙연구원)이 주관한 『삼국유

雞鵠 將浴於月城北川 其鵠撥落 因名其川曰撥川'에 대한 해석이다. 그리하여 전자를 水母의 존재로, 후자를 민속에서 聖川에 水浴하는 것으로 해석하였다.

84 三品彰英, 앞의 책, 1975, 448~456쪽.
85 三品彰英, 앞의 책, 1975, 4쪽.
86 三品彰英, 앞의 책, 1975, 351쪽.
87 三品彰英, 앞의 책, 1975, 535~544쪽.

사』의 역주 작업이 강인구姜仁求·황패강黃浿江·장충식張忠植·김상현金相鉉·김두진金杜珍에 의해 공동으로 이루어졌다. 이 교감·역주 작업은 1995년부터 1998년까지 한국정신문화연구원의 연구과제로 수행되었고, 그 후 1999년부터 2002년까지는 예산이 책정되지 않은 상황 속에서도 계속되었다. 그 결과『역주譯註 삼국유사三國遺事』5책(以會文化社, 2002·2003년)이 간행되었다. 이 책은 민족문화 창달의 밑바탕을 조성하고 국외의 독자들을 위해서 역사적 사실에 입각한 바른 해석을 전달하여, 민족문화의 보급에 새로운 전기를 마련하고자『삼국유사』의 주석·번역을 새롭게 계획하여 간행된 것이다.[88]

역주 작업을 위해 이 책에서는 중종임신본을 저본으로 하였고, 기왕에 간행된 최남선본·민족문화추진회본·이재호본·북한의 리상호본·미시나 아키히데 등의『삼국유사고증』·이병도역주본 등을 비교 대조하였다. 교감 과정에서 원본인 서울대 규장각 소장본의 내용을 최대한으로 살렸다. 역사 사실과 연대 등에서『삼국사기』와 차이가 나는 경우, 가급적 중종임신본의 원문에 나오는 그대로의 고유명사나 특수 용어를 택하였고, 달리 해석하여 고치게 되면 주석에서 그 근거를 남겼다.[89] 이 책은 각 조목별로 원문을 교감하고 이어서 역주를 실었으며, 그 주석을 각주로 처리하였다. 각 책의 끝에는 서울대 규장각 소장본의 원문을 영인하여 붙였다.

이 책의 권5에는 공동 연구 작업에 참여한 김상현·김두진·강인구·장충식·황패강의『삼국유사』에 대한 연구 논문과 함께 부록으로「고려국화산조계종인각사高麗國華山曹溪宗麟角寺 가지산하보각국존탑비迦智山下普覺國尊塔碑」와 그 음기, 일연의 유문인「인천보감후식人天寶鑑後識」과 「중편조동오위서重編曹洞五位序」를 실었다. 아울러 후반에는 색인을 덧붙였다. 번역

---

88 강인구,「서문」,『역주 삼국유사』권1, 이회문화사, 1992, 4쪽.
89 강인구, 위의 글, 위의 책, 1992, 5쪽.

356

문에서 주로 범위와 대상을 선정하여 색인을 뽑았다. 의역으로 인해 번역문에 직접 나타나지 않은 문장 색인은 원문이나 주석의 표제어에서 선택한 것이다. 일차적으로 고유명사를 위주로 선정하였으나, 상징적 의미의 일반명사나 문장을 색인의 표제어로 설정하였다.[90]

『역주 삼국유사』에는 비교적 자세한 주석 작업이 이루어졌다. 그 속에 한국고대사의 연구 성과를 비교적 충실하게 반영하였고, 신화나 향가·불교사상 또는 불교 유물이나 고고학 등의 연구 업적을 착실하게 참고하여 수용하였다. 그럴 경우 많은 설화로 구성된 『삼국유사』의 내용은 민속이나 토착신앙을 함축하고 있는 모습을 이끌어내게 한다. 이 책은 지금까지의 『삼국유사』 역주본으로서는 자세하고 방대하게 저술되었지만, 아직도 미흡한 점이 없지 않다. 『삼국유사』의 역주 작업은 한국고대사 연구 성과를 충실하게 반영해야겠지만, 아울러 중국 사서나 국내 문헌과 철저하게 대교하면서 이루어져야 한다. 이러한 작업은 앞으로 『삼국유사』의 역주 작업에서 보강되어야 할 부분이다.

---

90 강인구 등, 『역주 삼국유사』 권5, 이회문화사, 2003, 259쪽의 색인 범례 참조.

제3절 『삼국유사』의 사론과 그 사학사적 위치

1. 『삼국유사』의 사론

(1) 토착문화 전통의 강조

『삼국유사』는 『삼국사기』와 함께 한국고대사를 체계화하는 데 매우 중요한 사서이다. 두 사서에 대한 자료적 가치나 성격에 대해서는 이미 많은 연구가 이루어졌다. 비록 정사正史인 『삼국사기』에 비해 사찬 사서일지라도 『삼국유사』는 인용한 원자료의 모습을 그대로 간직하고 있어서, 보다 높이 평가된다. 아울러 그것은 한국고대의 신앙이나 풍속의 생동하는 모습을 보여준다. 그러나 『삼국유사』는 자료집이 아니기 때문에 원자료의 인용문을 그대로 옮긴 것에 대하여 회의적인 시각도 있다.

역사서로서 『삼국유사』의 자료가 갖는 사학사적史學史的 성격에 대한 이해는 이런 문제를 해결하는 데 도움을 줄 것이다. '사론史論'이나 '안설按說'은 물론 의기議記나 찬기讚記 등을 살펴서 『삼국유사』의 역사의식을 이끌어내고자 한다. 『삼국유사』는 신이사관을 가지면서도, 자주적인 토착문화의 전통을 강조하였을 뿐만 아니라 상당히 실증적으로 서술하였다. 이러한 『삼국유사』의 역사인식을 근대사학의 성격과 비교함으로써, 한국사학사 상에서 갖는 위치를 가늠해 보고자 한다.

『삼국유사』는 5책 9편목篇目으로 구성되어 있지만, 크게 보아 왕력王曆과 기이紀異편을 통한 한국고대사에 대한 기술과 그 외의 편목으로 이루어진 불교신앙의 홍포를 위한 기술로 구분된다. 왕력은 신라와 고구려·백제·가락국의 연표이지만, 단순한 연대를 기록하는 데 머물고 있지 않다. 연표에 적힌 내용은 국가나 특히 국왕 중심의 기사라고 할 수 있다.[1] 그것은 우리나

---

1 李基白, 「삼국유사 왕력편의 검토」, 『역사학보』 107, 1985; 『韓國古典硏究』, 一潮閣, 2004, 43쪽.

라 고대사의 체계화를 시도한 기이편과 궤도를 같이 한다. 기이편 역시 국가나 국왕 중심으로 편찬되었다.

『삼국사기』와는 달리 『삼국유사』는 삼국 이전의 역사를 기록하였다. 이는 고조선에서 삼한을 거쳐 고구려·백제·신라의 삼국으로 이어지는 역사적 체계를 제시하려는 의도를 지녔다.[2] 또한 『삼국유사』의 역사 기술이나 홍포하려는 불교신앙은 토착문화의 전통을 내세우려는 것이다. 토착문화의 전통을 강조하려는 경향은 삼국이 처음으로 왕실이나 국가 중심의 역사를 편찬하면서 나타났다. 그러다가 통일신라시대의 유학에 의한 합리주의적인 사관이 성립하면서 그것은 비판을 받았다. 다음 기록에서 이런 면을 이해할 수 있다.

　사론史論에서 말하기를 "신라에는 거서간居西干·차차웅次次雄이라는 칭호가 각각 하나요, 이사금尼師今이 열 여섯이요, 마립간麻立干이 넷 있었다. 신라말의 이름난 유학자인 최치원崔致遠이 『제왕연대력帝王年代曆』을 저술하였는데, 모두 아무 왕王이라고만 하고 거서간 등을 사용하지 않았다. 이것은 그 말이 비루해서 사용하기에는 적당하지 않기 때문이었다. 그러나 지금 신라의 일을 기록하면서 방언方言을 그대로 두는 것도 또한 마땅하다"라고 하였다. 신라 사람들은 무릇 추봉追封된 자를 갈문왕葛文王이라고 부르는데 그 뜻은 자세하게 알려져 있지 않다(『삼국유사』 권1, 第二南解王조).

여기의 사론은 『삼국사기』에 나온 것을 거의 그대로 옮긴 것이다. 『삼국사기』에는 거서간居西干·차차웅次次雄 등이 방언, 곧 신라어라고 하면서, 『좌전左傳』이나 『한서漢書』 등 중국 사서에 전해진 초楚나라말인 '곡어토곡

2　이기백, 「三國遺事 紀異篇의 考察」, 『新羅文化』 創刊號, 1984; 『한국고전연구』, 일조각, 2004, 57쪽.

於菟'나 흉노凶奴말인 '탱리고도撑犁孤塗'와 같은 것이라 하였다(『삼국사기』 권4, 지증마립간 즉위년조). 그래서인지 일연은 거서간 등을 추봉된 왕이라는 뜻의 신라어인 갈문왕과 연결시켜 기록하였다.[3] 『삼국유사』는 물론 『삼국사기』도 최치원의 『제왕연대력』과는 달리 토착문화의 전통을 중시하였다.

『삼국사기』보다는 『삼국유사』에서 토착문화 전통을 더 강하게 끌어낼 수 있다. 『삼국유사』는 민족문화의 전통을 내세우려고 하다 보니, 우선 개국시조전승을 부각하였다. 고조선조에서 단군고기檀君古記를 수록하였을 뿐만 아니라 삼국의 건국신화를 비교적 자세하게 기술하였다. 삼국의 건국신화는 『삼국사기』에서도 나타나 있지만 소략하게 기술되었다. 이에 비해 『삼국유사』에서는 건국신화를 매우 풍부하게 기술하였으며, 특히 신라의 건국신화는 다양하면서도 복잡한 모습으로 나타나 있다.

신라 건국신화는 박혁거세와 알영閼英이 주축으로 된 개국신화 속에 6촌장六村長의 천강天降신화를 비롯해서 석탈해昔脫解와 김알지金閼智 시조전승 등이 복잡하게 얽히면서 성립되었다.[4] 그중 6촌장 시조전승에 대한 다음 기록을 참고해 보자.

위의 글을 살펴보면 6부部의 조상들은 모두 하늘로부터 내려온 것 같다. 유리왕儒理王 9년에 비로소 6부의 이름을 고치고 또 여섯 성姓을 주었다. 지금 풍속에는 중흥부中興部를 어머니로, 장복부長福部를 아버지, 임천부臨川部를 아들, 가덕부加德部를 딸로 삼고 있는데, 그렇게 부른 실상은 자세하지 않다 (『삼국유사』 권1, 신라시조 혁거세왕조).

---

3 『삼국사기』 권1, 逸聖尼師今 15년조에도 "新羅追封王 皆稱葛文王 其義未詳"이라 하였다. 그러나 이 기록은 지증마립간 즉위년에 나와 있는 史論과는 전혀 무관한 것으로 기술되었다. 이에 비해 『삼국유사』는 두 내용을 연결시켜 기술하였다.

4 김두진, 「신라 건국신화의 神聖族관념」, 『韓國學論叢』 11, 1989; 『한국고대의 건국신화와 제의』, 일조각, 1999, 261쪽.

『삼국사기』에는 6촌의 이름만을 제시하였으나 『삼국유사』에는 6촌과 그 위치는 물론 촌장의 이름과 하늘로부터 하강한 산이나 지역 이름을 제법 장황하게 기록하였다. 6촌장은 모두 하늘로부터 내려와 부족의 시조가 되었으므로, 본래는 성읍국가의 개국신화를 가졌다.[5] 신라는 유리왕 9년(32년)에 6촌을 6부로 개편하여 촌장에게 각각 성을 내렸으며, 동시에 17관등官等을 설치하였다(『삼국사기』 권1, 유리이사금 9년조). 이러한 조치가 반드시 당시에 이루어졌는지에 대해서는 의문이지만, 신라의 토착문화 전통이 6부 체제를 성립시키는 것과 맞물려 있음을 시사해 준다.[6]

고려후기가 되면 중흥부中興部를 어머니, 장복부長福部를 아버지, 임천부臨川部를 아들, 가덕부加德部를 딸로 부르는 이유를 잘 알 수 없게 되었다. 간혹 그것은 6촌장이 이끄는 성읍국가가 신라 연맹왕국 속에 흡수되는 선후를 가리킨다고 이해되기도 한다.[7] 분명하지는 않으나 6부를 아버지나 어머니·아들·딸로 배정하려는 것은 신라의 토착신앙과 연관된다고 생각한다. 신라 건국신화 속에는 6촌장 시조전승이 강하게 나타나 있다. 이것은 신라의 토착문화 전통을 6부와 연결시켜 파악하려는 의도를 보여준다.

『삼국유사』는 민족문화의 전통을 고조선에서부터 끌어내었다. 그러면서 일연은 위만魏滿조선에서 한사군漢四郡으로 이어진 역사의 흐름을 부정하지 않고 간략하게 언급하였다. 한국고대사의 체계는 고조선에서 삼한으로 이어졌고, 마한이 고구려로 계승되었다면, 변한卞韓은 백제, 진한辰韓은 신라로 이어졌다. 그중 고구려의 토착문화 전통이 『삼국유사』에 충분히 흡수된 것 같지는 않다. 그 이유는 연개소문의 등장으로 불교가 배척을 받았던

---

5 김두진, 위의 논문, 위의 책, 1999, 209쪽.
6 일연이 「駕洛國記」를 기술하면서 首露王과 許王后 시조전승을 9干 시조전승과 연결하여 기술한 것도 같이 생각할 수 있다.
7 김두진, 앞의 논문, 앞의 책, 1999, 261쪽.

사실과 연관되기 때문이라고 생각한다.[8]

신라사와 비교하면 매우 소략할지라도, 『삼국유사』의 백제사 서술은 고구려사에 비해 토착문화의 전통을 견지하려는 열의를 다소 느끼게 한다. 다음 기록을 참고해 보자.

① 양전장적量田帳籍을 살펴보면 소부리군전정주첩所夫里郡田丁柱貼이라 하였으므로 부여군扶餘郡은 옛 이름을 도로 찾은 것이다. 백제왕의 성이 부씨扶氏이므로 그렇게 불렀다.

② 호암사虎嵒寺에는 정사암政事嵒이 있다. 국가가 장차 재상宰相을 뽑고자 의논할 때에는 뽑을 사람 3~4명의 이름을 써서 상자에 넣고 봉해서 바위 위에 놓아두었다가, 얼마 후에 갖다 보고는 이름 위에 도장이 찍힌 자를 재상으로 삼았기 때문에 이런 이름으로 불렀다.

③ 군郡 내에는 세 산이 있는데 일산日山·오산吳山·부산浮山이라고 하였다. 국가가 전성하던 때에는 신들이 그 산들의 위에 살면서 날아 서로 왕래하기를 끊이지 않았다.

④ 사자수泗沘水 언덕에 돌 하나가 있는데 10여 명이 앉을 만하다. 백제왕이 왕흥사王興寺에 가서 예불을 드리려 하면 먼저 그 돌에서 부처를 바라보고 절을 하는데, 돌이 저절로 따뜻해졌다고 해서 돌석堗石이라고 불렀다. (『삼국유사』 권2, 南扶餘 前百濟조)

이 내용은 『삼국사기』에는 나오지 않거나 비중을 두어 기록하지 않은 것들이다. 사비를 부여라고 부른 것 자체가 백제 왕실의 전통과 연관된다. 정

---

8 『삼국유사』에는 佛教 興國史觀이 강하게 노출되어 있다. 이 때문에 淵蓋蘇文 당시에 불교를 배척한 고구려를 극히 간략하게 기술하였다. 이에 비해 백제에 대해서는 고구려보다 상대적으로 많은 내용을 기록하였다. 또한 흔히 알려진 『삼국지』 동이전에 보이는 고구려의 隧神 등을 수록하지도 않았다.

사암政事嵓이나 부여 근교의 일산日山·오산吳山·부산浮山, 저절로 따뜻해지는 돌석堗石 등이 백제의 토착신앙과 연결된 것은 주지의 사실이다. 또한 이들과 같이 기록한 대왕포大王浦나 호국룡과 얽힌 용암龍嵓 등도 모두 백제의 토착문화 전통과 연결이 가능하다. 『삼국유사』의 백제사 관계 기록은 소략하지만 이렇듯 토착문화의 전통을 강하게 내비치고 있다.

토착문화의 전통은 신라사 관계의 기록 속에 보다 풍부하게 나타나 있다. 일연은 최치원의 설에 따라 신라가 진한을 계승한 국가라고 보았다. 그래서인지 『삼국유사』권1 진한조의 내용은 거의 모두 신라 관계의 기록으로 채워졌다. 그중 대부분을 차지한 '삼십오금입택三十五金入宅'과 '사절유택四節遊宅'은 모두 신라 토착문화의 전통과 연결이 가능한 것이다. 특히 금입택은 왕실에 비견될 수 있는 진골귀족 세력이었고[9] 이들이 토착문화의 전통을 고수하였다.[10] 또한 진골귀족의 자제가 화랑이 되었다. 곧 화랑은 진골귀족의 꽃과 같은 존재이다. 화랑에 대한 기술은 진골귀족 중심으로 신라의 토착문화 전통을 강조하는 것과 이어질 수 있다.

『삼국유사』에는 화랑 관계의 기사가 유난히 많이 나온다. 화랑도의 개창改創에 관한 내용이 『삼국유사』는 물론 『삼국사기』에도 모두 실려 있다. 그러나 『삼국사기』에 비해 『삼국유사』의 화랑도 개창에 관한 기록이 훨씬 자세하다.[11] 『삼국사기』에도 사다함斯多含이 화랑으로 출전하는(권44, 사다함

---

9 李基東, 「新羅 金入宅考」, 『震檀學報』 45, 1978; 『신라 骨品制사회와 花郎徒』, 한국연구원, 1980, 187쪽.

10 신라중대 왕실에 의해 단행된 전제주의는 漢化政策을 내세워 중국 제도를 도입하거나 儒學을 진작시켰다. 이에 대해 진골귀족 세력은 토착문화의 전통을 고수하면서 전제정치에 항거하였다. 혜공왕대 이후에는 왕실의 전제개혁 정치가 실패로 기울었고, 진골귀족 세력이 分立하는 하대 사회가 도래하였다. 신라하대 사회에는 지방호족이 대두하여 실질적으로 그 사회를 움직여 갔을지라도, 중앙의 진골귀족은 왕위 쟁탈전을 계속하면서 토착문화 전통을 고수하고는 신라 귀족국가 체제의 재건을 꿈꾸고 있었다. 즉 진골귀족 세력은 골품제를 고수하였고, 그것은 바로 신라 토착문화의 전통을 견지하려는 것으로 나타났다.

11 『삼국사기』 권4, 眞興王 37년조에는 본래 여자인 源花를 모셨던 청소년 집단이 南毛·俊貞의

전) 등의 기록이 소략하게 전하지만, 『삼국유사』에는 죽지랑竹旨郎·경문왕
응렴膺廉·준영랑俊永郎·호세랑好世郎 등에 관한 기록이 비교적 풍부하게
전한다. 화랑이나 승려 낭도가 읊은 향가는 현재 「균여전均如傳」 외에 『삼국
유사』에만 대거 실려 있다. 이두로 적힌 향가는 분명 신라 토착문화의 전통
을 강하게 보여주는 것이다.

선도산신모仙桃山神母 신앙은 신라의 토착문화 전통을 강조한다. 그런데
그것에 대한 기록이 『삼국유사』와 『삼국사기』에 조금 달리 나타나 있다. 다
음 내용을 참고해 보자.

① 신모는 본래 중국 왕실의 딸로서 이름을 사소娑蘇라 했는데, 일찍이 신선술
神仙術을 배워 가지고 해동海東으로 와서 오랫동안 돌아가지 않았다.

② 사소가 처음 진한辰韓에 와서 성자聖子를 낳아 동쪽 나라의 처음 임금이 되
었으니, 아마 혁거세赫居世와 알영閼英의 두 성인을 낳은 것이다.

③ 나는 선도산신모仙桃山神母인데 네가 불전佛殿을 수리하려는 것을 기쁘게
여겨 금金 10근을 시주하여 돕고자 한다. (『삼국유사』 권5, 선도성모수희불
사조)

④ 옛날에 황실의 딸이 남편 없이 임신하였으므로 사람들에게 의심을 받게 되
었다. 그래서 바다 건너 진한에 이르러 아들을 낳았는데, 그가 해동의 첫 임
금이 되었고 황제의 딸은 지선地仙이 되어 오랫동안 선도산에 있었다(『삼국
사기』 권12, 경순왕조 끝의 史論).

질투로 인해 남자인 화랑을 모시게 된 연유를 기록하였다. 물론 같은 내용은 『삼국유사』 권3,
彌勒仙花未尸郎 眞慈師조에도 나와 있다. 그러나 이어서 『삼국사기』는 화랑이 女裝하는 풍습
을 비교적 장황하게 기록하였다면, 『삼국유사』는 승 진자가 미륵선화인 미시를 화랑으로 받드
는 설화와 함께 처음 國仙으로 봉해지는 薛原郎을 들고 있다. 이로 보면 『삼국사기』가 화랑도
의 변용된 모습을 부각하였다면 『삼국유사』는 그 토착문화 전통을 강조하였다.

토착문화의 전통을 강하게 지닌 건국신화의 시조전승에서도 뒤에 중국문화의 영향을 받으면서 성립된 신성족神聖族관념이 나타났다. 선도산신모가 중국 왕실의 딸이라는 것은 토착 사회에 중국문화가 유입되면서 나타난 현상이다.[12] 그런데『삼국사기』에는 선도산신모를 유교적 윤리관에 의해 왜곡된 모습으로 기록하였다. 따라서 그것을 토착문화의 전통과 연결시킬 수 없다. 이에 비해『삼국유사』에서는 신모로서의 전통을 신라 건국신화와 연결시켰는가 하면, 신모의 생육生育 능력은 불사佛事에 대한 시주로 나타났다. 이렇듯『삼국유사』는 토착문화의 전통을 강조하였고, 그것을 계승하려는 범위 내에서 변용을 시도하고 있다.

『삼국유사』가 신이한 설화를 많이 수록하였는데, 그것들은 대체로 토착신앙이나 전통문화의 모습을 간직하고 있다. 또한 민간전승이나 고기류古記類의 문서에 전하는 내용을 그대로 인용한 것도『삼국유사』가 전통문화를 강조하는 모습을 보여준다. 유교적 합리주의 사관을 표방한『삼국사기』와는 달리『삼국유사』는 불교적인 흥국사관興國史觀을 내세웠고, 그것은 토착문화의 전통을 강조하는 경향을 가졌다.

(2) 신이사관의 정립

한국고대사 관계 자료는 당대 사람들이 직접 남겼다기보다는 대부분 고려시대에 전승된 것이다.『삼국유사』는 고려후기에 편찬되었으며,『삼국사기』도 고려중기에 기록되었다. 삼국시대의 사실을 고려중기 이후에 기록하면서 당대의 사실적인 모습은 빠져나간 대신, 전승하면서 형성된 신이한 민간신앙이 그 빈자리를 채웠다. 삼국시대의 구체적 사회사실은 관념적이면서 신이한 토착적인 신앙을 나타내는 자료로 변용되었다. 자연히 한국고대사 관계 자료가 신이한 설화 형태로 남겨졌으며, 이런 면은『삼국사기』에서

---

12 김두진,「신라 건국신화의 神聖族관념」, 앞의 책, 1999, 278쪽.

보다 『삼국유사』에 강하게 노출되었다.

신이한 내용을 기록한다는 뜻에서 『삼국유사』 기이편을 설정하였으며, 거기에 믿을 수 없는 비합리적인 사실을 주로 기록하였다. 기이편은 하나의 편명에 불과하지만, 내용상으로는 『삼국유사』의 약 절반을 차지한다. 기이편 외 흥법 등 다른 편목의 내용도 기이편의 연장선에서 기술된 데 불과하다. 불교신앙을 홍포하기 위해 흥법이나 그 이후의 편목을 기록하였지만, 그러한 목적을 달성하기 위해서는 신이하면서 신령스러운 내용을 첨가하였다. 이렇게 되면 『삼국유사』는 신이한 설화와 같은 내용으로 채워져서, 비합리주의를 정면으로 표방하고 나선 역사서라 할 수 있다.[13]

비합리주의에 대한 강조는 『삼국유사』가 신이사관神異史觀으로 편찬되었다는 사실을 알려준다. 신이사관의 모습에 대해서는 기이편의 서문에서 "제왕이 장차 일어남에 부명符命에 응하여 도록圖籙을 받음으로써 반드시 사람들과 다름이 있었다. 그런 후에 능히 큰 변화를 타서 대기大器를 잡고 대업을 이루었다. 이 때문에 황하黃河에서 그림이 나오고 낙수洛水에서 글이 나와서 성인이 생겨났다. 그런 즉 삼국의 시조가 모두 신이神異함에서 나온 것이 어찌 괴상하다 하겠는가?"라고 한 것에서 이해할 수 있다.

위대한 제왕이나 성인이 태어날 때에는 부명과 도록을 받는 등 보통 사람과 다른 징조를 나타내었다. 무지개가 신모神母의 몸을 감아 복희伏羲를 낳았고 용이 여등女登에게 감응하여 염제炎帝를 낳았는가 하면, 간적簡狄이 알을 삼키고는 은殷의 시조인 설契을 낳았으며 강원姜嫄이 거인巨人의 발자국을 밟아 주의 시조인 기棄를 낳는 것과 같은 신이한 행적은 중국사에서 다 기록할 수 없을 정도로 많이 보인다. 삼국의 시조 역시 신이하게 태어남은 괴상하기보다는, 중국과 더불어 연원이 오래되었음을 나타내려는 것이

13 이기백, 「삼국유사의 史學史的 의의」, 『創作과 批評』, 1976, 가을호; 『韓國史學의 方向』, 일조각, 1978, 43쪽.

다. 그러므로 신이사관은 토착문화의 전통을 강조하려는 경향과 맥락을 같이하였다.

전통문화의 강조와 연결되어서인지 『삼국유사』의 신이사관은 비합리적인 사실을 합리적으로 해석하려는 경향을 가졌다. 예를 들어 선덕여왕이 장차 일어날 일을 미리 알았다는 다음 세 가지 설화는 비록 신이하지만 매우 합리적으로 설명하고 있다.

① 당나라 태종太宗이 붉은색과 자주색, 흰색의 세 색깔의 장미를 그려서 그 씨 3승升과 함께 보내왔다. 왕이 그림의 꽃을 보더니 말하기를 "이 꽃은 반드시 향기가 없을 것이다"라고 하면서 뜰에 심으라고 명령하였다. 꽃이 피고 지는 것을 기다려 보니, 과연 그 말과 같았다.

② 영묘사靈廟寺 옥문지玉門池에 겨울인데도 개구리가 많이 모여 3~4일 동안 울므로, 나라 사람들이 괴상히 여겨 왕에게 아뢰었다. 왕은 급히 각간 알천閼川·필탄弼呑 등에게 명하여, 정병精兵 2천 명을 거느리고 속히 서쪽 교외의 여근곡女根谷을 찾아가면 반드시 적군이 있을 것이니 이들을 쳐서 죽이라고 하였다.

③ 왕이 아무런 병도 없었는데, 여러 신하들에게 말하기를 "나는 아무 해 아무 달 아무 날에 죽을 것이니, 도리천忉利天 속에 장사를 지내라"라고 하였다. 신하들이 (거기가) 어느 곳인지를 알 수 없어 어디냐고 물으니, 왕은 "낭산狼山의 남쪽이다"라고 하였다. (『삼국유사』 권1, 善德王 知幾三事조)

선덕여왕이 미리 알았던 일들은 모두 신비한 설화로 구성되었다. 그러한 서술은 『삼국유사』에 실린 다른 설화와 동일한 모습을 보여준다. 흥미롭게도 그것은 결국에는 합리적으로 설명되었다. 모란꽃이 향기가 없다는 사실을 당 태종이 보낸 그림에 나비가 없던 것에서 추측하였다. 또한 옥문지玉

門池의 개구리 사건은 알천閼川 등이 백제 장군 우소于召의 군사를 물리친 사실을 설화로 구성한 것이다.[14] 개구리의 성난 모습은 군사의 형상이다. 또한 옥문玉門이란 여자의 음경陰莖인데 오행五行으로 백색白色, 곧 서쪽에 해당된다. 그러므로 선덕여왕은 서쪽에 군사가 있으며, 남근男根이 여근女根에 들어가면 반드시 죽는 것이므로 승리를 알았다고 하였다.

선덕여왕이 죽은 지 10여 년이 되던 때에 왕의 무덤 아래에 사천왕사四天王寺를 창건하였다. 사천 위에 33천이 있고 그 중앙에 도리천忉利天이 있기 때문에 선덕여왕의 무덤은 도리천으로 상징되었다. 이렇듯 설화로 구성된 기이한 사건의 추이가 합리적인 인과 관계로 설명되었다. 다음 기록에서 이런 면은 더욱 분명하게 나타난다.

① 군사를 일으켜 당나라 군사와 합하고자 하여 유신庾信은 먼저 연기然起·병천兵川 두 사람을 보내어 합칠 시기를 물었다. 이때 당나라 장수 소정방蘇定方은 종이에 난새와 송아지를 그려서 돌려보냈다. 나라 사람들이 뜻을 알지 못하여 원효법사에게 물었더니, "속히 군사를 돌이키라는 뜻으로, 송아지와 난새를 그린 것은 두 물건이 끊어지는 의미입니다"라고 하였다.

② 새가 갑자기 소정방의 진영 위에 맴돌므로 사람을 시켜 점치게 하니, 반드시 원수가 상할 것이라고 하였다. 정방이 두려워하여 군사를 물리고 나가지 않으려 하자, 유신이 말하기를 "하물며 새의 괴상한 일 때문에 천시天時를 어긴단 말이오? 하늘에 응하고 민심에 순종해서 지극히 어질지 못한 사람을 치는데 어찌 상서롭지 못한 일이 있겠소?"라 하고 신검神劍을 뽑아 새를 겨누니, 그 새는 몸뚱이가 찢어져서 그들의 자리 앞에 떨어졌다. (『삼국유사』 권1, 太宗春秋公조)

---

14 『삼국사기』 권27, 백제 무왕 37년 5월조.

고구려군의 공세로 당나라와 신라의 군사를 합치기 어려운 형세를 난새와 송아지 그림으로 비유하여 설명하였다. 그것은 비합리적 신앙의 내면을 합리적으로 설명하려는 뜻을 담았다. 나당연합군이 백제를 공격할 때에 새가 맴도는 징조로써 원수가 상할 것이라는 신앙이 갑자기 퍼져나갔다. 이에 김유신은 새를 칼로 베어 당나라 군사들의 불안한 마음을 달래면서 진군進軍하게 하였다. 이렇듯 신이사관은 합리적 설명을 유도하고 있다.

신이사관은 불교신앙의 영험을 드러내면서 한편으로 합리성을 추구하는 의도를 지녔다. 윤회전생輪廻轉生신앙은 신이한 영험신앙의 합리적인 이해를 도와준다. 모량리牟梁里의 가난한 여인 경조慶祖의 아들 대성大城이 어머니와 함께 흥륜사興輪寺에 용전傭田을 시주하고는, 그 공덕으로 진골귀족인 김문량金文亮의 집에 태어났다. 김대성이 귀족으로 태어나서 활동하는 사실 자체를 전생에서의 공덕에 의한 것으로 당연하게 받아들였다. 그리하여 전생에서의 인연을 들어 현세에 나타난 역사적 사실을 합리적으로 설명하였다.

김유신의 전생은 고구려의 점쟁이였던 추남楸南이다. 그는 고구려의 왕비가 음양의 도리를 거스르려는 징후를 알아, 이를 왕에게 진언하였다가 억울하게 죽임을 당하였다. 분노한 왕비가 함 속에 쥐 한 마리를 넣고는 무엇인지를 그에게 물었다. 추남은 쥐 8마리가 있다고 대답하였으나, 숫자가 틀렸기 때문에 죽임을 당하였다. 죽기 직전 그는 반드시 대장으로 다시 태어나 고구려를 멸망시키겠다고 하였는데, 그날 밤 대왕의 꿈에 신라 서현舒玄의 부인 품속으로 들어갔다. 그런데 그 사이에 7마리의 새끼가 태어났으므로 함 속에는 8마리의 쥐가 있었다(『삼국유사』 권1, 金庾信조). 이러한 전생轉生설화 역시 믿기 어려운 것이지만, 결론적으로 고구려와 백제를 멸망시키면서 삼국을 통일하는 데 혁혁한 공을 세운 김유신의 행적이나 활동을 합리적으로 설명해 준다.

고대의 역사적 사실이 전승되는 과정에서 『삼국유사』에는 고려시대 사람들의 관심에서 벗어나는 부분이 빠져 나갔지만, 누락되지 않고 기록으로 남은 부분은 역사적 진실을 알려준다.[15] 역사적 진실에 대한 이해는 역사 흐름의 대세를 파악하게 한다.[16] 신이사관이 합리적인 이해를 추구하게 하는 것은 바로 이런 면에서 수긍이 간다. 『삼국유사』의 신이한 설화는 역사의 전개나 대세를 합리적으로 설명해 준다.[17]

전체적으로 『삼국유사』는 불교신앙을 홍포하려는 목적을 가졌다. 그러므로 신이사관은 불교사의 전개를 합리적으로 설명하여 신앙의 정당성을 내세우는 데 도움을 주는 것이다. 홍법편 이후 불교신앙의 홍포와 관련된 『삼국유사』의 편목 속에는 일연의 찬讚이 붙어 있는 경우가 허다하다. 그러나 모든 조목에 찬이 나와 있지는 않다. 일연이 찬을 붙인 것과 그렇지 않은 것은 중요도에 차이가 있다. 일연은 홍법편의 모든 조목에 대해 찬을 붙였으며,[18] 의해편에 실린 승려들의 전기에도 대부분 찬을 실었다.[19]

반면 일연은 불교신앙과 직접 관련된 탑상편의 여러 조목에서는 찬을 많이 싣지 않았다. 탑상편의 조목에는 신이한 연기설화가 나타나 있는데, 특히 강조한 것은 찬을 붙였다. 곧 가섭불연좌석迦葉佛宴坐石조·요동성육왕

---

15 조동일, 「삼국유사 설화 연구사와 그 문제점」, 『韓國史研究』 38, 1982, 66쪽.

16 김두진, 「삼국유사 所載 설화의 사료적 가치」, 『口碑文學研究』 13, 2001, 207쪽.

17 김두진, 위의 논문, 2001, 211쪽.

18 興法편의 順道肇麗조·難陀闢濟조·阿道基羅조·原宗興法 厭髑滅身조·法王禁殺조·寶藏奉老普德移庵조에는 모두 찬이 붙어 있다. 다만 東京興輪寺金堂十聖조에는 찬이 실리지 않았다. 그런데 그것은 홍법편에 들기보다는 塔像편에 드는 것이 옳다는 견해가 있으며, 실제로 六堂本 『삼국유사』에는 탑상편으로 분류되었다. 그러므로 讚이 붙어 있지 않지만, 동경흥륜사금당십성조는 홍법편에 드는 것이 옳다.

19 義解편에서는 寶壤梨木조·關東楓樂鉢淵藪石記조·勝詮髑髏조에만 찬이 붙어 있지 않았다. 그 외 圓光西學조·良志使錫조·歸竺諸師조·二惠同塵조·慈藏定律조·元曉不羈조·義湘傳敎조·蛇福不言조·眞表傳簡조·心地繼祖조·賢瑜珈 海華嚴조에는 모두 찬이 붙어 있다. 곧 신라의 중요한 고승들의 행적을 기록할 경우 모두 찬을 붙였다. 다만 보양의 경우에는 그 내용이 원광의 행적과 혼동되기도 하여, "師之行狀 古傳不載"(『삼국유사』 권4, 보양이목조)라 하였기 때문에 애써 끌어내 기록한 인상을 준다. 그럴 경우 굳이 찬을 붙일 필요를 느끼지 않았던 듯하다.

탑遼東城育王塔조·금관성파사석탑金官城婆娑石塔조·황룡사장륙皇龍寺丈六조·황룡사구층탑조·사불산 굴불산 만불산四佛山 掘佛山 萬佛山조·전후소장사리前後所將舍利조·미륵선화미시랑 진자사彌勒仙花未尸郎 眞慈師조·남백월이성 노힐부득달달박박南白月二聖 努肹夫得怛怛朴朴조가 그것이다.[20] 그는 신이한 영험에 대해 모두 찬양하였다기보다는 불교를 크게 일으킨 행적이나 인물, 또는 인도로부터 불법이 전래되는 데 기여한 불상이나 사리 등을 중시하여 드러내었다.

『삼국유사』 전편에 신이사관이 흐르고 있다. 기이편은 물론이거니와 홍법편 이하에도 대부분 신이한 연기설화로 채웠다. 기이, 곧 신이의 강조는 역사적으로 우리나라가 성인에 의해 세워져서 문화전통이 오래되었음을 내세운 것이고, 아울러 불교신앙을 널리 펴기 위한 목적을 지녔다. 따라서 신이사관은 허황한 것에 머무르지 않고, 오히려 신이한 영험에 의해 역사적 사실이나 불교신앙을 당연한 것으로 이해하게 하였다. 그리하여 신이사관은 합리적 이해를 수반하였다.

(3) 실증적 서술

『삼국유사』 내용의 대부분은 인용문 형식으로 기록되었다. 이 때문에 원자료의 모습을 그대로 보여준다. 첫 머리 부분인 『삼국유사』 권1의 고조선조는 전체가 『위서魏書』·고기古記·「당배구전唐裵矩傳」의 인용문으로 구성되었다. 이렇듯 전체를 인용문으로 구성하거나, 그렇지 않은 경우라 하더라도 다른 자료를 인용한 내용으로 채워져 있다. 현재 인용된 원자료가 대부분 전하지 않은 상황에서 『삼국유사』의 사료적 가치는 높을 수밖에 없다.

---

20 가섭불연좌석이나 육왕탑·파사석탑·황룡사의 장륙상은 모두 인도 불교가 동쪽으로 전해진 사실과 연결된 신앙을 가졌다. 그 외에 자장이 전한 佛牙를 비롯해서 다투어 전해진 사리 등도 불교가 흥기하는 모습을 알려준다. 그 외 미륵선화나 남백월의 두 성인은 부처가 化生하거나 성불하는 신앙과 연결되었다.

『삼국유사』에 인용된 자료는 거의가 원래의 모습을 유지하고 있다. 극히 일부의 경우 내용이 번다해서 줄여 기술하였을지라도,[21] 원자료의 모습을 바꾸지는 않았다. 바로 이런 면은 『삼국유사』의 사료적 가치를 높여준다. 일연은 평생 동안 『삼국유사』를 편찬하기 위해 자료를 수집하였는데, 직접 관찰하였거나 아니라 하더라도 그것을 일일이 점검하여 기록으로 남겼다. 『삼국유사』의 다음 내용을 참고해 보자.

① 그(覺猷)는 자기가 친히 본 것이라 하면서 나더러 기록하라고 하였다(권3, 전후소장사리조).

② 내 일찍이 한 번 본 일이 있는데 …… (권3, 迦葉佛宴坐石조).

③ 이 사적의 시종을 상세하게 살펴보건대 …… (권5, 金現感虎조).

『삼국유사』에는 일연이 직접 보고 기록한 내용이 많이 나온다. 일연은 고종 19년(1232년) 강화로 수도를 옮길 때에 자장이 가져온 불아佛牙가 없어졌다가 다시 찾게 된 사연을, 각유覺猷로부터 직접 듣고 기록하였다. 이어 그는 원종 11년(1270년) 강화에서 개경으로 환도할 당시 삼별초의 난 속에서 불아를 보존한 사실을 기록하였는데, 그 내용 역시 각유로부터 들은 것이다. 또한 일연은 황룡사에 가서 가섭불연좌석을 보고 기록으로 남겼다.

『삼국유사』에 인용된 고기나 향전鄕傳 등의 자료는 대체로 당시까지 전한 고문서나 공문서로, 기록자가 보았거나 담당하였던 사실을 기록한 것이다.[22] 일연은 의종 때의 백운자白雲子가 기록한 오대산문수사석탑기五臺山文殊寺石塔記를 그대로 『삼국유사』의 조목으로 실었다. 그 내용은 백운자가

---

21 김두진, 「삼국유사의 사료적 성격」, 『역주 삼국유사』 권5, 以會文化社, 2003, 77쪽.

22 所夫里郡田丁柱貼이나 量田帳籍은 물론이거니와 淸道郡界里審使인 順英과 大乃末 水文 등이 올린 柱貼公文이나 雲門山禪院長生標塔公文 등은 모두 국가 행정 기관에서 작성하였거나 수합한 것이다.

고로古老로부터 들은 것이다.[23] 이렇게 하여 작성된 백운자의 오대산문수사 석탑기는 다시 일연이 검토한 후에 『삼국유사』의 정식 조목으로 설정되었다. 제자인 청분淸玢이 기록한 무극기無極記도 사실은 일연이 생전에 검토한 것이다.

일연은 『삼국유사』를 직접 찬술하였지만, 일부는 문도들이 초고를 정리한 것이다. 무극 등 이름난 제자들의 손을 거쳐 작성한 초고는 최종적으로 일연에 의해 『삼국유사』의 조목이나 그 속에 편집되었다. 일부 자료가 문도들의 힘을 빌려 수집되었거나 작성되었을지라도, 일연의 확인을 거친 것이다. 예를 들어 김현金現이 호랑이에 감응하여 호원사虎願寺를 창건하는 연기설화는 김현감호金現感虎조로 작성되었는데, 일연이 그 시종을 잘 살펴서 기록하였다. 이렇듯 일연은 수집한 자료의 처음에서부터 끝까지를 살펴서 기록으로 남겼다. 이로 말미암아 『삼국유사』는 매우 실증적으로 기술되었다.

일연은 수집한 자료의 원문을 그대로 인용하였지만, 사실 여부를 실증적으로 제시하였다. 다음을 참고해 보자.

① 운문사雲門寺에 예부터 전해오는 제사납전기諸寺納田記에 의하면 "정관貞觀 6년 임진에 이서군伊西郡 금오촌今梧村 영미사零味寺에서 밭을 바쳤다"라고 하였다. 금오촌은 곧 지금의 청도淸道 땅이니, 그렇다면 청도군이 즉 옛날의 이서군伊西郡이었다(권1, 伊西國조).

② 백제고기에 말하기를 "부여성扶餘城 북쪽 모퉁이에 있는 큰 바위는 아래가 강물에 닿아 있다. 전해오는 말에 의자왕과 여러 후궁들이 죽음을 면하지 못할 것을 알고 서로 이르기를 '차라리 자진自盡할지언정 남의 손에 죽지는 않

---

23 『삼국유사』 권3, 五臺山文殊寺石塔記조에 "然甚有靈響 不可勝記 就中一事 聞之諸古老云 …… 予驚嘆無已 然怪其置塔 稍東而不中 於是仰見一懸板云"이라 하였다. 즉, 백운자는 古老들로부터 문수사 석탑의 네 귀퉁이가 훼손된 사연을 들었다. 또한 그는 탑이 중앙이 아니라, 조금 동쪽으로 치우쳐 건립된 사실을 현관에서 찾아 기록하였다.

겠다'라 하고, 서로 이끌고 여기에 와서 강물에 몸을 던져 죽었다. 이 때문에 이 바위를 타사암墮死嵓이라 한다"라고 하였다. 그러나 이것은 속설로써 잘못이니, 단지 궁인들만 떨어져 죽었고 의자왕이 당나라에서 죽었다는 것은 『당사』에 명문明文이 있다(권1, 太宗春秋公조).

③ 본기本紀에 의하면 신라는 먼저 갑자甲子년에 일어났고, 고구려는 그 뒤 갑신甲申년에 일어났다. 그러나 이렇게 (마한에서 먼저 일어났다고) 말함은 왕준王準을 지칭하는 것인데, 이로써 동명왕이 일어날 때에 이미 마한까지를 차지하였다는 사실을 알려준다. 그러므로 고구려를 마한이라 부른다. 지금 사람들이 금마산金馬山이 있다고 해서 마한을 백제라고 하는 것은 잘못이다. 고구려 땅에는 본래 읍산邑山이 있기 때문에 마한이라 한 것이다(권1, 馬韓조).

운문사에 전해오는 제사납전기諸寺納田記의 내용을 통해 일연은 이서국伊西國이 청도 지역에 있었던 것을 실증적으로 제시하였다. 『삼국유사』의 이러한 기술 방식은 곳곳에 나타나 있다. 옥저沃沮에 대해 "동명왕이 즉위한 지 10년 만에 북옥저를 멸망시켰고, 온조왕 42년에 남옥저의 20여 호戸가 투항해 왔으며, 또한 신라 혁거세왕 53년에 동옥저가 와서 좋은 말을 바쳤다. 그런즉 동옥저도 있었다"(『삼국유사』 권1, 靺鞨渤海조)라고 하였다. 옥저의 영토는 남북으로 길게 늘어진 형상이었기 때문에 북옥저와 남옥저가 알려져 있었는데, 일연은 동옥저의 존재를 구체적으로 지적하였다. 또한 일연은 북부여北扶餘와 동부여東扶餘를 들고는, 주몽이 북부여에서 발흥하였지만 졸본卒本에 도읍을 세웠으므로, 졸본부여가 고구려로 되었다고 지적하였다(『삼국유사』 권1, 북부여조).

『삼국유사』는 고기 등의 자료를 인용하여 객관적인 역사적 사실을 밝혔다. 그러나 원자료의 내용이 사실과 다를 경우 일연은 그것을 고증하여 진

실을 제시하였다. 타사암墮死岩에서 의자왕과 궁녀들이 함께 죽었다는 전
승은 옳지 않기 때문에, 『당서唐書』에서 의자왕이 중국에서 죽었다는 기록
을 찾아 그것을 수정하였다. 타사암의 전승이 잘못이라는 내용을 본문에서
다루었다. 『삼국유사』의 본문에는 역사적 사실이 잘못된 내용을 수정하는
기록을 빈번하게 찾을 수 있다.

나말여초의 보양寶壤은 작갑사鵲岬寺를 창건하였으며, 용왕의 아들인 이
목璃目을 데려다가 가뭄을 구제하였다. 그러나 『신라수이전新羅殊異傳』이
나 『해동고승전』에는 그것을 모두 원광전圓光傳에 잘못 기록하였다. 일연은
그러한 잘못이 『신라수이전』에서 비롯되었음을 지적하면서 "『해동승전海
東僧傳』을 지은 자도 여기에 따라서 글을 윤색하였는데, 보양의 전기가 없어
후인들이 잘못 알게 하였으니 얼마나 무망誣妄한 일인가"(『삼국유사』 권4, 보
양이목조)라고 하였다. 일연은 이목에 관한 연기설화나 작갑사의 창건 사실
이 원광전 속에 실리는 오류를 바로잡으려는 의도에서 『삼국유사』에 보양
전이라 할 수 있는 보양이목조를 설정하였다.

『삼국유사』의 세주細註는 보다 실증적으로 기술되었다. 『삼국유사』는 최
치원의 주장을 수용하여 삼한 중 마한이 고구려로, 진한이 신라로, 변한이
백제로 이어진다고 하였다. 최치원의 주장이 옳은 것인지는 더 추구되어야
할 문제이지만, 일연은 마한이 고구려이지만 아울러 백제로 오해되는 이유
를 제시하였다. 즉, 준왕準王이 남쪽으로 내려가 거주하였기 때문에 마한은
고구려의 영역이 되었는데, 이와는 달리 금마산金馬山의 존재로써 백제로
파악하는 것은 잘못이라고 하였다.

『삼국유사』가 세주로써 잘못된 사실을 바로잡는 내용은 빈번하게 나온
다. 다음 기록이 참고가 된다.

① 일본제기日本帝記를 보면 전후에 신라 사람으로서 왕이 된 자가 없다. 이는

변읍邊邑의 소왕小王이지 정말 왕은 아니다(권1, 延烏郞細烏女조).

② 혹은 신덕왕神德王이 흥륜사興輪寺에 향을 피우려고 가는데, 길에서 여러 마리 쥐가 꼬리를 물고 있는 것을 보았다. 괴상히 여겨 돌아와 점을 치니 내일 맨 먼저 우는 새를 찾아가보라고 하였다. 하지만 이 설은 잘못이다(권1, 射琴匣조).

③ 삼화상전三和尙傳을 살펴보면 신충봉성사信忠奉聖寺가 있는데 이것과 서로 혼동되었다. 따져보면 신문왕대神文王代는 경덕왕대景德王代보다 100여 년이나 앞선다. 더구나 신문왕과 신충이 숙세宿世의 인연이 있다고 한 사실은 이 신충을 가리키지 않음이 명백하다. 마땅히 잘 살펴야 할 것이다(권5, 信忠掛冠조).

아달라왕 때에 동해변에 거주한 연오랑延烏郞과 세오녀細烏女는 바위를 타고 일본으로 건너가 그곳의 왕과 왕비가 되었다. 이러한 설화는 신라나 가야 지역의 토착 세력이 일본으로 이주해 가는 상황을 알려준다. 신라 왕자인 천일창天日槍과 가야 왕자인 아라사阿羅斯가 일본으로 들어가 개국 시조전승을 형성시켰다.[24] 따라서 연오랑과 세오녀 설화도 일본으로 이주한 개국 시조전승이라 할 수 있다. 일연은 일본제기에 기록이 없음을 들어 연오랑이 일본의 왕이 되었다기보다는 변방 소국의 왕이 되었을 것이라고 주장하였다. 정곡을 짚은 것이라고 생각한다.

소지마립간은 연못의 신으로부터 받은 편지를 뜯어보고는 궁중으로 돌아와 금갑琴匣을 활로 쏘았다. 그리하여 반역을 꾀하려던 궁주宮主와 분수승焚修僧을 죽였다. 또한 신충은 효성왕부터 경덕왕 때까지 활동한 인물이다. 그런데 향간鄕間에는 이와 다른 설이 전승되었다. 금갑을 쏜 인물은 소지마

---

24 김두진, 「加耶 건국신화의 성립과 그 변화」, 『한국학논총』 19, 1997; 『한국고대의 건국신화와 제의』, 일조각, 1999, 232~233쪽.

립간이 아니고 신덕왕이며, 신충도 신문왕 때에 활동하였다고 하였다. 『삼국유사』는 세주를 통해 이설을 제시하고는, 역사적 사실이 다를 수 있음을 시사하였다. 이설을 객관적으로 모두 제시함으로써 『삼국유사』의 내용을 역사적 진실에 보다 접근할 수 있게 하였다.

신라의 정신淨神대왕과 태자 보천寶川 및 효명孝明 형제에 관한 기록은 『삼국유사』에만 나오고, 『삼국사기』에 나오지 않기 때문에 신빙성이 의심된다. 다음 기록은 이러한 의심에 대해 해답을 준다.

국사國史를 살펴보면 신라에 정신淨神·보천寶川·효명孝明의 세 부자에 대한 기록이 없다. 그러나 이 기록의 끝에는 신룡神龍 원년에 터를 닦고 절을 세웠다고 하였는데, 신룡 원년은 성덕왕이 즉위한 지 4년 을사乙巳이다. 왕의 이름은 흥광興光이요 본명은 융기隆基이니, 신문왕神文王의 둘째 아들이다. 성덕聖德의 형 효조孝照는 이름이 이공理恭, 혹은 홍洪이며 역시 신문왕의 아들이다. 신문왕의 이름은 정명政明이요 자는 일조日照이니, 정신은 아마 정명政明, 곧 신문을 잘못 전한 것인 듯하다. 또 효명은 효조孝照, 혹은 효소孝昭의 와전인 듯하다. 이 기록에 효명이 즉위한 것만 말하고, 신룡 연간에 터를 닦고 절을 세웠다는 것에 대해 자세하게 말하지 않았다. 그러나 신룡 연간에 절을 세운 이는 바로 성덕왕聖德王이다(권3, 臺山五萬眞身조).

일연은 정신·보천·효명의 세 부자에 대한 기록을 신문왕과 두 아들인 효소왕 및 성덕왕에 관한 것으로 이해하였다. 이러한 고증에도 불구하고 이들 세 부자의 행적이 신문왕과 두 아들에 대한 기록과 합치되지 않는 점을 보여준다. 최근에는 오대산 사적을 성덕왕의 즉위와 연관시켜 이해하기도 한다.[25] 그러나 일연은 이들 세 부자에 관한 사실과 성덕왕 때에 진여원眞如

25 辛鍾遠, 「新羅 五臺山事蹟과 聖德王의 卽位背景」, 『崔永禧先生華甲紀念 韓國史學論叢』, 探求

院이 창건되는 사실을 연결시키면서도, 각각 이해할 필요가 있음을 제시하였다.

신충信忠의 행적에 대해서도 같은 맥락으로 이해된다. 일연은 신문왕 때의 신충이 경덕왕 때의 인물과 다른 사람임을 지적하면서, '마땅히 잘 살펴야 한다'라고 하였다. 그러면서 일연은 신충의 원혼을 달래기 위해 신문왕이 봉성사奉聖寺를 창건하는 연기설화를 기록하였다(『삼국유사』 권5, 惠通降龍조). 신충에 대해서는 신문왕과 경덕왕 때에 활동한 두 인물로 분명히 나누어 기록하였지만, 사실 그 기록은 서로 혼동하여 전승되었다. 경덕왕 때에 신충은 왕의 복을 빌기 위해 두 친구와 함께 지리산에 은둔하여 단속사斷俗寺를 창건하였다. 그러나 경덕왕 때의 직장直長 이준李俊이 단속사를 창건하였다는 이설이 존재하였다. 물론『삼국사기』에 기록된 것과는 다를지라도, 일연은 신충이 단속사를 창건하였다는 주장과 함께 이설을 모두 실었다.

『삼국유사』는 실증적으로 기술되었기 때문에 서로 다른 전승 사이에서 역사적 진실을 찾으려 하였다. 그러나 확실하지 않은 경우 두 전승을 모두 기록으로 남겼다. 구형왕仇衡王이 신라에 항부한 때는 법흥왕 19년(532년)이지만, 가야국은 490년간 존속하였기 때문에 수로왕이 나라를 세운 42년으로부터 계산하면 562년(진흥왕 23년)이 된다. 그리하여 『삼국유사』는 가야국이 망한 시기에 관한 두 설을 함께 기록하였다(권2, 가락국기조). 또한 경덕왕 때에 귀진貴珍의 계집종인 욱면郁面이 염불로 성불하였는데, 귀진전에는 그것을 애장왕 9년(808년)에 있었던 일로 기록하였다(권5, 郁面婢念佛西昇조). 이렇듯『삼국유사』에는 서로 다른 이설을 함께 실어 뒷사람으로 하여금 진위를 판단하게 하였다.

원광圓光의 행적은『송고승전』과『신라수이전新羅殊異傳』에 매우 다르게 기록되었다.『삼국유사』의 원광서학조는 두 책에 나오는 그의 전기를 모

堂, 1987, 124~127쪽.

두 실은 것이다. 일연은 두 책의 원광전을 살폈지만, 그의 성이 설씨薛氏 또는 박씨로, 출가한 지역도 신라와 당나라로 엇갈리게 나와 있고, 마치 두 사람처럼 보여서 분명하게 결정지을 수가 없다고 하였다. 그래서 일연은『삼국유사』에 두 전기를 다 기록하였다(권4, 원광서학조). 쉽게 진실을 끄집어낼 수 없는 이설을 모두 기록으로 남겨, 뒷사람으로 하여금 판단하게 하려는 것은 역시 실증적 기술 태도를 보여준다.

『삼국유사』에는 서로 다른 이설을 각각 조목 이름으로 설정하기도 하였다. 대산오만진신臺山五萬眞身조·명주오대산 보질도태자전기溟州五臺山 寶叱徒太子傳記조·대산월정사 오류성중臺山月精寺 五類聖衆조나 또는 진표전간眞表傳簡조·관동풍악발연수석기關東楓岳鉢淵藪石記조·심지계조心地繼祖조는 오대산 사적과 진표의 행적에 대한 이설을 기록한 것이다. 이설의 제시는 오대산 결사나 진표의 교학에 대한 다양한 연구를 가능하게 한다. 일연은 서로 다르게 기록된 전승을 검토하여 역사적 진실을 제시하였고, 잘못된 기록에 대해서는 실증적으로 접근하여 합리적인 해석을 이끌어내었다. 그러면서도 분명하게 결론을 내릴 수 없는 사실에 대한 이설을 그대로 병기幷記하였다.

2. 한국사학사에서의 위치

신이사관을 표방한『삼국유사』는 민족문화의 전통을 강조하였다. 민족문화의 전통에 대한 강한 인식은 이전 역사서에서도 분명하게 나타나 있다. 그러나 이와 함께 합리주의적인 사관이 등장하였고, 그것은 유학의 발흥과 연결하여 영역을 넓히면서 정립되었다. 합리적인 유교사관은 신라말에 최치원에 의해 갖추어졌고, 고려초의 최승로는 그것의 확립에 크게 기여하였다. 고려중기에 김부식의 『삼국사기』는 합리적인 유교사관이 봉오리를 맺으면서 편찬되었다.

합리적인 유교사관이 일단 정립되고 난 후에 전승되는 신이사관은 단순히 믿기 어려운 사실을 강조하려는 것이 아니다. 『삼국유사』의 신이사관은 적어도 합리적인 유교사관에 의해 비판을 받았던 믿기 어려운 사실을 새롭게 이해하려는 것이다. 다음 내용은 신이사관이 재정립되는 면을 이해하게 한다.

① 무릇 옛날의 성인聖人은 바야흐로 예악禮樂으로써 나라를 일으키고 인의仁義로써 가르쳤다. 그런 즉 괴력怪力과 난신亂神에 대해서는 어디에서도 말하지 않았다(『삼국유사』 권1, 기이편 서).

② 탑에는 사다리 층계를 설치하지 않아 무리들이 계단에서 3척尺이나 떨어져 허공을 밟고 돌았다. 의상이 이에 뒤를 돌아보고 말하기를 "세상 사람이 이것을 보면 반드시 괴이하게 여길 것이니 이로써 세상을 가르칠 수는 없다"라고 하였다(『삼국유사』 권4, 의상전교조).

③ 법흥法興·진흥眞興 두 왕이 왕위를 버리고 출가하는 것을 사서史書가 기록하지 않았다. 세상을 다스릴 교훈이 아니기 때문이었다(『삼국유사』 권3, 원종흥법 염촉멸신조).

『삼국유사』는 원칙적으로 예악과 인의로써 나라를 다스리는 방도를 강구하였고, 괴력이나 난신을 말하지 않는다고 하였다. 이렇듯 신이사관은 합리적인 사고를 기반으로 성립되었다. 의상은 황복사皇福寺에 주석할 때에 도중과 함께 탑을 돌면서 허공을 밟고 올라갔으므로, 그 탑에는 오르는 계단이 없었다. 의상의 뒤를 따르는 문도들도 매번 허공을 밟고 3척尺이나 떨어져 탑을 돌았다. 그런데 의상은 무리를 돌아보면서, 세상 사람들이 보면 반드시 괴이하게 여길 것이니, 이로써 세상을 가르칠 수 없다고 하였다. 그는 기이한 사실로써 세상을 바로 가르칠 수 없음을 천명하였고, 그것은 『삼국유사』의 신이사관을 내세우는 바탕으로 작용하였다.

법흥왕과 진흥왕은 말년에 출가하여 각각 법호를 법공法空과 법운法雲이라 하였다. 『삼국사기』는 법흥왕의 출가 사실을 언급하지 않았으나, 진흥왕이 말년에 머리를 깎고 법의法衣를 입었으며 스스로 법운이라고 불렀다고 기록하였다(『삼국사기』권4, 眞興王 37년조). 그런데 『삼국유사』는 두 왕의 출가 사실을 언급하면서, 사서가 그것을 기록하지 않은 것은 왕의 출가가 세상을 다스릴 교훈이 될 수 없기 때문이라 하였다. 예악과 인의를 강조하면서 왕의 출가가 세상을 위한 교훈이 될 수 없다는 것은 유교적인 합리주의를 겪으면서 『삼국유사』의 신이사관이 성립되었음을 추측하게 한다.

『삼국유사』의 신이사관 속에는 유교의 합리주의가 포용되었다. 적어도 그것은 합리적인 유교사관이 완숙하게 정립된 고려중기를 거친 이후에 성립되었다. 『삼국유사』속에 흡수된 합리적인 유교사관의 흔적에 대해서는 다음을 통해 이해해 보자.

① 낭郎이 말하기를 "신臣은 아름다운 행동을 하는 자 셋을 보았습니다"라고 하였다. 왕(憲安王)이 그 말을 듣기를 청하니, 낭은 말하기를 "남의 윗자리에 있을 만하면서도 겸손하여 남의 아래에 있는 자가 그 하나요, 부자이면서도 옷을 검소하게 입는 자가 그 둘이요, 본래 귀하고 권세가 있으면서도 위엄을 부리지 않는 자가 그 셋입니다"라고 하였다(권2, 四十八景文大王조).

② 이에 산신山神과 지신地神이 나라가 장차 망할 것을 알았기 때문에 춤을 추어서 경계한 것인데, 나라 사람들이 이를 깨닫지 못하고 상서로운 일이 나타났다고 하여 주색酒色에 빠졌기 때문에 나라가 마침내 망한 것이다(권2, 處容郎 望海寺조).

뒤에 경문왕이 된 응렴膺廉은 국선國仙이 되어 사방을 유람하였다. 하루는 헌안왕이 그를 불러, 다니면서 본 이상한 일을 물었다. 이에 응렴은 아름답게 행동한 세 사람을 소개하였다. 즉, 남의 윗자리에 있을 만하지만 겸손하여 남의 아래에 있는 자와 부자이면서도 검소한 자 및 권세가 있으면서도 위엄을 부리지 않는 자를 들었다. 이것들은 마치 유학의 덕목을 떠올리게 한다.

헌강왕 때에는 신라의 국운이 서서히 기울고 있었다. 그런데 유독 이때에 남산신南山神이 포석정에 나타나 춤을 추는가 하면, 북악신北岳神은 금강령金剛嶺에, 지신地神은 동례전同禮殿의 잔치에 각각 나타나 춤을 추었다. 산신이나 지신이 나라가 망할 것임을 알고 경고한 것이다. 그러나 당시 사람들은 이것을 상서로운 징조로 생각하고는 오히려 주색에 빠짐으로써 멸망에 이르렀음을 경계하였다. 또한 애장왕 때 황룡사의 승려인 정수正秀는 한 여자 거지가 애를 낳고는 누워 얼어 죽게 된 것을 보자, 가엾게 여겨 안아주었다. 얼마 후에 깨어나자 그는 자기 옷을 벗어주고는 알몸으로 돌아왔다. 그리고는 볏짚으로 몸을 덮고 지냈다(『삼국유사』 권5, 正秀師救氷女조). 그와 같은 선한 행적으로 말미암아 정수는 국사에 책봉되었다.

『삼국유사』에는 유교적인 덕치주의가 포용되었다. 문란한 사회에 대해 산신이나 지신이 현신하여 경고하였다. 가여운 마음으로 인해 행한 정수의 수도 행적도 유학의 수행을 생각하게 한다. 『삼국유사』의 불교 홍포신앙 속에는 불교와 유학의 조화를 생각하게 하는 내용이 많다. 특히 효선편은 그런 내용으로 채워졌다. 출가 수도하여 얻어지는 선善, 즉 수도와 세속에서 부모를 공양하는 효도를 슬기롭게 조화시키고자 하였다.[26]

고려중기에 합리적인 유교사관은 보다 폭넓게 수용되었다. 김부식은 합

---

26 이기백, 「신라불교에서의 孝觀念 -三國遺事 孝善篇을 중심으로」, 『東亞研究』 2, 1983; 『新羅思想史研究』, 一潮閣, 1986, 278~279쪽.

리적인 유교사관이 확립된 바탕 위에서 『삼국사기』를 편찬하였다. 아울러 각훈覺訓은 신이한 연기설화에서 벗어나 비교적 합리적인 신앙을 서술하기 위해 『해동고승전』을 편찬하였다. 그러나 『삼국유사』는 합리적인 유교사관이 비판하였던 신이신앙을 새롭게 이해하려는 의도를 가졌다. 이렇듯 『삼국유사』가 편찬될 당시에 신이한 전통을 다시 이해하려는 사관은 고려후기 사회에 널리 유행하였다. 비슷한 시기에 서술된 이규보李奎報의 「동명왕편東明王篇」을 비롯하여 백문보白文寶의 『단군기문훈檀君記文訓』 등이 모두 신이사관을 표방하였다.

이규보는 「동명왕편」을 지으면서 "선사先師인 공자는 괴력과 난신을 말하지 않는다"[27]라고 하였다. 『삼국유사』 기이편의 서문이 보여준 역사의식과 다르지 않다. 그러면서 두 사서는 신이한 행적을 언급하였는데, 이는 천하로 하여금 우리나라가 본래 성인이 도읍한 국가라는 사실을 알게 하려는 의도를 지닌 것이다. 신이사관은 고려초기의 역사서, 곧 『구삼국사기』 등에서도 나타났다. 『삼국유사』의 신이사관은 고려초기의 『구삼국사기』에서 보여준 신이사관이 고려중기의 합리적인 유교사관의 비판을 받으면서, 보다 세련된 모습으로 재정립된 것이다.[28]

이규보는 믿기 어려운 『구삼국사기』의 내용을 귀환鬼幻스럽다라고 생각하였다. 그러나 반복해서 읽으니, 신이한 행적의 본원은 환幻이 아니라 성聖스러운 것이며, 귀鬼가 아니라 신神에 관한 것임을 깨달았다. 이것은 『삼국유사』를 비롯하여 무신란 이후 고려후기 사회에 대두한 신이사관이 역사를 인식하는 기준으로 작용하였다. 그리하여 『구삼국사기』에 실린 신이한 행적이 고려중기의 합리적 유교사관을 거치면서 세련되어 가는 방향을 이해시켜 준다. 『삼국유사』의 신이사관은 고려초나 삼국시대의 역사서가 부

---

27 李奎報, 「東明王篇 幷序」, 『東國李相國集』 권3에 "先師仲尼 不語怪力亂神"이라 하였다.
28 김두진, 「삼국유사의 사료적 성격」, 앞의 책, 2003, 70쪽.

족이나 읍락 또는 왕실의 시조에 관한 신이한 행적을 강조하려는 경향의 복고적인 모습을 보이지만, 한편으로 보다 세련되면서 민족문화의 전통을 내세우고 한국고대사를 자주적인 입장에서 체계화하려는 의도를 지녔다.[29]

『삼국유사』에 고려초기의 신이사관과는 달리 합리적인 유교사관이 다소 흡수되어 있다고 하더라도, 그것은 『삼국사기』와는 달리 도덕적인 정치사를 극복하려고 하였다. 정치사 중심에서 벗어나 신화나 설화 중심으로 편찬하다 보니, 『삼국유사』에는 법속이나 민속 등을 풍부하게 흡수하였으며, 불교를 포함한 종교 신앙이나 사상 등을 방대하게 기술하였다. 특히 설화를 통해 많은 인물들의 다양한 행적을 보여주었다. 이런 점은 『삼국유사』가 한국고대사나 불교신앙사의 범위를 넘어서서, 민족사를 문화사적 측면으로 조명한 것임을 알려준다.

『삼국유사』가 문화사를 정립시키면서 민족문화의 전통을 강조한 것은 정치사나 유교사관에서 벗어나, 민족문화를 주체적으로 인식하려던 근대사학의 연구 경향에 접근하는 결과를 가져왔다.[30] 근대사학이 성립된 이래 오늘에 이르기까지 『삼국유사』가 중시되는 이유 중 하나를 이런 면에서 발견할 수 있다. 인용한 논거를 밝히면서 실증적으로 기술한 점도 근대사학에서 『삼국유사』를 높이 평가할 수 있는 면으로 작용하였다.[31]

역사학 연구는 역사적 사실을 당대의 사회 구조 속에서 분석하여 의미를 찾아야 하는데, 요즈음은 이를 무시한 채 현재의 사회 분위기로 끌어와서 해석하려는 경향이 있다. 그리하여 역사학이 다분히 경향성을 보이기도 한

---

29 김두진, 위의 논문, 앞의 책, 2003, 69~70쪽.
　　『삼국유사』 紀異篇은 대체로 한국고대의 국가나 왕들에 대한 기록인데, 그 내용은 국가의 시조나 왕들의 행적에 관한 신이한 전승으로 구성되었다. 그러한 시조전승을 기이편으로 엮어 한국고대사를 체계화하였다.

30 이기백, 「삼국유사의 사학사적 의의」, 앞의 책, 1978, 48쪽.

31 물론 근대사학 중 민족주의사학은 정신을 앞세우는 관념론적인 경향을 갖지만, 문헌에 근거한 실증적 방법을 부인하려는 성향을 지니지는 않았다.

다. 그 결과 연구된 성과는 사실에 충실하지 않음으로써 창작의 범위에 머물 수밖에 없다. 『삼국유사』가 원자료의 모습을 온전하게 전한 것은 이념으로 흐르는 오늘날의 역사학 연구를 반성하게 한다. 역사적 사실에 충실하다 보면 한편으로 단순한 자료집의 성격에서 벗어나지 못하게 된다. 이런 면에서 『삼국유사』의 가치는 감해질 수도 있다. 그러나 『삼국유사』는 많은 인용문으로 구성되었을지라도, 단순한 자료집이 아니라 일정한 체계를 가지면서 민족사나 민족문화를 재구성하려는 의도를 지녔다.

『삼국유사』가 비록 근대사학에서 높이 평가된다 할지라도 일정한 한계성을 지녔다. 신이한 내용으로 민족문화의 전통을 강조하고 문화사를 폭넓게 추구하였지만, 정작 『삼국유사』의 신이한 내용은 오늘날 그대로 받아들일 수는 없다. 그것은 불교신앙을 홍포하려는 의도를 지녔기 때문에 고려중기에 정립된 유교의 합리주의를 그대로 수용하지 못하였다.[32] 『삼국유사』의 신이사관이 합리주의를 수용하는 데 철저하지 못하였던 것은 근대사학과 궤도를 달리할 수밖에 없다.

『삼국유사』는 『삼국사기』와 비교하여 투박한 민간전승을 설화 형식으로 기술하였다. 그것은 신이사관으로 정립되어 민족문화의 전통을 강조하는 성격을 지녔다. 『삼국유사』는 대부분 인용문으로 구성되어 있어서 원자료의 모습을 그대로 보전하는가 하면, 착실하게 전거典據를 들었기 때문에 매우 실증적으로 서술되었다. 신이한 행적을 강조하면서 민족문화의 전통을 추구하는 것은 근대사학과 궤도를 같이 한다. 그러나 『삼국유사』의 신이한 기술은 근대사학에서 그대로 받아들여질 수 있는 것은 아니다. 합리주의를 추구하는 점에서 『삼국유사』와 근대사학은 길을 달리하였다.

---

32 김두진, 「삼국유사의 사료적 성격」, 앞의 책, 2003, 71쪽.

제5장
결론

일연의 『삼국유사』에 대한 사학사적史學史的 성격을 밝히기 위해 그의 생애와 고려후기 사회에서의 활동 및 그가 남긴 저술의 대강을 이해하고자 한다. 일연은 무신 집권기 말년에서 고려 정부가 몽골에 항복하여 그 간섭을 강하게 받던 시기에 활동하였는데, 당시에는 수선사修禪社나 백련사白蓮社를 비롯해서 선종 승려는 물론 다소의 교종 승려에 이르기까지 불교계가 활발하게 움직이고 있었다. 이러한 정치 사회나 종교적 분위기 속에서 일연의 행적과 함께 그가 남긴 많은 저작물의 의미를 살피고자 한다.

편목이나 조목의 내용에 대한 이해는 『삼국유사』의 자료적 가치를 부각하는 데 도움이 된다. 우선 『삼국유사』의 대체적인 내용을 먼저 일별하였다. 『삼국유사』의 왕력王曆과 기이紀異편은 단군조선부터 왕건의 후삼국 통일까지의 한국고대사를 체계적으로 기술한 역사 전승이다. 왕력편은 국가 중심 또는 국왕 중심으로 우리나라 고대사를 체계화하려는 기이편과 그 궤도를 같이하는 것이다. 그런데 왕력편은 연표이고 기이편은 역사 기술이다.

『삼국사기』의 연표와는 달리 왕력편에는 대단히 중요한 사실을 언급하였고, 개중에는 다른 곳에 나오지 않는 것도 있다. 왕의 부모나 왕비의 이름 및 왕릉의 위치는 물론, 금성金城을 쌓고 도읍을 옮기거나 국호를 바꾸는 것 등을 기록하였다. 또한 비정상적으로 등극한 사실이나 인접 국가와의 전쟁 및 통빙通聘 외교관계를 언급하였다. 왕력편의 간략한 기록은 기이편의 기술을 보강하면서, 한국고대사의 체계를 뚜렷하게 세우려는 의도를 지닌 것이다.

왕력편은 신라·고구려·백제 및 가락국駕洛國의 세계世系와 이를 통합한 민족국가인 통일신라의 세계를 제시하였다. 큰 글자로 표시한 사항은 중요하다는 뜻이므로 한국고대사 체계를 이해하는 데 도움이 된다. 왕력편의 상단은 절대 연대를 표시한 중국 황제의 이름이나 연호를 큰 글자로 표시하였다. 왕력편의 아랫단은 신라와 고구려·백제·가락국의 3단 또는 4단으로 출발하였지만, 통일신라는 1단으로, 후삼국은 다시 3단으로 구성하였다.

국명이나 왕명은 물론 신라중고대에 사용된 건원建元·개국開國·대창大昌·홍제鴻濟·건복建福·대화大和 등 연호를 큰 글자로 표시하였다. 신라의 연호를 큰 글자로 표시한 것은 자주적인 의미로 해석되지만, 왕명과 함께 우리나라 역사의 절대 연대를 나타내려는 의도를 지녔다. 또한 국가가 멸망하였다는 의미의 '국제國際'를 큰 글자로 표시하였다. 고구려나 백제 및 가락국과 후백제가 멸망하는 해에는 '국제'를 표시하였으나, 후고구려 궁예가 쫓겨나거나 신라가 귀순하는 해에는 '국제'를 기록하지 않았다.

후백제가 멸망하는 해인 936년에는 삼국을 통일하였다는 의미로 '병신통삼丙申統三'을 큰 글자로 기록하였으나, 고구려가 멸망하는 해의 왕력편 신라 단에는 '통삼統三'을 기록하지 않았다. 왕력편은 태조 왕건의 등장과 후삼국의 통일로 대미를 장식하면서, 고려가 후고구려는 물론 신라를 계승하였다는 역사의식을 강하게 드러내었다. 그러면서 현실적으로는 신라를 중심으로 국가 체제의 발전 단계를 제시함으로써, 신라사에 대해서는 상고上古·중고中古·하고下古의 세 시기로 뚜렷하게 시대를 구분하였다.

기이편은 삼국의 흥기에 초점을 맞추고는, 삼국 시조의 출현과 그 신이한 행적을 명시하였다. 국가가 출현하면서 시조전승, 곧 시조의 신이한 행적을 개국 신화로 갖추었다. 조선의 옛 지역에는 78국이 존재하였다고 하는데, 기이편의 어디에도 78국의 이름을 나열하지는 않았다. 기이편이 국가의 형성보다는 흥기에 비중을 두고 기록하였기 때문이다. 기이편은 한국상고대에 수없이 많이 존재한 성읍국가의 나열에 치중하기보다는, 그것이 통합되어가는 면을 강조하였다. 한국고대의 여러 국가가 통합되어 삼한을 거쳐 삼국으로 정립되는 면을 부각하였다.

한국고대의 정통 국가는 고조선으로부터 비롯된다. 고조선조는 단군에서 기자로 이어지는 정통 왕조로 고조선을 설정하였다. 이어 고조선조와 분리하여 위만조선魏滿朝鮮조를 따로 기술하였다. 반란을 일으켜 흉노로 도망간 노관盧綰의 부하인 위만은 무리를 이끌고 조선으로 들어와 왕위를 찬탈하였다. 반면 조선왕 준準이 좌우의 궁인宮人을 이끌고 바다를 건너 남쪽으로 내려와 마한을 세웠다. 위만조선은 진번·임둔·낙랑·현토의 이른바 4군과 이후 이부二府·낙랑국樂浪國·북대방北帶方·남대방南帶方으로 이어진다. 이와는 달리 고조선의 정통을 이은 마한이나 78국 등 토착 사회에 성립된 국가나 정치 세력이 언급되었다.

기이편에서는 고구려가 고조선의 정통을 이었음을 강조하였다. 고조선에서 마한으로 이어진 정통론은 고구려로 계승되었다. 고구려조에 이어 변한백제卞韓百濟조와 진한辰韓조가 나와 있다. 변한백제조는 백제에 대한 기록인데, 온조의 가계가 동명왕으로 이어진 것을 특별히 나타내었다. 진한조는 신라에 대한 기록이며, 삼십오금입택三十五金入宅과 사절유택四節遊宅을 소개하면서 국가가 크게 흥기한 사실을 집중적으로 나타내었다. 일연은 고구려로 이어지는 역사 계승의식을 중시하면서도 불교 흥국사관의 입장에서 국가의 흥기를 논하였기 때문에, 고구려와 함께 신라사를 중시하였다.

국가나 정치 세력 외에 기이편의 대부분은 국왕, 특히 신라왕들에 관한 내용으로 채워졌다. 신라시조 혁거세왕조 이후 기이편의 조목은 신라왕들의 이름으로 붙여졌다. 그렇지 않은 경우라 하더라도 그 내용은 신라의 국왕에 관한 것이다. 그러나 신라왕이 모두 실린 것도 아니다. 신라상대의 석씨昔氏 왕이나 또는 박씨 왕의 일부가 빠져 있다. 이는 김씨 왕실 중심으로 조목명이 설정되었음을 알려준다. 기이편은 신라사 중심으로 정치의 표폄褒貶을 드러내고자 하였다.

일연은 왕의 통치를 통해 호국護國이나 흥국, 곧 국가를 흥성시켜 태평성대를 이루는 데 가장 관심을 두었다. 이런 면에서 왕의 행적을 신이하게 서술함으로써 왕은 특별하다는 것을 나타내었다. 아울러 내물왕 김제상奈勿王 金堤上조는 왕을 위해 목숨을 버리기까지 한 김제상의 충절에 대한 기록이다. 중앙집권적 귀족국가로 성립되면서 신라가 주위를 정벌하는 모습을 부각시켰다. 지철로왕조는 박이종朴伊宗이 사자 모양의 목우木偶를 이용하여 우릉도于陵島를 정복한 내용을 실었다. 미추왕 죽엽군未鄒王 竹葉軍조는 신라가 이서국의 침입을 물리치는 모습을 알려준다. 그렇지만 기이편에서 가장 많은 분량으로 중요하게 다룬 것은 삼국통일 과정이다.

태종춘추공太宗春秋公조와 문호왕법민文虎王法敏조를 대단히 많은 분량으로 기록하였다. 그 외 김유신金庾信조와 장춘랑파랑長春郎罷郎조도 삼국통일에 관한 내용으로 구성되었다. 다만 김유신에 대해서는 소략하게 기록하였지만, 경명왕 때에 그를 흥무대왕興武大王으로 봉하였다는 사실을 덧붙였다. 김유신조도 국왕에 관해 기술하는 기이편의 취지에 부합함을 보여준다. 김유신의 활동상은 고기와 고전古傳을 인용하여, 오히려 태종춘추공조에 보다 풍부하게 나온다. 또한 무열왕이 백제를 평정한 사실을 길게 서술하였다. 고구려 멸망 후 당의 신라 침공 계획과 이를 물리치는 내용이 문호왕법민조에 비교적 자세하게 나온다. 김인문이 의상을 귀국시켜 당의 침공 계획을 알리니, 조정은 명랑明朗의 문두루文豆婁 비법으로 이를 물리쳤다.

문무왕은 죽은 후 호국룡護國龍이 되어 국가를 수호하였다. 호국룡과 함께 치적에 대한 강조는 태평성대를 구가하려는 것이다. 만파식적萬波息笛조는 이런 면을 보여준다. 신문왕이 감은사感恩寺로 나아가서 머무니, 다음 날에 용이 나와 옥대玉帶를 바쳤다. 이 옥대는 호국룡이 된 문무왕과 천신天神이 된 김유신의 두 성인이 국가를 지키기 위해 보낸 것이다. 옥대를 얻은 곳의 대나무를 베어 만든 피리가 만파식적이다. 이 피리는 적병을 물리치고 가뭄과 홍수를 다스리며 바람과 파도를 잠잠하게 한다고 하였다. 호국룡과 연관된 만파식적은 국가를 수호하는 성격을 갖는 한편으로 왕위 계승의 정당성을 부여해 준다.

처용랑 망해사處容郞 望海寺조에는 헌강왕 때의 태평성대를 내세우면서도 국가가 흔들리는 모습을 아울러 언급하였다. 당시 수도로부터 지방에 이르기까지 집과 담장이 이어져서 초가집은 하나도 없었다고 한다. 한편 헌강왕은 개운포開雲浦에 갔다가 동해 용왕의 아들인 처용을 맞아 서울로 데리고 왔다. 헌강왕 때에는 남산신南山神이나 북악신北岳神이 나타나 춤추면서 나라가 장차 망할 것이라고 예언하였다. 정치적 징후로써 세태를 경계한 것이다. 효공왕孝恭王조와 경명왕景明王조는 의자왕 때의 백제 사회에서와 같은 무수한 변괴가 나타난 모습을 보여준다. 혜공왕惠恭王조나 진성여대왕 거타지眞聖女大王 居陁知조에는 사회 혼란을 바로 기록하였다.

용왕 가족을 해치는 늙은 여우를 처치하고는 용녀를 아내로 맞아 돌아오는 거타지 설화는 왕건의 할아버지인 작제건作帝建 설화와 대단히 비슷하다. 이는 왕건의 등장을 자연스럽게 끌어내준다. 김부대왕金傅大王조와 후백제견훤後百濟甄萱조는 궁극적으로 왕건의 정통성을 제시한 것이다. 경순왕은 왕건에게 귀부하고는 고려 왕실과 중첩으로 혼인을 맺었다. 견훤은 신검神劍·양검良劍·용검龍劍 등 3형제에 의해 금산사에 유폐되었다가 탈출하여 고려에 투항하였고, 이후 왕건은 후백제를 평정하였다. 기이편은 왕력편에 이어 고려가 삼한을 통합하여 정통 왕조로 수립된 사실을 강조하면서도, 왕력편과는 달리 신라의 삼국통일을 분명하게 부각하였다.

『삼국유사』 흥법편은 우리나라에 불교가 전해져서 공인되는 과정을 기록한 것이다. 순도조려順道肇麗조와 난타벽제難陁闢濟조 및 아도기라阿道基羅조는 각각 고구려와 백제 및 신라의 삼국에 불교가 전래된 사실을 알려준다. 아도기라조에는 고구려로부터 들어온 신라의 초전불교 전승이 전한다. 눌지왕 때의 묵호자墨胡子와 비처마립간 때의 아도我道 및 미추이사금 때의 아도阿道 전승이 그것이다. 세 개의 초전불교 전승은 공통되는 내용을 지녔다. 곧 묵호자나 아도가 양나라 사신이 가지고 온 향香의 용도를 알려주거나 공주의 병을 고침으로써, 왕실의 도움을 받아 불사를 일으켰다는 것이다.

그러나 국인國人들의 반대로 초전불교의 불사는 실패로 끝났다. 왕실이 주도적으로 불교를 받아들이려고 한 데 반해 국인, 즉 귀족이 반대하였다. 아도기라조는 담시曇始의 행적을 담고 있다. 담시는 도교에 빠진 후위後魏의 탁발도(拓拔燾, 太武帝)를 깨우치게 함으로써 호불護佛의 군주로 만든 장본인이다. 이어 설정된 원종흥법 염촉멸신原宗興法 厭髑滅身조는 신라의 초전불교가 법흥왕 때에 공인되는 사실을 알려준다. 이차돈異次頓의 순교로 불교가 공인되는 연기설화와 함께, 법흥왕과 진흥왕이 출가하여 불법을 일으키는 내용을 기록하였다.

법왕금살法王禁殺조는 공인 이후 백제 불교의 중흥에 대한 기록이다. 법왕은 살생을 금지하여 민가에서 기르는 매를 방생하고, 물고기 잡는 기구를 불사르게 하였다. 또한 30인의 도승度僧을 두고 사비성泗沘城에 왕흥사王興寺를 세웠는데, 터만 닦다가 돌아갔다. 무왕이 아버지의 뜻을 계승하여 절을 완성하고는 미륵사라고 불렀다. 보장봉로 보덕이암寶藏奉老 普德移庵조는 보덕이 방장을 남쪽으로 옮김으로써 불교가 크게 흥기하였던 사실을 알려준다. 이와 함께 불교를 배척하고 도교를 숭상하면 국가가 망한다는 사실을 분명하게 나타내었다.

탑상편은 탑이나 불상 및 불전·범종·사리 등 불교 조형물에 대해 기록한 것이어서, 불교미술사의 풍부한 자료집이다. 가섭불연좌석迦葉佛宴坐石조나 요동성육왕탑遼東城育王塔조·금관성파사석탑金官城婆娑石塔조·고려영탑사高麗靈塔寺조·황룡사장륙皇龍寺丈六조·황룡사구층탑皇龍寺九層塔조 등은 모두 유연有緣국토 신앙을 담고 있다. 이처럼 인도 불교는 일찍 전래되어 있었다. 신라의 황룡사지는 전불시대 칠가람터 중의 하나였는데, 거기에는 가섭불의 연좌석이 있다. 요동성의 육왕탑은 본래 아육왕이 세운 불탑이 묻혔던 자리에 고구려 성왕聖王이 세운 7층 목탑이다. 고구려의 영탑사는 보덕普德이 신인神人의 말을 듣고, 땅속을 파서 8면 7층 석탑을 얻은 곳에 세운 절이다.

금관성파사석탑조는 가야에 남방불교가 전래되었다는 사실을 알려준다. 금관金官 호계사虎溪寺에 있는 파사석탑은 수로왕비 허황옥許黃玉이 인도의 아유타국阿踰陁國에서 싣고 온 것이다. 가야에 남방불교가 전래된 사실은 어산불영魚山佛影조에도 보인다. 밀양의 자성산慈成山에 세운 만어사萬魚寺터는 가야의 수로왕이 부처에게 청하여 독룡毒龍과 다섯 나찰녀羅刹女를 순화시킨 곳이었다. 황룡사장륙조에는 동축사東竺寺를 창건하는 연기설화가 나온다. 아육왕이 황철과 황금 및 불상을 실어 띄운 배가 하곡현河曲縣 사포絲浦에 닿았다. 싣고 온 불상을 안치하기 위해 동축사를 창건하는 한편, 황철과 황금으로 장륙존상을 주조하여 황룡사에 모셨다. 이웃 나라를 항복시켜 조공을 받기 위해 건립한 황룡사구층탑은 신라 호국불교의 상징이 되었다.

신라 불교신앙의 대상으로 관음과 미륵 및 미타는 중요하다. 남백월이성노힐부득달달박박南白月二聖 努肹夫得怛怛朴朴조는 이들에 대해 대체적으로 이해하게 한다. 노힐부득과 달달박박은 도를 닦는 친구가 되어, 백월산

白月山 무등곡無等谷으로 들어가 각각 미륵과 미타불로 성도하기를 원하였다. 관음보살이 낭자로 변신하여 도가 무르익을 무렵의 두 사람을 시험하고는, 미륵과 미타불로 성도하도록 도와주었다. 정토로의 왕생을 이끄는 관음보살은 세상의 사소한 모든 소원을 듣고는 이루어주기 때문에 서민 대중과 가장 친근한 면모를 지녔다. 삼소관음三所觀音은 중생사衆生寺와 백률사栢栗寺 및 민장사敏藏寺의 관음을 가리키는데, 중국 화공畵工이 신라로 와서 이룬 것이며 많은 영험을 나타내었다.

분황사천수대비 맹아득안芬皇寺千手大悲 盲兒得眼조는 한기리韓歧里의 희명希明이 분황사의 천수대비에게 빌어 장님인 자식의 눈을 뜨게 하는 내용을 기술한 것이다. 낙산이대성 관음정취조신洛山二大聖 觀音正趣調信조에는 세규사世逵寺의 장사莊舍에 지장으로 파견된 조신이 낙산사의 관음에게 빌어, 꿈에서이긴 하지만 김흔金昕의 딸과 혼인하는 내용이 나온다. 남월산南月山조에는 「미륵존상화광후기彌勒尊像火光後記」와 「미타불화광후기彌陀佛火光後記」가 실려 있다. 중아찬重阿湌 김지성(金志誠, 金志全)은 국왕과 대신을 포함해서 돌아간 부모와 형제 및 친척을 위해 감산사甘山寺를 창건하여 미타불과 미륵존상을 조성하였다. 서방정토로의 왕생이나 미륵정토의 구현을 바란 셈이다.

삼국시대 미륵신앙의 정형은 미륵선화미시랑 진자사彌勒仙花未尸郞 眞慈師조에 잘 나타나 있다. 진지왕 때의 진자는 화랑으로 모실 미륵선화를 받들고자 웅진의 수원사로 나아갔는데, 결국은 영묘사靈妙寺 동쪽 나무 밑에서 노는 미시랑을 미륵선화로 맞이하였다. 무장사미타전鍪藏寺彌陀殿조에는 아미타불의 서방정토에 대해 기록하였다. 무장사는 원성왕이 아버지 효양孝讓을 추모하기 위해 세웠으며, 그 위쪽의 미타전은 계화桂花왕후가 먼저 죽은 소성왕을 위해 조성한 절이다. 고려 때이긴 하지만 최제안崔齊顔은 천룡사天龍寺를 중수하여, 여기에 만일석가도량을 설치하였다. 그리하여 사바세계에 석가정토를 실현시킨 셈이다.

오대산신앙은 대산오만진신臺山五萬眞身조나 명주오대산 보질도태자전기溟州五臺山 寶叱徒太子傳記조 및 대산월정사 오류성중臺山月精寺 五類聖衆조에 나와 있다. 중국에서 문수를 접한 자장은 귀국하여, 명주의 오대산에 절을 창건하고는 문수진신을 만나고자 하였다. 자장의 오대산 불사는 정암사淨岩寺나 월정사의 창건과 연관된 것이다. 정암사는 자장이 원녕사元寧寺에 있을 때에 문수가 일러준 갈반지葛蟠地에 창건한 절이다. 그는 이곳에서 문수진신을 기다리면서 생을 마쳤다. 월정사는 자장이 오대산으로 가는 도중에 잠깐 휴식하던 곳에 범일梵日의 문인인 신의信義가 지은 암자이다. 그곳은 오랫동안 황폐했으나, 수다사水多寺 장로 유연有緣이 중창하여 지금의 월정사가 되었다.

오대산의 다섯 봉우리에 각각 진신이 상주한다는 신앙은 뒤에 성립되었다. 정신淨神대왕의 태자인 보천寶川과 동생인 효명孝明은 오대산에 숨어 암자를 짓고 수도하였다. 마침 정신왕이 아우와 더불어 왕위를 다투자, 국인이 이들을 폐하고 장군을 산으로 보내어 왕자를 맞아오게 하였다. 효명이 돌아가 즉위하였으며, 산에 남아 진여원眞如院을 개창한 보천은 「후일 산중에서 행할 바 국가를 도울 일」을 남겼다. 그 내용이 오대산의 각 봉우리에 진신을 모시고 결사하는 것이다.

전후소장사리前後所將舍利조는 진신사리나 불경의 전래를 알려준다. 진흥왕 때에 양梁의 사신 심호沈湖가 처음으로 진신사리를 전하였고, 선덕여왕 때에 자장은 부처의 어금니 및 사리 등을 가져왔으며, 황룡사탑과 태화사탑太和寺塔 및 통도사 계단에 사리를 나누어 보관하였다. 진흥왕 때에 진陳나라의 중 명관明觀이 불경을 전하였고, 자장도 장경을 가져와 통도사에 안치하였다. 홍덕왕 때에 당나라에 유학한 중 구덕丘德이 불경을 구입해 왔으며, 신라말에는 보요普耀선사가 대장경을 가져왔다. 그 외 고려시대에 불경을 전한 사례를 언급하였다.

의해편은 고승전에 해당된다. 이를 통해 신라 불교사상사를 정립할 수 있다. 의해편의 이혜동진二惠同塵조는 혜숙惠宿과 혜공惠空의 전기인데, 불교의 대중화 과정을 보여준다. 혜숙은 국선 구참공瞿旵公의 무리가 되어, 그가 사냥을 좋아하는 버릇을 고치게 하였다. 대중 속에서 많은 이적을 행한 혜숙은 여자의 침상에 누워 있는 것을 보이는가 하면, 같은 시간에 단월 집의 법석을 주재하였다. 혜공도 천진공天眞公 집에서 고용살이를 하던 우조憂助의 아들인데, 공의 종기를 낫게 하는 등 이적을 행하였다. 출가한 혜공은 매양 미친 듯이 취해서, 삼태기를 지고 거리에서 노래하고 춤추었다. 이 때문에 부궤夫簣화상으로 불린 그의 행적은 마치 원효의 모습을 떠올리게 한다.

유식사상을 이해하는 데 원광서학圓光西學조와 보양이목寶壤梨木조는 중요하며, 진표전간眞表傳簡조나 관동풍악발연수석기關東楓岳鉢淵藪石記조 및 심지계조心地繼祖조도 도움이 된다. 원광서학조는 『속고승전』의 원광전과 『신라수이전新羅殊異傳』의 원광법사전을 모두 수록한 것이다. 두 전기는 원광에 대해 달리 기록한 부분이 많다. 『속고승전』의 원광전은 유식사상을 정착시킨 모습을 보여준다. 중국에 있을 당시에 원광은 『성실론』과 『반야경』을 강의할 정도로 유식에 밝아 섭론종攝論宗을 받아들였다. 『신라수이전』의 원광법사전에는 비장산신臂長山神과의 인연에 관한 연기설화가 나온다. 비장산신은 원광의 이웃에서 주술을 닦는 승려를 거세시켰지만, 끝내는 세월의 무상을 이기지 못하고 늙은 여우로 변하여 죽었다.

일연은 보양과 운문사雲門寺사적이 원광전에 잘못 들어갔음을 지적하고는, 보양이목조를 따로 분리하여 개설하였다. 보양은 파괴된 대작갑사大鵲岬寺·소작갑사·소보갑사所寶岬寺·천문갑사天門岬寺·가서갑사嘉西岬寺 등 다섯 갑사를 일으켜 운문선사雲門禪寺를 창건하고 운문산문을 열었다. 그런 과정에서 보양은 용왕의 아들 이목璃目을 데려와 가뭄에 비를 내리게 하였다. 또한 보양이목조는 견성犬城 설화를 실었다. 왕건은 보양의 조언을 듣고 견성을 성공적으로 공략하였다. 진표전간조나 관동풍악발연수석기조 및 심지계조조는 진표 계통의 법상종사상을 알려준다. 진표는 지장보살로부터 계를 받았으나 이에 만족하지 않고 정진하였다. 그 결과 미륵보살이 감응하여 『점찰경占察經』 2권과 증과證果 간자簡子 189개를 주면서, 그중 계율을 뜻하는 제8간자와 제9간자는 자신의 손가락뼈로 만들었고, 나머지는 침단목沈檀木으로 만든 것이라고 하였다.

현유가해화엄賢瑜珈海華嚴조는 법상종과 화엄종의 관계를 이해하게 한다. 유가의 태현과 화엄의 법해法海가 각각 기우제를 지냈는데, 그 결과 법해를 더 수승殊勝한 것으로 기록하였다. 자장은 계율종을 성립시켰지만 실제로는 엄격한 것을 강조하기보다는, 누구나 지닐 수 있도록 오히려 계율을 생활화하였다. 중국 청량산淸凉山의 문수로부터 석가의 가사와 진신사리를 받아 돌아온 자장은 통도사를 창건하고 계단을 쌓아 사람들을 제도하였다. 말년에 자장은 태백산 갈반지에 정암사를 세워 거주하면서 문수보살을 기다렸으나, 그로부터 따돌림을 당하고는 쓸쓸하게 죽었다.

원효는 화엄종 승려였지만 불교의 대중화에 절대적으로 기여하였다. 사복蛇福은 원효에게 영향을 준 인물이다. 사복불언蛇福不言조에는 사복이 원효와 함께 그의 어머니를 장사지내는 연기설화가 나온다. 사복은 시체를 업은 채 활리산活里山 동쪽 기슭의 띠풀을 뽑고는 연화장蓮花藏세계로 들어갔다. 사복의 어머니는 전생에 그와 원효가 경을 실었던 암소였다. 사복은 원효가 『금강삼매경론』을 저술하는 데 관여한 대안大安이라고 생각된다. 원효의 간략한 전기인 원효불기元曉不羈조에는 사라율娑羅栗에 대한 민간전승이 실려 있다. 부모가 밤나무 밑을 지나다가 사라수娑羅樹 아래에서 원효를 낳았다. 또한 요석궁瑤石宮의 홀로된 공주와 결혼하는 연기설화가 자세하게 나온다.

의상전교義湘傳敎조는 의상의 화엄사상을 엿보게 하지만, 『송고승전』의 의상전과 비교해 그 내용이 매우 소략하다. 일연은 최치원이 지은 의상전을 참고하여 거기에 실리지 않았던 사실만을 추려 의상전교조로 작성하였다. 의상은 종남산 지상사至相寺의 지엄智儼 문하로 나아가 『화엄경』의 이치를 깨닫고 돌아왔다. 법장은 자신의 문하에서 수학하고 귀국하는 승전勝詮 편에, 안부 편지와 함께 그가 지은 저술을 의상에게 전하였다. 법장의 서신은 의상전교조에 나오며 그 별폭別幅은 승전촉루勝詮髑髏조에 전한다. 또한 이 서신은 의천의 『원종문류圓宗文類』에도 전한다.

신주편은 밀교계의 승전인데, 밀본최사密本摧邪조와 혜통항룡惠通降龍조 및 명랑신인明朗神印조로 구성되어 있다. 밀본최사조에는 『약사경』을 사용하여 선덕여왕과 김양도金良圖의 병을 고치는 연기설화가 담겨 있다. 밀본과는 달리 혜통과 명랑은 밀교신앙에서 비법을 등장시켰다. 혜통은 당나라로 가서 무외삼장無畏三藏의 밑에서 수학하였다. 당나라 공주의 병을 고치기 위해 삼장을 대신하여 궁전에 이른 혜통은 주문을 외워, 흰콩과 검정콩을 각각 흰 갑옷과 검은 갑옷을 입은 신병神兵으로 변하게 하였다. 이들이 병마를 쫓으니, 교룡蛟龍이 도망가면서 공주의 병이 나았다. 그 외에 혜통항룡조에서는 신문왕이 신충봉성사信忠奉聖寺를 건립하는 연기설화를 간략하게 기록하였다.

명랑은 문두루文豆婁, 곧 신인비법으로 신유림에 천왕사天王寺를 창건하여 이웃 나라의 침입에 대비하였다. 당나라의 이적李勣이 고구려를 멸망시킨 후에 신라 침공 계획을 세웠다. 당 고종의 명령을 받은 설방薛邦이 군사를 일으켜 쳐들어오니, 문무왕은 명랑에게 청하여 비법으로써 이를 물리쳤다. 명랑신인조는 「금광사본기金光寺本記」를 인용한 내용으로 구성되어 있다. 명랑은 당나라에 들어가 도를 배우고 돌아올 때에 용궁에 들어가 비법을 전하였다. 용왕으로부터 황금 천 냥을 보시로 받은 그는 지하로 잠행하여, 자기 집의 우물 밑으로 솟아 나왔다. 이후 집을 희사하고 용왕이 보시한 황금으로 탑과 불상을 장식하여 금광사를 창건하였다.

신인종의 안혜安惠 및 낭융朗融의 후예인 광학廣學과 대연大緣 등은 왕건에게 나아가, 비법으로 해적을 물리침으로써 고려의 건국을 도왔다. 왕건이 이들을 위해 현성사現聖寺를 창건하였는데, 이 절을 중심으로 신인종의 문도가 활동하였다. 원원사遠源寺는 김유신과 김의원金義元·김술종金述宗 등이 발원하여 세운 절인데, 4대덕의 유골을 모셨기 때문에 사령산四靈山 조사암祖師嵓으로 불렸다. 그러나 일연은 김유신 등이 원원사를 세울 때에 모신 조사는 안혜와 낭융이고, 뒤에 이곳에 광학과 대연 등의 뼈를 안치하였다고 추정하였다.

감통편은 불사로 인한 신앙상의 감동을 다루었다. 선도성모수희불사仙挑聖母隨喜佛事조에는 선도산신모가 시주한 경비로 안흥사安興寺의 비구니 지혜智惠가 불전을 수리하는 내용이 나온다. 선도산신모는 본래 중국 황실의 딸인 사소娑蘇였는데 일찍이 신선술을 터득하여 지선地仙이 되었고, 우리나라의 서연산西鳶山에 이르러 머물렀다. 송나라에 사신으로 가서 우신관佑神館에 머물던 김부식金富軾은 거기에 있는 한 선녀상이 바로 선도산신모이며, 낳은 아들이 해동의 시조가 되었다는 말을 들었다. 선도산신모의 자식이 신라 시조 박혁거세와 알영이다.

진신수공眞身受供조와 김현감호金現感虎조는 모두 불교신앙상의 감동으로 말미암아 절을 창건하는 연기설화를 실었다. 망덕사望德寺 창건 낙성법회에 친히 공양한 효소왕은 누추한 차림의 비구 모습으로 참석한 석가를 알아보지 못하였다. 비구가 몸을 솟구쳐 공중에서 남쪽을 향해 가버리자, 효소왕은 석가사와 불무사佛無寺를 세웠다. 김현감호조에는 김현이 호랑이의 명복을 빌고자 호원사虎願寺를 창건하는 연기설화를 비교적 장황하게 소개하였다. 선율환생善律還生조는 명부로 잡혀갔다가 환생한 망덕사 승려 선율이 『반야경』을 조성하는 공덕에 관해 기록한 것이다.

월명사도솔가月明師兜率歌조나 융천사혜성가 진평왕대融天師彗星歌 眞平王代조 및 정수사구빙녀正秀師救氷女조 등에는 재해를 없앰으로써 이루는 공덕을 언급하였다. 일식이 일어나거나 혜성이 나타나는 것을 중요한 재해로 여겼다. 이를 제거하기 위해 산화공덕재散花功德齋를 드렸는가 하면 향가를 지어 불렀다. 융천사의 혜성가나 월명사의 도솔가는 혜성과 일식을 사라지게 하였다. 정수사구빙녀조는 아이를 낳고는 추위에 얼어 죽게 된 여인을 구하는 정수의 수행 공덕을 기록한 것이다.

욱면비염불서승郁面婢念佛西昇조와 광덕엄장廣德嚴莊조는 정토신앙의 모습을 다양하게 보여준다. 아간 귀진貴珍의 계집종인 욱면은 강주 미타사에서 염불을 통해 정토에 왕생하였다. 전생의 욱면은 부석사의 소였는데, 경전을 싣고 간 공덕으로 귀진의 여종으로 다시 태어났다. 귀진은 자기의 집을 희사하여 법왕사法王寺를 창건하였다. 오랜 세월이 흘러 폐허가 된 절을 중창한 회경懷鏡은 귀진의 후신이라고 한다. 문무왕 때에 사문 광덕과 엄장은 서로 다짐하고 서방의 극락에 가기를 원하였다. 광덕은 밤마다 아미타불의 이름을 염송하고 16관을 닦았으며, 엄장은 원효법사의 처소로 나아가 삽관법鍤觀法을 열심히 닦아 서방정토에 왕생하였다. 관법을 닦도록 깨우쳐 준 광덕의 아내는 분황사의 여종으로 관음보살의 19응신應身 중의 하나였다.

피은편에는 법화수행이 나타나 있다. 혜현구정惠現求靜조는 백제와 고구려의 법화수행을 피상적으로 알려준다. 혜현은 백제 사람으로 북부의 수덕사修德寺에 거주하면서 『법화경』을 강론하였다. 끝내 번잡한 것이 싫어 강남의 달라산達拏山에 들어간 그는 고요히 앉아 생각을 잊고 생을 마쳤다. 죽은 후 마침 호랑이가 혜현의 유해를 다 먹고 혀만 남겼는데, 그것은 3년이 지나도록 붉고 연하였다. 후에 자줏빛이 나는 돌처럼 단단하게 된 혀를 석탑 속에 보관하였다. 고구려 승려 파약波若은 중국 천태산에 들어가 지자智

者의 교관을 전수받았으며, 그로 말미암은 신이로운 행적을 널리 알렸다.

낭지승운 보현수朗智乘雲 普賢樹조와 연회도명 문수점緣會逃名 文殊岾조는 신라 법화신앙의 내용을 담고 있다. 울산의 영취산은 일찍이 법화도량으로 설립되었는데, 거기에 낭지가 주석하고 있었다. 문무왕 때에 지통은 출가하여 낭지의 제자가 되기 위해 영취산을 찾아가는 도중에, 나무 아래에서 보현보살로부터 계품戒品을 받았다. 낭지는 구름을 타고 중국 청량산에 가서, 대중과 함께 강의를 듣고는 잠시 후에 돌아오곤 하였다. 연회緣會는 영취산에 숨어 살면서 『법화경』을 읽고 보현관행을 닦았다. 국사로 삼는다는 소식을 듣고 멀리 숨으러 가던 그는 문수와 변재천녀辯才天女를 만나 깨우치고는, 대궐로 들어가 국사의 봉임을 받았다. 신라의 법화도량에서는 보현관행을 닦는 수행이 중시되었다. 보현관행은 화엄사상의 영향을 받은 것이다.

피은편의 신충괘관信忠掛冠조와 영재우적永才遇賊조 및 물계자勿稽子조는 은거하여 결사하는 모습을 바로 보여준다. 효성왕이 즉위하여 공신들에게 상을 주면서, 신충을 잊고 차례에 넣지 않았다. 원가怨歌를 지어 잣나무에 붙인 신충은 효성왕과 경덕왕 때에 은총을 입었다. 경덕왕 22년(763년)에 벼슬을 그만둔 신충은 이준李俊과 함께 지리산으로 들어가 중이 되었으며, 경덕왕을 위해 단속사를 창건하였다. 또한 나해이사금 17년(212년)에 보라국保羅國 등 8국이 침입해 왔으며, 나해이사금 20년에는 골포국骨浦國 등 3국이 공격해 왔다. 이 두 싸움에서 물계자는 공을 세웠으나, 누락되어 상을 받지 못하였다. 이에 그는 거문고를 맨 채 사체산師彘山으로 들어가 다시는 세상에 나오지 않았다. 영재永才는 원성왕 때에 지리산에 은거하려고 대현령大峴嶺을 넘던 중 도적 60여 명을 만나 교화시켰다. 이들은 모두 머리를 깎고 지리산에 들어가 나오지 않았다.

승려들이 은거하여 수행하는 모습은 포산이성包山二聖조와 영여사迎如寺조·포천산오비구 경덕왕대布川山五比丘 景德王代조·염불사念佛師조 등에 보인다. 관기觀機와 도성道成은 포산에 숨어 살았다. 여러 해가 되어 도성이 먼저 바위굴을 뚫고 나와 몸이 하늘로 올라갔으며, 관기도 그의 뒤를 따라 세상을 떠났다. 경덕왕은 실제사實際寺의 승려 영여를 궁중으로 맞아 공양을 드렸는데, 그는 절간으로 돌아오자마자 숨어버려서 행적을 알 수가 없었다. 경덕왕이 그에게 국사를 추봉하였지만 이후에도 세상에 다시 나타나지 않았다. 포천산의 5비구가 염불하면서 서방정토를 구한 지 10년 만에, 성중聖衆이 서쪽으로 이들을 맞이하여 갔다. 또한 피리사避里寺의 염불사도 항상 미타를 염송하였다. 피리촌의 피리사는 세상과 절연된 느낌을 준다.

효선편은 출가로 인해 서로 배치될 수밖에 없는 효도와 수도의 문제를 해결하려는 의도로 편찬되었다. 진정사효선쌍미眞定師孝善雙美조는 바로 효도와 수도를 조화시키려는 원칙을 제시하였다. 출가하기 전의 진정眞定은 군역軍役을 지는 여가에 품팔이로 홀어머니를 모셨는데, 효도를 다한 후에는 의상 문하에서 불법을 배우겠다고 하였다. 이를 들은 어머니가 적극 출가를 권하므로, 그는 의상의 제자가 되었다. 이때 어머니가 설득한 내용은 효선편의 핵심을 이루는 것이다. 살아서 풍성한 음식으로 대접을 받기보다는 남의 집 문간에서 빌어먹을지라도, 아들의 출가 공덕으로 인해 어머니가 정토에 왕생하는 것이 효도라고 하였다. 효선쌍미 신앙은 현세보다는 내세의 종교적인 복록을 우위에 둠으로써, 출가가 곧 효도의 길임을 제시하였다.

대성효이세부모 신문대大城孝二世父母 神文代조와 향득사지할고공친 경덕왕대向得舍知割股供親 景德王代조·손순매아孫順埋兒조·빈녀양모貧女養母조는 모두 재가자在家者의 효행을 다룬 것이다. 모량리의 가난한 여인 경조慶祖의 아들인 대성은 죽어 재상인 김문량金文亮의 집에 태어났다. 김대성은 이승의 부모를 위해 불국사를 세우고 전세의 부모를 위해 석불사石佛寺를 창건함으로써, 전세와 현세의 부모를 모두 효도로써 섬겼다. 향득向得은 웅천주熊川州 사람이었는데, 흉년이 들어 굶어죽게 된 아버지에게 자기의

402

다리 살을 베어드려 봉양하였다. 고을 사람들이 이 사실을 알리자, 경덕왕은 조租 500석을 상으로 내렸다.

모량리 사람 손순 부부는 매번 어머니의 음식을 빼앗아 먹는 아이를 묻어 버리고자 하였다. 땅을 파다가 문득 돌종을 얻음으로써, 아이를 묻지 않았다. 집으로 돌아온 부부는 돌종을 들보에 매달고 두드렸다. 은은한 종소리를 들은 흥덕왕이 매년 벼 50석을 그들에게 주어 효행을 현창하였다. 손순은 옛집을 희사하여 홍효사弘孝寺라 부르고, 거기에 돌종을 안치하였다. 분황사 동쪽 마을에 사는 빈녀貧女는 걸식으로 눈먼 어머니를 봉양하였다. 효종랑孝宗郎은 낭도와 함께 흉년이 들어 걸식이 어려워진 모녀에게 조 천 섬을 보내 주었다. 또한 진성여왕은 곡식 500섬과 집 한 채를 내렸는데, 뒤에 그 집을 내어 양존사兩尊寺라고 하였다.

일연은 많은 저술을 남겼지만, 현재 전하는 것은『삼국유사三國遺事』와『중편조동오위重編曹洞五位』및 간략한「인천보감후식人天寶鑑後識」이다. 그중『삼국유사』의 불교사 자료로서의 가치는 매우 중요하지만, 그것을 보다 천착해서 밝히기 위해 그의 생애는 물론 불교사상에 대해서도 추구해야 한다. 마침 민지閔漬가 찬술한「고려국화산조계종인각사高麗國華山曹溪宗麟角寺 가지산하보각국존탑비迦智山下普覺國尊塔碑」와 그 음기陰記가 전하며, 또한 그와 인연을 맺었던 승려들의 비문이 전한다.

일연비는 그의 생애를 복원하는 가장 중요한 자료이다. 일연비의 음기에 보이는 인물들의 성격을 분석하면 그의 사회적 기반 및 충렬왕과의 관계를 이해하게 된다. 그의 저술의 성격을 추정하기 위하여 우선 현재 알려진『중편조동오위』의 내용이 어떻게 구성되어 있는지를 살폈다. 그 외 전하지 않는 저술이라 하더라도 그 이름으로 보아 대강의 내용을 추정한 다음, 그 내용과 비슷한 것으로 보이는 다른 승려들의 저술과 비교 검토함으로써 일연의 저술의 큰 특징을 제시하고자 한다.

무신집권 말기에서부터 원복속기에 이르는 고려 사회의 변화나 불교계의 상황과 연관시켜 일연비의 내용을 분석함으로써, 그의 평생을 시기별로 나누고 거기에 따른 그의 교학 활동의 특성을 끄집어낼 수 있다. 일연의 생애는 크게 세 시기, 곧 첫째로 진전사陳田寺에서 구족계를 받고 포산包山 지역에 거주한 시기(1219~1248년), 둘째로 정안鄭晏의 초청을 받아 정림사定林寺나 길상암吉祥庵 및 선월사禪月社에 거주한 시기(1249~1263년), 셋째로 영일迎日의 오어사吾魚寺나 인홍사仁弘社·불일사佛日寺·운문사雲門寺·인각사麟角寺에 거주한 시기(1264~1289년)로 나뉠 수 있다.

첫째 시기에 일연은 진전사의 대웅大雄장로에게 나아가 구족계를 받고, 이후 그의 불교사상을 갖추어 갔다. 일연은 가지산문도로 활동하면서 선종에 대해 깊이 이해하였다. 승과僧科에 합격한 이후 그는 포산 지역의 보당암寶幢庵이나 묘문암(妙門庵, 뒤에 無住庵)에 거주하면서, 이 지역에서 널리 행해진 불교신앙의 전통을 경험하였다. 포산 지역은 만일미타도량萬日彌陀道場의 결사가 행해진 곳이어서, 그것은 정토신앙이나 화엄 등 교학 불교는 물론 선관禪觀을 익히고 닦는 데 도움을 주었다.

둘째 시기에 정안의 초청으로 남해의 정림사에 주석하면서 일연은 새로운 전기를 맞았다. 남해분사도감南海分司都監에서 간행한 대장경을 접하였으며, 길상암에 거주하면서 『조동오위』를 중편重編하였다. 그 사이 고려 조정에서는 무신정권이 몰락하였다. 원종의 부름을 받은 그는 선월사에 주석하였고, 이때부터 지눌을 계승하였다고 함으로써 수선사의 법맥을 표방하였다.

셋째 시기에 일연은 왕실의 비호를 받으면서 다시 포산 지역의 오어사·인홍사·불일사·운문사·인각사 등에서 거주하였다. 오어사는 혜공惠空과 원효 교학의 전통이 깃들어 있는 곳이다. 이 시기에 일연은 가지산문도를 동원하여 인홍사(仁興社, 仁弘社)에서 「역대연표歷代年表」를 간행하였고 인각사에서 『삼국유사』를 찬술하였다. 일연은 화엄은 물론 유식 불교에도 밝았고 운문종雲門宗이나 위앙종潙仰宗 및 조동종曹洞宗의 선풍도 두루 접하였다. 일연의 이러한 사상 경향은 포산 지역에서 형성되었고, 뒤에 이 지역에 거주하면서 완숙하게 성립되었다.

일연의 집안은 경주 지역의 세력가였지만 문벌을 이루고 있지는 않았다. 일연의 교학 활동의 큰 계기는 정안과의 결연으로 말미암아 이루어졌다. 정안은 당시 무인집정이던 최이崔怡와는 처남매부 관계였다. 이후 일연은 수선사와 연결되었다. 그 뒤에 일연이 다시 포산 지역에 머물면서 충렬왕과 밀착되었다. 충렬왕이 일본 원정군을 독려하기 위해 경주에 들렀을 때, 특별히 일연과 친밀해졌다. 일연비나 음기에는 그와 연결된 많은 인물들이 기록되어 있다. 이들 중에는 충렬왕의 근시나 폐행嬖幸이 많았다. 또한 경주 행재소에 동행하였거나 일본 원정에 참가한 장군 및 당시 그 지역의 지방관이 등장해 있다. 그 외에 유학儒學이나 불경에 밝아 불교에 관한 저술이나 역사서를 편찬한 경험을 가진 인물들이 일연과 연결되었다.

왕실은 일연의 하산소下山所로 결정한 인각사를 중수하였고, 거기에 토지 100여 경頃을 내렸다. 인각사에 주석하면서 일연은 구산문도회九山門都會를 개최하여 구산선문을 통합하려 하였다. 이때 가지산문의 세력이 확장되었다. 인각사를 포함하여 가지사迦智寺·오어사吾魚寺·인홍사·불일사·운문사 등은 가지산문도에 의해 운영되었고, 그 대부분은 포산 지역이거나 그 가까운 곳에 있었다. 고려후기 인각사의 규모를 정확하게 알 수는 없지만, 적어도 100여 명의 장정이 상주하였고 구산문도회를 개최할 수 있을 정도로 거대한 기반을 가졌다. 중요 불전으로 대웅전과 극락전·미륵당을 포함하여, 강설루講說樓나 승방僧房·선당膳堂 등이 조성되어 있었다.

일연비에는 그가 100여 권의 책을 저술하였다고 하는데, 거의가 지금 전하지 않는다. 『어록語錄』·『게송잡저偈頌雜著』·『조파도祖派圖』·『대장수지록

大藏須知錄』・『제승법수諸乘法數』・『조정사완祖庭事苑』・『선문염송사완禪門拈頌事苑』 등이 그의 저술이다. 『중편조동오위』는 『조동오위』를 다시 편찬한 것인데, 본래의 내용에서 상당히 혼란된 부분을 개정하거나 보충하였다. 『어록』이나 『조정사완』・『선문염송사완』・『게송잡저』・『조파도』 등은 선종 관계의 저술이다. 『선문염송사완』은 혜심의 『선문염송집』에서 영향을 받아 저술되었고, 『조파도』는 가지산문의 입장에서 저술된 선종 승려들의 계보를 정리한 것이다. 그 외 『대장수지록』이나 『제승법수』는 교학 관계 저술이다.

일연은 포산 지역에서 활동하면서 그곳에 전해진 불교신앙의 전통을 경험하였다. 가지산 중심의 선종은 물론 화엄이나 유식 등의 교학사상에 밝았다. 그는 경전을 중시하였고 유학사상에도 조예가 깊었다. 아울러 중국의 위앙종이나 운문종・조동종 등의 사상 경향을 흡수하였다. 그가 많은 저술을 남겼던 것은 이러한 그의 사상 형성 과정에서 이해될 수 있다. 처음 불문에 들면서 일연은 가지산문의 법맥을 이었다. 그는 선관을 닦으면서 화엄사상뿐만 아니라 유식사상에 대해 관심을 가졌다.

만년에는 오어사나 운문사에 주석하면서, 유식사상의 이해를 더 심화하였다. 오어사는 승조僧肇의 후신으로 자처한 혜공惠空의 사상 전통과 연결되어 있었으며, 운문사는 원광圓光의 유식사상과 깊은 인연을 맺었던 사찰이다. 수선사의 교관겸수 사상은 선관을 중심으로 교학사상 중 특히 화엄사상을 함께 닦으려는 것이다. 선종사상의 입장에서 화엄사상을 중시하는 사상 경향은 이미 일연의 사상 속에 충분히 나타나 있었다. 그 외에도 일연은 법화나 천태사상을 깊이 이해하였다.

일연은 '심존선관心存禪觀' 사상을 내세웠다. 그는 보당암寶幢庵에 거주하면서 '심존선관'을 닦았고, 문수오자주文殊五字呪를 염송하였다. 일반적으로 문수보살은 화엄사상에서 중시되었지만 밀교 계통의 오자문수五字文殊보살은 유식, 곧 법상종에서 받들었다. 일연은 기본적으로 선승이며 화엄사상을 보다 중시하지만 유식사상에 대해서도 깊이 이해하였다. 그러한 그의 사상은 '심존선관'으로 표현되었다. 실체인 '공空'에 대한 깨달음과 그로 인한 심식에 대한 이해가 '심존선관'사상을 정립시켰다.

일연은 생계生界와 불계佛界를 구별하지 않고 삼계三界를 환몽幻夢으로 보아 몽환불사夢幻佛事를 행하였다. 세상에 살아있는 것이 없는 것과 같으며, 몸은 보되 몸이 없는 것과 같다고 하였다. 깨어있을 때와 꿈꿀 때의 허虛와 실實은 오직 마음 작용(心識)에 의한 것이지만, 법상法相의 체体는 금강과 같아서 증가하지도 감소하지도 않는다고 하였다. 수선사의 사상에서 이어진 일연의 불교사상은 화엄사상을 중시하는 '교관겸수教觀兼修'사상에서 유식사상은 물론 법화나 유학사상에 대한 인식을 곁들이는 경향을 지녔다. 이리하여 '심존선관'사상을 성립시켰다.

일연의 '심존선관'사상은 고려 불교의 교선융합 사상 경향에서 이해하여야 하겠지만, 불교 교파의 어떤 교리와도 근접될 수 있었다. 당시 고려 불교계에는 담선법회談禪法會와 장경藏經도량을 자주 열었다. 이렇듯 고려 불교계의 교선융합 사상 경향이 성행하였는데, 일연은 교종과 선종의 교리는 물론 선풍을 함께 논하면서 경전을 강조하였다. 그는 구산문도회九山門都會를 개최하면서 여러 선종사상의 통합을 시도하였다. 다만 일연이 구산문의 선종사상을 융섭하려 한 것은 아니다. 선관禪觀의 근원은 원래 하나였는데, 선종산문이 9갈래로 나누어짐으로써 각자가 달리 생각하게 되어 미혹해졌다.

일연은 나누어진 구산선문 자체를 미혹한 것으로 보아, 원래의 하나로 돌아가야 함을 제시하였다. 구산선문을 통합하기 위해 중국 선종의 사상 경향에 대해 정통하였던 그는 『중편조동오위』를 편찬하였고, 주장柱杖을 책상 위에 세 번 내려치는 접화법接化法을 사용하였다. 그럼으로써 그는 '공空'과 '불공不空' 또는 '정正'과 '편偏'을 통합하려는 '중도中道'를 제시하여 융섭적인 사상을 모색하였다. 일연 사상의 이런 면은 구산선문을 통합하기 위해 선관의 근원인 일문一門을 강조하여, 공호이면서도 공이 아닌 진공眞호을 내세우고 화엄이나 유식 등의 여러 교리를 회통하려는 것이다.

일연의 '심존선관'사상은 고려 불교의 교선융합 사상 경향과 연관해서 파악해야 한다. 고려초에는 선종의 입장에서 교종, 특히 화엄사상을 융섭하려는 경향과 교종의 입장에서 선종사상을 융섭하려는 경향이 모두 존재하였지만, 고려중기에 의천에 의해 성립된 천태사상은 화엄종의 입장에서 선종사상을 융섭한 것이다. 본래 의천은 화엄종 승려였고, 그의 교학은 고려 문벌귀족의 등장과 표리가 되어 성립하였다.

예종 때에는 혜소慧炤국사가 활동하면서 선종을 중시하는 사상 경향이 태동하였고, 무신란 이후 무인집정들의 후원을 받아 수선사가 크게 일어났다. 수선사는 혜소와 그 문하인 탄연坦然으로 이어지는 굴산문의 법맥을 표방하였는데, 비슷한 시기에 학일學一은 가지산문의 법맥을 계승하였다. 일연은 학일의 법맥과 연관을 맺었지만, 수선사의 사상 전통과도 친밀하였고 특히 2세주인 혜심慧諶의 사상을 중시하였다.

일연이 구산선문을 통합하려는 사상 경향은 고려말 태고太古의 사상에 영향을 주었다. 태고는 실제로 구산선문을 통합하려 하였으며, 뒷날 그의 문하에서 서산西山대사가 나오면서 조선중기 이후의 불교계를 장악하였다. 다만 태고와 비슷한 시기에 활동하면서 그와 다소 다르게 파악되는 나옹의 사상도 일연의 사상 경향과는 이질적인 것으로 생각되지 않는다. 나옹의 법맥을 이은 무학無學 자초自超나 함허涵虛 기화己和 등은 조선초기에 왕성하게 활동하였다. 나옹과 태고의 문도들이 조선초기에 활동하는 모습에 대해서는 앞으로 보다 심층적인 접근이 요구된다.

『삼국유사』의 자료적 성격을 이해하기 위해 그 체제나 편목篇目의 구성을 파악해야 한다. 『삼국유사』의 편명篇名과 조목명은 다소 혼동되어 있고, 연구자에 따라 그것을 정리하는 기준이 상당히 달랐다. 우선 이에 대한 연구자들의 시각 차이를 분명히 지적하면서, 아울러『삼국유사』의 편명과 조목명이 혼란스럽게 보이는 원전 자료를 심층적으로 검토하여,『삼국유사』가 어떤 체제로 구성되었는지를 밝히고자 한다. 그리하여『삼국유사』의 신이한 기록이 한국사나 민족문화를 연구하는 데 유용한 방도를 제시할 수 있다.

『삼국유사』는 5권 9편으로 나뉘어 서술되었는데, 편명이 다소 혼란스럽다. 9편명은 왕력王曆·기이紀異·흥법興法·탑상塔像·의해義解·신주神呪·감통感通·피은避隱·효선孝善이다. 왕력편을 정식 편명이 아닌 부록으로 보거나 일연이 아닌 후대 사람이 찬술한 것으로 보려는 견해도 있다. 그러나 일연의 문도가「역대연표歷代年表」를 찬술하였고, 그러한 기반 위에 왕력이 서술되었다. 또한 기이편이 비록 많은 분량을 차지한다고 하더라도, 기이1 紀異一과 기이2紀異二의 두 편명으로 나누는 것은 부당하다.

편목 내에는 많은 조목이 나온다. 그런데 그것도 상당히 혼란스럽다. 그속에는 일연이『삼국유사』를 마무리하고 난 뒤에, 다른 사람이 추가한 부분이 포함되어 있다고 한다. 또한 원래는 한 조목이었으나 후대의 간본刊本에서 두 조목으로 나뉘었거나, 그 반대로 두 조목이 한 조목으로 묶이기도 하였다. 따라서『삼국유사』의 편목을 저자 일연이 편찬할 당시의 모습으로 정리하여 이해해야 한다. 일연이『삼국유사』를 간행하던 고려후기 사회에는 많은 사서史書와 승전僧傳이 저술되었다. 일연은 그러한 저술을 종합하여 역사歷史·승전류僧傳類 체제로서의『삼국유사』를 완성하였다.

천태종사天台宗史라 할 수 있는『석문정통釋門正統』과『불조통기佛祖統記』가『삼국유사』를 편찬하는 데 영향을 주었다.『석문정통』은 정사체正史體를 모방하여 찬술되었고, 이러한 승전 체제는『불조통기』를 간행하면서 완비되었다.『삼국유사』는 정사체로 구성되지 않았지만, 역사 기록과 불교 관계 서술을 통합하여 기술한 역사·승전류 체제를 갖추었다.『삼국유사』의 편명은『석문정통』의 그것과 비슷한 점이 많을 뿐만 아니라, 불교 관계 조목의 서술 속에 역사 기술을 풍부하게 담고 있다.

한국고대사에 관한 사료는 대체로 고려중기 이후에 기록으로 남겨졌으므로 무려 500년에서 길게는 1000년 동안 전승되는 과정에서 신이한 관념적인 내용을 첨가하였다. 특히 『삼국유사』는 그러한 신이한 신앙이나 행적을 주로 기록한 사서이다. 자연스럽게 그 속의 대부분은 신이한 내용을 가진 설화로 채워졌다. 『삼국유사』의 왕력王曆을 제외한 모든 편목의 각 조목은 거의 모두가 설화로 구성되었으며, 개중의 어떤 조목은 둘 이상의 독립된 설화로 이루어지기도 하였다.

설화는 오랜 기간 동안 전승된 자료이기 때문에, 전승 과정에서 처음의 모습이 변형되어 신이한 신앙을 첨가하였다. 『삼국유사』에 나오는 설화 중 어떤 것은 다른 문헌에도 언급되었는데 그 내용이 서로 꼭 일치하지 않는다. 이러한 차이는 설화가 변형되어간 모습을 제시해 주기 때문에 중요한 것이다. 설화가 뒤에 변형되는 모습을 사회의 변화와 연관시켜 이해해야 한다. 그러나 설화가 의미하는 상징성의 변화와 구체적인 사회사실의 변화를 접목시키기 위해서는, 매우 힘들겠지만 설화 속의 신이한 기술에 대한 사료적 가치를 실증적으로 검토하여야 한다.

기이편에는 국가의 시조나 왕들 또는 위대한 인물들의 신이한 행적이나 역사적 사실을 설화로 기술하였다. 그 외 홍법興法·탑상塔像·의해義解·신주神呪·감통感通·피은避隱·효선孝善편은 불교신앙을 홍포하려는 의도를 가졌지만 역시 기이편의 연장과 같아서, 신이한 영험에 관한 불교 연기설화로 구성되었다. 영험신앙을 펴기 위해 불상이나 탑·사원 등을 조성하는 연기설화가 성립하였으며, 관음이나 미타·미륵신앙이 유행하면서 불국토의 건설이나 정토로의 왕생을 비는 내용의 설화가 만들어졌다. 이에 비해 의해나 신주편 등에는 고승들의 신이한 활동을 연기설화로 성립시켰다.

『삼국유사』에 실린 설화는 한국고대 역사 전개의 대세를 알려준다. 기이편의 여러 설화는 한국고대사 체계를 정립하는 데 도움을 주며, 그중 불교 연기설화는 불교의 수용과 신앙의 정착 과정, 곧 한국고대 불교사를 체계화 하는 데 유용하다. 특히 정공鄭恭 설화·표훈表訓의 천국 왕래 설화·원성왕 의 꿈 해몽 설화 등은 신라중대 전제주의의 성립과 그것이 진골귀족들의 저 항을 받아 실패로 기울면서, 신라하대 사회가 성립되어 가는 면을 제시해 준다.

불교 연기설화도 불교사 전개의 대세를 파악하는 데 매우 유익한 것이다. 태현太賢과 법해法海가 기우제를 드리면서 법력法力을 과시한 연기설화는 당시 화엄종과 법상종의 상관관계를 알려주며, 원효가 낙산사洛山寺의 관 음진신을 친히 접하려 한 연기설화는 의상과 원효의 교학을 짐작하는 데 도 움을 준다. 또한 『삼국유사』에는 역사적 사실이나 불교신앙의 영험 등이 함 께 뒤섞인 내용을 가진 설화도 상당히 포함되어 있다.

『삼국유사』에 전하는 설화 속에서 한국고대의 사회상을 이끌어낼 수 있 다. 사실 설화가 성립되면서 당시의 사회 상황이 자연스럽게 그 속에 반영 되었다. 설화는 전승 과정에서 변화될 수 있으며, 그러한 변화는 어느 시기 에 특정 세력이나 계층의 이해와 맞물려 나타났다. 설화 속의 상징적인 인 물이나 사건에 대한 서술의 변화를 면밀히 검토하면 당대 사회를 움직인 세 력 집단과 그들의 부침을 밝히게 된다. 신라 건국신화 속에서 알지 시조전 승이 성립되거나 알영 시조전승을 신성화하는 내용은 뒷날 신라의 김씨 왕 실이 세습되면서 왕권을 장악해 간 사실을 이해하게 한다.

『삼국사기』와는 달리 『삼국유사』는 신이한 토착적 신앙을 역사적인 개별 사실과 혼합한 설화의 모습으로 기록하였다. 탈해 전승에 대한 두 책의 기 록을 비교하면, 바로 이런 면을 알 수 있다. 『삼국유사』에서와는 달리 『삼국 사기』의 탈해 전승은 탈해와 가락국駕洛國 수로왕과의 재주내기 설화나 연 장年長을 강조하는 이사금尼師今 설화와 백의白衣 설화 또는 탈해가 토함산

신이 되는 내용을 누락시켰다. 빠져나간 전승은 합리적인 내용으로 윤색되어 연대기 사료로 편성되었다.

설화는 역사적 진실을 알려주는 경우가 많다. 그 이유는 구체적 개별 사실을 상세하게 전하지는 않지만, 작성자에 의해 윤색된 부분이 전승되는 과정에서 누락되면서 그 참모습을 남기기 때문이다. 진지왕의 폐위나 실성왕이 고구려 군사들에게 죽임을 당하는 내용은 『삼국사기』 등 다른 역사서에서 찾아볼 수 없다. 그러나 그것이 역사적 진실이다. 또한 『삼국유사』에는 삼국시대는 물론 고려시대의 사실이 설화로 기록되었는데, 그중에는 『삼국사기』나 『고려사』 등의 다른 역사서에 없는 내용이 나온다. 특히 가락국기조는 가야사의 복원을 위해 대단히 중요하다.

『삼국유사』에 기록된 설화는 한국고대의 구체적인 사회상을 추구하기 위한 유용한 자료이다. 그것을 통해 기인其人제도나 사원 내의 장사莊舍 등을 구체적으로 살필 수 있다. 정신淨神대왕과 보천寶川태자·효명孝明왕자 설화나 신문왕과 경덕왕 때에 신충信忠의 봉성사奉聖寺 창건 설화 및 단속사斷俗寺를 조성하는 연기설화 등은 모두 신라중대 정치사의 구체적인 양상을 이해하게 한다. 『삼국유사』에 전하는 설화는 위대한 인물의 행적을 알려주기도 하지만, 가공인물의 행적을 기록하기도 하였다.

설화의 내용을 통해 당대 사회에서 활동한 인물의 행적이나 개별 사실의 구체적 양상을 더 보강할 수 있다. 『삼국유사』에 실린 설화는 토착적인 신앙이나 한국고대의 생경한 사회상을 보여주지만, 전승되는 과정에서 새로운 신앙이나 관념을 추가하였다. 그럴 경우 고대사회의 개별 사실이 굴절된 모습으로 기록되었다. 설화 자료의 이런 면은 고대사회를 복원하는 데 한계성으로 남는다. 정사正史나 연대기 자료와 밀착시켜 설화로 전승된 사료를 실증적으로 분석함으로써, 굴절될 수 있는 고대사회의 진면목을 정확하게 복원해야 한다.

일연의 활동이나 고려후기 불교계의 분위기를 감안하면서『삼국유사』의 불교사 자료를 활용함으로써, 한국고대 불교사의 큰 틀을 마련할 수 있다. 그런 다음『해동고승전』이나 중국 승전류는 물론 고려시대 승려들의 문집을 참고하면서 그 내용을 풍부하게 가꾸어야 한다.『삼국유사』는 역사·승전류로 편찬되었으므로, 한국고대사의 체계를 밝혀주는 동시에 불교신앙을 홍포하려는 목적을 가졌다.

『삼국유사』의 왕력과 기이편은 역사 관계 기술이며, 홍법편 이후 탑상·의해·신주·감통·피은·효선편이 불교 관계 기술이다. 그러나 왕력과 기이편에도 불교신앙이 기록되어 있는데, 그것은 대체로 불교 홍국사관을 보여주는 내용으로 채워졌다. 홍법편 이후의 여러 편목 중 의해와 신주편은 고승전高僧傳에 해당된다. 다만『삼국유사』는 다른 고승전에 실린 내용과의 중복을 피하기 위해, 거기에 없는 내용을 중심으로 고승의 행적을 기술하였다. 그 외 탑상·감통·피은·효선편은 불교신앙을 연기설화 형식으로 기록한 것인데, 관음·미타·미륵·문수신앙과 오대산신앙 등을 탑이나 불상 또는 사찰의 조성 연기설화와 연관시켜 소개하였는가 하면, 불교신앙과 당대 사회와의 연관 문제를 부각하였다.

『삼국유사』의 홍법편에는 삼국에 불교가 전래되어 공인되는 과정을 기술하였는데, 그것은『해동고승전』에도 나와 있다. 다만 극히 일부만 전하는『해동고승전』에 비해『삼국유사』는 백제의 불교를 언급하였고, 불교의 전래와 수용에 따른 갈등과 대립을 극복하면서 국가불교로 정립되는 면을 제시하였다.『삼국유사』에는 신라 사회의 불국토신앙이나 정토淨土신앙이 노출되어 있다. 정토신앙과 연관하여 관음신앙을 강조하면서, 불교신앙은 대중화되어 갔다. 의해편의 여러 고승들은 논리적인 사상 체계를 보여주기보다는 실천신앙을 앞세웠고, 원효를 위시한 그 이전의 혜숙惠宿·혜공惠空·사복 등의 가항街巷불교 전통을 부각하였다.

『삼국유사』는 불교 흥국사관의 입장에서 기술되었다. 그러다 보니 불교 관계 자료를 신라사의 전개 과정과 밀착하여 기록하였다. 불교신앙과 연관된 연기설화도 당시의 사회상을 충분히 알려준다. 다만『삼국유사』에는 구산선문 중 굴산문의 범일과 신의信義나 희양산문의 양부陽孚와 긍양에 대해 간략하게 언급하였고, 그 외에 운문산문이나 해룡선종을 기술하였다. 이런 점은 일연의 구산선문 통합 사상과 연결시켜 이해해야 한다.

이 책에서는『삼국유사』의 불교 관계 자료를 통해 불교 흥국사관의 실체를 보다 천착해서 밝혔다. 아울러 유교나 도교와의 관계에서 불교사관이 갖는 의미를 드러내었다. 특히 고려후기에는 유교와 불교가 서로를 함께 이해하려는 분위기가 성숙되었다. 뒷날 이러한 사상 경향은 조선이 건국되고 난 후 억불抑佛 논리와 함께 현정顯正의 논리가 모두 나타날 수 있게 하였다.

『삼국유사』는 불교사 연구의 중요 자료일 뿐만 아니라『삼국사기』와 함께 한국고대사 연구의 가장 기본적인 사료로 이용되고 있다. 물론 신라시대나 고려시대의 비문碑文 및 문집류文集類와 중국·일본 문헌에 전하는 기록들도 한국고대사 연구에 사용되고 있다.

『삼국유사』는 고조선에서부터 고려 통일에 이르기까지 한국고대사를 체계화하려는 의도를 지녔다. 고조선은 마한으로 이어졌고 이후 삼국이 정립되었다면, 찬탈로 본 위만조선으로부터 이어진 낙랑이나 대방을 강조하지 않고 토착 사회와 타협한 성읍국가로 파악하였다.『삼국유사』는 신라 중심으로 편찬되었는데, 시조 혁거세왕부터 22대 지증마립간까지를 상고上古로, 23대 법흥왕부터 28대 진덕여왕까지를 중고中古로, 29대 무열왕부터 56대 경순왕까지를 하고下古라고 시대를 구분하였다. 그 외에도 내물마립간의 등장이나 혜공왕 이후 원성왕의 등장을 크게 사회가 변하는 것으로 기술하였고, 특히 왕건이 삼한을 통일하는 명분을 제시하였다.

『삼국유사』는『삼국사기』와 비교하여 신이한 설화체로 서술된 것이 많아서, 정중한 정사체正史體에서 담을 수 없는 민간전승이나 속신俗信을 생경한 모습으로 표현하였다. 『삼국사기』의 내용과 다른 면을 알려주는 사료는 생동하는 역사의 뒷면에 숨어 표출되지 않았던 역사적 진실을 알려 준다. 『삼국유사』는 신라·고구려·백제의 삼국 이외의 역사를 기술하고 있어서 주목된다. 우선 삼국 이전에 관한 자료는 한국고대사를 체계화하는 방향에서 기술되었다. 또한 『삼국유사』에 실린 고려 사회에 관한 기록은 대부분 『고려사高麗史』에 기술되지 않은 내용으로 채워져 있다. 특히 「가락국기駕洛國記」는 가야사加耶史를 정립하는 데 매우 소중한 기록이다.

『삼국유사』는 신이사관神異史觀에 의해 한국고대사를 체계화하였다. 『삼국유사』의 약 절반을 차지하는 기이편紀異篇이 신이神異를 기록하였지만, 그 나머지 편목의 내용도 대부분 신이한 연기설화를 적은 것이다. 삼국시대의 개별 사실이 고려후기의 『삼국유사』에 기록되기까지 몇 차례 전승되거나 구전되면서, 신비한 관념이나 신앙을 부회하였다. 반면 사회 경제적인 구체적 개별 사실은 점점 빠져나갔다. 자연히 『삼국유사』는 서민 대중의 토착신앙을 이해하는 데 중요한 자료를 많이 지니고 있다. 이러한 신이사관은 고려초기에 나타났으나 고려중기를 거치면서 유교적 합리주의 사관의 비판을 받아 새롭게 재정립된 것으로, 몽골 침입에 대항해서 민족문화의 독자성을 강조하였다.

『삼국유사』는 거의 전체가 전거典據를 밝힌 인용문으로 구성되어 있어서, 원사료原史料의 모습을 보다 충실하게 알려준다. 일연은 원문과 구별한 협주挾註로써 자기의 의견을 분명하게 서술하였다. 그는 사실에 대한 간략한 설명으로 자기 의견을 덧붙이기도 하였지만, 때로는 사실 자체를 대단히 실증적인 방법으로 고증하였다. 일연이 인용한 원사료는 거의 모두 현재 전하지 않지만, 그중 몇 개는 원전이 남아 있다. 이를 대조해 보면 『삼국유사』의 인용문이 다소 정확하지 않다 하더라도, 오늘날 원사료를 쉽게 찾을 수 없는 상황에서 그 자료적 가치는 높이 평가된다.

『삼국유사』는 불교문화사 자료로서, 불교나 한국고대사의 연구에서 뿐만 아니라 국문학이나 민속학·종교학·미술사학 등 한국문화 전반을 이해하는 데 중요한 자료를 제공해 준다. 따라서 그것의 자료적 가치는 국문학이나 민속학 등 여러 학문 분야에서 세밀하게 검토되어야 한다. 오늘날 한국고대사 관계의 문헌이 거의 전하지 않는 상황에서 『삼국유사』에 인용된 많은 문헌은 주목된다. 『삼국사기』에도 다수의 문헌이 인용되어 있지만, 한국고대의 문헌에 실린 원모습을 생경하게 보여주는 것은 『삼국유사』의 인용문이다. 그러한 인용 문헌이나 인용문의 내용에 대한 분석은 『삼국유사』의 사료적 성격을 이해하게 한다.

『삼국유사』는 고기 등 많은 민간전승을 인용하였다. 비록 고기나 향전 등 민간전승의 내용이 신이한 성격을 갖지만, 일연은 그것을 비교적 합리적으로 수용하였다. 신이신앙을 담은 고기류의 인용은 우리나라도 성인에 의해 건국되었기 때문에, 단군이나 삼국의 시조가 기이하게 태어날 수밖에 없음을 내세웠다. 그것은 민족문화의 전통을 강조하려는 의도를 가졌다. 또한 고기류의 기록을 인용하여 『삼국유사』는 같은 사실에 대한 다른 설명을 병기하였다. 일연은 『삼국유사』에서 분명하지 않은 사실에 대한 이설을 병기함으로써, 후대의 독자로 하여금 진실을 판단하게 하였다.

『삼국유사』는 중국 사서나 지리지를 다소 인용하였지만, 대부분 국내 문헌을 참조하여 기술하였다. 한국상고사의 잘 알려지지 않은 사실을 설명하기 위해 중국의 사서, 특히 지리지 등을 참조하였다. 국내 문헌 중에서도 단군기나 동명기 등의 상고대에 관한 저술을 활용하였지만, 가장 많이 참고한 것은 삼국사나 국사 등이다. 그 외 신라본기·고려본기·백제본기 등의 문헌을 참고하였는데, 이들도 삼국사나 국사와 같은 성격의 저술이다. 다만 삼국사나 국사 등으로 인용된 문헌이 모두 김부식의 『삼국사기』를 가리키는

지는 단언할 수 없으며, 그중 대부분은 그 이전에 저술된 삼국에 관한 역사
서이다.

『삼국유사』가 주로 인용한 문헌 중, 국내 사서가 대체로 신라사를 부각하
는 데 이용되었다면, 중국 사서는 삼국 중 고구려나 백제사를 밝히는 데 사
용되었다. 이런 면은『삼국사기』에도 마찬가지로 나타났다. 일연은 국내 문
헌을 이용하여 중국 사서에 기록되지 않았거나 잘못 기록한 신라사를 수정
하거나 보충하였다. 그러나 당나라가 백제를 침공할 때의 사실을 설명하기
위해『당사唐史』를 인용한 것은 적절하지 못하다고 하였다. 물론 이러한 서
술 태도는『삼국사기』에도 같이 나와 있다.

『삼국사기』와 달리『삼국유사』는 불교 관계의 문헌은 물론 고문서나 비문
등을 많이 인용하였다. 불교 관계의 문헌으로 사적기나 승전류가 있지만,
대부분 사원에 전하는 고문서가 주종을 이루었다. 열전을 기술하기 위해
『삼국사기』에도 자주 이용되었지만,『삼국유사』에 유독 많은 고문서나 비
문 등이 인용되었다. 특히 고문서는 삼국시대의 역사적 사실이 고려시대에
까지 영향을 끼치는 모습은 물론, 고려시대 사람들이 그 이전의 역사를 바
라보는 관점을 알려준다.

『삼국유사』에는 한국고대의 문헌을 여러 곳에 분산하여 인용하였다. 그
러한 내용을 종합하면서 지금 전하지 않는 한국고대 문헌의 구체적 성격을
부각하려는 노력이 필요하다.『삼국유사』에는 수많은 문헌이 기록되었지
만, 그중의 대부분은 그 내용을 한두 번 인용하는 데 그쳤다. 그럴 경우 그
것의 성격을 규명하려는 작업은 쉽지 않다.『삼국유사』외에 고려시대나 조
선시대까지의 문헌을 광범하게 추적하면서, 한국고대사 관계의 문헌을 추
론하는 작업을 병행해야 한다. 그리하여 얻어진 한국고대사 관계의 문헌과
『삼국유사』의 인용 문헌을 아울러 검토하려는 노력을 기울여야 한다.

『삼국유사』의 찬술이 일연에 의해 이루어졌다는 주장은 거의 통설로 받

아들여진다. 다만 일연 생존 때에 그 찬술을 완성하였는지에 대해서는 이견이 있다. 『삼국유사』에는 오자나 탈자가 많고 혼동된 사실이 기록되어 있다. 이 때문에 적어도 일연이 평생 동안 직접 답사하여 얻은 자료를 모아 편찬하였다는 주장에 의문을 제기하기도 한다. 일연의 제자인 무극無極이 기록한 내용을 첨가하고 있는 사실도 이러한 의문을 더욱 증폭시킨다. 이런 문제를 해결하기 위해서는 현재 전하는 『삼국유사』의 판본板本을 보다 정밀하게 대조·검토하는 작업을 병행해야 한다. 곧 그것의 서지학적書誌學的인 접근이 필요하다. 또한 저자 일연의 사상이나 불교계에서의 위치 등을 함께 부각할 때에, 『삼국유사』의 편찬 경위에 대한 보다 정확한 이해에 도달할 수 있을 것이다.

일연이 자료를 모으는 작업은 고종 27년(1240년)을 전후한 시기부터 운문사에 주지하는 충렬왕 3년(1277년)에 이르는 시기에 주로 이루어졌고, 『삼국유사』 편목과 조목의 서술은 이때부터 충렬왕 7년(1281년) 사이에 대체로 완성되었다. 그러나 그 이후에도 개중의 어떤 조목은 계속 저술되었다. 그는 직접 자료를 찾아보았지만, 문도가 모아준 자료에 의거하여 기술하기도 하였다. 문도에 의해 작성된 것을 최종적으로 일연이 점검하여 『삼국유사』의 편목 속에 편입하였다. 무극이 기록한 내용도 생전에 일연의 검토를 거친 것이다. 『삼국유사』는 일연이 인각사에 주석하는 충렬왕 10년(1284년)부터 입적하는 충렬왕 15년 사이에 완성되었고, 어떤 편목은 이 기간 중에 계속해서 작성되기도 하였다.

일연 생존 당시에 『삼국유사』가 5권 9편목 체제로 완성되었지만, 언제 처음으로 간행되었는지에 대해서는 정확하게 알 수 없다. 현재 전하는 『삼국유사』의 판본으로 가장 완전한 것은 1512년(중종 7년)에 간행된 중종임신본이다. 이계복李繼福의 발문跋文에 의해 『삼국유사』가 조선초기에 간행되었던 것을 알려주지만, 고려본이 존재하였다는 실증적인 자료를 잘 찾을 수 없다. 완질이 아닌 채로 전하는 석남石南본이나 학산鶴山본 등의 고판본은 조선초기 본으로 생각된다.

『삼국유사』의 판본에 대해 각각의 판각을 대조하여 원각판과 번각판飜刻 版을 가리는 작업을 계속하면서, 정교하게 교감하는 작업은 중요하다. 중종 임신본은 새로 판각된 것이 아니라 번각판이어서, 처음 간행된 것과 뒤에 간행된 것 사이에 약간의 출입이 있다. 가장 완전한 것은 일본 덴리대天理大 소장인 순암수택본順庵手澤本인데, 거기에는 다소 가필이나 윤색한 부분이 많이 보인다. 국내에는 서울대 규장각 소장본과 고려대 만송문고 소장본이 있다. 만송문고 소장본은 간행 상태가 양호하고 가필이 적다. 다만 위의 세 판본 중 서울대 규장각 소장본이 가장 먼저 간행되었으며, 고려대 만송문고 소장본과 순암수택본이 연이어 간행되었다.

『삼국유사』의 교감과 역주 작업은 한국고대사나 한국문화를 보다 심층적 으로 연구하는 데 절대적으로 필요하다. 주석할 내용은 한국 문헌 속에서 광범하게 추적하여 검증해야 한다. 근래의 이병도역주본李丙燾譯註本은 교 감한 원문과 번역 및 주석을 함께 제시한 것으로 주목된다. 그것의 원문은 『삼국사기』나 『고려사』 또는 금석문 등을 활용하여 잘못 기재된 글자를 고 침으로써 역사적 사실이나 사건을 바로잡았다. 교감한 원문의 번역문은 한 국고대사의 구체적 역사 사실이나 전후 사정을 고려한 역사적 대세를 반영 하고 있다. 이 책의 주석 작업 역시 당시 한국고대사의 연구 성과를 충분히 반영한 기반 위에서 실증적으로 이루어졌다.

이병도역주본은 이후 많은 역주본의 간행을 가능하게 하였다. 그러나 그 수준은 이병도역주본을 넘어서지 못한 실정이다. 일본에서 미시나 아키히 데三品彰英가 중심이 되어 전문 학자와의 공동 연구로,『삼국유사고증三國 遺事考證』을 간행하였다. 이 책은 일본 학계의 한국사 인식을 반영하였고, 민속학이나 종교학·신화학 등에서 비교적 자세한 주석을 붙였다. 국내에서는 한국정신문화연구원(현 한국학중앙연구원)의 주관 아래 강인구·황패강·장충식·김상현·김두진이 『삼국유사』의 역주 작업을 수행하였고, 그 결실이 『역주 삼국유사』로 간행되었다. 이 책에는 설화나 역사학·미술사·고고학·불교학 등의 분야에서 보다 자세한 역주 작업이 이루어졌다. 앞으로 중국 사서나 국내 문헌과 대조한 실증적인 주석 작업은 더 심화되어야 한다.

『삼국유사』는 신이사관을 가졌다. 그러나 『삼국유사』가 강조한 신이신앙은 삼국의 시조가 비범하게 탄생하였음을 알림으로써, 우리나라도 성인에 의해 건국되었다는 것을 나타내려는 의도를 지녔다. 이 때문에 신이사관은 민족의 전통문화를 강조하려는 성격을 지녔다. 『삼국유사』의 신이사관은 괴력怪力이나 난신亂神을 말하지 않는다는 사실을 전제로 성립하였다. 그것은 고려중기에 김부식의 『삼국사기』로 대표된 합리적인 유교사관이 정립되고 난 후에 성립하였다.

몽골과의 항쟁을 겪으면서 민족문화를 크게 선양하려는 분위기와 연결되면서, 신이사관은 단순히 허황된 사실을 기록하는 차원을 넘어서서 역사의 전개를 합리적으로 설명하였다. 그래서 『삼국유사』의 내용은 인용 자료의 전거를 정확하게 제시하면서 실증적으로 기술되었다. 『삼국유사』의 신이사관은 『구삼국사기』 등 고려초기 사서에서 보이는 신이사관을 이으면서 성립되었다. 그러나 그것은 단순히 국가의 건국이나 시조의 행적을 미화하려는 입장에서 벗어나, 자주적인 입장에서 한국고대사의 체계를 수립하려는 것이었다. 그런 뜻에서 『삼국유사』의 신이사관은 고려초기의 그것과 구별된다.

근대사학에서는 『삼국유사』의 신이사관을 높이 평가하였다. 실증적인 바탕 위에서 추구한 신이사관은 근대사학이 유교사관을 비판하는 것과 궤도를 같이하였다. 다만 『삼국유사』의 신이사관은 근대사학에서 그대로 받아들일 수 있는 것은 아니다. 『삼국유사』에서 제시된 한국고대사관은 오늘날에까지

통용될 수 없을 뿐만 아니라 근대사학이 신화의 세계를 높이 사면서도 신이 자체를 수용하지는 않았다. 또한 『삼국유사』는 사료집으로 편찬된 것이 아니기 때문에 애초에 전거를 제시하면서 인용문으로 기술할 필요는 없다. 원자료가 남아 있다면 『삼국유사』의 실증적인 가치는 무의미하게 된다.

『삼국유사』는 자료적 가치가 높을 뿐만 아니라 민족문화의 주체적인 전통을 강조하기 때문에 한국사학사에서 대단히 높게 평가받고 있다. 아울러 민족문화의 투박한 원래 모습을 보여준다는 면에서 『삼국유사』의 의의를 낮게 설정할 수 없다. 그러나 『삼국유사』의 신이사관은 오늘날 그대로 받아들이기보다는 비판적으로 수용하면서 그 공과를 함께 추구해야 한다. 한국고대사를 체계화하는 데, 『삼국사기』와 『삼국유사』는 매우 중요한 자료이다. 『삼국사기』가 김부식 등이 편찬한 정사라면, 『삼국유사』는 일연一然이 사찬私撰한 사서이다. 『삼국사기』에 비해 많은 민간전승을 담은 『삼국유사』는 한국고대의 여러 국가나 왕들을 기술하였으며, 아울러 불교를 홍포하기 위한 신앙이나 사상을 폭넓게 서술하였다.

참고문헌

1. 기본 사료

(1) 한국 사료

覺訓, 『海東高僧傳』

姜仁求 등, 『譯註 三國遺事』(5책, 以會文化社, 2003)

金富軾 等, 『三國史記』(景仁文化社, 1969)

了圓, 『法華靈驗傳』(檀國大學校出版部, 1976)

普愚, 『太古和尙語錄』

徐居正 等, 『東文選』(太學社, 1975)

李奎報, 『東國李相國集』

李能和, 『朝鮮佛教通史』(3책, 新文館, 1919)

李丙燾, 『譯註 三國遺事』(東國文化社, 1965)

李智冠 等, 『校勘譯註 歷代高僧碑文』(高麗篇 4, 가산불교문화연구원, 2000)

李荇 等, 『新增東國輿地勝覽』(民族文化推進委員會, 1972)

一然, 『三國遺事』(民衆書館, 1946)

_____, 「重編曹洞五位序」(『學林』 6, 1984)

蔣濟明, 『華山麟角寺誌』(油印本, 1965)

鄭麟趾 等, 『高麗史』(아세아문화사, 1972)

朝鮮總督府, 『朝鮮寺刹史料』(2책, 京城印刷所, 1911)

_____, 『朝鮮金石總覽』(2책, 日韓印刷所, 1919)

采永, 『祖譜』(서울대 도서관 古書本)

『金官古事及許性齊文集』

(2) 외국 사료

高楠順次郎 等,『大正新修大藏經』(大正新修大藏經刊行會, 1928)

道宣,『續高僧傳』

范曄,『後漢書』

志盤,『佛祖統記』

贊寧,『宋高僧傳』

慧皎,『高僧傳』

2. 단행본

(1) 국내편

金東華,『禪宗思想史』, 太極出版社, 1975.

金杜珍,『均如華嚴思想硏究』, 一潮閣, 1983.

_____,『韓國古代의 建國神話와 祭儀』, 일조각, 1999.

_____,『신라 화엄사상사연구』, 서울대 출판부, 2002.

_____,『고려전기 교종과 선종의 교섭사상사 연구』, 일조각, 2006.

_____,『신라하대 선종사상사 연구』, 일조각, 2007.

金哲俊,『韓國古代社會硏究』, 知識産業社, 1975.

김호귀,『묵조선연구』, 민족사, 2001.

李康來,『三國史記典據論』, 민족사, 1996.

李謙魯,『通文館 책방비화』, 民學會, 1988.

李基東,『신라 骨品制사회와 花郞徒』, 한국연구원, 1980.

李基白,『新羅政治社會史硏究』, 一潮閣, 1974.

_____,『韓國史學의 方向』, 일조각, 1978.

_____,『新羅思想史硏究』, 일조각, 1986.

_____,『韓國古典硏究』, 일조각, 2004.

이병도,『韓國古代史硏究』, 博英社, 1976.

李仁榮,『淸芬室書目』, 보련각, 1968.

丁仲煥,『加耶史草』, 釜山大 韓日文化硏究所, 1962.

張德順,『한국 설화문학 연구』, 서울대 출판부, 1978.

蔡尙植,『高麗後記佛敎史硏究』, 一潮閣, 1991.

河廷龍·李根直,『삼국유사교감연구』, 신서원, 1997.

許興植,『高麗佛敎史硏究』, 一潮閣, 1986.

_____,『韓國中世佛敎史硏究』, 일조각, 1994.

黃浿江,『日本神話의 硏究』, 知識産業社, 1996.

_____,『향가문학의 이론과 해석』, 일지사, 2001.

(2) 국외편
今西龍,『高麗及李朝史研究』, 國書刊行會, 1974.
山崎宏,『支那中世佛敎の展開』, 東京淸水書店, 1942.
三品彰英 等,『三國遺事考證』 5책, 塙書店, 1975~1993.

3. 연구논문

(1) 국내편
金杜珍,「慈藏의 文殊信仰과 戒律」,『韓國學論叢』 12, 1990.
_____,「新羅 眞平王代 初期의 政治改革 −三國遺事 所載 桃花女 鼻荊郎條의 分析을 中
   心으로−」,『震檀學報』 69, 1990.
_____,「弓裔의 彌勒世界」,『韓國史市民講座』 10, 일조각, 1992.
_____,「백제의 미륵신앙과 계율」,『百濟硏究叢書』 3, 충남대 백제연구소, 1993.
_____,「삼국유사 所載 설화의 사료적 가치」,『구비문학연구』 13, 2001.
_____,「三國遺事의 體制와 내용」,『한국학논총』 23, 2001.
_____,「三國遺事의 佛敎史資料와 그 성격」,『淸溪史學』 16·17 합집, 2002.
_____,「일연의 생애와 저술」,『전남사학』 19, 2002.
_____,「일연의 心存禪觀사상과 그 불교사적 위치」,『한국학논총』 25, 2003.
김문경,「三國遺事에 나타난 신라의 佛敎信仰結社」,『사학지』 10, 1976.
金庠基,「古搨麟角寺碑」,『考古美術』 15, 1961.
金相永,「一然의 著述과 佛敎思想」,『佛敎史硏究』, 僧伽大, 1998.
_____,「高麗睿宗代 禪宗의 復興과 佛敎界의 變化」,『淸溪史學』 5, 1988.
金相鉉,「三國遺事에 나타난 一然의 佛敎史觀」,『韓國史硏究』 20, 1978.
_____,「麟角寺 普覺國師碑 陰記再考」,『韓國學報』 62, 一志社, 1991.
金瑛泰,「占察法會와 진표의 불교사상」,『崇山朴吉眞박사화갑기념 한국불교사상사』,
   1975.
_____,「三國遺事의 體裁와 性格」,『三國遺事所傳의 新羅佛敎思想硏究』, 信興出版社,
   1979.
김주성,「삼국유사 기이편의 신고찰」,『한국학논총』 34, 2010.
金知見,「신라 華嚴學의 主流考」,『숭산박길진박사화갑기념 한국불교사상사』, 1975.
金哲俊,「新羅 上代社會의 Dual Organization(下)」,『歷史學報』 2, 1952.
金學成,「三國遺事 所載 說話의 形成 및 變異過程 試考 −鄕歌와 關聯說話를 中心으
   로−」,『冠嶽語文硏究』 2, 서울대 국어국문학과, 1977.

南東信,「元曉의 敎判論과 그 佛敎史的 位置」,『韓國史論』20, 1988.

文明大,「新羅 法相宗(瑜伽宗)의 成立問題와 그 美術 －甘山寺 彌勒菩薩像 및 阿彌陀佛
　　像과 그 銘文을 중심으로－(하)」,『역사학보』63, 1974.

閔泳珪,「一然 重編曹洞五位」,『學林』6, 延世大 史學硏究室, 1984.

閔賢九,「月南寺址 眞覺國師碑의 陰記에 대한 一考察 －高麗 武臣政權과 曹溪宗－」,『震
　　檀學報』36, 1973.

朴魯俊,「唐代 五臺山신앙과 澄觀」,『關東史學』3, 1968.

辛鐘遠,「신라 五臺山事蹟과 聖德王의 卽位背景」,『崔永禧先生華甲紀念 韓國史學論叢』,
　　탐구당, 1987.

안계현,「三國遺事와 佛敎宗派」,『三國遺事의 新硏究』, 서경문화사, 1991.

安秉禧,「國語史資料로서의 三國遺事 －鄕歌의 解讀과 관련하여－」,『三國遺事의 綜合
　　的 檢討』, 韓國精神文化硏究院, 1987.

柳擇一,「삼국유사의 문헌 변화 양상과 변인」,『삼국유사의 연구』, 영남대 출판부, 1984.

李啓杓,「新羅下代의 迦智山門」,『全南史學』7, 1993.

李基白,「三國遺事 王曆篇의 檢討」,『歷史學報』107, 1985.

＿＿＿,「三國遺事 塔像篇의 意義」,『斗溪李丙燾博士九旬紀念 韓國史學論叢』, 知識産業
　　社, 1987.

李佑成,「高麗中期의 民族敍事詩 －東明王篇과 帝王韻紀의 硏究－」,『成均館大學校論文
　　集』7, 1962.

＿＿＿,「三國遺事所載 處容說話의 一分析 －고려 其人制度의 기원과의 관련에서」,『金
　　載元博士 華甲紀念論叢』, 乙酉文化社, 1969.

李弘稙,「一然禪師의 追仰」,『思想界』, 1958, 6월호.

鄭求福,「三國遺事의 史學史的 考察」,『三國遺事의 綜合的 檢討』, 韓國精神文化硏究院,
　　1987.

鄭赫,「高麗後期 眞覺國師 慧諶의 佛儒同源思想」,『北岳史論』3, 1993.

조동일,「삼국유사 설화 연구사와 그 문제점」,『韓國史硏究』38, 1982.

秦弘燮,「三國遺事에 나타난 塔像 －皇龍寺 塔像을 중심으로－」,『三國遺事의 綜合的 檢
　　討』, 韓國精神文化硏究院, 1987.

蔡尙植,「麟角寺 普覺國尊 一然碑 陰記에 대하여」,『語文硏究』, 25·26 합집, 1980.

＿＿＿,「至元 15年(1278) 仁興社刊 歷代年表와 三國遺事」,『高麗史의 諸問題』, 三英社,
　　1986.

＿＿＿,「一然(1206〜1289)의 사상적 경향」,『한국문화연구』창간호, 부산대 한국문화
　　연구소, 1988.

千惠鳳,「삼국유사 板刻의 시기와 장소」,『삼국유사의 찬술과 판각』, 인각사 일연학연구
　　소, 2002.

黃晟起,「圓測의 唯識學觀에 관한 연구」,『불교학보』9, 1972.

허흥식,「삼국유사를 저술한 시기와 사관」,『인하사학』10, 2003.

洪潤植,「三國遺事와 塔像」,『佛敎學報』17, 1980.

(2) 국외편
高稿享,「三國遺事の註及檀君傳說の發展」,『朝鮮學報』7, 1955.
今西龍,「正德刊本 三國遺事に就きて」,『典籍之硏究』5·6, 1926.
田中俊明,「三國史記の板刻と流通」,『東洋史硏究』권39 제1호, 1981.

찾아보기

김두진 金杜珍

경상남도 진주 출생
서울대학교 문리과대학 사학과 졸업
서울대학교 대학원 사학과 석사과정 수료
전남대학교 사범대학 국사교육과 조교수
국민대학교 문과대학 국사학과 교수
역사학회 및 진단학회 회장
현재 국민대학교 명예교수

주요논저

『均如華嚴思想硏究』(일조각, 1983), 『義湘 그의 생애와 화엄사상』(민음사, 1995), 『韓國古代의 建國神話와 祭儀』(일조각, 1999), 『신라화엄사상사연구』(서울대학교 출판부, 2002), 『고려전기 교종과 선종의 교섭사상사 연구』(일조각, 2006), 『백제의 정신세계』(주류성, 2006), 『신라하대 선종사상사 연구』(일조각, 2007), 『고려시대 사상사 산책』(국민대학교 출판부, 2009), 『한국역사학연구의 성찰』(서경문화사, 2010), 『한국고대사의 창을 통해 민족문화보기』(서경문화사, 2010) 외 다수

삼국유사의 사학사적 연구

제1판 1쇄 펴낸날 2014년 7월 30일
제1판 2쇄 펴낸날 2015년 10월 20일

지은이 | 김두진
펴낸이 | 김시연

펴낸곳 | (주)일조각
등록 | 1953년 9월 3일 제300-1953-1호(구:제1-298호)
주소 | 03176 서울시 종로구 경희궁길 39
전화 | 734-3545 / 733-8811(편집부)
         733-5430 / 733-5431(영업부)
팩스 | 735-9994(편집부) / 738-5857(영업부)
이메일 | ilchokak@hanmail.net
홈페이지 | www.ilchokak.co.kr

ISBN 978-89-337-0682-4 93910
값 38,000원

* 지은이와 협의하여 인지를 생략합니다.
* 이 도서의 국립중앙도서관 출판예정도서목록(CIP)은 서지정보유통지원시스템 홈페이지
  (http://seoji.nl.go.kr)와 국가자료공동목록시스템(http://www.nl.go.kr/kolisnet)에서
  이용하실 수 있습니다.
  (CIP제어번호 : CIP2014020439)